INTRODUCTION TO
FRENCH MASTERPIECES

INTRODUCTION TO

French Masterpieces

By DOUGLAS W. ALDEN

Princeton University

APPLETON-CENTURY-CROFTS, INC.

New York

MANUFACTURED IN THE UNITED STATES OF AMERICA

E-01642

PREFACE

THE AIM of this volume is to make available for reading on the intermediate level some of the great landmarks of French literature. It is designed to offer an idea of the whole masterpiece in the language of the author himself or, in the case of the older works, in the language of its adapter into modern French. To extend the range of the volume the works have had to be considerably foreshortened. The brief interpolated synopses in French are easily recognizable and carry on the plot to give the student an idea of the whole. In many cases, in the interest of brevity, sentences and paragraphs have been omitted without disclosing the omissions. This is especially true of the selections from Montaigne and Rousseau. The examples of their work may appear at first glance to be a continuous discourse, but a comparison with the originals will reveal that the selections are a series of connected extracts. Though the editor is the first to admit that there is some loss in this form of presentation, his experience proves that students who are not planning to continue the study of French literature can in this fashion be given a fairly adequate idea of the representative works.

The coordination of scenes in Racine's *Phèdre* is so nearly perfect that an attempt to present less important scenes by synopses proved unsatisfactory. For that reason a compromise was made with the usual procedure and the most famous scene has been presented after indicating its place and bearing.

It seemed wise to give all students this acquaintance with Racine's art. For those interested the full text is readily available in the *Classiques Larousse* for which Appleton-Century-Crofts, Inc. is the American distributor.

The editor of this volume had originally prepared these materials in mimeographed form, for use in a typical state college where the language teacher is at times a voice crying in the wilderness. He found that significant material of this type fully met the ordinary requirements of courses in French and seemed to make a more important contribution to the intellectual development of the average student, kindling in some of them an interest in the great names and works of French literature. Thus a course of this type had a two-fold object: 1) to introduce the student to cultural values not usually found in the other more utilitarian branches of the curriculum; 2) to encourage students to continue with the study of literature in a foreign language.

Since returning to teaching in the liberal arts colleges of the east (his experience not being limited to Princeton University) the editor has confirmed his original conviction that the problems of the liberal arts college in the language field do not differ from those of the state college with the possible exception, which is more theoretical than real, that there is less pressure and competition from the utilitarian branches of the curriculum. In these liberal arts colleges which, these days, are laying such stress on *humanism*, the first two years of the language department are still more heavily populated than the last two years. In these colleges likewise it is only logical that more should be made of cultural values in the first two years of language study so that the language department may truthfully say that it has made its contribution to the new humanistic objectives of the college as a whole and, secondly, so that it may, for its own well-being, attract students to the more advanced courses which emphasize literature rather than language.

It is necessary to call attention to the following details in
the organization of the book: 1) To speed the reading process,
unusual vocabulary is arranged alphabetically at the bottom of
each page. When in doubt about the meaning of a word, the
student will first glance at the bottom of the page; only when
he does not find the word there will he turn to the general
vocabulary at the back of the book. 2) There is a general
vocabulary at the back of the book which is, to all intents and
purposes, complete, except that easily recognized cognates
have frequently been omitted to effect economies in printing.
It might be well to warn the student of these omissions. The
general vocabulary also includes *unusual* words (those originally listed at the bottom of the page) if they occur a second
time in the text. 3) Each selection is preceded by a brief introduction in French which the teacher may elaborate or ignore,
as he sees fit. 4) There is a section called *Sujets de Conversation et
de Composition* based on each text at the back of the book.

No attempt will be made to indicate a particular method
for using this book, since the influence of the Army's A.S.T.P.
program has resulted in so many innovations on the elemen-
tary and intermediate levels. With all the innovations, however, it will never be possible for colleges to abandon the so-
called reading objective. Most of us who advocate oral French
believe that the oral approach gives life and meaning to our
work so that, even if a student has little use for his oral ability
later on, he will have gone at his work with more enthusiasm
and will have acquired a finer appreciation of the printed
word. These two factors will have made a not inconsiderable
contribution to the general humanistic training to be derived
from the study of French literature. Thus it can be foreseen
that some teachers will use this text only to develop habits of
accurate translation, but that others will from time to time,
possibly alternating with the translation method, wish to
develop conversation on the basis of the reading. For them
there is at the end of the book the *Sujets de Conversation et de*

Composition which is not a questionnaire but rather a point of departure for more extensive discussion. The editor would like particularly to impress upon the prospective user of this book that he does not advocate eliminating any of the linguistic objectives of the second year. By his example the teacher will seek to foster literary appreciation, but he will not attempt to make of the second-year course a thorough literary survey to the detriment of the student's proper linguistic training.

By presenting the material in chronological order no system of gradation has been possible since the earlier texts are obviously the more difficult ones. For this reason some teachers may prefer to start in the Eighteenth Century and return later to the earlier period. It is the editor's belief, however, that he has edited the texts in such a way that it will be possible for the average student to begin at the chronological beginning.

The editor's debt to others in the preparation of this book is considerable, particularly to his former chief, Dean Emeritus Christian Gauss. Dean Gauss's inspiration and counsel have encouraged him to see through to its conclusion a task which in its early stages seemed both rash and ungrateful. Professor Maurice E. Coindreau, M. Charles J. G. Mayaud, and M. Pierre Guédenet have kindly retouched his French in spots, and Professor Edward D. Sullivan, Dr. Trusten W. Russell, and Dr. James Doolittle have ably assisted him with the proofs. To Professor Charles B. Qualia he is particularly grateful for the opportunity in the early stages of this project to practice upon the students of his department. He also acknowledges with appreciation the following permissions to reprint: L'Édition d'Art H. Piazza for the Bédier version of the *Chanson de Roland;* the Typographie Firmin-Didot et Cⁱᵉ for the Michaud version of Montaigne; the Bibliothèque Charpentier, Eugène Fasquelle Éditeur, for Zola's *Assommoir;* the Librairie Gallimard and Madame Suzy Mante-Proust for the passages from Proust's *Du Côté de chez Swann.*

D. W. A.

CONTENTS

INTRODUCTION TO
FRENCH MASTERPIECES

LA CHANSON DE ROLAND

Dédaignée, oubliée, perdue, la littérature française du moyen âge n'a revu le jour qu'au début du XIXe siècle quand les historiens et écrivains romantiques ont commencé à déchiffrer les vieux manuscrits pour y puiser une nouvelle inspiration. C'est alors que toutes les beautés de cette littérature naïve, gauche mais, à maints endroits, d'une psychologie fine et d'une poésie 5 épique sans égale, se sont révélées aux Français qui jusqu'alors avaient cru qu'ils n'avaient pas la tête épique.

Cette vieille littérature nous est parvenue, malheureusement, sous forme de fragments ou bien dans des versions disparates qui semblent être le remaniement postérieur d'un original qui aurait été encore plus beau. Par 10 bonheur la Chanson de Roland *(appelée «chanson» parce qu'elle était destinée à être chantée par les trouvères sur la place publique ou dans la grande salle d'un château), la plus belle et la plus ancienne des* chansons de geste, *a été préservée sous sa forme la plus pure et, si ce n'est pas la première version du poème, du moins n'en sommes-nous pas loin.* 15

C'est vers l'an 1000 que la langue française, sortie du latin vulgaire que parlait la plèbe gallo-romaine, commença à servir pour une littérature dite vulgaire par contraste avec la littérature savante écrite en latin. Dans la littérature orale de ce temps ce qui intéressait l'auditoire, c'étaient les exploits prodigieux de leurs chefs légendaires, et le grand chef légendaire qui avait 20 répandu la gloire de la France à travers l'Europe occidentale, c'était Charlemagne, mort depuis deux cents ans. Peu nous importe que le héros Roland ait été, historiquement, un petit baron qui commandait une arrière-garde attaquée par des montagnards basques, la bataille de Roncevaux [1] restera dans la littérature comme un des plus glorieux épisodes de l'histoire française. 25

geste, *f. chanson de* —, Medieval term for *epic*	**plèbe,** *f.*, *plebs*, common people
maint, *adj.*, many a	**puiser,** to draw
	trouvère, *m.*, bard

[1] Situé sur la route entre Saint-Jean-Pied-de-Port (Basses-Pyrénées) et Pamplona (Navarre).

I

LA CHANSON DE ROLAND

(Vers 1100)

Traduite par Joseph Bédier

Charles, le roi Magne, s'est battu plus de sept ans pour conquérir toute
l'Espagne. Une ville pourtant lui échappe, c'est Saragosse² où tous ses
ambassadeurs ont été assassinés sur l'ordre du roi Marsile. Maintenant
Marsile fait semblant de se rendre et envoie auprès de Charles des am-
5 bassadeurs pour dire qu'il deviendra son vassal et se fera chrétien si les
Français quittent l'Espagne. Les Français, contre l'avis de Roland, décident
d'accepter la reddition.

XX

«Francs chevaliers,» dit l'empereur Charles, «élisez-moi un
baron de ma terre, qui puisse porter à Marsile mon message.»
10 Roland dit: «Ce sera Ganelon, mon parâtre.» Les Français
disent: «Certes il est homme à le faire; lui écarté, vous
n'enverrez pas un plus sage.» Et le comte Ganelon en fut
pénétré d'angoisse.³ De son col il rejette ses grandes peaux
de martre; il reste en son bliaut de soie. Il a les yeux vairs,
15 le visage très fier; son corps est noble, sa poitrine large; il
est si beau que tous ses pairs le contemplent. Il dit à Roland:
«Fou! pourquoi ta frénésie? Je suis ton parâtre, chacun le
sait, et pourtant voici que tu m'as désigné pour aller vers
Marsile. Si Dieu donne que je revienne de là-bas, je te ferai
20 tel dommage qui durera aussi longtemps que tu vivras!»
Roland répond: «Ce sont propos d'orgueil et de folie. On le
sait bien, je n'ai cure d'une menace; mais pour un message

---

bliaut, *m.*, under-tunic (worn under coat of mail)
cure, *f. n'en avoir* —, to take no notice of
écarter. *lui écarté,* except for him
franc, franche, *adj.*, free, proud
magne, *adj.*, *magnus*, great
martre, *f.*, marten
parâtre, *m.*, stepfather
vair, *adj.*, steel blue

² *Saragossa.*
³ Ganelon a épousé la mère de Roland (qui se trouve être aussi la sœur de
Charlemagne), et les deux hommes s'entendent mal. Roland est sincère en
nommant Ganelon, mais celui-ci ne veut rien lui devoir.

il faut un homme de sens; si le roi veut, je suis prêt: je le ferai
à votre place.»

XXI

Ganelon répond: «Tu n'iras pas à ma place! Tu n'es pas
mon vassal, je ne suis pas ton seigneur. Charles commande
que je fasse son service: j'irai à Saragosse, vers Marsile; mais 5
avant que j'apaise ce grand courroux où tu me vois, j'aurai
joué quelque jeu de ma façon.» Quand Roland l'entend, il
se prend à rire.

Ganelon part en ambassade. Il encourage Marsile à attaquer l'arrière-
garde des Français pendant qu'elle traverse les Pyrénées. De retour au camp 10
de Charles, il réussit à faire désigner Roland pour commander l'arrière-
garde.

LXVII

Les douze pairs sont restés en Espagne; en leur compagnie,
vingt mille Français, tous sans peur et qui ne craignent pas
la mort. L'empereur s'en retourne en France; sous son 15
manteau il cache son angoisse. Auprès de lui le duc Naimes
chevauche, qui lui dit: «Qu'est-ce donc qui vous tourmente?»
Charles répond: «Qui le demande m'offense. Ma douleur est
si grande que je ne puis la taire. Par Ganelon France sera
détruite. Cette nuit une vision me vint, de par un ange: 20
entre mes poings, Ganelon brisait ma lance, et voici qu'il a
marqué mon neveu pour l'arrière-garde. Je l'ai laissé dans la
marche étrangère. Dieu! si je le perds, jamais je n'aurai qui
le remplace.»

LXXIX

Les païens s'arment de hauberts sarrasins, presque tous à 25
triple épaisseur de mailles, lacent leurs très bons heaumes de

chevaucher, to ride	**marche,** *f.*, mark (a frontier province)
courroux, *m.*, anger	**par.** *de* —, by means of
haubert, *m.*, hauberk, coat of mail	**prendre. se** — *à*, to begin
heaume, *m.*, helmet	**sarrasin,** *adj.*, Saracen
maille, *f.*, mail	

Saragosse, ceignent des épées d'acier viennois. Ils ont de
riches écus, des épieux de Valence [4] et des gonfanons blancs
et bleus et vermeils. Ils ont laissé mulets et palefrois, ils
montent sur les destriers et chevauchent en rangs serrés. Clair
5 est le jour et beau le soleil: pas une armure qui toute ne
flamboie. Mille clairons sonnent, pour que ce soit plus beau.
Le bruit est grand: les Français l'entendirent. Olivier dit:
«Sire compagnon, il se peut, je crois, que nous ayons affaire
aux Sarrasins.» Roland répond: «Ah! que Dieu nous l'octroie!
10 Nous devons tenir ici, pour notre roi. Pour son seigneur on
doit souffrir toute détresse, et endurer les grands chauds et
les grands froids, et perdre du cuir et du poil. Que chacun
veille à y employer de grands coups, afin qu'on ne chante
pas de nous une mauvaise chanson! Le tort est aux païens,
15 aux chrétiens le droit. Jamais on ne dira rien de moi qui ne
soit exemplaire.»

LXXXIII

Olivier dit: «Les païens sont très forts; et nos Français, ce
me semble, sont bien peu. Roland, mon compagnon, sonnez
donc votre cor: Charles l'entendra, et l'armée reviendra.»
20 Roland répond: «Ce serait faire comme un fou. En douce
France j'y perdrais mon renom. Sur l'heure je frapperai de
Durendal de grands coups. Sa lame saignera jusqu'à l'or de
la garde. Les félons païens sont venus aux ports pour leur
malheur. Je vous le jure, tous sont marqués pour la mort.»

25   Les Français se préparent pour la bataille.

ceindre, to gird, put on
clairon, *m.*, clarion, trumpet
destrier, *m.*, charger
écu, *m.*, shield
épieu, *m.*, lance

gonfanon, *m.*, gonfalon (Medieval ensign)
octroyer, to grant
palefroi, *m.*, palfrey
port, *m.*, pass
viennois, *adj.*, of Vienne (city on Rhône)

[4] *Valencia.* Ville d'Espagne.

XC

Les Français se redressent et se mettent sur pieds. Ils sont bien absous, quittes de leurs péchés, et l'archevêque, au nom de Dieu, les a bénis. Puis ils sont remontés sur leurs destriers bien courants. Ils sont armés comme il convient à des chevaliers, et tous bien appareillés pour la bataille. Le comte Roland 5 appelle Olivier: «Sire compagnon, vous disiez bien, Ganelon nous a trahis. Il en a pris pour son salaire de l'or, des richesses, des deniers. Puisse l'empereur nous venger! Le roi Marsile nous a achetés par marché; mais la marchandise, il ne l'aura que par l'épée!» 10

XCV

Un roi est là, qui a nom Corsablix. Il est de Barbarie, une terre lointaine. Il crie aux autres Sarrasins: «Nous pouvons bien soutenir cette bataille: les Français sont si peu et nous avons droit de les mépriser: ce n'est pas Charles qui en sauvera un seul. Voici le jour où il leur faut mourir.» 15 L'archevêque Turpin l'a bien entendu. Sous le ciel il n'est homme qu'il ne haïsse plus. Il pique de ses éperons d'or fin, et vigoureusement va le frapper. Il lui a brisé l'écu, défait le haubert, enfoncé au corps son grand épieu; il appuie fortement, le secoue et l'ébranle; à pleine hampe, il l'abat mort sur 20 le chemin. Il regarde à terre, voit le félon gisant. Il ne laissera pas de lui parler un peu: «Païen, fils de serf, vous en avez menti! Charles, mon seigneur, peut toujours nous sauver; nos Français n'ont pas le cœur à fuir; vos compagnons, nous les ferons tous rétifs. Je vous dis une nouvelle: il vous faut 25 endurer la mort. Frappez, Français! Que pas un ne s'oublie!

archevêque, *m.*, archbishop
denier, *m.*, denier (old French coin, the twelfth part of a *sou*)
éperon, *m.*, spur
gésir, to lie. *gisant, pres. part.*

hampe, *f. à pleine* —, with the full length of his spear handle
laisser. *il ne laisse pas de parler*, he still speaks
rétif, rétive, *adj. faire rétif*, to cause to balk or draw back

Ce premier coup est nôtre, Dieu merci!» Il crie: «Montjoie!» [5]
pour rester maître du champ.

Les Français ont gagné la première bataille, mais ils ne sont plus que
soixante. Alors Roland s'avise de sonner du cor.

CXXIX

5 Roland dit: «Je sonnerai l'olifant. Charles l'entendra, qui
passe les ports. Je vous le jure, les Français reviendront.»
Olivier dit: «Ce serait pour tous vos parents un grand déshon-
neur et un opprobre et cette honte serait sur eux toute leur
vie! Quand je vous demandais de le faire, vous n'en fîtes rien.
10 Faites-le maintenant: ce ne sera plus par mon conseil. Sonner
votre cor, ce ne serait pas d'un vaillant! Mais comme vos deux
bras sont sanglants!» Le comte répond: «J'ai frappé de beaux
coups.»

Olivier et Roland finissent par se quereller, car Olivier estime que tous
15 leurs malheurs sont arrivés par la «légèreté» de son compagnon. Mais
l'archevêque Turpin les prie de cesser leur dispute et conseille à Roland de
sonner du cor.

CXXXIII

Roland a mis l'olifant à ses lèvres. Il l'embouche bien,
sonne à pleine force. Hauts sont les monts, et longue la voix
20 du cor; à trente grandes lieues on l'entend qui se prolonge.
Charles l'entend et l'entendent tous ses corps de troupe. Le
roi dit: «Nos hommes livrent bataille!» Et Ganelon lui
répond à l'encontre: «Qu'un autre l'eût dit, certes on y verrait
un grand mensonge.»

CXXXV

25 Le comte Roland a la bouche sanglante. Sa tempe s'est
rompue. Il sonne l'olifant douloureusement, avec angoisse.

encontre. *à l' —, prep.,* in contradiction   **olifant,** *m.,* ivory horn

[5] Cri de guerre des Français. Le mot désignait à l'origine un tertre qui était
la limite de deux territoires et qui, par ce fait, devenait facilement un champ de
bataille.

Charles l'entend, et ses Français l'entendent. Le roi dit: «Ce
cor a longue haleine!» Le duc Naimes répond: «C'est qu'un
vaillant y prend peine. Il livre bataille, j'en suis sûr. Celui-là
même l'a trahi qui maintenant vous demande de faillir à
votre tâche. Armez-vous, criez votre cri d'armes et secourez 5
votre belle mesnie. Vous l'entendez assez: c'est Roland qui
désespère.»

CXXXVII

Le jour avance, la vêprée brille. Contre le soleil resplen-
dissent les armures. Hauberts et heaumes flamboient, et les
écus où sont peintes des fleurs, et les épieux et les gonfanons 10
dorés. L'empereur chevauche plein de colère, et les Français
marris et courroucés. Pas un qui ne pleure douloureusement;
pour Roland, tous sont transis d'angoisse. Le roi a fait saisir
le comte Ganelon. Il l'a remis aux cuisiniers de sa maison. Il
appelle Besgon, leur chef: «Garde-le-moi bien, comme on 15
doit faire d'un félon pareil: il a livré ma mesnie par traîtrise.»
Besgon le reçoit en sa garde, et met après lui cent garçons
de la cuisine, des meilleurs et des pires. Ils lui arrachent les
poils de la barbe et des moustaches, le frappent chacun par
quatre fois du poing, le battent à coups de triques et de 20
bâtons et lui mettent au cou une chaîne comme à un ours.
Honteusement ils le hissent sur une bête de somme. Ainsi le
gardent-ils jusqu'au jour de le rendre à Charles.

Cependant la bataille à Roncevaux continue. Roland coupe le poing à
Marsile et met son armée en fuite. Mais de nouveau le roi de Carthage et 25
ses Éthiopiens tombent sur les Français.

CXLIX

Voilà sur son cheval Roland pâmé, et Olivier qui est blessé
à mort. Il a tant saigné, ses yeux se sont troublés: il n'y voit

courroucé, *adj.,* angry
fois, *f. par quatre —,* four times
marri, *adj.,* sorrowful
mesnie, *f.,* household
pâmer (se), to faint, swoon

peine, *f. prendre —,* to be in distress
somme, *f.,* burden
transir, to benumb, overcome
trique, *f.,* cudgel
vêprée, *f.,* evening

plus assez clair pour reconnaître, loin ou près, homme qui vive. Comme il aborde son compagnon, il le frappe sur son heaume couvert d'or et de gemmes, qu'il fend tout jusqu'au nasal; mais il n'a pas atteint la tête. A ce coup Roland l'a
5 regardé et lui demande doucement, par amour: «Sire compagnon, le faites-vous de votre gré? C'est moi, Roland, celui qui vous aime tant! Vous ne m'aviez porté aucun défi!» Olivier dit: «Maintenant j'entends votre voix. Je ne vous vois plus: veuille le Seigneur Dieu vous voir! Je vous ai frappé,
10 pardonnez-le-moi.» Roland répond: «Je n'ai aucun mal. Je vous pardonne, ici et devant Dieu.» A ces mots l'un vers l'autre ils s'inclinèrent. C'est ainsi, à grand amour, qu'ils se sont séparés.

CLVI

Le comte Roland combat noblement, mais son corps est
15 trempé de sueur et brûle; et dans sa tête il sent un grand mal: parce qu'il a sonné son cor, sa tempe s'est rompue. Mais il veut savoir si Charles viendra. Il prend l'olifant, sonne, mais faiblement. L'empereur s'arrête, écoute: «Seigneurs,» dit-il, «malheur à nous! Roland, mon neveu, en ce jour, nous
20 quitte. A la voix de son cor j'entends qu'il ne vivra plus guère. Qui veut le joindre, qu'il presse son cheval! Sonnez vos clairons, tant qu'il y en a dans cette armée!» Soixante mille clairons sonnent, et si haut que les monts retentissent et que répondent les vallées. Les païens l'entendent, ils n'ont
25 garde d'en rire. L'un dit à l'autre: «Bientôt Charles sera sur nous.»

Les païens se sont enfuis. Seul Roland reste debout.

défi, *m. porter un —*, to challenge
garde, *f. n'avoir — de*, to be far from
gré, *m. de votre —*, of your own free will

malheur, *m. — à*, woe to
nasal, *m.*, nose piece
vivre. *homme qui vive*, a living soul

CLXVIII

Roland sent que sa mort est prochaine. Par les oreilles sa cervelle se répand.[6] Il prie Dieu pour ses pairs afin qu'il les appelle; puis, pour lui-même, il prie l'ange Gabriel. Il prend l'olifant, pour que personne ne lui fasse reproche, et Durendal, son épée, en l'autre main. Un peu plus loin qu'une portée 5 d'arbalète, vers l'Espagne, il va dans un guéret. Il monte sur un tertre. Là, sous un bel arbre, il y a quatre perrons, faits de marbre. Sur l'herbe verte, il est tombé à la renverse. Il se pâme, car sa mort approche.

CLXXI

Roland sent que sa vue se perd. Il se met sur pieds, tant 10 qu'il peut s'évertue. Son visage a perdu sa couleur. Devant lui est une pierre bise. Il y frappe dix coups, plein de deuil et de rancœur. L'acier grince, il ne se brise, ni ne s'ébrèche. «Ah!» dit le comte, «sainte Marie à mon aide! Ah! Durendal, bonne Durendal, c'est pitié de vous! Puisque je meurs, je n'ai 15 plus charge de vous. Par vous j'ai gagné en rase campagne tant de batailles, et par vous dompté tant de larges terres, que Charles tient, qui a la barbe chenue! Ne venez jamais aux mains d'un homme qui puisse fuir devant un autre! Un bon vassal vous a longtemps tenue; il n'y aura jamais votre pa- 20 reille en France la Sainte.»

CLXXIV

Roland sent que la mort le prend tout: de sa tête elle descend vers son cœur. Jusque sous un pin il va courant; il

arbalète, *f.*, crossbow
bis, *adj.*, brown
chenu, *adj.*, hoary
dompter, to subdue, conquer
évertuer (s'), to exert oneself

guéret, *m.*, headland (unploughed land)
perron, *m.*, block of marble
portée, *f.*, range
ras, *adj. rase compagne*, open field
tertre, *m.*, hillock

[6] Il a sonné si fort du cor.

s'est couché sur l'herbe verte, face contre terre. Sous lui il met son épée et l'olifant. Il a tourné sa tête du côté de la gent païenne: il a fait ainsi, voulant que Charles dise, et tous les siens, qu'il est mort en vainqueur, le gentil comte. A faibles
5 coups et souvent, il bat sa coulpe. Pour ses péchés il tend vers Dieu son gant.[7]

CLXXVI

Le comte Roland est couché sous un pin. Vers l'Espagne il a tourné son visage. De maintes choses il lui vient souvenance: de tant de terres qu'il a conquises, le vaillant, de
10 douce France, des hommes de son lignage, de Charlemagne, son seigneur, qui l'a nourri. Il en pleure et soupire, il ne peut s'en empêcher. Mais il ne veut pas se mettre lui-même en oubli; il bat sa coulpe et demande à Dieu merci: «Vrai Père, qui jamais ne mentis, toi qui rappelas saint Lazare [8] d'entre
15 les morts, toi qui sauvas Daniel des lions, sauve mon âme de tous périls, pour les péchés que j'ai faits dans ma vie!» Il a offert à Dieu son gant droit; saint Gabriel l'a pris de sa main. Sur son bras il a laissé retomber sa tête; il est allé, les mains jointes, à sa fin. Dieu lui envoie son ange Chérubin [9] et saint
20 Michel du Péril; [10] avec eux y vint saint Gabriel. Ils portent l'âme du comte en paradis.

Avec son armée Charlemagne revient à Roncevaux, trouve son arrière-garde anéantie, poursuit les Sarrasins et les défait dans une grande bataille. Repoussés en désordre sur Saragosse, les païens renversent leurs idoles qui
25 les ont trahis.

coulpe, *f. battre sa* —, to confess one's sins

gent, *f.*, people, host

souvenance, *f. il lui vient* —, the memory comes to him

[7] Ici ce n'est pas un défi mais un signe d'obéissance.
[8] *Lazarus.* Personnage biblique qui fut ressuscité par Jésus.
[9] D'après la croyance médiévale, saint Chérubin était un ange qui se tenait avec une épée flamboyante à la porte du paradis.
[10] Patron du Mont-Saint-Michel qu'on disait «en péril de la mer» à cause de sa situation.

CCLXVIII

L'empereur est revenu d'Espagne. Il vient à Aix,[11] le meilleur siège de France. Il monte au palais, il est entré dans la salle. Voici que vient à lui Aude, une belle damoiselle. Elle dit au roi: «Où est-il, Roland le capitaine, qui me jura de me prendre pour sa femme?» Charles en a douleur et peine. Il 5 pleure, tire sa barbe blanche: «Sœur, chère amie, de qui t'enquiers-tu? D'un mort. Je te ferai le meilleur échange: ce sera Louis, je ne sais pas mieux te dire. Il est mon fils, c'est lui qui tiendra mes marches.» Aude répond: «Cette parole m'est étrange. A Dieu ne plaise, à ses saints, à ses anges, 10 après Roland que je reste vivante!» Elle perd sa couleur, choit aux pieds de Charlemagne. Elle est morte aussitôt: que Dieu ait pitié de son âme! Les barons français en pleurent et la plaignent.

Accusé de trahison, Ganelon doit comparaître devant les pairs mais ses 15 parents prennent son parti. Le vaillant Pinabel se fait le défenseur de Ganelon et défie tous les vassaux de Charlemagne. Alors survient un jeune chevalier Thierry qui ose se mesurer avec Pinabel et qui l'emporte sur son adversaire.

CCLXXXIX

Alors s'en furent Bavarois et Allemands et Poitevins [12] et 20 Bretons et Normands. Tous sont tombés d'accord, et les Français les premiers, que Ganelon doit mourir en merveilleuse angoisse. On amène quatre destriers, puis on lui attache les pieds et les mains. Les chevaux sont ardents et rapides: devant eux, quatre sergents les poussent vers un cours 25 d'eau qui traverse un champ, prêts à les saisir. Ganelon est

choir, to fall
comparaître, to appear
damoiselle, *f.*, damsel (originally of noble birth)

être. *ils s'en furent*, they returned
sergent, *m.*, domestic
siège, *m.* city, seat of government
survenir, to come unexpectedly

[11] Aix-la-Chapelle, ou *Aachen* en allemand, ville située aujourd'hui en Allemagne.
[12] Habitant du Poitou, province française dont la capitale était Poitiers.

venu à sa perdition. Tous ses nerfs se distendent, tous les membres de son corps se brisent; sur l'herbe verte son sang se répand clair. Ganelon est mort de la mort qui sied à un félon prouvé. Quand un homme trahit un autre, il n'est pas
5 juste qu'il s'en puisse vanter.

seoir, to be fitting   **sied.** See *seoir*

FRANÇOIS VILLON (1431–?)

Déchirée par la lutte entre Armagnacs [1] *et Bourguignons* [2] *et entre Français et Anglais, la France a connu pendant le XIVe et XVe siècles une période de grande sécheresse littéraire. De spontanée qu'elle était dans les siècles précédents, la poésie est devenue artificielle et conventionnelle. Un seul poète à cette époque a su s'élever au-dessus de la médiocrité de ses contemporains, c'est François* 5 *Villon qui a raconté dans ses* Lais *et ensuite dans son* Testament *sa vie aventureuse et pleine de malheurs. «Maître ès arts» de l'Université de Paris, il fréquentait des bandes de malandrins et de cambrioleurs et dut s'enfuir de Paris après avoir tué un prêtre avec lequel il s'était disputé au sujet d'une femme. Gracié, il dut s'enfuir une deuxième fois après avoir cambriolé le* 10 *Collège de Navarre. Ses* Lais*, écrits à cette époque, étaient des legs humoristiques aux Parisiens qu'il quittait. Pendant cinq ou six ans il erra à travers la France, fréquentant parfois des nobles, patrons des arts, et plus souvent des brigands. Son* Testament *exploite le même thème que les* Lais*, mais contient en appendice des poèmes très personnels tels que la* Ballade *des* 15 Pendus*, écrite quand il se voyait condamné au gibet pour un crime que nous ignorons. Cette fois-ci ses amis purent intervenir pour obtenir sa grâce, mais on ignore complètement quelles furent les dernières années de sa vie.*

BALLADE DES PENDUS

Freres humains qui après nous viuez,
N'ayez les cuers contre nous endurciz,
Car, se pitié de nous poures auez,   20
Dieu en aura plus tost de vous merciz.
Vous nous voyez cy attachez cinq, six:

cambrioleur, *m.*, housebreaker   legs, *m.*, legacy
lais, *m.*, Old French for *legs*, q.v.   malandrin, *m.*, bandit

[1] Partisans du duc d'Orléans sous le règne de Charles VI et Charles VII; ils soutenaient le roi contre le duc de Bourgogne.
[2] Parti du duc de Bourgogne (*Burgundy*), grand adversaire de l'autorité royale.

13

Quant de la chair, que trop auons nourrie,
Elle est pieça deuoree & pourrie,
Et nous, les os, deuenons cendre & pouldre.
De nostre mal personne ne s'en rie:
5 Mais priez Dieu que tous nous vueille absouldre!

Se freres vous clamons, pas n'en deuez
Auoir desdain, quoy que fusmes occiz
Par justice. Toutesfois, vous savez
Que tous hommes n'ont pas le sens rassiz;
10 Excusez nous, puis que sommes transsis,
Enuers le filz de la Vierge Marie,
Que sa grace ne soit pour nous tarie,
Nous preseruant de l'infernale fouldre.
Nous sommes morts, ame ne nous harie;
15 Mais priez Dieu que tous nous vueille absouldre!

La pluye nous a debuez & lauez,
Et le soleil dessechez & noirciz:
Pies, corbeaulx nous ont les yeulx cauez
Et arraché la barbe & les sourciz.
20 Jamais nul temps nous ne sommes assis;
Puis ça, puis la, comme le vent varie,
A son plaisir sans cesser nous charie,
Plus becquetez d'oiseaulx que dez à couldre.
Ne soyez donc de nostre confrarie;
25 Mais priez Dieu que tous nous vueille absouldre!

Prince Ihesus, qui sur tous a maistrie,
Gardez qu'Enfer n'ait de nous seigneurie:
A luy n'ayons que faire ne que souldre.
Hommes, icy n'a point de mocquerie;
30 Mais priez Dieu que tous nous vueille absouldre!

TRADUCTION

Frères humains, qui vivez après nous,
N'ayez pas les cœurs endurcis contre nous,
Car, si vous pouvez avoir pitié de nous,
Dieu vous donnera plus tôt sa miséricorde.
Vous nous voyez attachés ici, cinq, six: 5
Quant à la chair, que nous avons trop nourrie,
Elle est depuis longtemps dévorée et pourrie,
Et nous, les os, nous devenons cendre et poudre.
Qu'on ne rie pas de notre infortune:
Mais priez Dieu qu'il veuille nous absoudre tous!   10

Si nous vous appelons frères, vous n'en devez pas
Avoir dédain, quoique nous fûmes (ayons été) tués
Par justice. Toutefois, vous savez
Que tous les hommes n'ont pas le sens rassis;
Excusez-nous, puisque nous sommes morts,   15
Auprès du fils de la Vierge Marie,
Que sa grâce ne soit pas tarie pour nous,
Nous préservant de la foudre infernale.
Nous sommes morts, que personne ne nous tourmente;
Mais priez Dieu qu'il veuille nous absoudre tous!   20

La pluie nous a trempés et lavés
Et le soleil desséchés et noircis:
Les pies, les corbeaux nous ont creusé les yeux
Et arraché la barbe et les sourcils.
Jamais nous ne sommes assis;   25
Puis çà, puis là, comme le vent varie,
A son bon plaisir sans cesser il nous charrie,
Plus becquetés que des dés à coudre.

becqueter, to peck
charrier, to cart, carry along
dé, *m.* — *à coudre*, thimble
endurcir, to harden
pie, *f.*, magpie

pourrir, to rot
rassis, *adj. avoir le sens* —, to be sober-
    minded
tarir, to dry up

Ne soyez donc pas de notre confrérie;
Mais priez Dieu qu'il veuille nous absoudre tous!

Prince Jésus, qui a (avez) autorité sur tous,
Gardez que nous ne devenions pas les vassaux de l'Enfer;
5 Avec lui n'ayons rien à faire et ne lui devons rien.
Hommes, ici il n'y a point de moquerie;
Mais priez Dieu qu'il veuille nous absoudre tous!

FRANÇOIS RABELAIS (1494–1553)

La Renaissance des arts et des lettres, due en partie à la découverte de modèles gréco-latins, a commencé en Italie au XVᵉ siècle mais n'a pénétré en France qu'au siècle suivant. François Rabelais figure parmi les grands écrivains de la Renaissance française bien que par son inspiration et par sa langue archaïque et abondante, il ait encore ses racines dans le moyen âge. 5
Cet auteur raconte, tout comme ses devanciers du moyen âge, une histoire de géants qui s'appellent Gargantua et Pantagruel; dans la chronologie de l'histoire Gargantua précède Pantagruel, mais, en fait, Gargantua n'a été composé qu'en 1535, deux ans après sa soi-disant suite. Quoique Rabelais ne répugne pas aux obscénités les plus burlesques, son vrai but n'est pas 10 tellement d'amuser que d'instruire. C'est un moine imprégné d'humanisme qui dut faire ses études, surtout celle du grec, dans des conditions difficiles. Avant étudié la médecine à Montpellier, il est médecin attaché à l'Hôtel-Dieu [1] *de Lyon quand il publie son premier livre. Par la suite, quand il deviendra le médecin personnel du cardinal du Bellay avec lequel il visitera Rome au moins* 15 *trois fois, il aura de puissants protecteurs qui le soutiendront dans sa lutte inégale contre la Sorbonne* [2] *qui ne cesse de frapper ses livres d'interdiction.*
Dans ses livres Rabelais verse pêle-mêle tout son savoir et, ce qui plus est, toute sa philosophie. En véritable humaniste il envisage un monde meilleur où l'homme intelligent pourra penser et exprimer sa pensée, sans craindre une 20 *intervention de l'église orthodoxe ou de l'église protestante, aussi intolérante l'une que l'autre à cette époque. «Fais ce que voudras» sera la devise de son Abbaye de Thélème, le couvent utopiste qu'il décrit dans Gargantua.*

PANTAGRUEL [3]
1533

Le géant Gargantua, dont Rabelais a raconté la vie «très horrifique» dans son *Premier Livre*, a un fils à l'âge de quatre cent quatre-vingt quarante- 25

horrifique, *adj.*, horrific, fearsome

[1] Principal hôpital d'une ville.
[2] Collège de l'ancienne université de Paris, réputé pour ses études de théologie. Aujourd'hui ce nom se donne à la Faculté des Lettres.
[3] Texte adapté à l'orthographe moderne.

quatre ans. Ce fils naît «tout velu comme un ours» et est si grand qu'il coûte la vie à sa mère. On l'appelle *Pantagruel*, ce qui veut dire, d'après l'étymologie de Rabelais, «tout altéré.»

IV

DE L'ENFANCE DE PANTAGRUEL

Le bébé est un jeune Hercule [4] qui mange les vaches qu'on veut lui faire
5 téter et un ours qui a la témérité de lui lécher les «babines.» Son père, craignant qu'il ne s'en aille, fait faire de grosses chaînes pour le lier à son berceau.

Pantagruel demeura alors coi et pacifique. Mais voici qu'arriva un jour de grande fête où son père Gargantua faisait
10 un beau banquet à tous les princes de sa cour. Je crois bien que tous les officiers de sa cour étaient tant occupés au service du festin que l'on ne se souciait pas du pauvre Pantagruel, et il demeurait ainsi à *reculorum*. Que fit-il?

Ce qu'il fit, mes bonnes gens? Écoutez.
15 Il essaya de rompre les chaînes du berceau avec les bras, mais il ne put, car elles étaient trop fortes. Alors il trépigna tant des pieds qu'il rompit le bout de son berceau, qui toutefois était d'une grosse poste de sept empans en carré, et, dès qu'il eut mis les pieds dehors, il s'avala le mieux qu'il
20 put, en sorte qu'il touchait les pieds en terre; et alors avec grande puissance il se leva, emportant son berceau sur l'échine ainsi lié, comme une tortue qui monte contre une muraille, et à le voir il semblait que ce fût une grande caraque de cinq cents tonneaux qui fut debout. Alors il entra si hardi-
25 ment dans la salle où l'on banquetait qu'il épouvanta bien

altéré, *adj.*, thirsty
avaler. *il s'avala:* il se laissa glisser
babines, *f. pl.*, chops
caraque, *f.*, carack (merchant ship)
coi, coite, *adj.*, *tranquille*
échine, *f.*, spine

empan, *m.*, span
poste, *f.*, *poutre*, beam
reculorum (à), (Latin), *dans un coin*
tortue, *f.*, tortoise; testudo (large Roman shield for sieges)
velu, *adj.*, hairy

[4] *Hercules.* Héros de la mythologie grecque.

l'assistance; mais, parce qu'il avait les bras liés dedans, il ne pouvait rien prendre à manger, mais à grand'peine il s'inclinait pour prendre avec la langue quelque lippée. Ce que voyant, son père entendit bien qu'on l'avait laissé sans lui bailler à repaître et commanda qu'il fût délié desdites 5 chaînes, par le conseil des princes et seigneurs présents, et aussi parce que les médecins de Gargantua disaient que, si l'on le tenait ainsi au berceau, qu'il serait toute sa vie sujet à la gravelle.

Lorsqu'il fut déchaîné, l'on le fit asseoir, et il mangea fort 10 bien, et mit son dit berceau en plus de cinq cents mille pièces d'un coup de poing qu'il frappa au milieu par dépit, avec protestation de jamais n'y retourner.

Ainsi Pantagruel grandit de jour en jour jusqu'à ce qu'on l'envoie faire le tour des universités provinciales. Ensuite il va étudier à l'université de 15 Paris. Partout dans ce livre nous voyons le contraste entre le moyen âge finissant et la Renaissance dont Rabelais est lui-même un des plus grands apologistes. Ce contraste se manifeste surtout dans la fameuse lettre que Gargantua envoie à son fils pour lui conseiller la vertu et pour l'enjoindre à profiter de cette renaissance des lettres et des sciences pour devenir un 20 «abîme de science.» Nous ne donnons pas cette lettre, malgré son importance, parce qu'elle est assez difficile à comprendre et, dans le passage suivant, nous revenons au Rabelais typique, c'est-à-dire à l'écrivain humoristique.

Un jour Pantagruel rencontre le rusé vagabond Panurge, qui, par la 25 suite, joue aux Parisiens des tours de telle nature que les bienséances ne nous permettent pas de les rapporter ici.

XIV

Comment Panurge Raconte de Quelle Manière Il S'Échappa de la Main des Turcs

— Ce vin est fort bon et bien délicieux, dit Panurge, mais plus j'en bois, plus j'ai soif. Je crois que l'ombre de Mon-

---

abîme, *m.*, abyss
bailler, *donner*
bienséance, *f.*, propriety
ce, *pro. ce que voyant*, seeing this

gravelle, *f.*, gravel (a disease of kidneys)
ledit, ladite, etc., *adj.*, the aforesaid
lippée, *f.*, mouthful
repaître (se), *manger*

seigneur Pantagruel engendre les altérés comme la lune fait les catarrhes.[5]

Sur quoi les assistants commencèrent à rire. Ce que voyant, Pantagruel dit:

5 — Panurge, qu'est-ce que vous avez à rire?

— Seigneur, (dit-il), je leur contais comment ces diables de Turcs sont bien malheureux de ne boire goutte de vin. S'il n'y avait pas d'autre mal dans le *Coran* de Mahomet,[6] encore ne me mettrais-je jamais sous sa loi.

10 — Mais maintenant dites-moi comment (dit Pantagruel) vous échappâtes de leurs mains.

— Par Dieu, Seigneur, dit Panurge, je ne vous mentirai pas d'un seul mot.

«Les paillards Turcs m'avaient mis en broche tout lardé
15 comme un connil, car j'étais si maigre qu'autrement ma chair eût été une fort mauvaise viande; et en ce point ils me faisaient rôtir tout vif. Ainsi comme ils me rôtissaient, je me recommandais à la grâce divine, ayant en mémoire le bon saint Laurent [7] et toujours j'espérais en Dieu qu'il me délivrerait
20 de ce tourment, ce qui fut fait bien étrangement; car, — ainsi que je me recommandais bien de bon cœur à Dieu, criant: Seigneur Dieu, aide-moi! Seigneur Dieu, sauve-moi! Seigneur Dieu, ôte-moi de ce tourment auquel ces traîtres chiens me détiennent pour la maintenance de ta loi! Le [8] rôtisseur
25 s'endormit par le vouloir divin, ou bien de quelque bon Mercure [9] qui endormit cauteleusement Argus [10] qui avait cent yeux.

---

broche, *f.*, spit
cauteleusement, *adv.*, craftily
connil, *m.*, *lapin*
détenir, to confine

larder, to lard (enrich by insertion of strips of bacon before roasting)
maintenance, *f.*, *le maintien*
paillard, *adj.*, lecherous
vouloir, *m.*, *la volonté*

---

[5] Les anciens croyaient à l'influence de la lune sur le corps humain.

[6] *Mohammed.* Prophète de l'islamisme (571–632).

[7] *Saint Lawrence.* Saint Laurent (martyr en 258) fut brûlé vif.

[8] Notez qu'ici la syntaxe de Rabelais devient plutôt fantaisiste.

[9] *Mercury.* Nom latin de Hermès, messager des dieux dans la mythologie grecque.

[10] Dans la mythologie grecque, un prince qui avait cent yeux et qui fut chargé par Junon de la garde d'Io changée en vache.

«Quand je vis qu'il ne tournait plus en rôtissant, je le regarde et vois qu'il s'endort. Alors je prends avec les dents un tison par le bout où il n'était point brûlé, et vous le jette au giron de mon rôtisseur, et un autre je jette, le mieux que je pus, sous un lit de camp qui était près de la cheminée où 5 était la paillasse de Monsieur mon rôtisseur.

«Incontinent le feu se prit à la paille, et de la paille au lit, et du lit au solier, qui était recouvert de sapin fait à queues de lampes. Mais le bon fut que le feu que j'avais jeté au giron de mon paillard rôtisseur le brûla si bien que, se levant 10 comme un bouc étourdi, il cria à la fenêtre tant qu'il put: «*Dal baroth, dal baroth!*» [11] qui vaut autant à dire comme «*Au feu, au feu!*» et vint droit à moi, pour me jeter du tout au feu, et déjà il avait coupé les cordes dont on m'avait lié les mains et coupait les liens des pieds. 15

«Mais le maître de la maison, oyant le cri du feu et sentant déjà la fumée de la rue où il se promenait avec quelques autres pachas et musaffis, courut tant qu'il put y donner secours et pour emporter les bagues.

«De pleine arrivée il tire la broche où j'étais embroché, et 20 tua tout roide mon rôtisseur, dont il mourut là par faute de gouvernement ou autrement: car il lui passa la broche un peu au-dessus du nombril vers le flanc droit, et lui perça la tierce lobe du foie, et le coup haussant lui pénétra le diaphragme et, par à travers la capsule du cœur, il lui sortit la 25

arrivée, *f. de pleine* —: *à peine arrivée*
bagues, *f. pl.*, *bagages*
bouc, *m. comme un* — *étourdi*, like an enraged he-goat
capsule, *f.*, pericardium
giron, *m.*, lap
gouvernement, *m.*, *vigilance*
haussant, *s'élevant*
incontinent, *adv.*, *aussitôt*
musaffi, *m.*, *docteur*
nombril, *m.*, navel
ouïr, *entendre*

oyant, *pres. part.* of ouïr
pacha, *m.*, pasha (Turkish title)
paillasse, *f.*, straw mattress
queue, *f.* — *de lampe*, cul-de-lampe (an ornament suggestive of the some- what conical bottom of ancient lamps)
roide, *adj. tuer* —, to kill stone-dead
solier, *m.*, rafters
tierce, *adj.*, *troisième*
tison, *m.*, brand
tout, *m. du* —: *d'un bloc*

[11] C'est plutôt du turc de fantaisie.

broche par le haut des épaules entre les spondyles et l'omoplate senestre.

«Il est vrai qu'en tirant la broche de mon corps je tombai à
terre près des landiers, et la chute me fit un peu de mal, toute-
5 fois non grand, car les lardons soutinrent le coup.

«Puis mon pacha voyant que le cas était désespéré et que sa
maison était brûlée sans rémission et tout son bien perdu, il se
donna à tous les diables, appelant Grilgoth,[12] Astaroth,
Raspalus et Gribouillis par neuf fois.

10   «Ce que voyant, j'eus de peur pour plus de cinq sous,
craignant: Les diables viendront à cette heure pour emporter
ce fou-ci. Seraient-ils bien gens pour m'emporter aussi? Je
suis déjà à demi rôti. Mes lardons seront cause de mon mal,
car ces diables-ci sont friands de lardons, comme vous avez
15 l'autorité du philosophe Jamblique [13] et Murmault [14] dans
l'Apologie *De bossutis et contrefactis pro Magistros nostros.*[15] Mais
je fis le signe de la croix, criant: *Agyos athanatos, ho Theos!* [16]
Et nul ne venait.

«Ce que voyant, mon vilain pacha se voulait tuer de ma
20 broche et s'en percer le cœur. En fait il la mit contre sa
poitrine, mais elle ne pouvait s'enfoncer, car elle n'était pas
assez pointue, et il poussait tant qu'il pouvait, mais il ne
profitait rien.

«Alors je vins à lui, disant:

25   «Messire Bougrino, tu perds ici ton temps, car tu ne te
tueras jamais ainsi; tu te blesseras bien de quelque coup

bougrino, *m.,* bugger, heretic
friand, *adj.,* fond of
landier, *m.,* andiron
lardon, *m.,* lardon, strip of bacon

messire, *m., monsieur*
omoplate, *f.,* scapula, shoulder blade
senestre, *adj., gauche*
spondyle, *m., vertèbre*

[12] C'est-à-dire «grille Goth». Grilgoth, Astaroth, etc., étaient des noms
burlesques de diables inventés par Rabelais ou déjà courants.
[13] *Iamblichus.* Écrivain grec du 2e siècle de notre ère.
[14] On croit que Rabelais faisait allusion à Johannes Murmel de Münster,
mort en 1517.
[15] Du latin macaronique: *Des bossus et contrefaits pour nos maîtres.*
[16] Du grec: *Dieu est saint et immortel.*

dont tu languiras toute ta vie entre les mains des barbiers;
mais, si tu veux, je te tuerai ici tout franc, en sorte que tu ne
sentiras rien, et, tu peux m'en croire, car j'en ai tué bien
d'autres qui s'en sont bien trouvés.

— Ha, mon ami, (dit-il), je t'en prie! et, ce faisant, je te 5
donne ma bougette. Tiens, la voilà. Il y a six cents séraphins
dedans, et quelques diamants et rubis en perfection.

— Et où sont-ils? (dit Epistemon).

— Par saint Jean! [17] dit Panurge, ils sont bien loin s'ils vont
toujours: 10
> Mais où sont les neiges d'antan?

C'était le plus grand souci qu'eut Villon, le poète parisien.

— Achève (dit Pantagruel), je te prie, que nous sachions
comment tu arrangeas ton pacha.

— Foi d'homme de bien, dit Panurge, je ne mens pas d'un 15
mot. Je le bande d'une méchante braic, que je trouve là,
brûlée à demi, et vous le lie rustrement, pieds et mains, de
mes cordes, si bien qu'il n'eût su regimber; puis je lui passai
ma broche à travers la gargamelle et le pendis, accrochant la
broche à deux gros crampons, qui soutenaient des hallebardes; 20
et je vous attise un beau feu au-dessous, et vous flambai mon
milord comme on fait les harengs saurs, dans la cheminée.
Puis, prenant sa bougette et un petit javelot qui était sur les
crampons, je m'enfuis au beau galop, et Dieu sait comme je
sentais l'épaule de mouton.   25

«Quand je fus descendu dans la rue, je trouvai tout le

antan, *m.*, yesteryear
attiser, to stir up
bougette, *f.*, *bourse*
braic, *f.*, loin cloth
crampon, *m.*, hook
épaule, *f. sentir l'— de mouton*, to stink to high heaven
flamber, to singe
franc, *adv. tout —: loyalement*
gargamelle, *f.*, *gorge*

hallebarde, *f.*, halberd (weapon consisting of battle axe attached to spear)
hareng, *m.* — *saur*, red herring
homme, *m.* — *de bien*, honest man
regimber, to kick
rustrement, *adv.*, *grossièrement*
séraphin, *m.*, seraph (oriental currency)

[17] *John-the-Baptist.*

monde accouru au feu qui jetait force eau pour l'éteindre,
et me voyant ainsi à demi rôti, ils eurent pitié de moi naturellement et me jetèrent toute leur eau sur moi et me rafraîchirent
joyeusement, ce qui me fit fort grand bien; puis ils me don-
5 nèrent quelque peu à repaître, mais je ne mangeais guère,
car ils ne me baillaient que de l'eau à boire, à leur mode.

«Autre mal ils ne me firent, à part un vilain petit Turc,
bossu par devant, qui furtivement me croquait mes lardons;
mais je lui baillai si vertement des *dronos* sur les doigts qu'il
10 n'y retourna pas deux fois. Mais notez que ce rôtissage me
guérit d'une sciatique, à laquelle j'étais sujet depuis plus de
sept ans, du côté auquel mon rôtisseur s'endormant me
laissa brûler.

«Or, pendant qu'ils s'amusaient de moi, le feu triomphait,
15 ne me demandez pas comment, dans plus de deux mille
maisons, si bien que l'un d'entre eux l'avisa et s'écria, disant:
«Ventre Mahom, toute la ville brûle et nous nous amusons
ici!» Ainsi chacun s'en va à sa chacunière.

«Quant à moi, je prends mon chemin vers la porte. Quand
20 je fus sur un petit tucquet qui est auprès, je me retournai en
arrière, comme la femme de Loth,[18] et vis toute la ville brûlant,
ce dont je fus bien aise; mais Dieu m'en punit bien.

— Comment (dit Pantagruel).

— Ainsi (dit Panurge) que je regardais en grande liesse
25 ce beau feu, me gabelant et disant: «Ha pauvres puces, ha
pauvres souris, vous aurez mauvais hiver, le feu est en votre
logis,» sortirent plus de six, voire plus de treize cents et onze
chiens, gros et menus, tous ensemble de la ville, fuyant le feu.

bossu, *adj.*, hunchbacked, deformed	**menu**, *adj.*, *petit*
chacunière, *f. à sa* —: *dans sa maison*	**puce**, *f.*, flea
croquer, to crunch, devour	**sciatique**, *f.*, sciatica
drono, *m.*, *coup* (Toulouse localism)	**tucquet**, *m.*, *tertre*
force, *adv.*, *beaucoup* (*de*)	**ventre**, *m.* — *Mahom:* — *de Mahomet!*
gabeler (se), *railler*	**vertement**, *adv.*, *vigoureusement*
liesse, *f.*, *joie*	**voire**, *adv.*, nay

[18] Personnage biblique dont la femme fut changée en statue de sel.

A peine arrivés ils accoururent droit sur moi, sentant l'odeur de ma paillarde chair à demi rôtie, et ils m'eussent dévoré sur l'heure si mon bon ange ne m'eût bien inspiré, m'enseignant un remède bien opportun contre le mal de dents.

— Et à quel propos (dit Pantagruel) craignais-tu le mal de 5 dents? N'étais-tu pas guéri de tes rhumes?

— Pâques de soles! (répondit Panurge) est-il mal de dents plus grand que quand les chiens vous tiennent aux jambes? Mais soudain je m'avisai de mes lardons et les jetai au milieu d'entre eux. Les chiens alors d'aller et de s'entrebattre l'un 10 l'autre à belles dents à qui aurait le lardon. Par ce moyen ils me laissèrent, et je les laissai aussi se pelant l'un l'autre. Ainsi j'échappai gaillard et joyeux, et vive la rôtisserie!»

Laissons là ces histoires presque inénarrables, car il serait superflu de vouloir résumer un livre si épisodique. Il faut passer à d'autres auteurs.

à, *prep.* à *qui aurait,* to see who would get
de, *prep.* *d'aller:* allèrent
dont, *f.* à *belles* —s, unmercifully
gaillard, *adj.,* merry
inénarrable, *adj.,* indescribable

Pâques, *m.,* Easter
peler, to strip hair off, skin
rôtisserie, *f.,* roasting
sole, *f.,* fish. *Pâques de* —s, an oath which is in the original *Pâques de Dieu.*

PIERRE DE RONSARD (1524–1585)

La poésie étant le genre le plus noble et le plus artistique, c'est autour d'elle que se rallient les théoriciens de chaque nouveau mouvement littéraire. Pendant la Renaissance française de jeunes nobles, dont le chef était Pierre de Ronsard, fondèrent un groupe appelé la Pléiade [1] pour opérer une réforme
5 *littéraire. Sous la conduite de l'humaniste Daurat, ils étudièrent le grec (langue ignorée pendant le moyen âge), et, en se rapprochant étroitement des anciens, ils se rendirent compte de la pauvreté et de l'imperfection de la littérature française. Pleins d'enthousiasme et de génie, ils voulaient créer avec cette langue vulgaire encore informe une littérature qui serait l'égale de la littérature*
10 *antique. En cela ils suivaient la voie déjà frayée par les écrivains italiens de la Renaissance qui avaient réussi à créer une nouvelle littérature inspirée des anciens. La Pléiade avait ébauché un programme qu'une seule génération ne pouvait guère réaliser; son effort a dû être complété et corrigé par l'école classique du siècle suivant.*
15 *Ronsard lui-même était d'origine noble et avait été écuyer à la cour. Après avoir participé à des missions diplomatiques en Écosse et en Allemagne, il avait été frappé de surdité. Ayant reçu la tonsure ecclésiastique, il se consacra désormais à l'humanisme et devint le plus grand poète de son temps.*

ODE A CASSANDRE

1553

Mignonne, allons voir si la rose
20   Qui ce matin avait déclose
Sa robe de pourpre au soleil
A point perdu cette vêprée

déclore, to open
ébaucher, to outline
écuyer, *m.*, equerry

frayer, to trace
mignonne, *f.*, darling

[1] *Pléiades.* Les sept filles d'Atlas, changées en étoiles.

26

Les plis de sa robe pourprée,
Et son teint au vôtre pareil.

Las! voyez comme en peu d'espace,
Mignonne, elle a dessus la place,
Las, las, ses beautés laissé choir!　　5
O vraiment marâtre Nature
Puisqu'une telle fleur ne dure
Que du matin jusques au soir!

Donc, si vous me croyez, mignonne,
Tandis que votre âge fleuronne,　　10
En sa plus verte nouveauté,
Cueillez, cueillez votre jeunesse:
Comme à cette fleur, la vieillesse
Fera ternir votre beauté.

espace, *m.*, time
fleuronner, to flower
las, *interj.*, form of *hélas*

marâtre, *f.*, stepmother, cruel mother
teint, *m.*, complexion
ternir, to tarnish

MICHEL DE MONTAIGNE (1533-1592)

Michel de Montaigne est le sage par excellence. Après ses études au Collège de Guyenne, il était devenu conseiller au Parlement de Bordeaux, mais, après quelques années, en pleine guerre civile, il démissionna et se retira à la campagne pour mener une vie toute contemplative. Plus tard il 5 *voyagea en Allemagne et en Italie d'où il revint à la demande de ses concitoyens pour devenir maire de Bordeaux. Pendant les guerres civiles les partis opposés l'avaient pris comme médiateur; le roi Henri IV l'estimait beaucoup et entretenait une correspondance avec lui.*

Dans sa vie contemplative Montaigne s'est étudié lui-même, non pas à la 10 *manière d'un poète romantique ni comme Rousseau qui cherchait à exagérer ses propres excentricités mais en se prenant lui-même comme modèle de toute l'humanité. En cela c'est un précurseur du classicisme du siècle de Louis XIV. Comme Montaigne est un lecteur insatiable, sa pensée se trouve liée intimement à toutes sortes de préoccupations livresques. Toutes ses digressions, farcies de* 15 *citations classiques, qu'il appelle* essais, *se trouvent réunies dans les deux éditions des* Essais *publiées en 1580 et 1588.*

Dans son essai sur l'éducation, l'Institution des Enfants, Montaigne veut apprendre à son élève à exercer son jugement, et c'est en l'exerçant qu'il parviendra par petites étapes à l'extrême sagesse qui consiste à toujours vouloir 20 *aller au delà de la vérité acceptée comme absolue. C'est la fameuse relativité de Montaigne qui aboutit chez lui à une sorte de scepticisme mais qui constitue quand même, il faut le dire, la base de la tolérance et du progrès dans le domaine des idées.*

étape, *f.*, stage institution, *f.*, education
farcir, to stuff

LES ESSAIS

1580–1588

Mis en français moderne
par le Général Michaud

Livre i: Chapitre xxv

De l'Institution des Enfants, à Madame Diane de Foix, Comtesse de Gurson

Quelqu'un, ayant vu mon précédent chapitre sur le pédantisme, me disait chez moi, l'autre jour, que je devais avoir
des idées faites sur l'éducation des enfants. Si, Madame, j'avais
quelque qualité pour traiter un pareil sujet, je ne pourrais
mieux en user que d'en faire présent à ce cher petit homme 5
qui va prochainement naître heureusement de vous (car
c'est un fils que vous aurez tout d'abord, vous êtes trop
généreuse pour commencer autrement). J'ai pris tant de
part aux négociations qui ont amené votre mariage, que
j'ai quelque droit à m'intéresser à la grandeur et à la pros- 10
périté de tout ce qui peut en advenir. Mais, à vrai dire, je
suis peu expert en pareille matière: je n'ai guère d'autre idée
sur ce point que celle-ci: c'est que l'élevage et l'éducation de
l'enfant constituent tout à la fois la plus difficile et la plus
importante des sciences humaines. Les petits de l'ours, ceux 15
du chien suivent leurs penchants naturels; mais la nature de
l'homme se modifie si aisément par les habitudes, les courants
d'opinion, les lois dont il a dès le premier moment à subir
l'influence, qu'il est bien difficile de discerner et de redresser
en lui ses propensions naturelles.   20
    A votre fils vous donnerez un gouverneur dont le choix aura
une importance capitale sur son éducation. Pour un enfant de
bonne maison qui s'adonne aux lettres, elles n'ont pour but ni

---

adonner (s'), to devote oneself
advenir, to become of

faire, *idées faites*, ideas already prepared

le gain (une fin aussi peu relevée est indigne des Muses et ne mérite pas qu'elles nous concèdent leur faveur), ni les succès dans le monde qu'elles peuvent nous procurer. Elles tendent surtout à notre satisfaction intime, en faisant de nous des 5 hommes à l'esprit cultivé, convenant à toutes situations, plutôt que des savants. C'est pourquoi je voudrais qu'on s'appliquât à trouver comme gouverneur quelqu'un qui ait bonne tête plutôt que tête garnie; il faut des deux, mais la morale et l'entendement importent plus encore que la 10 science.

Pour nous instruire, on ne cesse de nous criailler aux oreilles comme si, avec un entonnoir, on nous versait ce qu'on veut nous apprendre; et ce qu'on nous demande ensuite, se borne à répéter ce qu'on nous a dit. Je voudrais voir modifier ce 15 procédé, et que, dès le début, suivant l'intelligence de l'enfant, on la fît travailler, lui faisant apprécier les choses, puis la laissant choisir et faire d'elle-même la différence, la mettant quelquefois sur la voie, quelquefois la lui laissant trouver; je ne veux pas que le maître enseigne et parle seul, je veux qu'il 20 écoute l'élève parler à son tour. Son maître ne demandera pas seulement compte des mots de sa leçon, mais encore de leur signification, ainsi que la morale à tirer du sujet étudié; il jugera du profit qu'il en retire, non par les preuves qu'il donnera de sa mémoire, mais par sa façon d'être dans le 25 courant de la vie. Ce qu'il vient de lui apprendre, il le lui fera envisager sous cent aspects divers et en faire l'application à autant de cas différents, pour voir s'il a bien compris et se l'est bien assimilé. C'est un indice d'aigreur et d'indigestion que de rendre la viande telle qu'on l'a avalée; et l'estomac 30 n'a pas satisfait à ses fonctions, s'il n'a pas transformé et changé la nature de ce qu'on lui a donné à triturer.

On soumettra tout à l'examen de l'enfant, on ne lui mettra

criailler, to bawl
entendement, *m.*, judgment
entonnoir, *m.*, funnel

garnir, to stock
relevé, *adj.*, noble
triturer, to triturate, grind thoroughly

rien en tête d'autorité ou en lui demandant de croire sur parole. Les abeilles vont butinant les fleurs de côté et d'autre, puis elles confectionnent leur miel, et ce miel n'est plus ni thym, ni marjolaine; c'est du miel qui vient exclusivement d'elles. Il en sera de même des emprunts faits à autrui; 5 l'enfant les pétrira, les transformera, pour en faire une œuvre bien à lui, c'est-à-dire pour en former son jugement, dont la formation est le but unique de son éducation, de son travail et de ses études.

Le bénéfice que nous retirons de l'étude, c'est de devenir 10 meilleur et plus raisonnable. Quel maître a jamais demandé à son disciple ce qu'il pense de la rhétorique et de la grammaire, ou de telle ou telle maxime de Cicéron? [1] On nous les plaque, toutes parées, dans la mémoire; on nous les donne comme des oracles, auxquels on ne saurait changer ni une lettre, ni 15 une syllabe. Savoir par cœur n'est pas savoir. Peut-on nous enseigner à manier un cheval, une pique, un luth, et même la voix, sans nous y exercer à l'instar de ceux-ci qui prétendent nous apprendre à bien juger et à bien parler, sans nous faire ni juger ni parler! Pour exercer l'intelligence, tout ce qui 20 s'offre à nos yeux, suffit à nous servir de livre; la malice d'un page, la sottise d'un valet, un propos de table sont autant de sujets d'enseignement se renouvelant sans cesse.

A cela, la fréquentation des hommes, les voyages en pays étrangers conviennent merveilleusement; non pour en rap- 25 porter, comme le font nos gentilshommes français, des notes sur les dimensions de Santa Rotonda [2] ou la richesse des dessous des jupes de la signora Livia; mais pour observer principalement les mœurs et les coutumes de ces nations, et

---

autrui, *pro.*, others
butiner, to pillage
instar. *à l'— de, prep.*, like
marjolaine, *f.*, sweet marjoram
miel, *m.*, honey

pétrir, to knead
paré, *adj.*, embellished
pique, *f.*, pike
plaquer, to apply

---

[1] *Cicero.* Orateur romain (106-43 av. J.-C.).
[2] Le Panthéon, temple romain qui existe encore à Rome.

pour affiner notre cerveau par le frottement avec d'autres.
Je voudrais qu'on fît voyager l'enfant dès ses premiers ans,
pour cela et aussi pour lui apprendre les langues étrangères,
faisant ainsi d'une pierre deux coups, et commençant par les
5 nations voisines dont la langue diffère le plus de la nôtre,
parce que, si on ne s'y met pas de bonne heure, notre organe
n'a plus la souplesse nécessaire.

Il n'est pas raisonnable d'élever l'enfant dans la famille,
c'est là un point généralement admis. Les parents, même les
10 plus sages, se laissent trop attendrir par leur affection et leur
fermeté s'en ressent; ils ne sont plus capables de le punir de
ses fautes; ils ne peuvent admettre qu'il soit élevé durement
comme il convient, et préparé à tous les hasards de la vie; ils
ne pourraient souffrir le voir revenir d'un exercice, en sueur
15 et couvert de poussière; boire chaud, boire froid; monter un
cheval difficile; faire l'escrime avec un tireur un peu rude, ou
manier pour la première fois une arquebuse. Il faut rompre
l'enfant à la peine et à la rudesse des exercices, pour le dresser
aux fatigues et à ce qu'ont de pénible les douleurs physiques,
20 les entorses, la colique, les cautères, voire même la prison et
la torture, auxquelles il peut être exposé, car, suivant les
temps, les bons comme les méchants en courent risque, nous
en faisons actuellement l'épreuve.

Si son gouverneur a de mon caractère, il lui inspirera la
25 volonté de servir son prince avec la loyauté la plus absolue, de
lui porter la plus vive affection et d'être prêt à affronter tous
les périls pour son service; mais il le détournera de s'attacher
à lui autrement que par devoir public. Un vrai courtisan
n'a ni le droit, ni la volonté de dire et de penser autrement
30 qu'en bien d'un maître qui, parmi tant de milliers d'autres

---

affiner, to refine
arquebuse, *f.*, arquebus (ancient type
    of firearm)
bien, *m. en* —, favorably
boire. — *chaud,* to drink something hot
cautère, *m.*, cautery

entorse, *f.*, sprain
escrime, *f. faire l'*—, to fence
ressentir (s'en), to feel the effects of
rompre, to train, accustom
tireur, *m.*, fencer
voire, *adv.*, nay

de ses sujets, l'a choisi, pourvoit à son entretien et l'élève de ses propres mains.

Ce monde si grand, que certains étendent encore, en distinguant des espèces dans chaque genre, est le miroir où il faut nous regarder pour nous bien connaître; j'en fais, en 5 somme, le livre de mon écolier. L'infinie diversité des mœurs, des sectes, des jugements, des opinions, des lois, des coutumes, nous apprend à apprécier sainement les nôtres, nous montre les imperfections et la faiblesse naturelle de notre jugement et constitue un sérieux apprentissage. 10

Je veux que les idées de bienséance, la façon de se conduire, la distinction dans la tenue et les manières se prennent en même temps que l'âme se forme; ce n'est pas d'une âme, ce n'est pas d'un corps que l'on effectue le dressage, c'est d'un homme, il ne faut pas les traiter séparément. 15

C'est indubitablement un bel et grand ornement que le grec et le latin, mais on l'achète trop cher. Feu mon père, ayant cherché autant qu'il est possible le meilleur mode d'enseignement et consulté à cet égard des hommes de science et de jugement, reconnut les inconvénients de celui en usage. Alors 20 que j'étais encore en nourrice, que je n'articulais encore aucun mot, il me confia à un Allemand qui, depuis, est devenu un médecin de renom et est mort en France; il ignorait complètement le français et possédait parfaitement la langue latine. Cet Allemand, que mon père avait fait venir exprès 25 et auquel il donnait des gages très élevés, m'avait continuellement dans les bras; deux autres, moins savants que lui, lui étaient adjoints pour me suivre et le soulager d'autant; tous trois me parlaient uniquement latin. Pour le reste de notre maison, il fut de règle stricte que ni mon père, ni ma mère, 30 ni valet, ni femme de chambre ne parlaient quand j'étais

---

apprentissage, *m.*, apprenticeship
autant, *adv.* d'—, that much more
entretien, *m.*, support
feu, *adj.*, the late

pourvoir, to provide
prendre (se), to be acquired
tenue, *f.*, bearing

là, qu'en employant les quelques mots latins que chacun
avait appris pour jargonner avec moi. Le résultat qui s'en-
suivit fut merveilleux; mon père et ma mère acquirent de
cette langue une connaissance suffisante pour la comprendre
5 et même pour la parler au besoin, et il en advint de même
des domestiques attachés à mon service personnel. En somme
nous nous latinisâmes tant, qu'il s'en répandit quelque chose
dans les villages d'alentour; par habitude, on en arriva à
y désigner des métiers et des outils par leur appellation latine,
10 dont quelques-unes demeurent encore. Quant à moi, j'avais
plus de six ans, que je ne comprenais pas plus le français et
notre patois périgourdin que l'arabe.

Mon goût pour les livres naquit tout d'abord du plaisir que
me causèrent les fables des *Métamorphoses* d'Ovide.[3] J'avais
15 alors sept ou huit ans; je laissais tout jeu de côté, pour le
plaisir de les lire; comme il était écrit dans ma langue mater-
nelle à moi, c'était d'entre les livres celui dont la lecture
m'était la plus facile, et, par son sujet, le plus à portée de mon
jeune âge. Quant aux Lancelot du Lac,[4] aux Amadis,[5] aux
20 Huon de Bordeaux,[6] et autres ouvrages du même genre, dont
s'amusent les enfants, je ne les connaissais seulement pas de
nom, et maintenant encore en ignore le contenu.

Pour revenir à mon sujet, il n'y a rien de tel que de faire,
par la douceur, naître chez les enfants le désir d'apprendre et

advenir. *en — de même,* to be the same for
jargonner, to jabber
patois, *m.,* sub-dialect, brogue

périgourdin, *adj.,* of Périgord (province of France)
rien, *pro. il n'y a — de tel que de,* there
is nothing like

[3] *Ovid.* Poète latin (43 av. J.–C. — 16 ap. J.–C.).

[4] Roman breton, écrit en vers par le célèbre poète Chrestien de Troyes vers
1170. Montaigne n'en connaissait probablement qu'une mauvaise version en
prose. Le *roman breton,* comme la *chanson de geste,* était un des grands genres
poétiques du moyen âge. Inspiré par les récits des bardes bretons, le roman
breton a fleuri en France au XIIe siècle. Le personnage central de ces poèmes
était le roi Arthur.

[5] *Amadis de Gaule,* roman breton dont la version la plus ancienne qu'on con-
naisse est due à l'écrivain espagnol Montalvo (1470).

[6] Chanson de geste qui date probablement du XIIIe siècle. Montaigne n'en
connaissait sans doute qu'une version en prose.

entretenir en eux le goût de l'étude; autrement on n'en fait
que des ânes chargés de livres; on leur impose à coups de
fouet, de garder leurs pochettes pleines de science, alors que
pour bien faire il ne suffit pas de loger cette science chez soi,
il la faut épouser.   5

entretenir, to maintain, preserve

MOLIERE (1622–1673)

Exclusivement auteur de comédies, Molière était chef de la troupe royale qui a fondé la Comédie Française, aujourd'hui encore le théâtre national de France. Né Jean-Baptiste Poquelin, fils d'un respectable bourgeois, il avait opté pour la vie errante et peu recommandable de comédien et, pendant des
5 *années, avait parcouru la province avec une troupe de comédiens qu'en 1658 il avait finalement ramenée à Paris. Bien que sa vie intime semble avoir été plutôt malheureuse à cause de certaines difficultés conjugales, on peut dire qu'il avait pleinement réussi dans sa double carrière de comédien et de dramaturge quand la mort le surprit en train de jouer le rôle du* Malade Imaginaire.
10 *Il était reconnu comme un des plus grands écrivains de son temps et jouissait de la faveur du roi Louis XIV.*

Molière a le don de faire rire. Sa comédie n'est pas faite de mots d'esprit; elle naît plutôt du désaccord entre le ridicule et le naturel et prend même parfois une allure tragique. Molière prend comme point de départ un travers de la
15 *nature humaine et, en le grossissant, l'incarne chez son personnage principal. C'est ainsi que Monsieur Jourdain du* Bourgeois Gentilhomme *représente toute la classe de bourgeois parvenus qui se rendent ridicules par leurs prétentions. Jourdain, comme tous les grands personnages de Molière, est un type, presque une abstraction, mais à ce fantoche Molière réussit à donner une per-*
20 *sonnalité et une vie extraordinaires; c'est là son vrai génie. Par cette étude de l'homme en général, Molière se rattache au classicisme. Parmi ses pièces en vers mentionnons le* Misanthrope (1666), *le* Tartuffe (1669), *et l'*École des Femmes (1662); *parmi ses pièces en prose, les* Précieuses Ridicules (1659), *le* Médecin malgré lui (1666), *l'*Avare (1668), *le* Bourgeois
25 Gentilhomme (1670), *et le* Malade Imaginaire (1673).

fantoche, *m.*, puppet
opter, to choose

précieuse, *f.*, prude, affected female
tartuffe, *m.*, hypocrite

LE BOURGEOIS GENTILHOMME
1670

PERSONNAGES ET ACTEURS

M. JOURDAIN, *bourgeois*	Molière
Mme JOURDAIN, *sa femme*	Hubert
LUCILE, *fille de M. Jourdain*	Mlle Molière
NICOLE, *servante*	Mlle Beauval
CLÉONTE, *amoureux de Lucile*	La Grange
COVIELLE, *valet de Cléonte*	?
DORANTE, *comte, amant de Dorimène*	La Thorillière?
DORIMÈNE, *marquise*	Mlle de Brie
MAÎTRE DE MUSIQUE	?
ÉLÈVE DU MAÎTRE DE MUSIQUE	?
MAÎTRE À DANSER	?
MAÎTRE D'ARMES	De Brie
MAÎTRE DE PHILOSOPHIE	Du Croisy
MAÎTRE TAILLEUR	?

ACTE PREMIER
SCENE PREMIERE

MAÎTRE DE MUSIQUE, MAÎTRE À DANSER, TROIS MUSICIENS,
DEUX VIOLONS, QUATRE DANSEURS

MAÎTRE DE MUSIQUE, *parlant à ses* MUSICIENS. Venez,
entrez dans cette salle, et vous reposez là, en attendant qu'il
vienne.

MAÎTRE À DANSER, *parlant aux* DANSEURS. Et vous aussi,
de ce côté.   5

MAÎTRE DE MUSIQUE, *à l'*ÉLÈVE. Est-ce fait?

L'ÉLÈVE. Oui.

MAÎTRE DE MUSIQUE. Voyons . . . Voilà qui est bien.

MAÎTRE À DANSER. Est-ce quelque chose de nouveau?

MAÎTRE DE MUSIQUE. Oui, c'est un air pour une séré- 10

nade, que je lui ai fait composer, en attendant que notre homme fût éveillé.

MAÎTRE À DANSER.   Peut-on voir ce que c'est?

MAÎTRE DE MUSIQUE.   Vous l'allez entendre, avec le
5 dialogue, quand il viendra. Il ne tardera guère.

MAÎTRE À DANSER.   Nos occupations, à vous, et à moi, ne sont pas petites maintenant.

MAÎTRE DE MUSIQUE.   Il est vrai. Nous avons trouvé ici un homme comme il nous le faut à tous deux; ce nous est une
10 douce rente que ce Monsieur Jourdain, avec les visions de noblesse et de galanterie qu'il est allé se mettre en tête; et votre danse et ma musique auraient à souhaiter que tout le monde lui ressemblât.

MAÎTRE À DANSER.   Non pas entièrement; et je voudrais
15 pour lui qu'il se connût mieux qu'il ne fait aux choses que nous lui donnons.

MAÎTRE DE MUSIQUE.   Il est vrai qu'il les connaît mal, mais il les paye bien; et c'est de quoi nos arts ont plus besoin que de toute autre chose.

20   MAÎTRE À DANSER.   Le voilà qui vient.

SCENE DEUXIEME

MONSIEUR JOURDAIN, DEUX LAQUAIS, MAÎTRE DE MUSIQUE, MAÎTRE À DANSER, VIOLONS, MUSICIENS ET DANSEURS

MONSIEUR JOURDAIN.   Hé bien, Messieurs? qu'est-ce? me ferez-vous voir votre petite drôlerie?

MAÎTRE À DANSER.   Ah, ah!

MAÎTRE DE MUSIQUE.   Vous nous y voyez préparés.

25 MONSIEUR JOURDAIN.   Je vous ai fait un peu attendre, mais c'est que je me fais habiller aujourd'hui comme les gens de

---

connaître (se) à, to be a judge of
dialogue, *m.*, dialogue (musical composition with two voices or two
   instruments)

drôlerie, *f.*, trifle
rente, *f.*, income
souhaiter. *aurait à —*, would prosper if

qualité; et mon tailleur m'a envoyé des bas de soie que j'ai pensé ne mettre jamais.

MAÎTRE DE MUSIQUE. Nous ne sommes ici que pour attendre votre loisir.

MONSIEUR JOURDAIN. Je vous prie tous deux de ne vous 5 point en aller, qu'on ne m'ait apporté mon habit, afin que vous me puissiez voir.

MAÎTRE À DANSER. Tout ce qu'il vous plaira.

MONSIEUR JOURDAIN. Vous me verrez équipé comme il faut, depuis les pieds jusqu'à la tête. 10

MAÎTRE DE MUSIQUE. Nous n'en doutons point.

MONSIEUR JOURDAIN. Je me suis fait faire cette indienne-ci.

MAÎTRE À DANSER. Elle est fort belle.

MONSIEUR JOURDAIN. Mon tailleur m'a dit que les gens de qualité étaient comme cela le matin. 15

MAÎTRE DE MUSIQUE. Cela vous sied à merveille.

MONSIEUR JOURDAIN. Laquais! holà, mes deux laquais!

PREMIER LAQUAIS. Que voulez-vous, Monsieur?

MONSIEUR JOURDAIN. Rien. C'est pour voir si vous m'entendez bien. (*Aux deux maîtres.*) Que dites-vous de mes 20 livrées?

MAÎTRE À DANSER. Elles sont magnifiques.

MONSIEUR JOURDAIN. (*Il entr'ouvre sa robe, et fait voir un haut-de-chausses étroit de velours rouge, et une camisole de velours vert, dont il est vêtu.*) Voici encore un petit déshabillé pour faire 25 le matin mes exercices.

MAÎTRE DE MUSIQUE. Il est galant.

MONSIEUR JOURDAIN. Laquais!

PREMIER LAQUAIS. Monsieur.

MONSIEUR JOURDAIN. L'autre laquais. 30

SECOND LAQUAIS. Monsieur.

---

camisole, *f.*, waistcoat
déshabillé, *m.*, deshabille
falloir. *comme il faut*, properly
galant, *adj.*, elegant

haut-de-chausses, *m.*, pair of breeches
indienne, *f.*, dressing gown
que (line 6), means *avant que*
seoir, to suit

MONSIEUR JOURDAIN. Tenez ma robe. Me trouvez-vous bien comme cela?

MAÎTRE À DANSER. Fort bien. On ne peut pas mieux.

MONSIEUR JOURDAIN. Voyons un peu votre affaire.

5 MAÎTRE DE MUSIQUE. Je voudrais bien auparavant vous faire entendre un air qu'il vient de composer pour la sérénade que vous m'avez demandée. C'est un de mes écoliers, qui a pour ces sortes de choses un talent admirable.

MONSIEUR JOURDAIN. Oui; mais il ne fallait pas faire 10 faire cela par un écolier; et vous n'étiez pas trop bon vous-même pour cette besogne-là.

MAÎTRE DE MUSIQUE. Il ne faut pas, Monsieur, que le nom d'écolier vous abuse. Ces sortes d'écoliers en savent autant que les plus grands maîtres, et l'air est aussi beau qu'il s'en 15 puisse faire. Écoutez seulement.

MONSIEUR JOURDAIN. Donnez-moi ma robe pour mieux entendre . . . Attendez, je crois que je serai mieux sans robe . . . Non; redonnez-la-moi, cela ira mieux.

MUSICIEN, *chantant:*

Je languis nuit et jour, et mon mal est extrême,
20   Depuis qu'à vos rigueurs vos beaux yeux m'ont soumis:
Si vous traitez ainsi, belle Iris, qui vous aime,
Hélas! que pourriez-vous faire à vos ennemis?

MONSIEUR JOURDAIN. Cette chanson me semble un peu lugubre, elle endort, et je voudrais que vous la pussiez un 25 peu ragaillardir par-ci, par-là.

MAÎTRE DE MUSIQUE. Il faut, Monsieur, que l'air soit accommodé aux paroles.

MONSIEUR JOURDAIN. On m'en apprit un tout à fait joli, il y a quelque temps. Attendez . . . La . . . comment est-ce 30 qu'il dit?

MAÎTRE À DANSER. Par ma foi! je ne sais.

pouvoir. *on ne peut pas mieux,* the best possible
ragaillardir, to enliven
rigueur, *f.,* severity

MONSIEUR JOURDAIN. Il y a du mouton dedans.

MAÎTRE À DANSER. Du mouton?

MONSIEUR JOURDAIN. Oui. Ah! (*Il chante.*)

> Je croyais Janneton
> Aussi douce que belle,   5
> Je croyais Janneton
> Plus douce qu'un mouton:
> Hélas! hélas! elle est cent fois,
> Mille fois plus cruelle,
> Que n'est le tigre aux bois.   10

N'est-il pas joli?

MAÎTRE DE MUSIQUE. Le plus joli du monde.

MAÎTRE À DANSER. Et vous le chantez bien.

MONSIEUR JOURDAIN. C'est sans avoir appris la musique.

MAÎTRE DE MUSIQUE. Vous devriez l'apprendre, Mon- 15
sieur, comme vous faites la danse. Ce sont deux arts qui
ont une étroite liaison ensemble.

MAÎTRE À DANSER. Et qui ouvrent l'esprit d'un homme
aux belles choses.

MONSIEUR JOURDAIN. Est-ce que les gens de qualité 20
apprennent aussi la musique?

MAÎTRE DE MUSIQUE. Oui, Monsieur.

MONSIEUR JOURDAIN. Je l'apprendrai donc.

ACTE DEUXIEME

Dans la première scène, le Maître à danser donne une leçon de danse au
bourgeois, et, dans la deuxième scène, le Maître d'armes lui donne une 25
leçon d'escrime; mais quand celui-ci loue son art aux dépens de la musique
et de la danse, les deux autres maîtres lui tombent dessus. Arrive, dans la
troisième scène, le Maître de philosophie auquel Monsieur Jourdain fait
appel pour mettre fin au différend; mais le philosophe vante son art et
finit par se battre avec les autres maîtres.   30

SCENE QUATRIEME

MAÎTRE DE PHILOSOPHIE, MONSIEUR JOURDAIN

MAÎTRE DE PHILOSOPHIE, *en raccommodant son collet*. Venons
à notre leçon.

différend, *m.*, dispute

MONSIEUR JOURDAIN. Ah! Monsieur, je suis fâché des coups qu'ils vous ont donnés.

MAÎTRE DE PHILOSOPHIE. Cela n'est rien. Un philosophe sait recevoir comme il faut les choses, et je vais composer
5 contre eux une satire du style de Juvénal,[1] qui les déchirera de la belle façon. Laissons cela. Que voulez-vous apprendre?

MONSIEUR JOURDAIN. Tout ce que je pourrai, car j'ai toutes les envies du monde d'être savant; et j'enrage que mon père et ma mère ne m'aient pas fait bien étudier dans toutes
10 les sciences, quand j'étais jeune.

MAÎTRE DE PHILOSOPHIE. Ce sentiment est raisonnable: *Nam sine doctrina vita est quasi mortis imago.* Vous entendez cela, et vous savez le latin, sans doute.

MONSIEUR JOURDAIN. Oui, mais faites comme si je ne le
15 savais pas: expliquez-moi ce que cela veut dire.

MAÎTRE DE PHILOSOPHIE. Cela veut dire que *Sans la science, la vie est presque une image de la mort.*

MONSIEUR JOURDAIN. Ce latin-là a raison.

MAÎTRE DE PHILOSOPHIE. N'avez-vous point quelques
20 principes, quelques commencements des sciences?

MONSIEUR JOURDAIN. Oh! oui, je sais lire et écrire.

MAÎTRE DE PHILOSOPHIE. Par où vous plaît-il que nous commencions? Voulez-vous que je vous apprenne la logique?

MONSIEUR JOURDAIN. Qu'est-ce que c'est que cette
25 logique?

MAÎTRE DE PHILOSOPHIE. C'est elle qui enseigne les trois opérations de l'esprit.

MONSIEUR JOURDAIN. Qui sont-elles, ces trois opérations de l'esprit?

30 MAÎTRE DE PHILOSOPHIE. La première, la seconde, et la troisième. La première est de bien concevoir par le moyen des universaux. La seconde, de bien juger par le moyen des catégories; et la troisième, de bien tirer une conséquence par

entendre, to understand

[1] Poète latin satirique (42–120 ap. J.–C.).

le moyen des figures Barbara, Celarent, Darii, Ferio, Baralip-
ton, etc.[2]

MONSIEUR JOURDAIN. Voilà des mots qui sont trop
rébarbatifs. Cette logique-là ne me revient point. Apprenons
autre chose qui soit plus joli.   5

MAÎTRE DE PHILOSOPHIE. Voulez-vous apprendre la morale?

MONSIEUR JOURDAIN. La morale?

MAÎTRE DE PHILOSOPHIE. Oui.

MONSIEUR JOURDAIN. Qu'est-ce qu'elle dit cette morale?   10

MAÎTRE DE PHILOSOPHIE. Elle traite de la félicité, enseigne
aux hommes à modérer leurs passions, et . . .

MONSIEUR JOURDAIN. Non, laissons cela. Je suis bilieux
comme tous les diables; et il n'y a morale qui tienne, je me
veux mettre en colère tout mon soûl, quand il m'en prend 15
envie.

MAÎTRE DE PHILOSOPHIE. Est-ce la physique que vous
voulez apprendre?

MONSIEUR JOURDAIN. Qu'est-ce qu'elle chante cette
physique?   20

MAÎTRE DE PHILOSOPHIE. La physique est celle qui explique les principes des choses naturelles, et les propriétés
des corps; qui discourt de la nature des éléments, des métaux,
des minéraux, des pierres, des plantes et des animaux, et nous
enseigne les causes de tous les météores, l'arc-en-ciel, les 25
feux-volants, les comètes, les éclairs, le tonnerre, la foudre,
la pluie, la neige, la grêle, les vents et les tourbillons.

bilieux, bilieuse, *adj.*, bilious, ill-
tempered
feu, *m. feu-volant*, will o' the wisp
grêle, *f.*, hail
rébarbatif, rébarbative, *adj.*, crabbed
revenir, to please

soûl, *m. tout mon —*, to my heart's
content
tenir. *il n'y a morale qui tienne*, ethics or
no ethics
tourbillon, *m.*, whirlwind

[2] Les différentes propositions du syllogisme étaient désignées par les voyelles:
A, E, I, O, avec lesquelles étaient formés les mots *barbara*, etc., pour désigner
chaque genre de syllogisme. Il y avait dix-neuf genres.

MONSIEUR JOURDAIN. Il y a trop de tintammare là-dedans, trop de brouillamini.

MAÎTRE DE PHILOSOPHIE. Que voulez-vous donc que je vous apprenne?

5 MONSIEUR JOURDAIN. Apprenez-moi l'orthographe.

MAÎTRE DE PHILOSOPHIE. Très volontiers.

MONSIEUR JOURDAIN. Après, vous m'apprendrez l'almanach, pour savoir quand il y a de la lune et quand il n'y en a point.

10 MAÎTRE DE PHILOSOPHIE. Soit. Pour bien suivre votre pensée et traiter cette matière en philosophie, il faut commencer selon l'ordre des choses, par une exacte connaissance de la nature des lettres et de la différente manière de les prononcer toutes. Et là-dessus j'ai à vous dire que les lettres 15 sont divisées en voyelles, ainsi dites voyelles parce qu'elles expriment les voix; et en consonnes, ainsi appelées consonnes parce qu'elles sonnent avec les voyelles, et ne font que marquer les diverses articulations des voix. Il y a cinq voyelles ou voix: A, E, I, O, U.

20 MONSIEUR JOURDAIN. J'entends tout cela.

MAÎTRE DE PHILOSOPHIE. La voix A se forme en ouvrant fort la bouche: A.

MONSIEUR JOURDAIN. A, A. Oui.

MAÎTRE DE PHILOSOPHIE. La voix E se forme en rappro-25 chant la mâchoire d'en bas de celle d'en haut: A, E.

MONSIEUR JOURDAIN. A, E, A, E. Ma foi! oui. Ah! que cela est beau!

MAÎTRE DE PHILOSOPHIE. Et la voix I en rapprochant encore davantage les mâchoires l'une de l'autre, et écartant 30 les deux coins de la bouche vers les oreilles: A, E, I.

MONSIEUR JOURDAIN. A, E, I, I, I, I. Cela est vrai. Vive la science!

MAÎTRE DE PHILOSOPHIE. La voix O se forme en rouvrant

brouillamini, *m.*, confusion
mâchoire, *f.*, jaw

tintamarre, *m.*, racket
voix, *f.*, sound

les mâchoires, et rapprochant les lèvres par les deux coins, le haut et le bas: O.

MONSIEUR JOURDAIN. O, O. Il n'y a rien de plus juste. A, E, I, O, I, O. Cela est admirable! I, O, I, O.

MAÎTRE DE PHILOSOPHIE. L'ouverture de la bouche fait 5 justement comme un petit rond qui représente un O.

MONSIEUR JOURDAIN. O, O, O. Vous avez raison. O. Ah! la belle chose, que de savoir quelque chose!

MAÎTRE DE PHILOSOPHIE. La voix U se forme en rapprochant les dents sans les joindre entièrement, et allongeant les 10 deux lèvres en dehors, les approchant aussi l'une de l'autre sans les joindre tout à fait: U.

MONSIEUR JOURDAIN. U, U. Il n'y a rien de plus véritable.

MAÎTRE DE PHILOSOPHIE. Vos deux lèvres s'allongent comme si vous faisiez la moue: d'où vient que si vous la voulez 15 faire à quelqu'un, et vous moquer de lui, vous ne sauriez lui dire que: U.

MONSIEUR JOURDAIN. U, U. Cela est vrai. Ah! que n'ai-je étudié plus tôt, pour savoir tout cela?

MAÎTRE DE PHILOSOPHIE. Demain nous verrons les autres 20 lettres, qui sont les consonnes. Je vous expliquerai à fond toutes ces curiosités.

MONSIEUR JOURDAIN. Je vous en prie. Au reste, il faut que je vous fasse une confidence. Je suis amoureux d'une personne de grande qualité, et je souhaiterais que vous m'aidassiez à 25 lui écrire quelque chose dans un petit billet que je veux laisser tomber à ses pieds.

MAÎTRE DE PHILOSOPHIE. Fort bien.

MONSIEUR JOURDAIN. Ce sera galant, oui?

MAÎTRE DE PHILOSOPHIE. Sans doute. Sont-ce des vers 30 que vous lui voulez écrire?

MONSIEUR JOURDAIN. Non, non, point de vers.

MAÎTRE DE PHILOSOPHIE. Vous ne voulez que de la prose?

MONSIEUR JOURDAIN. Non, je ne veux ni prose ni vers.

moue, *f. faire la* —, to pout

MAÎTRE DE PHILOSOPHIE.   Il faut bien que ce soit l'un, ou l'autre.

MONSIEUR JOURDAIN.   Pourquoi?

MAÎTRE DE PHILOSOPHIE.   Par la raison, Monsieur, qu'il
5 n'y a pour s'exprimer que la prose, ou les vers.

MONSIEUR JOURDAIN.   Il n'y a que la prose ou les vers?

MAÎTRE DE PHILOSOPHIE.   Non, Monsieur: tout ce qui n'est point prose est vers; et tout ce qui n'est point vers est prose.

10   MONSIEUR JOURDAIN.   Et comme l'on parle, qu'est-ce que c'est donc que cela?

MAÎTRE DE PHILOSOPHIE.   De la prose.

MONSIEUR JOURDAIN.   Quoi? quand je dis: «Nicole, apportez-moi mes pantoufles, et me donnez mon bonnet de
15 nuit,» c'est de la prose?

MAÎTRE DE PHILOSOPHIE.   Oui, Monsieur.

MONSIEUR JOURDAIN.   Par ma foi! il y a plus de quarante ans que je dis de la prose sans que j'en susse rien, et je vous suis le plus obligé du monde de m'avoir appris cela. Je vou-
20 drais donc lui mettre dans un billet: *Belle Marquise, vos beaux yeux me font mourir d'amour;* mais je voudrais que cela fût mis d'une manière galante, que cela fût tourné gentiment.

MAÎTRE DE PHILOSOPHIE.   Mettre que les feux de ses yeux réduisent votre cœur en cendres; que vous souffrez nuit et
25 jour pour elle les violences d'un . . .

MONSIEUR JOURDAIN.   Non, non, non, je ne veux point tout cela; je ne veux que ce que je vous ai dit: *Belle Marquise, vos beaux yeux me font mourir d'amour.*

MAÎTRE DE PHILOSOPHIE.   Il faut bien étendre un peu la
30 chose.

MONSIEUR JOURDAIN.   Non, vous dis-je, je ne veux que ces seules paroles-là dans le billet; mais tournées à la mode, bien arrangées comme il faut. Je vous prie de me dire un peu, pour voir, les diverses manières dont on les peut mettre.

pantoufle, *f.,* slipper

MAÎTRE DE PHILOSOPHIE. On les peut mettre première-
ment comme vous avez dit: *Belle Marquise, vos beaux yeux me
font mourir d'amour.* Ou bien: *D'amour mourir me font, belle
Marquise, vos beaux yeux.* Ou bien: *Vos beaux yeux d'amour me
font, belle Marquise, mourir.* Ou bien: *Mourir vos beaux yeux, belle* 5
Marquise, d'amour me font. Ou bien: *Me font vos yeux beaux
mourir, belle Marquise, d'amour.*

MONSIEUR JOURDAIN. Mais de toutes ces façons-là, laquelle
est la meilleure?

MAÎTRE DE PHILOSOPHIE. Celle que vous avez dite: *Belle* 10
Marquise, vos beaux yeux me font mourir d'amour.

MONSIEUR JOURDAIN. Cependant je n'ai point étudié, et
j'ai fait cela tout du premier coup. Je vous remercie de tout
mon cœur, et vous prie de venir demain de bonne heure.

MAÎTRE DE PHILOSOPHIE. Je n'y manquerai pas. 15

ACTE TROISIEME

SCENE PREMIERE

MONSIEUR JOURDAIN, LAQUAIS

MONSIEUR JOURDAIN. Suivez-moi, que j'aille un peu montrer mon habit par la ville; et surtout ayez soin tous deux
de marcher immédiatement sur mes pas, afin qu'on voye bien
que vous êtes à moi.

LAQUAIS. Oui, Monsieur. 20

MONSIEUR JOURDAIN. Appelez-moi Nicole, que je lui
donne quelques ordres. Ne bougez, la voilà.

SCENE DEUXIEME

NICOLE, MONSIEUR JOURDAIN

MONSIEUR JOURDAIN. Nicole!

NICOLE. Plaît-il?

MONSIEUR JOURDAIN. Écoutez. 25

plaire, *plaît-il?* yes, sir?

48   *Introduction to French Masterpieces*

NICOLE.   Hi, hi, hi, hi, hi.

MONSIEUR JOURDAIN.   Qu'as-tu à rire?

NICOLE.   Hi, hi, hi, hi, hi, hi.

MONSIEUR JOURDAIN.   Que veut dire cette coquine-là?

5 NICOLE.   Hi, hi, hi.   Comme vous voilà bâti! Hi, hi, hi.

MONSIEUR JOURDAIN.   Comment donc?

NICOLE.   Ah, ah! mon Dieu! Hi, hi, hi, hi, hi.

MONSIEUR JOURDAIN.   Quelle friponne est-ce là! Te moques-tu de moi?

10 NICOLE.   Nenni, Monsieur, j'en serais bien fâchée. Hi, hi, hi, hi, hi, hi.

MONSIEUR JOURDAIN.   Je te baillerai sur le nez, si tu ris davantage.

NICOLE.   Monsieur, je ne puis pas m'en empêcher. Hi, hi, 15 hi, hi, hi.

MONSIEUR JOURDAIN.   Tiens, si tu ris encore le moins du monde, je te jure que je t'appliquerai sur la joue le plus grand soufflet qui se soit jamais donné.

NICOLE.   Hé bien, Monsieur, voilà qui est fait, je ne rirai 20 plus.

MONSIEUR JOURDAIN.   Prends-y bien garde. Il faut que pour tantôt tu nettoyes . . .

NICOLE.   Hi, hi.

MONSIEUR JOURDAIN.   Que tu nettoyes comme il faut . . .

25 NICOLE.   Hi, hi.

MONSIEUR JOURDAIN.   Encore!

NICOLE.   Tenez, Monsieur, battez-moi plutôt, et me laissez rire tout mon soûl, cela me fera plus de bien.   Hi, hi, hi, hi, hi.

30 MONSIEUR JOURDAIN.   J'enrage.

NICOLE.   Que voulez-vous que je fasse, Monsieur?

---

bailler, to deal a blow
bâtir. *comme vous voilà bâti*, what a
  get-up
coquine, *f.*, hussy

friponne, *f.*, wanton
nenni, *adv.*, nay
tantôt, *adv.*, a short time from now

MONSIEUR JOURDAIN. Que tu songes, coquine, à préparer ma maison pour la compagnie qui doit venir tantôt.

SCENE TROISIEME

MADAME JOURDAIN, MONSIEUR JOURDAIN, NICOLE, LAQUAIS.

MADAME JOURDAIN. Ah, ah! voici une nouvelle histoire. Qu'est-ce que c'est donc, mon mari, que cet équipage-là? Vous moquez-vous du monde, de vous être fait enharnacher 5 de la sorte? et avez-vous envie qu'on se raille partout de vous? MONSIEUR JOURDAIN. Il n'y a que des sots et des sottes, ma femme, qui se railleront de moi.

MADAME JOURDAIN. Je voudrais bien savoir ce que vous pensez faire d'un maître à danser à l'âge que vous avez. 10

NICOLE. Et d'un grand maître tireur d'armes, qui vient, avec ses battements de pied, ébranler toute la maison, et nous déraciner tous les carriaux de notre salle.

MONSIEUR JOURDAIN. Taisez-vous, ma servante, et ma femme. 15

MADAME JOURDAIN. Est-ce que vous voulez apprendre à danser pour quand vous n'aurez plus de jambes?

NICOLE. Est-ce que vous avez envie de tuer quelqu'un?

MONSIEUR JOURDAIN. Taisez-vous, vous dis-je: vous êtes des ignorantes l'une et l'autre. 20

MADAME JOURDAIN. Vous devriez bien plutôt songer à marier votre fille, qui est en âge d'etre pourvue.

MONSIEUR JOURDAIN. Je songerai à marier ma fille quand il se présentera un parti pour elle; mais je veux songer aussi à apprendre les belles choses. 25

NICOLE. J'ai encore ouï dire, Madame, qu'il a pris aujourd'hui, pour renfort de potage, un maître de philosophie.

carreau, *m.*, tile
carriaux, dialectical for *carreaux*
enharnacher, to harness
ouïr, to hear

parti, *m.*, match
pourvoir, to provide for
renfort, *m.* — *de potage*, side dish

MONSIEUR JOURDAIN.   Fort bien: je veux avoir de l'esprit, et savoir raisonner des choses parmi les honnêtes gens.

MADAME JOURDAIN.   N'irez-vous point l'un de ces jours au collège vous faire donner le fouet, à votre âge?

5 MONSIEUR JOURDAIN.   Vous parlez toutes deux comme des bêtes, et j'ai honte de votre ignorance. (A MADAME JOURDAIN.) Par exemple, savez-vous, vous, ce que vous dites à cette heure?

MADAME JOURDAIN.   Oui, je sais que ce que je dis est fort bien dit, et que vous devriez songer à vivre d'autre sorte.

10 MONSIEUR JOURDAIN.   Je ne parle pas de cela. Je vous demande ce que c'est que les paroles que vous dites ici!

MADAME JOURDAIN.   Ce sont des paroles bien sensées, et votre conduite ne l'est guère.

MONSIEUR JOURDAIN.   Je ne parle pas de cela, vous dis-je. 15 Je vous demande: ce que je parle avec vous, ce que je vous dis à cette heure, qu'est-ce que c'est?

MADAME JOURDAIN.   Des chansons.

MONSIEUR JOURDAIN.   Hé non! ce n'est pas cela. Ce que nous disons tous deux, le langage que nous parlons à cette 20 heure?

MADAME JOURDAIN.   Hé bien?

MONSIEUR JOURDAIN.   Comment est-ce que cela s'appelle?

MADAME JOURDAIN.   Cela s'appelle comme on veut l'appeler.

25 MONSIEUR JOURDAIN.   C'est de la prose, ignorante.

MADAME JOURDAIN.   De la prose?

MONSIEUR JOURDAIN.   Oui, de la prose. Tout ce qui est prose, n'est point vers, et tout ce qui n'est point vers, n'est point prose. Heu, voilà ce que c'est d'étudier. (A NICOLE.) 30 Et toi, sais-tu bien comme il faut faire pour dire U?

NICOLE.   Comment?

MONSIEUR JOURDAIN.   Oui. Qu'est-ce que tu fais quand tu dis un U?

NICOLE.   Quoi?

chanson, *f.*, nonsense   honnête, *adj.*, well-bred

MONSIEUR JOURDAIN. Dis un peu, U, pour voir.

NICOLE. Hé bien, U.

MONSIEUR JOURDAIN. Oui; mais quand tu dis, U, qu'est-ce que tu fais?

NICOLE. Je fais ce que vous me dites.   5

MONSIEUR JOURDAIN. O l'étrange chose que d'avoir affaire à des bêtes! Tu allonges les lèvres en dehors, et approches la mâchoire d'en haut de celle d'en bas: U, vois-tu? Je fais la moue: U.

NICOLE. Oui, cela est beau.   1e

MONSIEUR JOURDAIN. J'enrage, quand je vois des femmes ignorantes.

MADAME JOURDAIN. Vous êtes fou, mon mari, avec toutes vos fantaisies, et cela vous est venu depuis que vous vous mêlez de hanter la noblesse.   15

MONSIEUR JOURDAIN. Lorsque je hante la noblesse, je fais paraître mon jugement, et cela est plus beau que de hanter votre bourgeoisie.

MADAME JOURDAIN. Çamon vraiment! il y a fort à gagner à fréquenter vos nobles, et vous avez bien opéré avec ce beau 20 Monsieur le comte, dont vous vous êtes embéguiné.

MONSIEUR JOURDAIN. Paix! songez à ce que vous dites. Savez-vous bien, ma femme, que vous ne savez pas de qui vous parlez, quand vous parlez de lui? C'est une personne d'importance plus que vous ne pensez, un seigneur que l'on 25 considère à la cour, et qui parle au Roi tout comme je vous parle. N'est-ce pas une chose qui m'est tout à fait honorable, que l'on voye venir chez moi si souvent une personne de cette qualité, qui m'appelle son cher ami, et me traite comme si j'étais son égal? Il a pour moi des bontés que l'on ne devinerait 30 jamais; et, devant tout le monde, il me fait des caresses dont je suis moi-même confus.

çamon, *interj*., indeed

caresse, *f. faire des —s*, to say flattering things

embéguiner (s'), to become infatuated

mêler (se), to concern oneself

MADAME JOURDAIN. Oui, il a des bontés pour vous, et vous fait des caresses; mais il vous emprunte votre argent.

MONSIEUR JOURDAIN. Taisez-vous: le voici.

SCENE QUATRIEME

DORANTE, MONSIEUR JOURDAIN, MADAME JOURDAIN, NICOLE

DORANTE. Mon cher ami, Monsieur Jourdain, comment
5 vous portez-vous?

MONSIEUR JOURDAIN. Fort bien, Monsieur, pour vous rendre mes petits services.

DORANTE. Et Madame Jourdain que voilà, comment se porte-t-elle?

10 MADAME JOURDAIN. Madame Jourdain se porte comme elle peut.

DORANTE. Comment, Monsieur Jourdain? vous voilà le plus propre du monde!

MONSIEUR JOURDAIN. Vous voyez.

15 DORANTE. Tournez-vous. Cela est tout à fait galant.

MADAME JOURDAIN, *à part*. Oui, aussi sot par derrière que par devant.

DORANTE. Allons, mettez

MONSIEUR JOURDAIN. Monsieur, je sais le respect que je
20 vous dois.

DORANTE. Mon Dieu! Mettez: point de cérémonie entre nous, je vous prie.

MONSIEUR JOURDAIN. Monsieur . . .

DORANTE. Mettez, vous dis-je, Monsieur Jourdain: vous
25 êtes mon ami.

MONSIEUR JOURDAIN. Monsieur, je suis votre serviteur.

DORANTE. Je ne me couvrirai point, si vous ne vous couvrez.

MONSIEUR JOURDAIN, *se couvrant*. J'aime mieux être incivil
30 qu'importun.

---

mettre. *mettez*, put on your hat   **propre,** *adj.*, elegant

DORANTE.   Je suis votre débiteur, comme vous le savez.

MADAME JOURDAIN, *à part*.   Oui, nous ne le savons que trop.

DORANTE.   Vous m'avez généreusement prêté de l'argent
en plusieurs occasions, et vous m'avez obligé de la meilleure
grâce du monde, assurément.   5

MONSIEUR JOURDAIN.   Monsieur, vous vous moquez.

DORANTE.   Je veux sortir d'affaire avec vous, et je viens ici
pour faire nos comptes ensemble.

MONSIEUR JOURDAIN, *bas*, à MADAME JOURDAIN.   Hé bien!
vous voyez votre impertinence, femme.   10

DORANTE.   Vous souvenez-vous bien de tout l'argent que
vous m'avez prêté?

MONSIEUR JOURDAIN.   Je crois que oui. J'en ai fait un petit
mémoire. Le voici. Donné à vous une fois deux cents louis.

DORANTE.   Cela est vrai.   15

MONSIEUR JOURDAIN.   Une autre fois, six-vingts.

DORANTE.   Oui.

MONSIEUR JOURDAIN.   Une autre fois, cent quarante.

DORANTE.   Vous avez raison.

MONSIEUR JOURDAIN.   Ces trois articles font quatre cent 20
soixante louis, qui valent cinq mille soixante livres.

DORANTE.   Le compte est fort bien. Cinq mille soixante
livres.

MONSIEUR JOURDAIN.   Mille huit cent trente-deux livres à
votre plumassier.   25

DORANTE.   Justement.

MONSIEUR JOURDAIN.   Deux mille sept cent quatre-vingts
livres à votre tailleur.

DORANTE.   Il est vrai.

MONSIEUR JOURDAIN.   Quatre mille trois cent septante- 30
neuf livres douze sols huit deniers à votre marchand.

---

livre, *f.*, pound (equivalent to 20
  sous)
louis, *m.*, gold coin equivalent to
  11 *livres* or *francs*

marchand, *m.*, cloth merchant
plumassier, *m.*, feather merchant
septante, *adj.*, seventy
sol, *m.* *sou*, equal to 12 *deniers*

DORANTE.   Fort bien. Douze sols huit deniers: le compte est juste.

MONSIEUR JOURDAIN.   Et mille sept cent quarante-huit livres sept sols quatre deniers à votre sellier.

5 DORANTE.   Tout cela est véritable. Qu'est ce que cela fait?

MONSIEUR JOURDAIN.   Somme totale, quinze mille huit cents livres.

DORANTE.   Somme totale est juste: quinze mille huit cents livres. Mettez encore deux cents pistoles que vous m'allez
10 donner, cela fera justement dix-huit mille francs, que je vous payerai au premier jour.

MADAME JOURDAIN, *bas*, à MONSIEUR JOURDAIN.   Hé bien! ne l'avais-je pas bien deviné?

MONSIEUR JOURDAIN, *bas*, à MADAME JOURDAIN.   Paix!

15 DORANTE.   Cela vous incommodera-t-il, de me donner ce que je vous dis?

MADAME JOURDAIN, *bas*, à MONSIEUR JOURDAIN.   Cet homme-là fait de vous une vache à lait.

MONSIEUR JOURDAIN.   C'est trop d'honneur, Monsieur, que
20 vous me faites. Je vais quérir votre affaire.

SCENE SIXIEME

MONSIEUR JOURDAIN, MADAME JOURDAIN, DORANTE, NICOLE

MONSIEUR JOURDAIN.   Voilà deux cents louis bien comptés.

DORANTE.   Je vous assure, Monsieur Jourdain, que je suis tout à vous, et que je brûle de vous rendre un service à la cour.

25 MONSIEUR JOURDAIN.   Je vous suis trop obligé.

DORANTE, *bas*, à MONSIEUR JOURDAIN.   Notre belle marquise, comme je vous ai mandé par mon billet, viendra tantôt ici pour le ballet et le repas, et je l'ai fait consentir enfin au cadeau que vous lui voulez donner.

---

mander, to inform   quérir. *aller* —, to go get
pistole, *f.*, pistole (synonym for *louis*)   sellier, *m.*, saddler

MONSIEUR JOURDAIN. Tirons-nous un peu plus loin, pour causer.

DORANTE. Il y a huit jours que je ne vous ai vu, et je ne vous ai point mandé de nouvelles du diamant que vous me mîtes entre les mains pour lui en faire présent de votre part; 5 mais c'est que j'ai eu toutes les peines du monde à vaincre son scrupule et ce n'est que d'aujourd'hui qu'elle s'est résolue à l'accepter.

MADAME JOURDAIN, *bas, à* NICOLE. Que peuvent-ils tant dire ensemble? Va-t-en un peu tout doucement prêter 10 l'oreille.

MONSIEUR JOURDAIN. Pour être en pleine liberté, j'ai fait en sorte que ma femme ira dîner chez ma sœur, où elle passera toute l'après-dînée.

DORANTE. Vous avez fait prudemment.   15

MONSIEUR JOURDAIN *s'aperçoit que* NICOLE *écoute, et lui donne un soufflet.* Ouais, vous êtes bien impertinente. Sortons, s'il vous plaît.

SCENE SEPTIEME

MADAME JOURDAIN, NICOLE

NICOLE. Ma foi! Madame, la curiosité m'a coûté quelque chose; mais je crois qu'il y a quelque anguille sous roche, et ils 20 parlent de quelque affaire où ils ne veulent pas que vous soyez.

MADAME JOURDAIN. Ce n'est pas d'aujourd'hui, Nicole, que j'ai conçu des soupçons de mon mari. Mais songeons à ma fille. Tu sais l'amour que Cléonte a pour elle. C'est un 25 homme qui me revient, et je veux aider sa recherche, et lui donner Lucile, si je puis.

anguille, *f.*, eel. *quelque — sous roche,* "something in the wind"
après-dînée, *f.*, afternoon

ouais, *interj.*, how now
recherche, *f.*, courtship
tirer (se), to withdraw

SCENE ONZIEME

MADAME JOURDAIN, CLÉONTE, LUCILE, COVIELLE, NICOLE

MADAME JOURDAIN.   Je suis bien aise de vous voir, Cléonte, et vous voilà tout à propos. Mon mari vient: prenez vite votre temps pour lui demander Lucile en mariage.

CLÉONTE.   Ah! Madame, que cette parole m'est douce!

SCENE DOUZIEME

MONSIEUR JOURDAIN, MADAME JOURDAIN, CLÉONTE,
LUCILE, COVIELLE, NICOLE

5   CLÉONTE.   Monsieur, je n'ai voulu prendre personne pour vous faire une demande que je médite il y a longtemps. Elle me touche assez pour m'en charger moi-même; et, sans autre détour, je vous dirai que l'honneur d'être votre gendre est une faveur glorieuse que je vous prie de m'accorder.

10   MONSIEUR JOURDAIN.   Avant que de vous rendre réponse, Monsieur, je vous prie de me dire si vous êtes gentilhomme.

CLÉONTE.   Monsieur, la plupart des gens sur cette question n'hésitent pas beaucoup. On tranche le mot aisément. Ce nom ne fait aucun scrupule à prendre, et l'usage aujourd'hui 15 semble en autoriser le vol. Pour moi, je vous l'avoue, j'ai les sentiments sur cette matière un peu plus délicats: je trouve que cette imposture est indigne d'un honnête homme. Je suis né de parents, sans doute, qui ont tenu des charges honorables. Je me suis acquis dans les armes l'honneur de six 20 ans de services, et je me trouve assez de bien pour tenir dans le monde un rang assez passable. Mais, avec tout cela, je ne veux point me donner un nom où d'autres en ma place croiraient pouvoir prétendre, et je vous dirai franchement que je ne suis point gentilhomme.

---

bien, *m.*, wealth
charge, *f.*, post, public office
propos (à), at the opportune moment
scrupule, *m. cela ne fait aucun —,* no
  one has any compunctions

temps, *m. prenez vite votre —,* seize the
  opportunity
trancher. *— le mot,* to be plain

MONSIEUR JOURDAIN. Touchez là, Monsieur: ma fille n'est pas pour vous.

CLÉONTE. Comment?

MONSIEUR JOURDAIN. Vous n'êtes point gentilhomme, vous n'aurez pas ma fille.   5

MADAME JOURDAIN. Que voulez-vous donc dire avec votre gentilhomme? est-ce que nous sommes, nous autres, de la côte de saint Louis?[3]

MONSIEUR JOURDAIN. Taisez-vous, ma femme: je vous vois venir.   10

MADAME JOURDAIN. Descendons-nous tous deux que de la bonne bourgeoisie?

MONSIEUR JOURDAIN. Voilà pas le coup de langue?

MADAME JOURDAIN. Et votre père n'était-il pas marchand aussi bien que le mien?   15

MONSIEUR JOURDAIN. Peste soit de la femme! Elle n'y a jamais manqué. Si votre père a été marchand, tant pis pour lui; mais pour le mien, ce sont des malavisés qui disent cela. Tout ce que j'ai à vous dire, moi, c'est que je veux avoir un gendre gentilhomme.   20

SCENE TREIZIEME

CLÉONTE, COVIELLE

COVIELLE. Vous avez fait de belles affaires avec vos beaux sentiments.

CLÉONTE. Que veux-tu? j'ai un scrupule là-dessus, que l'exemple ne saurait vaincre.

COVIELLE, *riant.* Ah, ah, ah!   25

CLÉONTE. De quoi ris-tu?

côte, *f.* — *de saint Louis*, Saint Louis' rib (as Eve was born of Adam's rib, *i.e.*, "of the ancient nobility")
coup, *m.* — *de langue*, nasty remark
exemple, *m.*, example (of others)
malavisé, *adj.*, ill-informed

peste, *f.* — *soit de*, plague on
que (line 11), anything but
toucher. *touchez là*, give me your hand
venir. *je vous vois* —, I see what you are going to say
voilà. — *pas*, "there she goes with"

[3] Louis IX (1215–1270), roi de France.

COVIELLE. D'une pensée qui me vient pour jouer notre homme, et vous faire obtenir ce que vous souhaitez.

CLÉONTE. Comment?

COVIELLE. L'idée est tout à fait plaisante.

5 CLÉONTE. Quoi donc?

COVIELLE. Il s'est fait depuis peu une certaine mascarade qui vient le mieux du monde ici, et que je prétends faire entrer dans une bourle que je veux faire à notre ridicule. J'ai les acteurs, j'ai les habits tout prêts: laissez-moi faire seulement.

SCENE QUINZIEME

DORIMÈNE, DORANTE, LAQUAIS

10 LAQUAIS. Monsieur dit comme cela qu'il va venir ici tout à l'heure.

DORANTE. Voilà qui est bien.

DORIMÈNE. Je ne sais pas, Dorante, je fais encore ici une étrange démarche, de me laisser amener par vous dans une 15 maison où je ne connais personne.

DORANTE. Quel lieu voulez-vous donc, Madame, que mon amour choisisse pour vous régaler, puisque, pour fuir l'éclat, vous ne voulez ni votre maison, ni la mienne?

DORIMÈNE. Mais vous ne dites pas que je m'engage 20 insensiblement chaque jour, à recevoir de trop grands témoignages de votre passion. J'ai beau me défendre des choses, vous fatiguez ma résistance, et vous avez une civile opiniâtreté qui me fait venir doucement à tout ce qu'il vous plaît. Pour moi, je ne puis plus répondre de rien, et je crois 25 qu'à la fin vous me ferez venir au mariage, dont je me suis tant éloignée.

---

bourle, *f. faire une* — *à*, to perpetrate a hoax on
comme, *prep.* — *cela*, "as how"
démarche, *f. faire une* —, to take a step
éclat, *m.*, scandal

mieux, *adv. le* — *du monde*, most conveniently
opiniâtreté, *f.*, obstinacy
régaler, to regale, entertain
témoignage, token

DORANTE. Ma foi! Madame, vous y devriez déjà être. Vous êtes veuve et ne dépendez que de vous. Je suis maître de moi, et vous aime plus que ma vie. A quoi tient-il que dès aujourd'hui vous ne fassiez tout mon bonheur?

DORIMÈNE. Mon Dieu! Dorante, il faut des deux parts 5 bien des qualités pour vivre heureusement ensemble. Enfin j'en reviens toujours là: les dépenses que je vous vois faire pour moi m'inquiètent.

DORANTE. Ah! Madame, ce sont des bagatelles.

DORIMÈNE. Je sais ce que je dis; et, entre autres, le diamant 10 que vous m'avez forcée à prendre est d'un prix . . .

DORANTE. Eh! Madame, de grâce, ne faites point tant valoir une chose que mon amour trouve indigne de vous; et souffrez . . . Voici le maître du logis.

SCENE SEIZIEME

MONSIEUR JOURDAIN, DORIMÈNE, DORANTE, LAQUAIS

MONSIEUR JOURDAIN, *après avoir fait deux révérences, se trouvant* 15 *trop près de* DORIMÈNE. Un peu plus loin, Madame.

DORIMÈNE. Comment?

MONSIEUR JOURDAIN. Un pas, s'il vous plaît.

DORIMÈNE. Quoi donc?

MONSIEUR JOURDAIN. Reculez un peu, pour la troisième. 20

DORANTE. Madame, Monsieur Jourdain sait son monde.

MONSIEUR JOURDAIN. Madame, ce m'est une gloire bien grande de me voir assez fortuné pour être si heureux que d'avoir le bonheur que vous ayez eu la bonté de m'accorder la grâce de me faire l'honneur de m'honorer de la faveur de 25 votre présence; et si j'avais aussi le mérite pour mériter un mérite comme le vôtre, et que le Ciel . . . envieux de mon bien . . . m'eût accordé . . . l'avantage de me voir digne . . . des . . .

---

monde, *m. savoir son* —, to know the rules of society

tenir. *à quoi tient-il,* what is to prevent

valoir. *faire* —, to exaggerate the value

DORANTE. Monsieur Jourdain, en voilà assez: Madame n'aime pas les grands compliments, et elle sait que vous êtes homme d'esprit. (*Bas, à* DORIMÈNE.) C'est un bon bourgeois assez ridicule, comme vous voyez, dans toutes ses manières.

5 LAQUAIS. Tout est prêt, Monsieur.

DORANTE. Allons donc nous mettre à table, et qu'on fasse venir les musiciens.

ACTE QUATRIEME

La première scène est consacrée au dîner de Monsieur Jourdain.

SCENE DEUXIEME

MADAME JOURDAIN, MONSIEUR JOURDAIN, DORIMÈNE,
DORANTE, MUSICIENS

MADAME JOURDAIN. Ah, ah! je trouve ici bonne com-
10 pagnie, et je vois bien qu'on ne m'y attendait pas. C'est donc pour cette belle affaire-ci, Monsieur mon mari, que vous avez eu tant d'empressement à m'envoyer dîner chez ma sœur? Voilà comme vous dépensez votre bien, et c'est ainsi que vous festinez les dames en mon absence, et que vous leur donnez la
15 musique et la comédie, tandis que vous m'envoyez promener.

DORANTE. Que voulez-vous dire, Madame Jourdain? et quelles fantaisies sont les vôtres, de vous aller mettre en tête que votre mari dépense son bien, et que c'est lui qui donne ce régal à Madame? Apprenez que c'est moi, je vous prie; qu'il
20 ne fait seulement que me prêter sa maison, et que vous devriez un peu mieux regarder aux choses que vous dites.

MONSIEUR JOURDAIN. Oui, impertinente, c'est Monsieur le Comte qui donne tout ceci à Madame, qui est une personne de qualité. Il me fait l'honneur de prendre ma maison, et de
25 vouloir que je sois avec lui.

---

festiner, to entertain   **régal,** *m.,* entertainment
promener. *envoyer* —, to send packing

MADAME JOURDAIN. Ce sont des chansons que cela: je sais ce que je sais.

DORIMÈNE. Que veut donc dire tout ceci? Allez, Dorante, vous vous moquez, de m'exposer aux sottes visions de cette extravagante. 5

DORANTE, *suivant* DORIMÈNE *qui sort*. Madame, holà! Madame, où courez-vous?

MONSIEUR JOURDAIN. Madame! Monsieur le Comte, faites-lui mes excuses, et tâchez de la ramener. Ah! impertinente que vous êtes! voilà de vos beaux faits; vous me venez 10 faire des affronts devant tout le monde, et vous chassez de chez moi des personnes de qualité.

SCENE TROISIEME

COVIELLE, *déguisé*, MONSIEUR JOURDAIN

COVIELLE. Monsieur, je ne sais si j'ai l'honneur d'être connu de vous.

MONSIEUR JOURDAIN. Non, Monsieur. 15

COVIELLE. Je vous ai vu que vous n'étiez pas plus grand que cela.

MONSIEUR JOURDAIN. Moi?

COVIELLE. Oui. Vous étiez le plus bel enfant du monde, et toutes les dames vous prenaient dans leurs bras pour vous 20 baiser.

MONSIEUR JOURDAIN. Pour me baiser!

COVIELLE. Oui, j'étais grand ami de feu Monsieur votre père.

MONSIEUR JOURDAIN. De feu Monsieur mon père! 25

COVIELLE. Oui. C'était un fort honnête gentilhomme.

MONSIEUR JOURDAIN. Comment dites-vous?

COVIELLE. Je dis que c'était un fort honnête gentilhomme.

MONSIEUR JOURDAIN. Mon père!

COVIELLE. Oui. 30

extravagante, *f.*, madwoman   que (line 16), when

MONSIEUR JOURDAIN.   Vous l'avez fort connu?

COVIELLE.   Assurément.

MONSIEUR JOURDAIN.   Et vous l'avez connu pour gentilhomme?

5 COVIELLE.   Sans doute.

MONSIEUR JOURDAIN.   Je ne sais donc pas comment le
monde est fait.

COVIELLE.   Comment?

MONSIEUR JOURDAIN.   Il y a de sottes gens qui me veulent
10 dire qu'il a été marchand.

COVIELLE.   Lui marchand! C'est pure médisance, il ne
l'a jamais été. Tout ce qu'il faisait, c'est qu'il était fort
obligeant, fort officieux; et comme il se connaissait fort bien
en étoffes, il en allait choisir de tous les côtés, les faisait appor-
15 ter chez lui et en donnait à ses amis pour de l'argent.

MONSIEUR JOURDAIN.   Je suis ravi de vous connaître, afin
que vous rendiez ce témoignage-là, que mon père était
gentilhomme.

COVIELLE.   Je le soutiendrai devant tout le monde.

20 MONSIEUR JOURDAIN.   Vous m'obligerez. Quel sujet vous
amène?

COVIELLE.   Depuis avoir connu feu Monsieur votre père,
honnête gentilhomme, comme je vous ai dit, j'ai voyagé par
tout le monde.

25 MONSIEUR JOURDAIN.   Par tout le monde!

COVIELLE.   Je ne suis revenu de mes longs voyages que
depuis quatre jours; et par l'intérêt que je prends à tout ce
qui vous touche, je viens vous annoncer la meilleure nouvelle
du monde.

30 MONSIEUR JOURDAIN.   Quelle?

COVIELLE.   Vous savez que le fils du Grand Turc est ici?

---

depuis, *prep.* — *avoir connu* (the construction is archaic)
étoffe, *f.*, cloth, material
médisance, *f.*, slander

officieux, officieuse, *adj.*, accommo-
dating
témoignage, *m.* rendre —, to bear
witness
Turc, *m. Grand* —, Sultan of Turkey

MONSIEUR JOURDAIN.   Moi? non.

COVIELLE.   Comment? il a un train tout à fait magnifique;
tout le monde le va voir, et il a été reçu en ce pays comme un
seigneur d'importance.

MONSIEUR JOURDAIN.   Par ma foi! je ne savais pas cela.   5

COVIELLE.   Ce qu'il y a d'avantageux pour vous, c'est qu'il
est amoureux de votre fille; et il veut être votre gendre.

MONSIEUR JOURDAIN.   Mon gendre, le fils du Grand Turc!

COVIELLE.   Le fils du Grand Turc, votre gendre. Comme
je le fus voir, et que j'entends parfaitement sa langue, il 10
s'entretint avec moi; après quelques autres discours, il me dit:
*Acciam croc soler ouch alla moustaph gidelum amanahem varahini
oussere carbulath,* c'est-à-dire: «N'as-tu point vu une jeune belle
personne, qui est la fille de Monsieur Jourdain, gentilhomme
parisien?»   15

MONSIEUR JOURDAIN.   Le fils du Grand Turc dit cela de
moi?

COVIELLE.   Oui. Comme je lui eus répondu que je vous
connaissais particulièrement, et que j'avais vu votre fille:
«*Ah!* me dit-il, *marababa sahem*», c'est-à-dire: «Ah! que je suis 20
amoureux d'elle!»

MONSIEUR JOURDAIN.   *Marababa sahem* veut dire: «Ah! que
je suis amoureux d'elle?»

COVIELLE.   Oui.

MONSIEUR JOURDAIN.   Par ma foi! vous faites bien de me 25
le dire, car pour moi, je n'aurais jamais cru que *marababa
sahem* eût voulu dire: «Ah! que je suis amoureux d'elle!»
Voilà une langue admirable que ce turc.

COVIELLE.   Enfin, pour achever mon ambassade, il vient
vous demander votre fille en mariage; et pour avoir un beau- 30
père qui soit digne de lui, il veut vous faire *Mamamouchi*, qui
est une certaine grande dignité de son pays.

comme, *conj.*, when
entretenir (s'), to converse
être. *je le fus voir*, I went to see him

mamamouchi, *m.* (word invented by
Molière)

MONSIEUR JOURDAIN. Le fils du Grand Turc m'honore beaucoup, et je vous prie de me mener chez lui pour lui faire mes remercîments.

COVIELLE. Comment? le voilà qui va venir ici.

SCENE QUATRIEME

5 CLÉONTE, *en Turc, avec* TROIS PAGES *portant sa veste,* MONSIEUR JOURDAIN, COVIELLE, *déguisé.*

CLÉONTE. *Ambousahim oqui boraf, Iordina salamalequi.*

COVIELLE. C'est-à-dire: «Monsieur Jourdain, votre cœur soit toute l'année comme un rosier fleuri.»

10 MONSIEUR JOURDAIN. Je suis très humble serviteur de son Altesse Turque.

COVIELLE. *Carigar camboto oustin moraf.*

CLÉONTE. *Oustin yoc catamalequi basum base alla moran.*

COVIELLE. Il dit: «Que le Ciel vous donne la force des lions 15 et la prudence des serpents!»

MONSIEUR JOURDAIN. Son Altesse Turque m'honore trop, et je lui souhaite toutes sortes de prospérités.

COVIELLE. *Ossa binamem sadoc babally oracaf ouram.*

CLÉONTE. *Bel-men.*

20 COVIELLE. Il dit que vous alliez vite avec lui vous préparer pour la cérémonie, afin de voir ensuite votre fille, et de conclure le mariage.

MONSIEUR JOURDAIN. Tant de choses en deux mots?

COVIELLE. Oui. La langue turque est comme cela, elle 25 dit beaucoup en peu de paroles. Allez vite où il souhaite.

SCENE CINQUIEME

La cérémonie turque pour ennoblir le Bourgeois se fait en musique, et compose le quatrième intermède.

altesse, *f.*, highness
être. *votre cœur soit,* may your heart be

intermède, *m.*, intermission
veste, *f.*, waistcoat

Dorante, qui est toujours là, reconnaît Covielle, le domestique de son ami Cléonte. Covielle le mène à l'écart et le met au courant de ce qui se passe.

ACTE CINQUIEME

SCENE PREMIERE

MADAME JOURDAIN, MONSIEUR JOURDAIN

MADAME JOURDAIN. Ah mon Dieu! miséricorde! Qu'est-ce donc que cela? Quelle figure! Est-ce un momon que vous 5 allez porter; et est-il temps d'aller en masque?

MONSIEUR JOURDAIN. Voyez l'impertinente, de parler de la sorte à un *Mamamouchi!*

MADAME JOURDAIN. Quelle bête est-ce là?

MONSIEUR JOURDAIN. *Mamamouchi*, c'est-à-dire, en notre 10 langue, Paladin.

MADAME JOURDAIN. Baladin! Etes-vous en âge de danser dans des ballets?

MONSIEUR JOURDAIN. Quelle ignorante! Je dis Paladin; c'est une dignité dont on vient de me faire la cérémonie. 15

MADAME JOURDAIN. Quelle cérémonie donc?

MONSIEUR JOURDAIN. *Mahameta per Iordina.*

MADAME JOURDAIN. Qu'est-ce que cela veut dire?

MONSIEUR JOURDAIN. *Iordina*, c'est-à-dire Jourdain.

MADAME JOURDAIN. Hé bien! quoi, Jourdain? 20

MONSIEUR JOURDAIN. *Voler far un Paladina de Iordina.*

MADAME JOURDAIN. Comment?

MONSIEUR JOURDAIN. *Dar turbanta con galera.*

MADAME JOURDAIN. Qu'est-ce à dire, cela?

MONSIEUR JOURDAIN. *Per deffender Palestina.* 25

MADAME JOURDAIN. Que voulez-vous donc dire?

MONSIEUR JOURDAIN. *Dara dara bastonnara.*

MADAME JOURDAIN. Qu'est-ce donc que ce jargon-là?

baladin, *m.*, ballet-dancer
momon, *m. porter un* —, to challenge (at carnival a masked group would enter a house and challenge the inmates to a game of dice)
paladin, *m.*, paladin, knight-errant

MONSIEUR JOURDAIN. *Non tener honta; questa star l'ultima affronta.*

MADAME JOURDAIN. Qu'est-ce que c'est donc que tout cela?

5 MONSIEUR JOURDAIN, *chantant et dansant. Hou la ba, ba la chou, ba la ba, ba la da. (Il tombe par terre.)*⁴

MADAME JOURDAIN. Hélas! mon Dieu! mon mari est devenu fou!

SCENE QUATRIEME

CLÉONTE, *habillé en Turc*, COVIELLE, *déguisé*, MONSIEUR JOURDAIN, DORIMÈNE, DORANTE

DORANTE, à CLÉONTE. Monsieur, nous venons faire la
10 révérence à Votre Altesse, comme amis de Monsieur votre beau-père, et l'assurer avec respect de nos très humbles services.

MONSIEUR JOURDAIN. Où est le truchement, pour lui dire qui vous êtes, et lui faire entendre ce que vous dites? Vous
15 verrez qu'il vous répondra, et il parle turc à merveille. Holà! Où diantre est-il allé? (A CLÉONTE) *Strouf, strif, strof, straf.* Monsieur est *un grande Segnore, grande Segnore, grande*

bâtonner, to cudgel
diantre, *interj.,* the deuce
franc, franque, *adj.,* Frankish (*Franc* being the name of Europeans in the Levant; *langue franque* is equivalent to *pidgin English*)

galère, *f.,* galley
truchement, *m.,* interpreter
vouloir (in the *lingua franca* the infinitive is used for all forms of the verb)

⁴ Ailleurs les personnages parlent un turc de fantaisie, mais ici Molière emploie la langue franque, mélange de langues qui se parle sur les rivages africains de la Méditerranée. On y reconnaît surtout de l'italien. En voici la traduction:

> Mahomet de Jourdain
> Vouloir faire un paladin de Jourdain
> Donner turban avec galère
> Pour défendre Palestine
> Donner, donner, bâtonner, bâtonner.
> Ne pas avoir honte: celui-ci être le dernier affront.

Tout cela n'a plus de sens parce que Monsieur Jourdain n'avait retenu que des fragments de la cérémonie turque (voir scène V supprimée).

Segnore; et Madame, *una granda Dama, granda Dama.* (*Voyant
qu'il ne se fait point entendre.*) *Ahi,* lui, Monsieur, lui, *Mamamouchi* français, et Madame, *Mamamouchie* française. Je ne puis
parler plus clairement. Bon, voici l'interprète. (A Covielle
qui entre.) Où allez-vous, donc? nous ne saurions rien dire sans 5
vous. Dites-lui un peu que Monsieur et Madame sont des
personnes de grande qualité, qui lui viennent faire la révérence, comme mes amis, et l'assurer de leurs services. (A
Dorimène *et à* Dorante) Vous allez voir comme il va répondre. 10

Covielle. *Alabala crociam acci boram alabamen.*

Cléonte. *Catalequi tubal ourin soter amalouchan.*

Monsieur Jourdain. Voyez-vous?

Covielle. Il dit que la pluie des prospérités arrose en tout
temps le jardin de votre famille. 15

Monsieur Jourdain. Je vous l'avais bien dit, qu'il parle
turc.

Dorante. Cela est admirable.

SCENE CINQUIEME

Lucile, Monsieur Jourdain, Cléonte, Dorimène,
Dorante, Covielle

Monsieur Jourdain. Venez, ma fille, approchez-vous et
venez donner votre main à Monsieur, qui vous fait l'honneur 20
de vous demander en mariage.

Lucile. Comment, mon père, comme vous voilà fait!
Est-ce une comédie que vous jouez?

Monsieur Jourdain. Non, non, ce n'est pas une comédie;
c'est une affaire fort sérieuse, et la plus pleine d'honneur pour 25
vous qui se peut souhaiter. (*Montrant* Cléonte.) Voilà le mari
que je vous donne.

Lucile. A moi, mon père!

arroser, to water   **faire. fait,** dressed up

MONSIEUR JOURDAIN.   Oui, à vous: allons, touchez-lui la main, et rendez grâces au Ciel de votre bonheur.

LUCILE.   Je ne veux point me marier.

MONSIEUR JOURDAIN.   Je le veux, moi, qui suis votre père.

5 LUCILE.   Je n'en ferai rien.

MONSIEUR JOURDAIN.   Ah! que de bruit. Allons, vous dis-je. Çà, votre main.

LUCILE.   Non, mon père, je vous l'ai dit, il n'est point de pouvoir qui me puisse obliger à prendre un autre mari que 10 Cléonte; et je me résoudrai plutôt à toutes les extrémités que de . . . (*Reconnaissant* CLÉONTE.) Il est vrai que vous êtes mon père, je vous dois entière obéissance, et c'est à vous à disposer de moi selon vos volontés.

MONSIEUR JOURDAIN.   Ah! je suis ravi de vous voir si 15 promptement revenue dans votre devoir; et voilà qui me plaît, d'avoir une fille obéissante.

SCENE SIXIEME

MADAME JOURDAIN, MONSIEUR JOURDAIN, CLÉONTE,
LUCILE, DORANTE, DORIMÈNE, COVIELLE

MADAME JOURDAIN.   Comment donc? qu'est-ce que c'est que ceci? on dit que vous voulez donner votre fille en mariage à un carême-prenant.

20 MONSIEUR JOURDAIN.   Voulez-vous vous taire, imperti-nente?

MADAME JOURDAIN.   Quel est votre dessein, et que voulez-vous faire avec cet assemblage?

MONSIEUR JOURDAIN.   Je veux marier notre fille avec le 25 fils du Grand Turc.

MADAME JOURDAIN.   Avec le fils du Grand Turc!

MONSIEUR JOURDAIN.   Oui, faites-lui faire vos compli-ments par le truchement que voilà.

MADAME JOURDAIN.   Je n'ai que faire du truchement, et

çà, *interj.*, now there
carême-prenant, *m.*, mardi gras

faire. *n'avoir que — de*, to have no need of

je lui dirai bien moi-même à son nez qu'il n'aura point ma fille.

MONSIEUR JOURDAIN. Voulez-vous vous taire, encore une fois?

DORANTE. Comment, Madame Jourdain, vous vous 5 opposez à un honneur comme celui-là? Vous refusez Son Altesse Turque pour gendre?

MADAME JOURDAIN. Mon Dieu, Monsieur, mêlez-vous de vos affaires.

DORANTE. Voilà votre fille qui consent aux volontés de 10 son père.

MADAME JOURDAIN. Ma fille consent à épouser un Turc?

DORANTE. Sans doute.

MADAME JOURDAIN. Elle peut oublier Cléonte?

DORANTE. Que ne fait-on pas pour être grand'Dame? 15

MADAME JOURDAIN. Je l'étranglerais de mes mains, si elle avait fait un coup comme celui-là.

MONSIEUR JOURDAIN. Voilà bien du caquet. Je vous dis que ce mariage-là se fera.

MADAME JOURDAIN. Je vous dis, moi, qu'il ne se fera point. 20

COVIELLE, *à* MONSIEUR JOURDAIN. Monsieur, si elle veut écouter une parole en particulier, je vous promets de la faire consentir à ce que vous voulez.

MADAME JOURDAIN. Je n'y consentirai point.

COVIELLE. Écoutez-moi seulement. 25

MADAME JOURDAIN. Non.

COVIELLE. Ne faites que m'écouter; vous ferez après ce qu'il vous plaira.

MADAME JOURDAIN. Hé bien! quoi?

COVIELLE, *à part.* Il y a une heure, Madame, que nous 30 vous faisons signe. Ne voyez-vous pas bien que tout ceci n'est fait que pour nous ajuster aux visions de votre mari, que nous l'abusons sous ce déguisement, et que c'est Cléonte lui-même qui est le fils du Grand Turc?

caquet, *m.,* prattle

MADAME JOURDAIN.   Ah! comme cela, je me rends.

COVIELLE.   Ne faites pas semblant de rien.

MADAME JOURDAIN, *haut.*   Oui, voilà qui est fait, je consens au mariage.

5 MONSIEUR JOURDAIN.   Ah! voilà tout le monde raisonnable. Vous ne vouliez pas l'écouter. Je savais bien qu'il vous expliquerait ce que c'est que le fils du Grand Turc.

MADAME JOURDAIN.   Il me l'a expliqué comme il faut, et j'en suis satisfaite. Envoyons quérir un notaire.

10 DORANTE.   Tandis qu'il viendra, et qu'il dressera les contrats, voyons notre ballet, et donnons-en le divertissement à son Altesse Turque.

pas (line 2), double negative now ungrammatical

JEAN DE LA FONTAINE (1621–1695)

Un des poètes les plus originaux du XVIIe siècle est Jean de La Fontaine, l'auteur des Fables *(1668). Comme tous les auteurs «classiques», il s'inspire des anciens, et son modèle est Ésope* [1] *dont il reprend un grand nombre de fables. Mais La Fontaine ne se borne pas à la simple imitation et il y a beaucoup de pièces originales où le poète se révèle comme psychologue et observa-* 5 *teur des mœurs. La Fontaine est un Molière en miniature, tant par la forme dramatique et dialoguée de ses poèmes que par le fond d'observation sociale. Dans les* Animaux Malades de la Peste, *où perce un certain cynisme, on peut voir une critique de la société contemporaine.*

LES ANIMAUX MALADES DE LA PESTE

1668

Un mal qui répand la terreur,   10
Mal que le ciel en sa fureur
Inventa pour punir les crimes de la terre,
La peste (puisqu'il faut l'appeler par son nom),
Capable d'enrichir en un jour l'Achéron,[2]
    Faisait aux animaux la guerre.   15
Ils ne mouraient pas tous, mais tous étaient frappés:
    On n'en voyait point d'occupés
A chercher le soutien d'une mourante vie;
    Nul mets n'excitait leur envie:
    Ni loups ni renards n'épiaient   20
    La douce et l'innocente proie:

mets, *m.*, food

[1] *Aesop.* Fabuliste grec du VIe siècle av. J.–C.
[2] Un des fleuves des Enfers.

71

Les tourterelles se fuyaient;
Plus d'amour, partant plus de joie.
Le lion tint conseil, et dit: Mes chers amis,
Je crois que le ciel a permis
5   Pour nos péchés cette infortune:
Que le plus coupable de nous
Se sacrifie aux traits du céleste courroux;
Peut-être il obtiendra la guérison commune.
L'histoire nous apprend qu'en de tels accidents
10   On fait de pareils dévoûments.
Ne nous flattons donc point, voyons sans indulgence
L'état de notre conscience.
Pour moi, satisfaisant mes appétits gloutons,
J'ai dévoré force moutons.
15   Que m'avaient-ils fait? nulle offense.
Même il m'est arrivé quelquefois de manger
Le berger.
Je me dévoûrai donc, s'il le faut: mais je pense
Qu'il est bon que chacun s'accuse ainsi que moi;
20   Car on doit souhaiter, selon toute justice,
Que le plus coupable périsse.
Sire, dit le renard, vous êtes trop bon roi;
Vos scrupules font voir trop de délicatesse.
Eh bien, manger moutons, canaille, sotte espèce,
25   Est-ce un péché? Non, non. Vous leur fîtes, seigneur,
En les croquant, beaucoup d'honneur.
Et quant au berger, l'on peut dire
Qu'il était digne de tous maux,
Étant de ces gens-là qui sur les animaux
30   Se font un chimérique empire.
Ainsi dit le renard; et flatteurs d'applaudir.
On n'osa trop approfondir

canaille, *f.*, rabble
de. *d'applaudir* means *applaudirent*
dévoûment, *m.*, sacrifice

partant, *adv.*, and consequently
tourterelle, *f.*, turtledove

Du tigre, ni de l'ours, ni des autres puissances,
  Les moins pardonnables offenses:
Tous les gens querelleurs, jusqu'aux simples **mâtins**,
Au dire de chacun, étaient de petits saints.
L'âne vint à son tour, et dit: J'ai souvenance   5
  Qu'en un pré de moines passant,
La faim, l'occasion, l'herbe tendre, et je pense,
  Quelque diable aussi me poussant,
Je tondis de ce pré la largeur de ma langue.
Je n'en avais nul droit, puisqu'il faut parler **net**.   10
A ces mots on cria haro sur le baudet.
Un loup, quelque peu clerc, prouva par sa **harangue**
Qu'il fallait dévouer ce maudit animal,
Ce pelé, ce galeux, d'où venait tout leur mal.
Sa peccadille fut jugée un cas pendable.   15
Manger l'herbe d'autrui! quel crime abominable!
  Rien que la mort n'était capable
D'expier son forfait. On le lui fit bien voir.

Selon que vous serez puissant ou misérable,
Les jugements de cour vous rendront blanc ou noir.   20

baudet, *m.*, donkey, blockhead
clerc, *m.*, learned
dire. *au — de*, according to
forfait, *m.*, crime
galeux, galeuse, *adj.*, scabby

haro, *m. crier — sur quelqu'un*, to raise
 a hue and cry against one
mâtin, *m.*, mastiff
peccadille, *f.*, peccadillo, petty fault
pelé, *m.*, baldpate
tondre, to shear

JEAN RACINE (1639-1699)

Tout en s'inspirant du classicisme gréco-romain et en lui empruntant ses thèmes, les classiques français ont donné à ces sujets une conception typiquement française de sorte que la littérature française vit de sa propre vie et figure parmi les grandes périodes littéraires de la civilisation. Ce qui distingue toute
5 *littérature classique, c'est son universalité, et en France ce classicisme consiste à vouloir dégager chez l'homme des traits universels. La littérature française classique est essentiellement une littérature psychologique. Mais cette objectivité classique se traduit sous une forme considérée comme typiquement française en créant pour tous les genres des règles presque absolues. Pour la poésie on établit*
10 *des usages stricts qui resteront en vigueur jusqu'au romantisme. Le théâtre se trouve régi par les fameuses règles d'Aristote [1] qui séparent la tragédie de la comédie et qui soumettent le poème tragique aux unités de temps, de lieu et d'action. Entre les mains des génies du siècle de Louis XIV l'œuvre littéraire atteint la perfection artistique.*

15 *Formé par les jansénistes [2] (un mouvement catholique très puritain et déclaré hérétique plus tard), Jean Racine apprit à aimer la tragédie grecque qui lui fournit la matière de ses plus grandes tragédies:* Andromaque (*1667*), Iphigénie (*1674*), Phèdre (*1677*). Britannicus (*1669*) *et* Bérénice (*1670*) *sont d'inspiration latine. Mais, en classique français, Racine a limité son*
20 *domaine presque exclusivement à l'étude de l'amour féminin, l'amour-passion. Aucun écrivain n'a mieux que lui analysé la psychologie de la femme amoureuse. Le lecteur est frappé autant par la simplicité de ces pièces que par leur profondeur psychologique, simplicité due à la conception classique de l'œuvre d'art. Généralement aucun événement fortuit n'intervient dans l'action qui*
25 *est conduite par un seul personnage. Dans* Phèdre, *malgré le retour de Thésée, qui est un événement fortuit, toutes les ficelles de l'action restent entre*

janséniste, *m.,* Jansenist, follower of   **régir,** to govern
Jansénius (*q.v.*)

[1] *Aristotle.* Philosophe grec (384–322 av. J.–C.).
[2] De *Jansénius,* théologien hollandais (1585–1638), auteur de l'*Augustinus* où il discute la grâce, le libre arbitre et la prédestination. Pascal défendit les jansénistes contre les jésuites, partisans du libre arbitre, dans *les Provinciales* (1657).

les mains de Phèdre et l'action est d'autant plus tragique qu'elle dépend de la volonté d'une femme victime de la fatalité.

Comme Molière, Racine jouissait de la faveur royale malgré l'opposition des partisans de son grand prédécesseur et rival, Pierre Corneille (1606–1684). *S'étant rapproché de nouveau des jansénistes, il a abandonné le théâtre après* 5 Phèdre *pour devenir historiographe du roi et n'est redevenu dramaturge que pour écrire des pièces d'inspiration chrétienne,* Esther (*1689*) *et* Athalie (*représentée en public seulement en 1702*), *destinées aux élèves de Madame de Maintenon* [3] *à Saint-Cyr.*[4]

PHEDRE

1677

Cette pièce est d'une architecture si parfaite qu'il est impossible de la 10 découper pour en faire des extraits. Nous nous bornerons donc à ne donner ici que la scène la plus célèbre où la malheureuse Phèdre [5] dévoile son amour coupable. Nous osons espérer que cet avant-goût donnera au lecteur l'envie de reprendre cette pièce plus tard.

La scène est à Trézène.[6] Nous apprenons que Thésée,[7] roi d'Athènes, 15 est parti depuis six mois et qu'on est sans nouvelles de lui. Il a laissé à Trézène sa femme Phèdre, son fils Hippolyte,[8] dont la mère était Antiope, reine des Amazones,[9] et Aricie,[10] la dernière descendante d'une famille qui avait régné jadis à Athènes. Hippolyte fait part à son gouverneur Théramène de son projet d'aller chercher son père. Mais lisant dans sa pensée, Théra- 20 mène lui demande la vraie raison de son départ. Le séjour de cette ville lui est-il devenu insupportable à cause de la reine Phèdre, sa marâtre, qui autrefois le poursuivait de sa haine mais qui maintenant, dit-on, est plutôt une femme mourante? Au contraire, ce n'est pas Phèdre qu'il fuit, lui répond Hippolyte, mais Aricie dont il est tombé amoureux. 25

---

historiographe, *m.,* historiographer,   **jadis,** *adv.,* of yore
official historian   **marâtre,** *f.,* stepmother

[3] Françoise d'Aubigné, marquise de Maintenon (1635-1719), femme morganatique de Louis XIV.
[4] École fondée par Madame de Maintenon pour des jeunes filles nobles sans fortune. L'École Spéciale Militaire s'y trouve aujourd'hui, l'équivalent français de West Point.
[5] *Phaedra.*
[6] *Troezen.* Ville de l'ancienne Grèce.
[7] *Theseus.*
[8] *Hippolytus.*
[9] Dans la mythologie grecque les Amazones étaient une race de femmes guerrières.
[10] *Aricia.*

Dans la troisième scène, Phèdre révèle enfin à sa nourrice Œnone la passion fatale dont elle se meurt.

ACTE I, SCENE III

PHÈDRE, ŒNONE

PHÈDRE

N'allons point plus avant. Demeurons, chère Œnone.
Je ne me soutiens plus: ma force m'abandonne.
5 Mes yeux sont éblouis du jour que je revoi,
Et mes genoux tremblants se dérobent sous moi.
Hélas!

(*Elle s'assit.*)

ŒNONE

Dieux tout-puissants, que nos pleurs vous apaisent.

PHÈDRE

Que ces vains ornements, que ces voiles me pèsent!
Quelle importune main, en formant tous ces nœuds,
10 A pris soin sur mon front d'assembler mes cheveux?
Tout m'afflige et me nuit, et conspire à me nuire.

ŒNONE

Comme on voit tous ses vœux l'un l'autre se détruire!
Vous-même, condamnant vos injustes desseins,
Tantôt à vous parer vous excitiez nos mains;
15 Vous-même, rappelant votre force première,
Vous vouliez vous montrer et revoir la lumière.
Vous la voyez, Madame; et prête à vous cacher,
Vous haïssiez le jour que vous veniez chercher?

PHÈDRE

Noble et brillant auteur d'une triste famille,
20 Toi, dont ma mère osait se vanter d'être fille,

assit, older form of *assied*
auteur, *m.*, founder
dérober (se), to sink

nuire, to hurt
parer, to adorn
revoi, older form of *revois*

Qui peut-être rougis du trouble où tu me vois,
Soleil,[11] je te viens voir pour la dernière fois.

ŒNONE

Quoi? vous ne perdrez point cette cruelle envie?
Vous verrai-je toujours, renonçant à la vie,
Faire de votre mort les funestes apprêts?

PHÈDRE

Dieux! que ne suis-je assise à l'ombre des forêts!
Quand pourrai-je, au travers d'une noble poussière,
Suivre de l'œil un char fuyant dans la carrière?

ŒNONE

Quoi, Madame?

PHÈDRE

Insensée, où suis-je? et qu'ai-je dit?
Où laissé-je égarer mes vœux et mon esprit?   10
Je l'ai perdu: les Dieux m'en ont ravi l'usage.
Œnone, la rougeur me couvre le visage:
Je te laisse trop voir mes honteuses douleurs;
Et mes yeux, malgré moi, se remplissent de pleurs.

ŒNONE

Ah! s'il faut rougir, rougissez d'un silence   15
Qui de vos maux encore aigrit la violence.
Rebelle à tous nos soins, sourde à tous nos discours,
Voulez-vous sans pitié laisser finir vos jours?
Quelle fureur les borne au milieu de leur course?
Quel charme ou quel poison en a tari la source?   20

aigrir, to make worse   carrière, *f.*, race course
apprêt, *m.*, preparation   char, *m.*, chariot
borner, to check

[11] Pasiphaé, la mère de Phèdre, était effectivement la fille du dieu du soleil.

Les ombres par trois fois ont obscurci les cieux
Depuis que le sommeil n'est entré dans vos yeux,
Et le jour a trois fois chassé la nuit obscure
Depuis que votre corps languit sans nourriture.
5 A quel affreux dessein vous laissez-vous tenter?
De quel droit sur vous-même osez-vous attenter?
Vous offensez les Dieux auteurs de votre vie;
Vous trahissez l'époux à qui la foi vous lie;
Vous trahissez enfin vos enfants malheureux,
10 Que vous précipitez sous un joug rigoureux.
Songez qu'un même jour leur ravira leur mère,
Et rendra l'espérance au fils de l'étrangère,
A ce fier ennemi de vous, de votre sang,
Ce fils qu'une Amazone a porté dans son flanc,
15 Cet Hippolyte . . .

PHÈDRE

Ah, Dieux!

ŒNONE

Ce reproche vous touche.

PHÈDRE

Malheureuse, quel nom est sorti de ta bouche?

ŒNONE

Hé bien! votre colère éclate avec raison:
J'aime à vous voir frémir à ce funeste nom.
Vivez donc. Que l'amour, le devoir vous excite.
20 Vivez, ne souffrez pas que le fils d'une Scythe,[12]

---

attenter. — *sur quelqu'un,* to make an   **foi,** *f.,* marriage vow
   attempt on someone's life   **joug,** *m.,* yoke
flanc, *m.,* womb   **ombres,** *f. pl.,* darkness

[12] *Scythian.* Les Amazones habitaient la Scythie, région qui s'étendait depuis les Carpathes jusqu'au Don.

Accablant vos enfants d'un empire odieux,
Commande au plus beau sang de la Grèce et des Dieux.
Mais ne différez point: chaque moment vous tue.
Réparez promptement votre force abattue,
Tandis que de vos jours, prêts à se consumer,   5
Le flambeau dure encore, et peut se rallumer.

PHÈDRE

J'en ai trop prolongé la coupable durée.

ŒNONE

Quoi? de quelques remords êtes-vous déchirée?
Quel crime a pu produire un trouble si pressant?
Vos mains n'ont point trempé dans le sang innocent?   10

PHÈDRE

Grâces au ciel, mes mains ne sont point criminelles.
Plût aux Dieux que mon cœur fût innocent comme elles!

ŒNONE

Et quel affreux projet avez-vous enfanté
Dont votre cœur encor doive être épouvanté?

PHÈDRE

Je t'en ai dit assez. Épargne-moi le reste.   15
Je meurs, pour ne point faire un aveu si funeste.

ŒNONE

Mourez donc, et gardez un silence inhumain;
Mais pour fermer vos yeux cherchez une autre main.
Quoiqu'il vous reste à peine une faible lumière,
Mon âme chez les morts descendra la première.   20

abattre, to lay low, exhaust
encor, old form of *encore*
enfanter, to conceive

lumière, *f.*, spark of life
plaire. *plût aux Dieux*, would to God
pressant, *adj.*, violent

Mille chemins ouverts y conduisent toujours,
Et ma juste douleur choisira les plus courts.
Cruelle, quand ma foi vous a-t-elle déçue?
Songez-vous qu'en naissant mes bras vous ont reçue?
5 Mon pays, mes enfants, pour vous j'ai tout quitté.
Réserviez-vous ce prix à ma fidélité?

PHÈDRE

Quel fruit espères-tu de tant de violence?
Tu frémiras d'horreur si je romps le silence.

ŒNONE

Et que me direz-vous qui ne cède, grands Dieux!
10 A l'horreur de vous voir expirer à mes yeux?

PHÈDRE

Quand tu sauras mon crime, et le sort qui m'accable,
Je n'en mourrai pas moins, j'en mourrai plus coupable.

ŒNONE

Madame, au nom des pleurs que pour vous j'ai versés,
Par vos faibles genoux que je tiens embrassés,
15 Délivrez mon esprit de ce funeste doute.

PHÈDRE

Tu le veux. Lève-toi.

ŒNONE

                    Parlez, je vous écoute.

PHÈDRE

Ciel! que lui vais-je dire, et par où commencer?

---

foi, *f.*, fidelity   **prix,** *m.*, reward
moins, *adv. je n'en mourrai pas* —, I
   shall not die any the less

ŒNONE

Par de vaines frayeurs cessez de m'offenser.

PHÈDRE

O haine de Vénus! O fatale colère!
Dans quels égarements l'amour jeta ma mère!

ŒNONE

Oublions-les, Madame; et qu'à tout l'avenir
Un silence éternel cache ce souvenir.　　5

PHÈDRE

Ariane,[13] ma sœur, de quel amour blessée,
Vous mourûtes aux bords où vous fûtes laissée!

ŒNONE

Que faites-vous, Madame? et quel mortel ennui
Contre tout votre sang vous anime aujourd'hui?

PHÈDRE

Puisque Vénus le veut, de ce sang déplorable　　10
Je péris la dernière et la plus misérable.

ŒNONE

Aimez-vous?

PHÈDRE

De l'amour j'ai toutes les fureurs.

ŒNONE

Pour qui?

bord, *m.*, shore　　　　　　　　ennui, *m.*, weariness
égarement, *m.*, disorder

[13] Ariane (*Ariadne*), fille de Minos et sœur de Phèdre, donna à Thésée le fil
qui lui permit de sortir du Labyrinthe. Elle fut abandonnée par Thésée sur les
rives de l'île de Dia.

PHÈDRE

Tu vas ouïr le comble des horreurs.
J'aime . . . A ce nom fatal, je tremble, je frissonne.
J'aime . . .

ŒNONE

Qui?

PHÈDRE

Tu connais ce fils de l'Amazone,
Ce Prince si longtemps par moi-même opprimé?

ŒNONE

5 Hippolyte? Grands Dieux!

PHÈDRE

C'est toi qui l'as nommé.

ŒNONE

Juste ciel! tout mon sang dans mes veines se glace.
O désespoir! ô crime! ô déplorable race!
Voyage infortuné! Rivage malheureux,
Fallait-il approcher de tes bords dangereux?

PHÈDRE

10 Mon mal vient de plus loin. A peine au fils d'Égée [14]
Sous les lois de l'hymen je m'étais engagée,
Mon repos, mon bonheur semblait être affermi;
Athènes me montra mon superbe ennemi.
Je le vis, je rougis, je pâlis à sa vue;
15 Un trouble s'éleva dans mon âme éperdue;
Mes yeux ne voyaient plus, je ne pouvais parler;

comble, *m.*, full measure   hymen, *m.*, marriage

[14] *Aegeus.*

Je sentis tout mon corps et transir et brûler;
Je reconnus Vénus [15] et ses feux redoutables,
D'un sang qu'elle poursuit tourments inévitables.
Par des vœux assidus je crus les détourner:
Je lui bâtis un temple, et pris soin de l'orner;   5
De victimes moi-même à toute heure entourée,
Je cherchais dans leurs flancs ma raison égarée.
D'un incurable amour remèdes impuissants!
En vain sur les autels ma main brûlait l'encens:
Quand ma bouche implorait le nom de la Déesse,   10
J'adorais Hippolyte; et le voyant sans cesse,
Même au pied des autels que je faisais fumer,
J'offrais tout à ce dieu que je n'osais nommer.
Je l'évitais partout. O comble de misère!
Mes yeux le retrouvaient dans les traits de son père.   15
Contre moi-même enfin j'osai me révolter:
J'excitai mon courage à le persécuter.
Pour bannir l'ennemi dont j'étais idolâtre,
J'affectai les chagrins d'une injuste marâtre;
Je pressai son exil, et mes cris éternels   20
L'arrachèrent du sein et des bras paternels.
Je respirais, Œnone; et depuis son absence,
Mes jours moins agités coulaient dans l'innocence.
Soumise à mon époux, et cachant mes ennuis,
De son fatal hymen je cultivais les fruits.   25
Vaines précautions! Cruelle destinée!
Par mon époux lui-même à Trézène amenée
J'ai revu l'ennemi que j'avais éloigné:
Ma blessure trop vive aussitôt a saigné.
Ce n'est plus une ardeur dans mes veines cachée: 30

chagrin, *m.*, vexation	**sein**, *m.*, bosom
cultiver. — *les fruits*, cultivate the fruit, *i.e.*, to rear children	**transir**, to become chilled
feu, *m.*, passion	**vœu**, *m.*, prayer

[15] Parce que le Soleil avait dévoilé les amours de Mars et de Vénus, celle-ci en voulait à toute la famille de Phèdre.

C'est Vénus toute entière à sa proie attachée.

J'ai conçu pour mon crime une juste terreur;

J'ai pris la vie en haine, et ma flamme en horreur.

Je voulais en mourant prendre soin de ma gloire,

5 Et dérober au jour une flamme si noire:

Je n'ai pu soutenir tes larmes, tes combats;

Je t'ai tout avoué; je ne m'en repens pas,

Pourvu que de ma mort respectant les approches,

Tu ne m'affliges plus par d'injustes reproches,

10 Et que tes vains secours cessent de rappeler

Un reste de chaleur tout prêt à s'exhaler.

Là-dessus on apprend que Thésée est mort et cette nouvelle rend la vie à Phèdre à qui Œnone veut persuader que son amour incestueux n'est plus un crime. Dans une scène aussi nuancée et aussi belle que celle qu'on vient 15 de lire, Phèdre vient implorer Hippolyte de protéger son jeune fils. Hippolyte ne veut pas croire encore que son père soit mort, mais Phèdre en est convaincue. Pourtant, Thésée n'est pas mort tout à fait, poursuit-elle, puisqu'il revit en Hippolyte, et, emportée par son amour, la reine, sous prétexte de parler de son mari, lui révèle ses vrais sentiments dans un discours passionné. 20 Hippolyte ne s'y méprend pas et lui demande l'explication de ce discours à double sens. La reine se défend pendant un instant; puis sa passion éclate et elle avoue tout au jeune prince stupéfait et indigné.

Coup de théâtre. Thésée est revenu. Œnone conseille à la reine de se défendre en accusant Hippolyte des mêmes sentiments incestueux dont 25 elle-même est victime. Quand Phèdre revoit son mari, elle lui crie: «Vous êtes offensé!» et s'enfuit. Thésée alors cherche l'explication de cette conduite bizarre et prête l'oreille à la calomnie inventée par Œnone. Son fils ne se défend pas mais lui dit seulement qu'il aime la prisonnière Aricie. Thésée l'accuse alors de perfidie et attire sur lui la vengeance céleste, car Neptune 30 lui avait promis d'exaucer le premier de ses vœux. Pourtant, Hippolyte a tout confié à Aricie, à qui il avait déclaré son amour, et ils ont formé le projet de s'enfuir ensemble. Thésée va voir la jeune prisonnière pour la prémunir contre la perfidie d'Hippolyte, mais elle prend vigoureusement la défense de celui qu'elle aime et laisse entendre à ce grand tueur de monstres 35 qu'il y en a encore un en vie. Plongé dans l'incertitude, Thésée veut interroger Œnone, mais celle-ci est morte, s'étant suicidée quand Phèdre,

coup, *m.* — *de théâtre,* unforeseen event
dérober, to conceal
exaucer, to grant
exhaler (s'), to evaporate
flamme, *f.,* passion

gloire, *f.,* reputation
jour, *m.,* the light of day
méprendre (se), to be mistaken
noir, *adj.,* guilty
nuancé, *adj.,* subtle

repentie, l'avait repoussée. Alors Thésée demande à Neptune de suspendre sa vengeance: c'est trop tard. Hippolyte est mort. Neptune avait envoyé contre lui un monstre, et quoiqu'il l'eût tué, la bête mourante avait effrayé ses chevaux qui l'avaient entraîné à la mort. Ayant appris cette nouvelle funeste, Thésée voit venir Phèdre à qui il commence à reprocher la mort de 5 son fils. La reine l'arrête; elle avoue tout et meurt empoisonnée.

VOLTAIRE (1694–1778)

*Au XVIIIe siècle l'autorité de l'état et de l'église se trouve ébranlée;
l'homme du XVIIIe est en quête d'un monde nouveau que lui révèlent la science
et la philosophie. L'homme abstrait dans le décor d'une société immuable ne
l'intéresse plus; c'est plutôt la société qui l'intéresse et la condition de l'homme*
5 *dans cette société. L'écrivain le plus représentatif du XVIIIe siècle est François
Marie Arouet, connu dans l'histoire sous le nom de Voltaire. Ayant débuté
comme poète et auteur de tragédies (il en a écrit vingt-sept par la suite, les
plus connues étant* Zaïre *[1732] et* Mérope *[1743]) Voltaire a fait deux
séjours à la Bastille pour ses écrits politiques et pour une dispute avec le*
10 *chevalier de Rohan (qui l'avait fait bâtonner par ses domestiques) avant de
s'exiler en Angleterre. Gracié, il revint en France trois ans plus tard et écrivit
ses* Lettres Philosophiques *sur les Anglais (1734) où il louait les Anglais
aux dépens des Français. Devenu l'auteur le plus en vue de l'Europe entière,
où tout homme instruit savait et souvent employait le français qui était à cette*
15 *époque une vraie langue universelle, Voltaire dut séjourner toute sa vie près de
la frontière suisse pour se sentir en sécurité. En 1750 il accepta l'invitation de
son admirateur, le roi Frédéric de Prusse,[1] et fit un long séjour à Berlin. Il a
écrit dans tous les domaines. Dans l'*Histoire de Charles XII [2] *(1731) et
dans le* Siècle de Louis XIV *(1751) il s'est révélé, par son objectivité et*
20 *par son souci de la documentation, comme le plus grand historien de son temps.
Nous le connaissons surtout pour ses contes philosophiques dont les meilleurs
sont* Zadig *(1747),* Micromégas *(1752),* Candide *(1759) et l'*Ingénu
*(1767). Bien qu'admirateur des gouvernements autoritaires du passé, il reven-
dique certaines libertés, surtout celle de la presse, et prépare à son insu la révolu-*
25 *tion française.*

ébranler, to shake	**insu,** *m. à son* —, without his knowl-
immuable, *adj.*, immutable	edge
	revendiquer, to demand

[1] Frédéric II, dit le grand (1712–1786). Connu d'abord comme libéral, il
devint ensuite le père du militarisme prussien.

[2] Charles XII (1682–1718) était roi de Suède; sous son règne la Suède devint
momentanément une grande puissance.

Candide *fait partie d'une longue polémique entre Rousseau et Voltaire qui ne pouvaient se comprendre. Dans son poème sur* le Désastre de Lisbonne *(1756), Voltaire avait pris ce tremblement de terre comme prétexte d'une attaque contre le philosophe allemand Leibnitz* [3] *(qui écrivait en français) et contre tous ceux qui voulaient tout ramener à l'idée d'une Providence bénigne et consciente.* 5 *Rousseau avait riposté en prenant la défense de Leibnitz. Dans* Candide, *Voltaire revient à l'attaque en présentant, sous les traits du philosophe Pangloss, un optimiste niais, qui s'obstine à croire que tout est bien malgré les malheurs dont il est accablé.*

CANDIDE

OU

L'OPTIMISME

1759

Il y avait en Vestphalie,[4] dans le château de M. le baron de 10 Thunder-ten-tronckh, un jeune garçon à qui la nature avait donné les mœurs les plus douces. Sa physionomie annonçait son âme. Il avait le jugement assez droit, avec l'esprit le plus simple; c'est, je crois, pour cette raison qu'on le nommait Candide. Les anciens domestiques de la maison soupçon- 15 naient qu'il était le fils de la sœur de monsieur le baron, et d'un bon et honnête gentilhomme du voisinage, que cette demoiselle ne voulut jamais épouser, parce qu'il n'avait pu prouver que soixante et onze quartiers, et que le reste de son arbre généalogique avait été perdu par l'injure du temps. 20

Monsieur le baron était un des plus puissants seigneurs de la Vestphalie, car son château avait une porte et des fenêtres. Sa grande salle même était ornée d'une tapisserie. Tous les chiens de ses basses-cours composaient une meute dans le

---

basse-cour, *f.*, stable-yard   **niais,** *adj.*, stupid
meute, *f.*, pack of hounds   **riposter,** to reply

---

[3] Gottfried Wilhelm Leibnitz ou Leibniz (1646–1716), célèbre philosophe et homme de science allemand qui découvrit le calcul différentiel en même temps que Newton.
[4] *Westphalia*. Province de la Prusse.

besoin; ses palefreniers étaient ses piqueurs; le vicaire du village était son grand aumônier. Ils l'appelaient tous Monseigneur, et ils riaient quand il faisait des contes.

Madame la baronne, qui pesait environ trois cent cinquante
5 livres, s'attirait par là une très grande considération, et faisait les honneurs de la maison avec une dignité qui la rendait encore plus respectable. Sa fille Cunégonde, âgée de dix-sept ans, était haute en couleur, fraîche, grasse, appétissante. Le fils du baron paraissait en tout digne de son père. Le pré-
10 cepteur Pangloss était l'oracle de la maison, et le petit Candide écoutait ses leçons avec toute la bonne foi de son âge et de son caractère.

Pangloss enseignait la métaphysico-théologo-cosmolo-nigologie. Il prouvait admirablement qu'il n'y a point d'effet sans
15 cause, et que, dans ce meilleur des mondes possibles, le château de monseigneur le baron était le plus beau des châteaux, et madame la meilleure des baronnes possibles.

«Il est démontré, disait-il, que les choses ne peuvent être autrement: car tout étant fait pour une fin, tout est nécessaire-
20 ment pour la meilleure fin. Remarquez bien que les nez ont été faits pour porter des lunettes; aussi avons-nous des lunettes. Les jambes sont visiblement instituées pour être chaussées, et nous avons des chausses. Par conséquent, ceux qui ont avancé que tout est bien ont dit une sottise: il fallait dire que
25 tout est au mieux.»

Candide écoutait attentivement, et croyait innocemment: car il trouvait Mlle Cunégonde extrêmement belle, quoiqu'il ne prît jamais la hardiesse de le lui dire. Il concluait qu'après le bonheur d'être né baron de Thunder-ten-tronckh, le second
30 degré de bonheur était d'être Mlle Cunégonde; le troisième, de la voir tous les jours; et le quatrième, d'entendre maître

aumônier, *m. grand* —, Grand Almoner (chaplain of a prince)
chausser, to breech
chausses. *f. pl.*, breeches
lunettes, *f. pl.*, spectacles
palefrenier, *m.*, groom
piqueur, *m.*, outrider

Pangloss, le plus grand philosophe de la province, et par
conséquent de toute la terre.

Mais un jour Conégonde commence à flirter avec le naïf Candide et lui
donne un baiser derrière un paravent. Le baron les prenant en flagrant
délit, «tout fut consterné dans le plus beau et le plus agréable des châteaux 5
possibles.» Chassé de son paradis terrestre, Candide va à la ville voisine
où il devient la proie de deux recruteurs qui l'invitent à dîner, le font boire
à la santé du roi des Bulgares et l'enrôlent de force dans l'armée de sa
majesté.

Candide, tout stupéfait, ne démêlait pas encore trop bien 10
comment il était un héros. Il s'avisa un beau jour de printemps
de s'aller promener, marchant tout droit devant lui, croyant
que c'était un privilège de l'espèce humaine, comme de
l'espèce animale, de se servir de ses jambes à son plaisir. Il
n'eut pas fait deux lieues que voilà quatre autres héros de six 15
pieds qui l'atteignent, qui le lient, qui le mènent dans un
cachot. On lui demanda juridiquement ce qu'il aimait le
mieux d'être fustigé trente-six fois par tout le régiment, ou de
recevoir à la fois douze balles de plomb dans la cervelle. Il
eut beau dire que les volontés sont libres, et qu'il ne voulait 20
ni l'un ni l'autre, il fallut faire un choix: il se détermina, en
vertu du don de Dieu qu'on nomme liberté, à passer trente-
six fois par les baguettes: il essuya deux promenades. Le
régiment était composé de deux mille hommes. Cela lui
composa quatre mille coups de baguettes. Comme on allait 25
procéder à la troisième course, Candide, n'en pouvant plus,
demanda en grâce qu'on voulût bien avoir la bonté de lui
casser la tête: il obtint cette faveur; on lui bande les yeux;
on le fait mettre à genoux. Le roi des Bulgares [5] passe dans ce

baguette, *f.*, stick. *passer par les —s*, to run the gauntlet	**juridiquement,** *adv.*, juridically
délit, *m. en flagrant —*, in the very act	**lieue,** *f.*, league
fustiger, to flog	**paravent,** *m.*, screen

[5] Tout ceci se passe vraisemblablement pendant la guerre de Sept Ans
(1756–1763). Le roi des Bulgares serait le roi Frédéric II de Prusse, et les Abares
seraient les Français. (Les vrais Abares étaient un peuple tartare qui envahit
l'Europe au sixième siècle.)

moment, s'informe du crime du patient; et comme ce roi
avait un grand génie, il comprit, par tout ce qu'il apprit de
Candide, que c'était un jeune métaphysicien fort ignorant des
choses de ce monde, et lui accorda sa grâce avec une clémence
5 qui sera louée dans tous les journaux et dans tous les siècles.
Un brave chirurgien guérit Candide en trois semaines avec
des émollients enseignés par Dioscoride.[6] Il avait déjà un peu
de peau, et pouvait marcher, quand le roi des Bulgares livra
bataille au roi des Abares.
10 Rien n'était si beau, si leste, si brillant, si bien ordonné
que les deux armées. Les trompettes, les fifres, les hautbois,
les tambours, les canons, formaient une harmonie telle qu'il
n'y en eut jamais en enfer. Les canons renversèrent d'abord à
peu près six mille hommes de chaque côté; ensuite la mous-
15 queterie ôta du meilleur des mondes environ neuf à dix mille
coquins qui en infectaient la surface. La baïonnette fut aussi
la raison suffisante de la mort de quelques milliers d'hommes.
Le tout pouvait bien se monter à une trentaine de mille
âmes. Candide, qui tremblait comme un philosophe, se cacha
20 du mieux qu'il put pendant cette boucherie héroïque.
Enfin, tandis que les deux rois faisaient chanter des *Te
Deum*, chacun dans son camp, il prit le parti d'aller raisonner
ailleurs des effets et des causes. Il passa par-dessus des tas de
morts et de mourants, et gagna d'abord un village voisin; il
25 était en cendres: c'était un village abare que les Bulgares
avaient brûlé, selon les lois du droit public. Ici des vieillards
criblés de coups regardaient mourir leurs femmes égorgées,
qui tenaient leurs enfants à leurs mamelles sanglantes.

chirurgien, *m.*, surgeon
criblé, *adj.*, dazed
droit, *m.* — *public*, international law
égorger, to butcher
émollient, *m.*, emollient (an agent
which soothes the skin)
hautbois, *m.*, oboe

leste, *adj.*, smart
mamelle, *f.*, breast
suffisant, *adj. raison* —*e*, sufficient
reason (term used by Leibnitz)
Te Deum, Latin hymn of thanksgiving
beginning *Te Deum laudamus*

[6] *Dioscorides.* Médecin grec dans les armées romaines de Néron (*Nero*).

Candide s'enfuit au plus vite dans un autre village: il appartenait à des Bulgares, et les héros abares l'avaient traité de même. Candide, toujours marchant sur des membres palpitants, ou à travers des ruines, arriva enfin hors du théâtre de la guerre, portant quelques petites provisions dans son 5 bissac, et n'oubliant jamais Mlle Cunégonde.

En Hollande, Candide retrouve Pangloss, malade et devenu un mendiant affreux; le philosophe lui apprend que les Bulgares ont tué Cunégonde et toute sa famille. Un bon anabaptiste, qui s'est déjà intéressé à Candide, prend soin du malheureux Pangloss. 10

Pangloss, dans la cure, ne perdit qu'un œil et une oreille. Il écrivait bien, et savait parfaitement l'arithmétique. L'anabaptiste Jacques en fit son teneur de livres. Au bout de deux mois, étant obligé d'aller à Lisbonne pour les affaires de son commerce, il mena dans son vaisseau ses deux philosophes. 15 Pangloss lui expliqua comment tout était on ne peut mieux. Jacques n'était pas de cet avis. «Il faut bien, disait il, que les hommes aient un peu corrompu la nature, cars ils ne sont point nés loups, et ils sont devenus loups. Dieu ne leur a donné ni canons de vingt-quatre, ni baïonnettes; et ils se 20 sont fait des baïonnettes et des canons pour se détruire. Je pourrais mettre en ligne de compte les banqueroutes, et la justice, qui s'empare des biens des banqueroutiers pour en frustrer les créanciers. — Tout cela était indispensable, répliquait le docteur borgne, et les malheurs particuliers font 25 le bien général; de sorte que plus il y a de malheurs particuliers, et plus tout est bien.» Tandis qu'il raisonnait, l'air s'obscurcit, les vents soufflèrent des quatre coins du monde, et le vaisseau fut assailli de la plus horrible tempête, à la vue du port de Lisbonne. 30

anabaptiste, *m.*, Anabaptist (sect opposed to baptism)
banqueroute, *f.*, bankruptcy
bissac, *m.*, knapsack
borgne, *adj.*, one-eyed

créancier, *m.*, creditor
mettre. — *en ligne de compte*, to take into account
vingt-quatre, *adj. canon de —*, twenty-four pounder

La moitié des passagers affaiblis, expirants de ces angoisses inconcevables que le roulis d'un vaisseau porte dans les nerfs et dans toutes les humeurs du corps agitées en sens contraires, n'avait pas même la force de s'inquiéter du danger. L'autre
5 moitié jetait des cris et faisait des prières; les voiles étaient déchirées, les mâts brisés, le vaisseau entr'ouvert. Travaillait qui pouvait, personne ne s'entendait, personne ne commandait. L'anabaptiste aidait un peu à la manœuvre; il était sur le tillac; un matelot furieux le frappe rudement et
10 l'étend sur les planches; mais du coup qu'il lui donna il eut lui-même une si violente secousse qu'il tomba hors du vaisseau, la tête la première. Il restait suspendu et accroché à une partie du mât rompu. Le bon Jacques court à son secours, l'aide à remonter, et de l'effort qu'il fait il est précipité dans la mer
15 à la vue du matelot, qui le laissa périr sans daigner seulement le regarder. Candide approche, voit son bienfaiteur qui reparaît un moment, et qui est englouti pour jamais. Il veut se jeter après lui dans la mer: le philosophe Pangloss l'en empêche, en lui prouvant que la rade de Lisbonne avait été
20 formée exprès pour que cet anabaptiste s'y noyât. Tandis qu'il le prouvait *a priori*, le vaisseau s'entr'ouvre; tout périt, à la réserve de Pangloss, de Candide, et de ce brutal de matelot qui avait noyé le vertueux anabaptiste: le coquin nagea heureusement jusqu'au rivage, où Pangloss et Candide furent
25 portés sur une planche.

Quand ils furent revenus un peu à eux, ils marchèrent vers Lisbonne; il leur restait quelque argent avec lequel ils espéraient se sauver de la faim après avoir échappé à la tempête.

A peine ont-ils mis le pied dans la ville, en pleurant la

---

a priori, Latin term meaning "deductively"
engloutir, to engulf
humeur, *f.*, humor (originally, in physiology, one of the four bodily fluids supposed to determine one's health and disposition)

manœuvre, *f.*, handling (of the ship)
rade, *f.*, roadstead
roulis, *m.*, rolling
tillac, *m.*, deck
travailler. *travaillait qui pouvait,* those worked who could

mort de leur bienfaiteur, qu'ils sentent la terre trembler sous
leurs pas; la mer s'élève en bouillonnant dans le port, et brise
les vaisseaux qui sont à l'ancre. Des tourbillons de flammes et
de cendres couvrent les rues et les places publiques; les
maisons s'écroulent, les toits sont renversés sur les fondements, 5
et les fondements se dispersent; trente mille habitants de tout
âge et de tout sexe sont écrasés sous des ruines. Le matelot
disait en sifflant et en jurant: «Il y aura quelque chose à
gagner ici. — Quelle peut être la raison suffisante de ce
phénomène? disait Pangloss. — Voici le dernier jour du 10
monde!» s'écriait Candide. Le matelot court incontinent au
milieu des débris, affronte la mort pour trouver de l'argent,
en trouve, s'en empare, s'enivre.

Quelques éclats de pierre avaient blessé Candide; il était
étendu dans la rue et couvert de débris. Il disait à Pangloss: 15
«Hélas! procure-moi un peu de vin et d'huile; je me meurs.
— Ce tremblement de terre n'est pas une chose nouvelle,
répondit Pangloss; la ville de Lima éprouva les mêmes
secousses en Amérique l'année passée; mêmes causes, mêmes
effets: il y a certainement une traînée de soufre sous terre 20
depuis Lima jusqu'à Lisbonne. — Rien n'est plus probable,
dit Candide; mais, pour Dieu, un peu d'huile et de vin.
— Comment, probable? répliqua le philosophe, je soutiens
que la chose est démontrée.» Candide perdit connaissance,
et Pangloss lui apporta un peu d'eau d'une fontaine voisine. 25
Le lendemain, ayant trouvé quelques provisions de bouche
en se glissant à travers les décombres, ils réparèrent un peu
leurs forces. Ensuite ils travaillèrent comme les autres à
soulager les habitants échappés à la mort. Quelques citoyens,
secourus par eux, leur donnèrent un aussi bon dîner qu'on le 30
pouvait dans un tel désastre: il est vrai que le repas était
triste; les convives arrosaient leur pain de leurs larmes; mais
Pangloss les consola, en les assurant que les choses ne pou-

---

décombres, *m. pl.*, rubble　　　　**soufre**, *m.*, sulphur
incontinent, *adv.*, forthwith　　　**traînée**, *f.*, train

vaient être autrement: «Car, dit-il, tout ceci est ce qu'il y a
de mieux; car s'il y a un volcan à Lisbonne, il ne pouvait
être ailleurs; car il est impossible que les choses ne soient pas
où elles sont, car tout est bien.»

5 Un petit homme noir, familier de l'Inquisition, lequel était
à côté de lui, prit poliment la parole et dit: «Apparemment
que monsieur ne croit pas au péché originel; car si tout est
au mieux, il n'y a donc eu ni chute ni punition. — Je demande
très humblement pardon à Votre Excellence, répondit
10 Pangloss encore plus poliment, car la chute de l'homme et la
malédiction entraient nécessairement dans le meilleur des
mondes possibles. — Monsieur ne croit donc pas à la liberté?
dit le familier. — Votre Excellence m'excusera, dit Pangloss;
la liberté peut subsister avec la nécessité absolue: car il était
15 nécessaire que nous fussions libres; car enfin la volonté
déterminée. . . .» Pangloss était au milieu de sa phrase quand
le familier fit un signe de tête à son estafier qui lui servait à
boire du vin de Porto [7] ou d'Oporto.

Après le tremblement de terre qui avait détruit les trois
20 quarts de Lisbonne, les sages du pays n'avaient pas trouvé un
moyen plus efficace pour prévenir une ruine totale que de
donner au peuple un bel auto-da-fé; il était décidé par
l'université de Coïmbre [8] que le spectacle de quelques personnes brûlées à petit feu, en grande cérémonie, est un secret
25 infaillible pour empêcher la terre de trembler.

On avait en conséquence saisi un Biscayen [9] convaincu

auto-da-fé, *m.*, "act of faith" (Portuguese), the public announcement
and execution of sentence
chute, *f. ni — ni punition,* neither fall

nor punishment (in a theological
sense)
estafier, *m.*, flunky
familier, *m.*, familiar (church official
of Inquisition)

[7] *Oporto,* ville portugaise, d'où vient le vin appelé *porto* en français et *port* en
anglais.
[8] *Coïmbra.* Ville portugaise où est située une célèbre université fondée vers
1290.
[9] *Biscayan.* Habitant de la province de Biscaye (*Biscaya* en espagnol), en
Espagne.

d'avoir épousé sa commère, et deux Portugais qui en mangeant un poulet en avaient arraché le lard;[10] on vint lier après le dîner le docteur Pangloss et son disciple Candide, l'un pour avoir parlé, et l'autre pour avoir écouté avec un air d'approbation: tous deux furent menés séparément dans des apparte- 5 ments d'une extrême fraîcheur, dans lesquels on n'était jamais incommodé du soleil: huit jours après ils furent tous deux revêtus d'un san-benito, et on orna leurs têtes de mitres de papier. Ils marchèrent en procession ainsi vêtus, et entendirent un sermon très pathétique, suivi d'une belle musique 10 en faux-bourdon. Candide fut fessé en cadence, pendant qu'on chantait; le Biscayen et les deux hommes qui n'avaient pas voulu manger de lard furent brûlés, et Pangloss fut pendu, quoique ce ne soit pas la coutume. Le même jour, la terre trembla de nouveau avec un fracas épouvantable.   15

Candide épouvanté, interdit, éperdu, tout sanglant, tout palpitant, se disait à lui-même: «Si c'est ici le meilleur des mondes possibles, que sont donc les autres? Passe encore si je n'étais que fessé, je l'ai été chez les Bulgares; mais, ô mon cher Pangloss, le plus grand des philosophes! faut-il vous 20 avoir vu pendre, sans que je sache pourquoi! O mon cher anabaptiste, le meilleur des hommes! faut-il que vous ayez été noyé dans le port! ô mademoiselle Cunégonde, la perle des filles! faut-il qu'on vous ait fendu le ventre!»

Il s'en retournait, se soutenant à peine, prêché, fessé, 25 absous et béni, lorsqu'une vieille femme l'aborda, et lui dit: «Mon fils, prenez courage, suivez-moi!»

Cette vieille guérit Candide de ses blessures et l'amène à Cunégonde qui a survécu au pillage du château et qui est maintenant au Portugal où

commère, *f.*, godmother
faux-bourdon, *m.*, faburden (a type of Medieval music)
fesser, to flog
judaïsme, *m.*, being a Jew
mitre, *f.*, miter

passer. *passe encore,* let it pass
san-benito, *m.*, sanbenito (during the Spanish inquisition, a yellow cloak decorated with a red St. Andrew's cross, worn by a confessed and repentant heretic)

[10] Ils s'étaient ainsi rendus coupables de «judaïsme.»

un juif et un inquisiteur se la partagent. Surpris successivement par les
deux amants, malgré lui Candide les tue tous deux et s'enfuit avec sa belle.
Il s'engage comme capitaine d'infanterie dans une expédition contre les
pères jésuites [11] du Paraguay qui se sont révoltés contre le roi d'Espagne.
5 «Nous allons dans un autre univers, disait Candide; c'est dans celui-là,
sans doute, que tout est bien.» A Buénos-Ayres le gouverneur s'intéresse à
Cunégonde mais elle le repousse pendant quelque temps; puis, quand un
alcade espagnol vient à la poursuite de Candide à cause du meurtre de
l'inquisiteur, elle persuade son candide amant de s'enfuir seul. Candide
10 s'enfuit donc avec son valet, Cacambo, et rejoint l'armée des jésuites où
il retrouve le frère de Cunégonde devenu colonel. Ayant annoncé au colonel
son intention d'épouser sa sœur, Candide est obligé malgré lui de se battre
avec ce frère orgueilleux qui trouve son arbre généalogique insuffisant.
Croyant avoir tué son adversaire, il prend de nouveau la fuite. Son canot
15 s'engage dans un fleuve souterrain qui l'amène à travers un plateau rocheux
au pays d'Eldorado où les cailloux sont de l'or et des diamants. Ici Voltaire
donne libre jeu à son imagination en décrivant une Utopie où il y a une
religion naturelle sans prêtres et où, sans qu'il y ait l'égalité absolue, le roi
est une sorte de patriarche éclairé et bénévole.
20   Cependant Candide pense toujours à Cunégonde et s'ennuie dans ce
pays du bonheur. Il raisonne ainsi: «Si nous restons ici, nous n'y serons
que comme les autres; au lieu que si nous retournons dans notre monde,
seulement avec douze moutons chargés de cailloux d'Eldorado, nous serons
plus riches que tous les rois ensemble, nous n'aurons plus d'inquisiteurs à
25 craindre, et nous pourrons reprendre Mlle Cunégonde.» Contre l'avis du
roi qui le croit sot, Candide part avec soixante-douze moutons, les perd
presque tous dans la forêt tropicale et arrive à Surinam [12] avec seulement
deux moutons. Cacambo prend l'un des moutons pour aller racheter
Cunégonde tandis que Candide se voit enlever l'autre par un pirate.
30 Pourtant, il a encore des diamants dans sa poche. Avec un philosophe,
Martin, recueilli en chemin, il va à Paris et devient la proie de toutes sortes
de fripons. Il est prêt à croire que tout n'est pas pour le mieux dans le
meilleur des mondes. A Venise,[13] où il va ensuite, le problème du bonheur
le tourmente; il dîne avec des rois détrônés qui sont venus fêter le carnaval;
35 chaque fois qu'il croit trouver un être heureux et qu'il l'interroge, il découvre
que personne n'est véritablement heureux. Finalement Cacambo vient au
rendez-vous; lui et Cunégonde sont devenus les esclaves d'un souverain
déposé qui vit à Constantinople. En route pour Constantinople, Candide
découvre le frère de Cunégonde qu'il croyait avoir tué et Pangloss qui

alcade, *m.*, alcade (Spanish municipal magistrate)

[11] De 1609 à 1768 les jésuites dominèrent le Paraguay. On disait et on écrivait
couramment, mais à tort, qu'ils y avaient établi un royaume.
[12] *Dutch Guiana.*
[13] *Venice.*

avait été mal pendu; ils sont devenus galériens; Candide les rachète.
Arrivé à Constantinople, il retrouve Cunégonde devenue affreusement
laide, et il la rachète aussi. La vieille accompagne toujours Cunégonde.

Il y avait une petite métairie dans le voisinage; la vieille
proposa à Candide de s'en accommoder, en attendant que 5
toute la troupe eût une meilleure destinée. Cunégonde ne
savait pas qu'elle était enlaidie, personne ne l'en avait avertie:
elle fit souvenir Candide de ses promesses avec un ton si
absolu que le bon Candide n'osa pas la refuser. Il signifia
donc au baron qu'il allait se marier avec sa sœur. «Je ne 10
souffrirai jamais, dit le baron, une telle bassesse de sa part,
et une telle insolence de la vôtre; cette infamie ne me sera
jamais reprochée: les enfants de ma sœur ne pourraient entrer
dans les chapitres d'Allemagne. Non, jamais ma sœur
n'épousera qu'un baron de l'empire.» Cunégonde se jeta à 15
ses pieds, et les baigna de larmes; il fut inflexible. «Maître
fou, lui dit Candide, je t'ai réchappé des galères, j'ai payé ta
rançon, j'ai payé celle de ta sœur; elle lavait ici des écuelles,
elle est laide, j'ai la bonté d'en faire ma femme; et tu prétends
encore t'y opposer! je te retuerais si j'en croyais ma colère. 20
— Tu peux me tuer encore, dit le baron, mais tu n'épouseras
pas ma sœur de mon vivant.»

Candide, dans le fond de son cœur, n'avait aucune envie
d'épouser Cunégonde; mais l'impertinence extrême du baron
le déterminait à conclure le mariage, et Cunégonde le 25
pressait si vivement qu'il ne pouvait s'en dédire. Il consulta
Pangloss, Martin et le fidèle Cacambo. Pangloss fit un
beau mémoire par lequel il prouvait que le baron n'avait
nul droit sur sa sœur, et qu'elle pouvait, selon toutes les lois
de l'empire, épouser Candide de la main gauche. Martin 30
conclut à jeter le baron dans la mer; Cacambo décida qu'il
fallait le rendre au levanti patron, et le remettre aux galères,

---

accommoder (s'), to purchase
croire. *si j'en croyais ma colère,* if I
   heeded my anger
écuelle, *f.,* dish

galérien, *m.,* galley slave
levanti, *adj.,* Levantine
métairie, *f.,* farm
patron, *m.,* captain

après quoi on l'enverrait à Rome au père général par le premier vaisseau. L'avis fut trouvé fort bon; la vieille l'approuva; on n'en dit rien à sa sœur; la chose fut exécutée pour quelque argent, et on eut le plaisir d'attraper un jésuite, et
5 de punir l'orgueil d'un baron allemand.

Il était tout naturel d'imaginer qu'après tant de désastres Candide, marié avec sa maîtresse et vivant avec le philosophe Pangloss, le philosophe Martin, le prudent Cacambo, et la vieille, ayant d'ailleurs rapporté tant de diamants de la patrie
10 des anciens Incas, mènerait la vie du monde la plus agréable; mais il fut tant friponné par les juifs qu'il ne lui resta plus rien que sa petite métairie; sa femme, devenant tous les jours plus laide, devint acariâtre et insupportable; la vieille était infirme, et fut encore de plus mauvaise humeur que Cunégonde.
15 Cacambo, qui travaillait au jardin, et qui allait vendre des légumes à Constantinople, était excédé de travail, et maudissait sa destinée. Pangloss était au désespoir de ne pas briller dans quelque université d'Allemagne. Pour Martin, il était fermement persuadé qu'on est également mal partout;
20 il prenait les choses en patience. Candide, Martin, et Pangloss disputaient quelquefois de métaphysique et de morale. Martin conclut que l'homme était né pour vivre dans les convulsions de l'inquiétude, ou dans la léthargie de l'ennui. Candide n'en convenait pas, mais il n'assurait rien. Pangloss avouait qu'il
25 avait toujours horriblement souffert; mais ayant soutenu une fois que tout allait à merveille, il le soutenait toujours, et n'en croyait rien.

Il y avait dans le voisinage un derviche très fameux qui passait pour le meilleur philosophe de la Turquie; ils allèrent
30 le consulter; Pangloss porta la parole, et lui dit; «Maître, nous venons vous prier de nous dire pourquoi un aussi étrange animal que l'homme a été formé. — De quoi te mêles-tu?

---

acariâtre, *adj.*, peevish
derviche, *m.*, dervish (a Mohammedan mendicant friar)

père, *m.* — *général*, vicar general
  (*i.e.* of the Jesuits)

lui dit le derviche; est-ce là ton affaire? — Mais, mon révérend père, dit Candide, il y a horriblement de mal sur la terre. — Qu'importe, dit le derviche, qu'il y ait du mal ou du bien? Quand sa Hautesse envoie un vaisseau en Égypte, s'embarrasse-t-elle si les souris qui sont dans le vaisseau sont à 5 leur aise ou non? — Que faut-il donc faire? dit Pangloss. — Te taire,» dit le derviche.

Pendant cette conversation, la nouvelle s'était répandue qu'on venait d'étrangler à Constantinople deux vizirs du banc et le muphti, et qu'on avait empalé plusieurs de leurs 10 amis. Cette catastrophe faisait partout un grand bruit pendant quelques heures. Pangloss, Candide et Martin, en retournant à la petite métairie, rencontrèrent un bon vieillard qui prenait le frais à sa porte sous un berceau d'orangers. Pangloss, qui était aussi curieux que raisonneur, lui demanda comment 15 se nommait le muphti qu'on venait d'étrangler. «Je n'en sais rien, répondit le bonhomme; et je n'ai jamais su le nom d'aucun muphti ni d'aucun vizir. J'ignore absolument l'aventure dont vous me parlez; je présume qu'en général ceux qui se mêlent des affaires publiques périssent quelquefois 20 misérablement, et qu'ils le méritent; mais je ne m'informe jamais de ce qu'on fait à Constantinople; je me contente d'y envoyer vendre les fruits du jardin que je cultive.»

«Vous devez avoir, dit Candide au Turc, une vaste et magnifique terre? — Je n'ai que vingt arpents, répondit le 25 Turc; je les cultive avec mes enfants; le travail éloigne de nous trois grands maux, l'ennui, le vice, et le besoin.»

Candide, en retournant dans sa métairie, fit de profondes réflexions sur le discours du Turc. Il dit à Pangloss et à Martin: «Ce bon vieillard me paraît s'être fait un sort bien 30 préférable à celui des six rois avec qui nous avons eu l'honneur de souper. — Les grandeurs, dit Pangloss, sont fort dange-

---

arpent, *m.*, acre
muphti, *m.*, mufti (head of Mohammedan religion)

vizir, *m.* — *du banc*, minister of state

reuses: car enfin Églon,[14] roi des Moabites, fut assassiné par
Aod; [15] Absalon [16] fut pendu par les cheveux. .... — Je sais
aussi, dit Candide, qu'il faut cultiver notre jardin. — Vous
avez raison, dit Pangloss; car quand l'homme fut mis dans le
5 jardin d'Éden, il y fut mis *ut operaretur eum:* pour qu'il tra-
vaillât; ce qui prouve que l'homme n'est pas né pour le repos.
— Travaillons sans raisonner, dit Martin; c'est le seul moyen
de rendre la vie supportable.»

Toute la petite société entra dans ce louable dessein;
10 chacun se mit à exercer ses talents. La petite terre rapporta
beaucoup. Cunégonde était, à la vérité, bien laide; mais elle
devint une excellente pâtissière; la vieille eut soin du linge.
Pangloss disait quelquefois à Candide: «Tous les événements
sont enchaînés dans le meilleur des mondes possibles; car
15 enfin si vous n'aviez pas été chassé d'un beau château à
grands coups de pied dans le derrière pour l'amour de Mlle
Cunégonde, si vous n'aviez pas été mis à l'Inquisition, si
vous n'aviez pas couru l'Amérique à pied, si vous n'aviez pas
donné un bon coup d'épée au baron, si vous n'aviez pas perdu
20 tous vos moutons du bon pays d'Eldorado, vous ne man-
geriez pas ici des cédrats confits et des pistaches. — Cela est
bien dit, répondit Candide, mais il faut cultiver notre jardin.»

cédrat, *m.*, citron   **pâtissière,** *f.*, pastry cook
confit, *adj.*, candied   **pistache,** *f.*, pistachio nut
mettre. — *à l'Inquisition*, to clap into
     the Inquisition

[14] Roi des Moabites qui opprima Israël. Les Moabites étaient un peuple
biblique qui habitait à l'est de la mer Morte.
[15] *Ehud.* Il libéra Israël en tuant Églon.
[16] *Absalom.* Troisième fils du roi David d'Israël.

JEAN–JACQUES ROUSSEAU (1712–1778)

En *1749*, *l'Académie de Dijon annonça un concours sur la question:* «*Si le progrès des sciences et des arts a contribué à corrompre ou épurer les mœurs*», *et dans ce siècle si intellectuel et si* «*progressif*» *la réponse semblait tout indiquée. Mais un inconnu du nom de Jean-Jacques Rousseau osa soutenir le contraire et gagna le prix. Cet homme de trente-sept ans, né calviniste* [1] *et* 5 *genevois, puis orphelin de sa mère et abandonné de son père, avait vagabondé dans sa jeunesse à travers la Savoie,* [2] *l'Italie et la France, s'était converti au catholicisme, avait été laquais et avait même volé. Ayant acquis une très grande instruction par ses lectures personnelles, il s'était établi à Paris et s'était lié avec les* «*encyclopédistes*», *le groupe d'écrivains qui, sous l'égide de Diderot* 10 *et de d'Alembert, allait résumer dans leur* Encyclopédie (*1751–1780*) *toutes les connaissances de l'époque. Rousseau se sépara de ses amis dans son discours de 1750 et dans son* Discours sur l'Inégalité (*1755*) *qui reprenait les mêmes thèmes. On n'a qu'à lire les extraits que nous donnons ici pour se rendre compte que les idées de Rousseau sont à l'origine non seulement de la* 15 *révolution française mais aussi de la révolution américaine. Le point de vue de Rousseau s'explique par la difficulté qu'il éprouvait à vivre en société; bien que recherché par la haute société, sa célébrité une fois acquise, il quitta bientôt le monde civilisé pour habiter en simple paysan sur les domaines de ses différents protecteurs et protectrices. A la suite de sa longue polémique avec Voltaire et* 20 *les encyclopédistes, il fut pris de la manie de la persécution et, presque fou, s'enfuit à travers la Suisse et l'Angleterre.*

Rousseau est un homme extrêmement sensible dont la sensibilité vibrante a gagné ses contemporains, préparant ainsi l'avènement du romantisme. Dans ses deux œuvres romanesques, la Nouvelle Héloïse (*1761*), *roman d'amour* 25 *sous forme de lettres, et* Émile (*1762*), *roman sur l'éducation d'un enfant qui est à l'origine de la plupart des idées* «*progressives*» *sur l'éducation moderne,*

égide, *f.*, aegis   **genevois,** *adj.*, Genevese (of Geneva)

[1] Secte protestante fondée par Jean Calvin (1509–1564). La plupart des protestants français, ainsi que les presbytériens d'Écosse, sont des calvinistes.

[2] *Savoy.* Département français depuis 1860; autrefois elle appartenait au royaume de Sardaigne (*Sardinia*).

et aussi dans ses Confessions *(1781–1788) posthumes, Rousseau a appris à ses contemporains à voir et à aimer la nature, ce qui pour le XVIII*e *siècle était une innovation.*

DISCOURS SUR L'ORIGINE DE L'INÉGALITÉ PARMI LES HOMMES
1755
I

L'auteur nous apprend que, pour expliquer l'origine de l'inégalité, il
5 va remonter à l'homme primitif.

Je le supposerai conformé de tout temps comme je le vois aujourd'hui, marchant à deux pieds, se servant de ses mains comme nous faisons des nôtres, portant ses regards sur toute la nature, et mesurant des yeux la vaste étendue du ciel.
10 En dépouillant cet être ainsi constitué de tous les dons surnaturels qu'il a pu recevoir, et de toutes les facultés artificielles qu'il n'a pu acquérir que par de longs progrès, en le considérant, en un mot, tel qu'il a dû sortir des mains de la nature, je vois un animal moins fort que les uns, moins
15 agile que les autres, mais à tout prendre, organisé le plus avantageusement de tous: je le vois se rassasiant sous un chêne, se désaltérant au premier ruisseau, trouvant son lit au pied du même arbre qui lui a fourni son repas; et voilà ses besoins satisfaits.
20 La terre abandonnée à sa fertilité naturelle, et couverte de forêts immenses que la cognée ne mutila jamais, offre à chaque pas des magasins et des retraites aux animaux de toute espèce. Les hommes, dispersés parmi eux, observent, imitent leur industrie, et s'élèvent ainsi jusqu'à l'instinct des bêtes.
25 Accoutumés dès l'enfance aux intempéries de l'air et à la rigueur des saisons, exercés à la fatigue et forcés de défendre

cognée, *f.*, axe
dépouiller, to divest
désaltérer (se), to quench one's thirst

íntempérie, *f.*, inclemency
rassasier (se), to satisfy one's hunger

nus et sans armes leur vie et leur proie contre les autres bêtes féroces, ou de leur échapper à la course, les hommes se forment un tempérament robuste et presque inaltérable. La nature en use précisément avec eux comme la loi de Sparte [3] avec les enfants des citoyens; elle rend forts et robustes ceux qui sont 5 bien constitués, et fait périr tous les autres.

Je n'ai considéré jusqu'ici que l'homme physique: tâchons de le regarder maintenant par le côté métaphysique et moral.

Ses modiques besoins se trouvent si aisément sous sa main, et il est si loin du degré de connaissances nécessaire pour 10 désirer d'en acquérir de plus grandes, qu'il ne peut avoir ni prévoyance ni curiosité. Son âme, que rien n'agite, se livre au seul sentiment de son existence actuelle sans aucune idée de l'avenir, quelque prochain qu'il puisse être; et ses projets, bornés comme ses vues, s'étendent à peine jusqu'à la fin de la 15 journée. Tel est encore le degré de prévoyance du Caraïbe: [4] il vend le matin son lit de coton, et vient pleurer le soir pour le racheter, faute d'avoir prévu qu'il en aurait besoin pour la nuit prochaine.

Nous ne voyons presque autour de nous que des gens qui se 20 plaignent de leur existence, plusieurs même qui s'en privent autant qu'il est en eux; et la réunion des lois divine et humaine suffit à peine pour arrêter ce désordre. Je demande si jamais on a ouï dire qu'un sauvage en liberté ait songé à se plaindre de la vie ou à se donner la mort. Qu'on juge donc, avec moins 25 d'orgueil, de quel côté est la vraie misère. Rien au contraire n'eût été si misérable que l'homme sauvage ébloui par des lumières, tourmenté par des passions, et raisonnant sur un état différent du sien. Il avait dans le seul instinct tout ce qu'il lui fallait pour vivre dans l'état de nature.   30

---

autant, *adv.* — *qu'il est en eux*, as much as it is in their power
inaltérable, *adj.*, incorruptible

lumières, *f. pl.*, light of science
modique, *adj.*, moderate
quelque, *adj.* — *grand que*, however big

---

[3] *Sparta.* République de l'ancienne Grèce.
[4] *Caribee.* Indien des Antilles (*West Indies*).

Avec des passions peu actives, les hommes, plutôt farouches
que méchants, et plus attentifs à se garantir du mal qu'ils
pouvaient recevoir, que tentés d'en faire à autrui, n'étaient
pas sujets à des démêlés fort dangereux: comme ils n'avaient
5 entre eux aucune espèce de commerce, qu'ils ne connaissaient
par conséquent ni la vanité, ni la considération, ni l'estime,
ni le mépris, qu'ils n'avaient pas la moindre notion du tien
et du mien, ni aucune véritable idée de la justice; qu'ils
regardaient les violences qu'ils pouvaient essuyer comme un
10 mal facile à réparer et non comme une injure qu'il faut punir,
et qu'ils ne songeaient pas même à la vengeance, si ce n'est
peut-être machinalement et sur-le-champ, comme le chien
qui mord la pierre qu'on lui jette, leurs disputes eussent eu
rarement des suites sanglantes, si elles n'eussent point eu de
15 sujet plus sensible que la pâture.

II

Le premier qui ayant enclos un terrain s'avisa de dire:
Ceci est à moi, et trouva des gens assez simples pour le croire,
fut le vrai fondateur de la société civile. Que de crimes, de
guerres, de meurtres, que de misères et d'horreurs n'eût point
20 épargnés au genre humain celui qui, arrachant les pieux ou
comblant le fossé, eût crié à ses semblables: «Gardez-vous
d'écouter cet imposteur; vous êtes perdus si vous oubliez que
les fruits sont à tous, et que la terre n'est à personne!»
Tant que les hommes se contentèrent de leurs cabanes
25 rustiques, tant qu'ils se bornèrent à coudre leurs habits de
peaux avec des épines ou des arêtes, à se parer de plumes et
de coquillages, à se peindre le corps de diverses couleurs, à
perfectionner ou embellir leurs arcs et leurs flèches, à tailler

arête, *f.*, fishbone
combler, to fill in
coquillage, *m.*, shell
démêlé, *m.*, quarrel
épine, *f.*, thorn

fossé, *m.*, ditch
pâture, *f.*, food
pieu (*pl.*: —x), stake
que. — *de*, how many

avec des pierres tranchantes quelques canots de pêcheurs ou
quelques grossiers instruments de musique; en un mot, tant
qu'ils ne s'appliquèrent qu'à des ouvrages qu'un seul pouvait
faire, et qu'à des arts qui n'avaient pas besoin du concours
de plusieurs mains, ils vécurent libres, sains, bons et heureux 5
autant qu'ils pouvaient l'être par leur nature et continuèrent
à jouir entre eux des douceurs d'un commerce indépendant;
mais dès l'instant qu'un homme eut besoin du secours d'un
autre, dès qu'on s'aperçut qu'il était utile à un seul d'avoir
des provisions pour deux, l'égalité disparut, la propriété 10
s'introduisit, le travail devint nécessaire et les vastes forêts
se changèrent en des campagnes riantes qu'il fallut arroser de
la sueur des hommes, et dans lesquelles on vit bientôt l'esclavage et la misère germer et croître avec les moissons.

Avant qu'on eût inventé les signes représentatifs des 15
richesses, elles ne pouvaient guère consister qu'en terres et en
bestiaux, les seuls biens réels que les hommes puissent posséder.
Or, quand les héritages se furent accrus en nombre et en
étendue au point de couvrir le sol entier et de se toucher tous,
les uns ne purent plus s'agrandir qu'aux dépens des autres, 20
et les surnuméraires que la faiblesse ou l'indolence avaient
empêchés d'en acquérir à leur tour, devenus pauvres sans
avoir rien perdu, parce que, tout changeant autour d'eux,
eux seuls n'avaient point changé, furent obligés de recevoir
ou de ravir leur subsistance de la main des riches; et de là 25
commencèrent à naître, selon les divers caractères des uns et
des autres, la domination et la servitude, ou la violence et les
rapines. Les riches, de leur côté, connurent à peine le plaisir
de dominer, qu'ils dédaignèrent bientôt tous les autres, et,
se servant de leurs anciens esclaves pour en soumettre de 30
nouveaux, ils ne songèrent qu'à subjuguer et asservir leurs
voisins: semblables à ces loups affamés qui, ayant une fois

---

accroître (s'), to increase
accru. See *accroître*
asservir, to reduce to servitude

moisson, *f.*, harvest
rapine, *f.*, rapine, plundering
surnuméraire, *m.*, supernumerary

goûté de la chair humaine, rebutent toute autre nourriture, et ne veulent plus que dévorer des hommes.

Il s'élevait entre le droit du plus fort et le droit du premier occupant un conflit perpétuel qui ne se terminait que par des 5 combats et des meurtres. La société naissante fit place au plus horrible état de guerre.

Écrasant facilement un particulier, mais écrasé lui-même par des troupes de bandits; seul contre tous, et ne pouvant, à cause de jalousies mutuelles, s'unir avec ses égaux contre des 10 ennemis unis par l'espoir commun du pillage, le riche, pressé par la nécessité, conçut enfin le projet le plus réfléchi qui soit jamais entré dans l'esprit humain: ce fut d'employer en sa faveur les forces mêmes de ceux qui l'attaquaient, de faire ses défenseurs de ses adversaires, de leur inspirer d'autres ma- 15 ximes, et de leur donner d'autres institutions qui lui fussent aussi favorables que le droit naturel lui était contraire.

«Unissons-nous, leur dit-il, pour garantir de l'oppression les faibles, contenir les ambitieux, et assurer à chacun la possession de ce qui lui appartient; instituons des règlements 20 de justice et de paix auxquels tous soient obligés de se conformer, qui ne fassent acception de personne, et qui réparent en quelque sorte les caprices de la fortune, en soumettant également le puissant et le faible à des devoirs mutuels.»

Tous coururent au-devant de leurs fers, croyant assurer leur 25 liberté; car, avec assez de raison pour sentir les avantages d'un établissement politique, ils n'avaient pas assez d'expérience pour en prévoir les dangers: les plus capables de pressentir les abus étaient précisément ceux qui comptaient d'en profiter; et les sages mêmes virent qu'il fallait se résoudre à 30 sacrifier une partie de leur liberté à la conservation de l'autre, comme un blessé se fait couper les bras pour sauver le reste du corps.

---

acception, *f. qui ne fassent — de personne,* without respect to persons

devant, *prep. courir au-devant de ses fers,* to run headlong into the yoke
rebuter, to reject

Les corps politiques, restant entre eux dans l'état de nature, se ressentirent bientôt des inconvénients qui avaient forcé les particuliers d'en sortir; et cet état devint encore plus funeste entre ces grands corps qu'il ne l'avait été auparavant entre les individus dont ils étaient composés. De là sortirent les guerres 5 nationales, les batailles, les meurtres, les représailles, qui font frémir la nature et choquent la raison, et tous ces préjugés horribles qui placent au rang des vertus l'honneur de répandre le sang humain.

Les politiques attribuent aux hommes un penchant naturel 10 à la servitude par la patience avec laquelle ceux qu'ils ont sous les yeux supportent la leur. Comme un coursier indompté hérisse ses crins, frappe la terre du pied et se débat impétueusement à la seule approche du mors, tandis qu'un cheval dressé souffre patiemment la verge et l'éperon, l'homme 15 barbare ne plie point sa tête au joug que l'homme civilisé porte sans murmure, et il préfère la plus orageuse liberté à un assujettissement tranquille. Quand je vois des multitudes de sauvages tout nus mépriser les voluptés européennes, et braver la faim, le feu, le fer et la mort, pour ne conserver que 20 leur indépendance, je sens que ce n'est pas à des esclaves qu'il appartient de raisonner de liberté.

Il me paraît certain que non seulement les gouvernements n'ont point commencé par le pouvoir arbitraire, qui n'en est que la corruption, le terme extrême, et qui les ramène à 25 la seule loi du plus fort dont ils furent d'abord le remède; mais encore que quand même ils auraient ainsi commencé, ce pouvoir, étant par sa nature illégitime, n'a pu servir de fondement aux droits de la société.

Sans entrer aujourd'hui dans les recherches qui sont encore 30

assujetissement, *m.*, subjection	**mors,** *m.*, bit
coursier, *m.*, charger	**quand,** *conj.* — *même,* even if
crin, *m.*, hair. —*s, m. pl.*, mane	**sortir,** *en* —, to forsake it
fer, *m.*, sword	**terme,** *m.*, limit
hérisser, to bristle up	**verge,** *f.*, whip
indompté, *adj.*, unbroken	**volupté,** *f.*, pleasure

à faire sur la nature du pacte fondamental de tout gouvernement, je me borne, en suivant l'opinion commune, à considérer ici l'établissement du corps politique comme un vrai
contrat entre le peuple et les chefs qu'il se choisit; contrat
5 par lequel les deux parties s'obligent à l'observation des lois
qui y sont stipulées et qui forment les liens de leur union.

Si le magistrat, qui a tout le pouvoir en main et qui s'ap-
proprie tous les avantages du contrat, avait pourtant le droit
de renoncer à l'autorité, à plus forte raison le peuple, qui
10 paie toutes les fautes des chefs, devrait avoir le droit de
renoncer à la dépendance. Mais les dissensions affreuses, les
désordres infinis qu'entraînerait nécessairement ce dangereux
pouvoir, montrent plus que toute autre chose combien les
gouvernements humains avaient besoin d'une base plus solide
15 que la seule raison, et combien il était nécessaire au repos
public que la volonté divine intervînt pour donner à l'autorité
souveraine un caractère sacré et inviolable qui ôtât aux sujets
le funeste droit d'en disposer.

Toutes les magistratures furent d'abord électives; et quand
20 la richesse ne l'emportait pas, la préférence était accordée au
mérite qui donne un ascendant naturel, et à l'âge qui donne
l'expérience dans les affaires et le sang-froid dans les délibéra-
tions. Plus les élections tombaient sur des hommes avancés
en âge, plus elles devenaient fréquentes, et plus leurs em-
25 barras se faisaient sentir: les brigues s'introduisirent, les
factions se formèrent, les partis s'aigrirent, les guerres civiles
s'allumèrent. L'ambition des principaux profita de ces circonstances pour perpétuer leurs charges dans leurs familles.

Si nous suivons les progrès de l'inégalité dans ces différentes
30 révolutions, nous trouverons que l'établissement de la loi et
du droit de propriété fut son premier terme, l'institution de la
magistrature le second, que le troisième et dernier fut le
changement du pouvoir légitime en pouvoir arbitraire: en

aigrir (s'), to become inveterate
brigue, *f.*, electioneering intrigue

embarras, *m.*, the trouble of such
repetition

sorte que l'état de riche et de pauvre fut autorisé par la
première époque, celui de puissant et de faible par la seconde,
et par la troisième celui de maître et d'esclave, qui est le
dernier degré de l'inégalité et le terme auquel aboutissent
enfin tous les autres, jusqu'à ce que de nouvelles révolutions 5
dissolvent tout à fait le gouvernement ou le rapprochent de
l'institution légitime.

J'ai tâché d'exposer l'origine et le progrès de l'inégalité,
l'établissement et l'abus des sociétés politiques, autant que
ces choses peuvent se déduire de la nature de l'homme par les 10
seules lumières de la raison, et indépendamment des dogmes
sacrés qui donnent à l'autorité souveraine la sanction du droit
divin. Il suit de cet exposé que l'inégalité, étant presque nulle
dans l'état de nature, tire sa force et son accroissement du développement de nos facultés et des progrès de l'esprit humain, 15
et devient enfin stable et légitime par l'établissement de la
propriété et des lois. Il suit encore que l'inégalité morale,
autorisée par le seul droit positif, est contraire au droit
naturel toutes les fois qu'elle ne concourt pas en même proportion avec l'inégalité physique; distinction qui détermine 20
suffisamment ce qu'on doit penser à cet égard de la sorte
d'inégalité qui règne parmi tous les peuples policés, puisqu'il
est manifestement contre la loi de la nature, de quelque
manière qu'on la définisse, qu'un enfant commande à un
vieillard, qu'un imbécile conduise un homme sage, et qu'une 25
poignée de gens regorge de superfluités, tandis que la multitude affamée manque du nécessaire.

accroissement, *m.*, growth
concourir. — *en même proportion avec,*
  to coincide exactly
lumière, *f.* — *de la raison,* exercise of
  reason

positif, positive, *adj.*, based on factual
  demonstration
quelque, *adj.*, (with noun and subjunctive) whatever
regorger, to wallow in

PIERRE-AUGUSTIN CARON DE BEAUMARCHAIS (1732-1799)

*Très peu homme de lettres, Beaumarchais occupe néanmoins une place
importante dans l'histoire littéraire pour deux comédies qui sont parmi les
plus amusantes du théâtre français.* Le Barbier de Séville (*1775*) *n'apporte
rien de nouveau par la forme ou par l'inspiration. L'intrigue basée sur l'idée du*
5 *tuteur berné remonte déjà loin. Comme Molière, Beaumarchais a le don du
comique et il est beaucoup plus spirituel, bien que moins profond et moins
psychologue, que son illustre devancier. Chez lui le dialogue l'emporte sur
l'action.*

Figaro est le porte-parole de toute cette bourgeoisie sceptique et irrévéren-
10 *cieuse de la fin du XVIIIe siècle qui se moque des nobles privilégiés qui lui
sont inférieurs par l'esprit et par le talent. Figaro, c'est la révolution en marche.
C'est surtout la suite de cette pièce,* le Mariage de Figaro (*écrit en 1781
mais joué seulement en 1784 à cause de la censure*), *qui met en relief le côté
révolutionnaire de l'œuvre de Beaumarchais, car dans cette pièce le comte*
15 *Almaviva est un libertin typique tandis que Figaro, l'homme du peuple, lui
fait une guerre à outrance.*

*Figaro est un peu Beaumarchais lui-même. Simple fils d'horloger, il fut
assez riche pour s'acheter une charge dans la maison royale. Homme d'affaires
avisé, comme l'était Voltaire également, il avait accru sa fortune par des*
20 *spéculations qui lui avaient valu toute une série de procès et même un séjour
en prison pour avoir insulté un duc. Il dépensa une partie de sa fortune pour
ravitailler en armes les insurgés américains. Comme beaucoup de libéraux qui
avaient préparé la révolution, il dut prendre le chemin de l'exil. Ruiné, il revint
en France trois ans avant sa mort.*

avisé, *adj.,* cautious
berner, to make a fool of
horloger, *m.,* clockmaker
outrance, *f. à —,* to the utmost

ravitailler, to supply
tuteur, *m.,* guardian
valoir, to yield

LE BARBIER DE SÉVILLE

ou

LA PRÉCAUTION INUTILE

1775

PERSONNAGES

LE COMTE ALMAVIVA, *grand d'Espagne, amant inconnu de Rosine.*
BARTHOLO, *médecin, tuteur de Rosine.*
ROSINE, *jeune personne d'extraction noble.*
FIGARO, *barbier de Séville.*
DON BAZILE, *organiste, maître à chanter de Rosine.*   5
LA JEUNESSE, *vieux domestique de Bartholo.*
UN NOTAIRE, UN ALCADE, PLUSIEURS ALGUAZILS et VALETS.

ACTE PREMIER

Le théâtre représente une rue de Séville, où toutes les croisées sont grillées.

SCENE PREMIERE

LE COMTE, *seul, en grand manteau brun et chapeau rabattu.* 10
Il tire sa montre en se promenant. Le jour est moins avancé que
je ne croyais. L'heure à laquelle elle a coutume de se montrer
derrière sa jalousie est encore éloignée. N'importe; il vaut
mieux arriver trop tôt que de manquer l'instant de la voir.
Si quelque aimable de la cour pouvait me deviner à cent 15
lieues de Madrid, arrêté tous les matins sous les fenêtres d'une
femme à qui je n'ai jamais parlé, il me prendrait pour un
Espagnol du temps d'Isabelle.[1] Je suis las des conquêtes que
l'intérêt, la convenance ou la vanité nous présentent sans cesse.
Il est si doux d'être aimé pour soi-même! Et si je pouvais 20
m'assurer sous ce déguisement . . . Au diable l'importun!

aimable, *m.,* beau **croisée,** *f.,* window
alguazil, *m.,* constable **grand,** *m.,* grandee
convenance, *f.,* expediency **jalousie,** *f.,* window-blind

[1] *Isabella.* Reine d'Espagne (1451–1504).

SCENE DEUXIEME

FIGARO, LE COMTE, *caché.*

FIGARO, *une guitare sur le dos, attachée en bandoulière avec un large ruban: il chantonne gaiement, un papier et un crayon à la main.*

Bannissons le chagrin,
Il nous consume:
5 Sans le feu du bon vin
Qui nous rallume,
Réduit à languir,
L'homme sans plaisir
Vivrait comme un sot,
10 Et mourrait bientôt.

Jusque-là ceci ne va pas mal, hein! hein!

Et mourrait bientôt.
Le vin et la paresse
Se disputent mon cœur.

15 Eh non! ils ne se le disputent pas, ils y règnent paisiblement ensemble . . .

Se partagent . . . mon cœur.

Hen, hen, quand il y aura des accompagnements là-dessous, nous verrons encore, messieurs de la cabale, si je ne sais ce 20 que je dis . . . (*Il aperçoit le comte*). J'ai vu cet abbé-là quelque part.

LE COMTE, *à part.* Cet homme ne m'est pas inconnu.

FIGARO. Eh non, ce n'est pas un abbé! Cet air altier et noble . . .

25 LE COMTE. Cette tournure grotesque.

FIGARO. Je ne me trompe point; c'est le comte Almaviva.

LE COMTE. Je crois que c'est ce coquin de Figaro.

FIGARO. C'est lui-même, monseigneur.

altier, altière, *adj.*, haughty
bandoulière, *f. en* —, slung over the shoulder

cabale, *f.*, cabal (a secret group plotting intrigue)
paresse, *f.*, idleness

LE COMTE. Maraud! si tu dis un mot . . .

FIGARO. Oui, je vous reconnais; voilà les bontés familières dont vous m'avez toujours honoré.

LE COMTE. Je ne te reconnaissais pas, moi. Te voilà si gros et si gras . . . 5

FIGARO. Que voulez-vous, monseigneur, c'est la misère.

LE COMTE. Appelle-moi Lindor. Ne vois-tu pas, à mon déguisement, que je veux être inconnu?

Figaro raconte à son ancien maître sa vie aventureuse et picaresque depuis qu'il avait quitté son service. Sur la recommandation du comte il 10 avait trouvé un emploi comme garçon apothicaire et avait vendu aux hommes «de bonnes médecines de cheval.» Il avait ensuite perdu son poste pour avoir écrit des madrigaux. Puis, devenu auteur dramatique à Madrid, la cabale l'avait fait échouer. C'est alors que le métier de barbier l'avait tenté, et il avait parcouru l'Espagne. Insouciant, se moquant de tout, 15 Figaro brille par son insolence et il n'hésite pas à dire à son ancien maître: «Aux vertus qu'on exige dans un domestique, Votre Excellence connaît-elle beaucoup de maîtres qui fussent dignes d'être valets?»

Quand Rosine ouvre sa fenêtre, Figaro et le comte se sauvent.

SCÈNE TROISIEME

BARTHOLO, ROSINE

La jalousie du premier étage s'ouvre, et Bartholo et Rosine se 20 *mettent à la fenêtre.*

ROSINE. Comme le grand air fait plaisir à respirer! . . . Cette jalousie s'ouvre si rarement . . .

BARTHOLO. Quel papier tenez-vous là?

ROSINE. Ce sont des couplets de *la Précaution inutile,* que 25 mon maître à chanter m'a donnés hier.

BARTHOLO. Qu'est-ce que *la Précaution inutile?*

ROSINE. C'est une comédie nouvelle.

BARTHOLO. Quelque sottise d'un nouveau genre! Siècle barbare! . . . 30

garçon, *m.* — *apothicaire,* apothecary's assistant
madrigal (*pl.:* madrigaux), *m.,* madrigal (short love poem)

maraud, *m.,* rascal
picaresque, *adj.,* picaresque (old type of Spanish novel having rogue as hero)

ROSINE.   Vous injuriez toujours notre pauvre siècle.

BARTHOLO.   Pardon de la liberté! Qu'a-t-il produit pour qu'on le loue? Sottises de toute espèce: la liberté de penser, l'attraction, l'électricité, le tolérantisme, l'inoculation, le 5 quinquina, l'Encyclopédie et les drames . . .

ROSINE, *le papier lui échappe et tombe dans la rue.* Ah! ma chanson! ma chanson est tombée en vous écoutant; courez, courez donc, monsieur! ma chanson, elle sera perdue!

BARTHOLO.   Que diable aussi, l'on tient ce qu'on tient. 10 (*Il quitte le balcon.*)

ROSINE *regarde en dedans et fait signe dans la rue.* S't, s't (*le comte paraît*); ramassez vite et sauvez-vous. (*Le comte ne fait qu'un saut, ramasse le papier et rentre.*)

BARTHOLO *sort de la maison et cherche.* Où donc est-il? Je 15 ne vois rien.

ROSINE.   Sous le balcon, au pied du mur.

BARTHOLO.   Vous me donnez là une jolie commission! Il est donc passé quelqu'un.

ROSINE.   Je n'ai vu personne.

20 BARTHOLO, *à lui-même.* Bartholo, vous n'êtes qu'un sot, mon ami . . . (*Il rentre.*)

SCENE QUATRIEME

LE COMTE, FIGARO, *ils entrent avec précaution.*

LE COMTE.   A présent qu'ils sont retirés, examinons cette chanson, dans laquelle un mystère est sûrement renfermé. C'est un billet!

25 FIGARO.   Il demandait ce que c'est que *la Précaution inutile!*

LE COMTE *lit vivement.* «Votre empressement excite ma

---

attraction, *f.*, gravitation (discovered by Newton)

drame, *m.*, drama (irregular type of play which does not observe classical rules)

Encyclopédie, *f.*, Encyclopedia (see introduction to Rousseau)

inoculation, *f.*, inoculation (known to ancient Hindus; first European use in England in Eighteenth Century)

quinquina, *m.*, quinine

tolérantisme, *m.*, tolerance (allusion to Voltaire's campaigns)

curiosité: sitôt que mon tuteur sera sorti, chantez indifféremment, sur l'air connu de ces couplets, quelque chose qui
m'apprenne enfin le nom, l'état et les intentions de celui qui
paraît s'attacher si obstinément à l'infortunée Rosine.»
Figaro, *contrefaisant la voix de Rosine.* Ma chanson, ma 5
chanson est tombée; courez, courez donc; (*il rit*) ah! ah! ah!
Oh! ces femmes! Voulez-vous donner de l'adresse à la plus
ingénue? Enfermez-la.
Le Comte.   Ma chère Rosine!
Figaro.   Monseigneur, je ne suis plus en peine des motifs 10
de votre mascarade; vous faites ici l'amour en perspective.
Le Comte.   Te voilà instruit; mais si tu jases . . .
Figaro.   Moi, jaser! Je n'emploierai point pour vous
rassurer les grandes phrases d'honneur et de dévouement
dont on abuse à la journée; je n'ai qu'un mot: mon intérêt 15
vous répond de moi; pesez tout à cette balance, et . . .
Le Comte.   Fort bien. Apprends donc que le hasard m'a
fait rencontrer au Prado,[2] il y a six mois, une jeune personne
d'une beauté! . . . Tu viens de la voir. Je l'ai fait chercher en
vain par tout Madrid. Ce n'est que depuis peu de jours que 20
j'ai découvert qu'elle s'appelle Rosine, est d'un sang noble,
orpheline, et mariée à un vieux médecin de cette ville nommé
Bartholo.
Figaro.   Joli oiseau, ma foi! difficile à dénicher! Mais qui
vous a dit qu'elle était femme du docteur?   25
Le Comte.   Tout le monde.
Figaro.   C'est une histoire qu'il a forgée en arrivant de
Madrid, pour donner le change aux galants et les écarter;
elle n'est encore que sa pupille, mais bientôt . . .
Le Comte, *vivement.* Jamais. Ah! quelle nouvelle! J'étais 30

change, *m.* donner le — à, to put on the wrong scent	**journée,** *f.* à la —, by the day
dénicher, to take out of its nest	**peine,** *f.* être en — de, to be at a loss to know
état, *m.*, station	**pupille,** *f.*, ward
jaser, to blab	

[2] Au XVIII° siècle, célèbre promenade à Madrid.

résolu de tout oser pour lui représenter mes regrets, et je la trouve libre! Il n'y a pas un moment à perdre; il faut m'en faire aimer, et l'arracher à l'indigne engagement qu'on lui destine. Tu connais donc ce tuteur?

5 FIGARO. Comme ma mère.

LE COMTE. Quel homme est-ce?

FIGARO, *vivement.* C'est un beau, gros, court, jeune vieillard, gris pommelé, rusé, rasé, blasé, qui guette, et furette, et gronde, et geint tout à la fois.

10 LE COMTE, *impatienté.* Eh! je l'ai vu. Son caractère?

FIGARO. Brutal, avare, amoureux et jaloux à l'excès de sa pupille, qui le hait à la mort.

LE COMTE. Ainsi, ses moyens de plaire sont . . .

FIGARO. Nuls.

15 LE COMTE. Tant mieux. Sa probité?

FIGARO. Tout juste autant qu'il en faut pour n'être point pendu.

Figaro continue à lui faire le portrait de Bartholo qu'il connaît très bien, étant à la fois son locataire et son barbier. Ils décident de faire entrer le 20 comte chez Bartholo en le déguisant en cavalier du régiment du Royal-Infant. Ce régiment vient d'arriver dans la ville et le colonel est un ami du comte. Celui-ci doit donc se présenter ivre chez Bartholo avec un billet de logement.

SCENE CINQUIEME

LE COMTE ET FIGARO, *cachés;* BARTHOLO

BARTHOLO *sort en parlant à la maison.* Je reviens à l'instant; 25 qu'on ne laisse entrer personne. Quelle sottise à moi d'être descendu! Dès qu'elle m'en priait, je devais bien me douter. . . Et Bazile qui ne vient pas! Il devait tout arranger pour que mon mariage se fît secrètement demain: et point de nouvelles! Allons voir ce qui peut l'arrêter.

---

billet, *m.* — *de logement,* an order for a billet
fureter, to pry about
geindre, to whine
guetter, to watch

infant, *m.,* infante (Spanish crown prince)
locataire, *m.,* tenant
pommelé, *adj.,* dapple

SCENE SIXIEME

Le Comte, Figaro

Le Comte. Qu'ai-je entendu? Demain il épouse Rosine en secret!

Figaro. Monseigneur, la difficulté de réussir ne fait qu'ajouter à la nécessité d'entreprendre.

Le Comte. Quel est donc ce Bazile qui se mêle de son 5 mariage?

Figaro. Un pauvre hère qui montre la musique à sa pupille, infatué de son art, friponneau, besoigneux, à genoux devant un écu, et dont il sera difficile de venir à bout, monseigneur . . . (*Regardant à la jalousie.*) La v'là! la v'là!   10

Le Comte. Qui donc?

Figaro. Derrière sa jalousie, la voilà! la voilà! Ne regardez pas, ne regardez donc pas!

Le Comte. Pourquoi?

Figaro. Ne vous écrit-elle pas: *Chantez indifféremment?* 15 c'est-à-dire, chantez comme si vous chantiez . . . seulement pour chanter. Oh! la v'là! la v'là!

Le Comte. Puisque j'ai commencé à l'intéresser sans être connu d'elle, ne quittons point le nom de Lindor que j'ai pris; mon triomphe en aura plus de charmes. (*Il déploie le* 20 *papier que Rosine a jeté.*) Mais comment chanter sur cette musique? Je ne sais pas faire de vers, moi.

Figaro. Tout ce qui vous viendra, monseigneur, est excellent: en amour, le cœur n'est pas difficile sur les productions de l'esprit . . . Et prenez ma guitare.   25

Le Comte. Que veux-tu que j'en fasse? J'en joue si mal!

Figaro. Est-ce qu'un homme comme vous ignore quelque chose? Avec le dos de la main: from, from, from . . . Chanter

---

besogneux, besogneuse (also
  besoigneux), *adj.*, needy

bout, *m.* venir à — *de*, to get the better
  of
hère, *m.*, wretch

118

sans guitare à Séville, vous seriez bientôt reconnu, ma foi, bientôt dépisté. (*Figaro se colle au mur, sous le balcon.*)

Le Comte *chante en se promenant, et s'accompagnant sur sa guitare.*

Premier Couplet

Vous l'ordonnez, je me ferai connaître;
Plus inconnu, j'osais vous adorer:
En me nommant, que pourrais-je espérer?
N'importe, il faut obéir à son maître.

Figaro, *bas.* Fort bien, parbleu! Courage, monseigneur!
Le Comte.

Deuxième Couplet

Je suis Lindor, ma naissance est commune;
Mes vœux sont ceux d'un simple bachelier:
Que n'ai-je, hélas! d'un brillant chevalier
A vous offrir le rang et la fortune!

Figaro. Et comment, diable! Je ne ferais pas mieux, moi qui m'en pique.
Le Comte.

Troisième Couplet

Tous les matins, ici, d'une voix tendre.
Je chanterai mon amour sans espoir;
Je bornerai mes plaisirs à vous voir;
Et puissiez-vous en trouver à m'entendre!

Figaro. Oh! ma foi, pour celui-ci ... (*Il s'approche, et baise le bas de l'habit de son maître.*)
Le Comte. Figaro?
Figaro. Excellence?
Le Comte. Crois-tu que l'on m'ait entendu?
Rosine, *en dedans, chante.*

Tout me dit que Lindor est charmant,
Que je dois l'aimer constamment ...

coller (se), to stand close to
dépister, to detect

piquer (se), to pride oneself

(*On entend une croisée qui se ferme avec bruit.*)

FIGARO. Croyez-vous qu'on vous ait entendu, cette fois?

LE COMTE. Elle a fermé sa fenêtre; quelqu'un apparemment est entré chez elle.

ACTE DEUXIEME

Dans la première scène Rosine, seule, écrit une lettre à Lindor. 5

SCENE DEUXIEME

ROSINE, FIGARO

ROSINE, *surprise*. Ah! monsieur Figaro, que je suis aise de vous voir!

FIGARO. Votre santé, madame?

ROSINE. Pas trop bonne, monsieur Figaro. L'ennui me tue. 10

FIGARO. Je le crois; il n'engraisse que les sots.

ROSINE. Avec qui parlicz-vous donc là-bas si vivement? Je n'entendais pas; mais . . .

FIGARO. Avec un jeune bachelier de mes parents, de la plus grande espérance; plein d'esprit, de sentiments, de 15 talents, et d'une figure fort revenante.

ROSINE. Oh! tout à fait bien, je vous assure! Il se nomme? . . .

FIGARO. Lindor. Il n'a rien; mais s'il n'eût pas quitté brusquement Madrid, il pouvait y trouver quelque bonne 20 place.

ROSINE, *étourdiment*. Il en trouvera, monsieur Figaro; il en trouvera. Un jeune homme tel que vous le dépeignez n'est pas fait pour rester inconnu.

FIGARO, *à part*. Fort bien. (*Haut*) Mais il a un grand 25 défaut qui nuira toujours à son avancement.

revenant, *adj.*, pleasing

ROSINE. Un défaut, monsieur Figaro! Un défaut! En êtes-vous bien sûr?

FIGARO. Il est amoureux.

ROSINE. Il est amoureux! Et vous appelez cela un défaut?

5 FIGARO. A la vérité, ce n'en est une que relativement à sa mauvaise fortune.

ROSINE. Ah! que le sort est injuste! Et nomme-t-il la personne qu'il aime? Je suis d'une curiosité . . .

FIGARO. Vous êtes la dernière, madame, à qui je voudrais 10 faire une confidence de cette nature.

ROSINE, *vivement*. Pourquoi, monsieur Figaro? Je suis discrète. Ce jeune homme vous appartient, il m'intéresse infiniment . . . Dites donc.

FIGARO, *la regardant finement*. Figurez-vous la plus jolie 15 petite mignonne, douce, tendre, accorte et fraîche, agaçant l'appétit; pied furtif, taille adroite, élancée, bras dodus, bouche rosée, et des mains! des joues! des dents! des yeux! . . .

ROSINE. Qui reste en cette ville?

20 FIGARO. En ce quartier.

ROSINE. Dans cette rue peut-être?

FIGARO. A deux pas de moi.

ROSINE. Ah! que c'est charmant . . . Pour monsieur votre parent. Et cette personne est? . . .

25 FIGARO. Je ne l'ai pas nommée.

ROSINE, *vivement*. C'est la seule chose que vous ayez oubliée, monsieur Figaro. Dites donc, dites donc vite; si l'on rentrait, je ne pourrais plus savoir . . .

FIGARO. Vous le voulez absolument, madame? Eh bien, 30 cette personne est . . . la pupille de votre tuteur.

ROSINE. La pupille? . . .

FIGARO. Du docteur Bartholo: oui, madame.

---

accort, *adj.*, engaging
adroit, *adj.*, supple
agacer, to arouse

dodu, *adj.*, plump
élancé, *adj.*, slender
taille, *f.*, figure

ROSINE, *avec émotion.*   Ah! monsieur Figaro! . . . je ne vous crois pas, je vous assure.

FIGARO.   Et c'est ce qu'il brûle de vous persuader lui-même.

Rosine craint que Lindor ne commette quelque imprudence. «Si vous 5 le lui défendiez par une lettre . . .» lui suggère Figaro. Elle lui donne donc la lettre qu'elle a déjà écrite. Figaro sort par le cabinet du clavecin.

SCENE QUATRIEME

BARTHOLO, ROSINE

BARTHOLO, *en colère.*   Ah! malédiction! l'enragé, le scélérat corsaire de Figaro! Là, peut-on sortir un moment de chez soi sans être sûr en rentrant? . . .   10

ROSINE.   Qui vous met donc si fort en colère, monsieur?

BARTHOLO.   Ce damné de barbier qui vient d'éclopper toute ma maison en un tour de main: il donne un narcotique à L'Éveillé, un sternutatoire à La Jeunesse; il saigne au pied Marceline; il n'y a pas jusqu'à ma mule . . . Sur les yeux 15 d'une pauvre bête aveugle, un cataplasme! Parce qu'il me doit cent écus, il se presse de faire des mémoires. Ah! qu'il les apporte! . . . Et personne à l'antichambre! On arrive à cet appartement comme à la place d'armes.

ROSINE.   Eh! qui peut y pénétrer que vous, monsieur?   20

BARTHOLO.   J'aime mieux craindre sans sujet, que de m'exposer sans précaution. Tout est plein de gens entreprenants, d'audacieux . . . N'a-t-on pas, ce matin encore, ramassé lestement votre chanson pendant que j'allais la chercher? Oh! je . . .   25

ROSINE.   C'est bien mettre à plaisir de l'importance à tout! Le vent peut avoir éloigné ce papier, le premier venu; que sais-je?

BARTHOLO.   Le vent, le premier venu! . . . Il n'y a point

clavecin, *m.*, harpsichord   sternutatoire, *m.*, sternutatory (caus-
éclopper, to cripple   ing sneezing)
scélérat, *adj.*, villainous

de vent, madame, point de premier venu dans le monde; et c'est toujours quelqu'un posté là exprès qui ramasse les papiers qu'une femme a l'air de laisser tomber par mégarde.

5   ROSINE. A l'air, monsieur?

BARTHOLO. Oui, madame, a l'air.

ROSINE, *à part*. Oh! le méchant vieillard!

BARTHOLO. Mais tout cela n'arrivera plus; car je vais faire sceller cette grille.

10   ROSINE. Faites mieux; murez les fenêtres tout d'un coup; d'une prison à un cachot la différence est si peu de chose!

BARTHOLO. Pour celles qui donnent sur la rue, ce ne serait peut-être pas si mal . . . Ce barbier n'est pas entré chez vous, 15 au moins?

ROSINE. Vous donne-t-il aussi de l'inquiétude?

BARTHOLO. Tout comme un autre.

ROSINE. Quoi! vous n'accordez pas même qu'on ait des principes contre la séduction de monsieur Figaro?

20   BARTHOLO. Qui diable entend quelque chose à la bizarrerie des femmes? Et combien j'en ai vu, de ces vertus à principes! . . .

ROSINE, *en colère*. Mais, monsieur, s'il suffit d'être homme pour nous plaire, pourquoi donc me déplaisez-vous si fort?

25   BARTHOLO, *stupéfait*. Pourquoi? . . . Pourquoi? . . . Vous ne répondez pas à ma question sur ce barbier.

ROSINE, *outrée*. Eh bien, oui, cet homme est entré chez moi; je l'ai vu, je lui ai parlé. Je ne vous cache pas même que je l'ai trouvé fort aimable; et puissiez-vous en mourir de 30 dépit!

Bartholo interroge tous ses domestiques, mais ils sont si endormis — grâce aux soins de Figaro — qu'ils sont incapables de lui dire si Figaro est entré chez Rosine. Arrive Bazile qui lui apprend que le comte Almaviva est à Séville et que c'est le même qui a fait chercher Rosine dans tout Madrid.

outrer, to incense

SCENE ONZIEME

BARTHOLO, ROSINE

BARTHOLO. Je voudrais bien savoir ce que ce barbier avait de si pressé à vous dire?

ROSINE. Faut-il parler sérieusement? Il m'a rendu compte de l'état de Marceline, qui même n'est pas trop bien, à ce qu'il dit.   5

BARTHOLO. Vous rendre compte! je vais parier qu'il était chargé de vous remettre quelque lettre.

ROSINE. Et de qui, s'il vous plaît?

BARTHOLO. Oh! de qui! De quelqu'un que les femmes ne nomment jamais. Que sais-je, moi? Peut-être la réponse au 10 papier de la fenêtre.

ROSINE, *à part.* Il n'en a pas manqué une seule. (*Haut.*) Vous mériteriez bien que cela fût.

BARTHOLO *regarde les mains de Rosine.* Cela est. Vous avez écrit.   15

ROSINE, *avec embarras.* Il serait assez plaisant que vous eussiez le projet de m'en faire convenir.

BARTHOLO, *lui prenant la main droite.* Moi! point du tout; mais votre doigt encore taché d'encre! Hein! rusée signora!

ROSINE, *à part.* Maudit homme!   20

BARTHOLO, *lui tenant toujours la main.* Une femme se croit bien en sûreté, parce qu'elle est seule.

ROSINE. Ah! sans doute . . . La belle preuve! . . . Finissez donc, monsieur, vous me tordez le bras. Je me suis brûlée en chiffonnant autour de cette bougie; et l'on m'a toujours dit 25 qu'il fallait aussitôt tremper dans l'encre: c'est ce que j'ai fait.

BARTHOLO. C'est ce que vous avez fait? Voyons donc si un second témoin confirmera la déposition du premier. C'est ce cahier de papier où je suis certain qu'il y avait six feuilles; car je les compte tous les matins, aujourd'hui encore.   30

---

cahier, *m.,* a quarter-quire (six sheets)   **chiffonner,** to do odds and ends of needlework

ROSINE, *à part.* Oh! imbécile!

BARTHOLO, *comptant.* Trois, quatre, cinq . . .

ROSINE. La sixième . . .

BARTHOLO. Je vois bien qu'elle n'y est pas, la sixième.

5 ROSINE, *baissant les yeux.* La sixième? Je l'ai employée à faire un cornet pour des bonbons que j'ai envoyés à la petite Figaro.

BARTHOLO. A la petite Figaro? Et la plume qui était toute neuve, comment est-elle devenue noire? Est-ce en écrivant 10 l'adresse de la petite Figaro?

ROSINE, *à part.* Cet homme a un instinct de jalousie . . . (*Haut.*) Elle m'a servi à retracer une fleur effacée sur la veste que je vous brode au tambour.

BARTHOLO. Que cela est édifiant! Pour qu'on vous crût, 15 mon enfant, il faudrait ne pas rougir en déguisant coup sur coup la vérité; mais c'est ce que vous ne savez pas encore.

ROSINE. Eh! Qui ne rougirait pas, monsieur, de voir tirer des conséquences aussi malignes des choses les plus innocemment faites?

20 BARTHOLO. Certes, j'ai tort. Se brûler le doigt, le tremper dans l'encre, faire des cornets aux bonbons pour la petite Figaro, et dessiner ma veste au tambour! quoi de plus innocent? Mais que de mensonges entassés pour cacher un seul fait! . . . *Je suis seule, on ne me voit point; je pourrai mentir à mon* 25 *aise.* Mais le bout du doigt reste noir, la plume est tachée, le papier manque! On ne saurait penser à tout. Bien certainement, signora, quand j'irai par la ville, un double tour me répondra de vous.

cornet, *m.*, cornucopia
malin, maligne, *adj.*, harmful
tambour, *m.*, embroidery frame.
  broder au —, to embroider

tour, *m. double* —, double turn of the lock

SCENE DOUZIEME

Le Comte, Bartholo, Rosine

Le comte, en uniforme de cavalier, ayant l'air d'être entre deux vins, et chantant: «Réveillons-la,» etc.

Bartholo. Mais que nous veut cet homme? Un soldat! Rentrez chez vous, signora.

Le Comte *chante: «Réveillons-la,» et s'avance vers Rosine.* Qui 5 de vous deux, mesdames, se nomme le docteur Balordo? (*A Rosine, bas.*) Je suis Lindor.

Bartholo. Bartholo!

Rosine, *à part.* Il parle de Lindor.

Le Comte. Balordo, Barque à l'eau, je m'en moque 10 comme de ça. Il s'agit seulement de savoir laquelle des deux . . . (*A Rosine, lui montrant un papier.*) Prenez cette lettre.

Bartholo. Laquelle! Vous voyez bien que c'est moi. Laquelle! Rentrez donc, Rosine, cet homme paraît avoir du 15 vin.

Rosine. C'est pour cela, monsieur; vous êtes seul. Une femme en impose quelquefois.

Bartholo. Rentrez, rentrez; je ne suis pas timide.

Pendant la scène suivante le soldat et Bartholo ne font que se disputer 20 et s'injurier; finalement Lindor fait semblant de se fâcher.

SCENE QUATORZIEME

Rosine, Le Comte, Bartholo

Rosine, *accourant.* Monsieur le soldat, ne vous emportez point, de grâce! (*A Bartholo.*) Parlez-lui doucement, monsieur: un homme qui déraisonne . . .

Le Comte. Vous avez raison; il déraisonne, lui; mais nous 25 sommes raisonnables, nous! Moi poli, et vous jolie . . . enfin

---

moquer. *je m'en moque comme de ça,*   vin, *m. entre deux* —*s,* three sheets in
   I don't give a hang about that   the wind

suffit. La vérité, c'est que je ne veux avoir affaire qu'à vous dans la maison.

ROSINE. Que puis-je pour votre service, monsieur le soldat?

5 LE COMTE. Une petite bagatelle, mon enfant. Mais s'il y a de l'obscurité dans mes phrases . . .

ROSINE. J'en saisirai l'esprit.

LE COMTE, *lui montrant la lettre.* Non, attachez-vous à la lettre, à la lettre; il s'agit seulement . . . mais je dis en tout 10 bien, tout honneur, que vous me donniez à coucher ce soir.

BARTHOLO. Rien que cela?

LE COMTE. Pas davantage. Lisez le billet doux que notre maréchal des logis vous écrit.

BARTHOLO. Voyons. (*Le comte cache la lettre et lui donne un* 15 *autre papier. — Bartholo lit.*) «Le docteur Bartholo recevra, nourrira, hébergera, couchera . . .»

LE COMTE, *appuyant.* Couchera.

BARTHOLO. «Pour une nuit seulement, le nommé Lindor, dit l'Écolier, cavalier au régiment . . .»

20 ROSINE. C'est lui, c'est lui-même.

BARTHOLO, *vivement, à Rosine.* Qu'est-ce qu'il y a?

LE COMTE. Eh bien, ai-je tort à présent, docteur Barbaro?

BARTHOLO. On dirait que cet homme se fait un malin plaisir de m'estropier de toutes les manières possibles. Allez 25 au diable, Barbaro! Barbe à l'eau! et dites à votre impertinent maréchal des logis que, depuis mon voyage à Madrid, je suis exempt de loger des gens de guerre.

LE COMTE, *à part.* O ciel! fâcheux contretemps!

BARTHOLO. Ah! ah! notre ami, cela vous contrarie et 30 vous dégrise un peu. Mais n'en décampez pas moins à l'instant.

---

bien, *m.* en tout —, **tout honneur,** with honorable intentions
contretemps, *m.,* mishap
dégriser, to sober
estropier, to maim

fâcheux, fâcheuse, *adj.,* unlucky
héberger, to lodge
maréchal, *m.* — *des logis,* quarter-master

LE COMTE, à *part.* J'ai pensé me trahir. (*Haut.*) Décamper! Si vous êtes exempt de gens de guerre, vous n'êtes pas exempt de politesse peut-être? Décamper! Montrez-moi votre brevet d'exemption; quoique je ne sache pas lire, je verrai bientôt.

BARTHOLO. Qu'à cela ne tienne. Il est dans ce bureau. ₅

LE COMTE, *pendant qu'il y va, dit, sans quitter sa place.* Ah! ma belle Rosine!

ROSINE. Quoi, Lindor, c'est vous?

LE COMTE. Recevez au moins cette lettre.

ROSINE. Prenez garde, il a les yeux sur nous. ₁₀

LE COMTE. Tirez votre mouchoir, je la laisserai tomber. (*Il s'approche.*)

BARTHOLO. Doucement, doucement, seigneur soldat; je n'aime point qu'on regarde ma femme de si près.

LE COMTE. Elle est votre femme? ₁₅

BARTHOLO. Eh! quoi donc?

LE COMTE. Je vous ai pris pour son bisaïeul paternel, maternel, sempiternel: il y a au moins trois générations entre elle et vous.

BARTHOLO *lit un parchemin.* «Sur les bons et fidèles témoi- ₂₀ gnages qui nous ont été rendus . . .»

LE COMTE *donne un coup de main sous les parchemins qui les envoie au plancher.* Est-ce que j'ai besoin de tout ce verbiage?

BARTHOLO. Savez-vous bien, soldat, que si j'appelle mes ₂₅ gens, je vous fais traiter sur-le-champ comme vous le méritez?

LE COMTE. Bataille? Ah! volontiers, bataille! C'est mon métier à moi (*montrant son pistolet de ceinture*), et voici de quoi leur jeter de la poudre aux yeux. Vous n'avez peut-être jamais vu de bataille, madame? ₃₀

ROSINE. Ni ne veux en voir.

---

bisaïeul, *m.,* great-grandfather
brevet, *m.,* certificate
poudre, *f. jeter de la — aux yeux,* to dazzle (*also:* to throw powder in their eyes)

sempiternel, –le, *adj.,* sempiternal, everlasting
tenir. *qu'à cela ne tienne,* let that be no obstacle

LE COMTE.   Rien n'est pourtant aussi gai que bataille. Figurez-vous (*poussant le docteur*) d'abord que l'ennemi est d'un côté du ravin, et les amis de l'autre. (*A Rosine, en lui montrant la lettre.*) Sortez le mouchoir. (*Il crache à terre.*) Voilà
5 le ravin, cela s'entend.

   (*Rosine tire son mouchoir; le comte laisse tomber sa lettre entre elle et lui.*)

BARTHOLO, *se baissant.*   Ah! ah! . . .

LE COMTE *la reprend et dit:* Tenez . . . moi qui allais vous
10 apprendre ici les secrets de mon métier . . . Une femme bien discrète, en vérité! ne voilà-t-il pas un billet doux qu'elle laisse tomber de sa poche?

BARTHOLO.   Donnez, donnez.

LE COMTE.   *Dulciter*, papa! chacun son affaire. Si une
15 ordonnance de rhubarbe était tombée de la vôtre?

ROSINE *avance la main.*   Ah! je sais ce que c'est, monsieur le soldat. (*Elle prend la lettre, qu'elle cache dans la petite poche de son tablier.*)

BARTHOLO.   Sortez-vous enfin?

20 LE COMTE.   Eh bien, je sors. Adieu, docteur; sans rancune. Un petit compliment, mon cœur: priez la mort de m'oublier encore quelques campagnes; la vie ne m'a jamais été si chère

   Le comte parti, Bartholo réclame à sa pupille la lettre que le soldat lui
25 a remise; évidemment il n'a pas été la dupe de leur petit jeu. Naturellement Rosine refuse de lui donner la lettre et, de plus, elle menace de s'enfuir de la maison s'il continue à la tourmenter; elle prétend que la lettre est celle qu'elle a reçue de son cousin et que son tuteur a déjà examinée. Bartholo va fermer la porte à clef et revient lui dire qu'il aura la lettre en vertu du droit
30 du plus fort. Dans l'intervalle, Rosine a remplacé dans sa poche la lettre du comte par celle de son cousin. Elle fait semblant de s'évanouir; de son côté Bartholo fait semblant de lui tâter le pouls et lui vole la lettre. Cette fois il est bien attrapé puisque la lettre qu'il lit à la dérobée est celle du cousin. Il demande pardon à sa pupille quand elle revient à elle.

---

dérobée, *f.* à la —, by stealth
dulciter, *adv.* (Latin), gently

pouls, *m.*, pulse
voilà. *ne voilà-t-il pas?* is that not?

ACTE TROISIÈME

SCENE DEUXIEME

BARTHOLO, LE COMTE, *en bachelier.*

LE COMTE. Que la paix et la joie habitent céans!

BARTHOLO, *brusquement.* Jamais souhait ne vint plus à propos. Que voulez-vous?

LE COMTE. Monsieur, je suis Alonzo, bachelier, licencié . . .   5

BARTHOLO. Je n'ai pas besoin de précepteur.

LE COMTE. . . . Élève de don Bazile, organiste du grand couvent, qui a l'honneur de montrer la musique à madame votre . . .

BARTHOLO. Bazile! organiste! qui a l'honneur! . . . Je le 10 sais; au fait.

LE COMTE, *à part.* Quel homme! (*Haut.*) Un mal subit qui le force à garder le lit . . .

BARTHOLO. Garder le lit! Bazile. Il a bien fait d'envoyer; je vais le voir à l'instant.   15

LE COMTE, *à part.* Oh! diable! (*Haut.*) Quand je dis le lit, monsieur, c'est la chambre que j'entends.

BARTHOLO. Ne fût-il qu'incommodé. Marchez devant, je vous suis.

LE COMTE, *embarrassé.* Monsieur, j'étais chargé . . . Per- 20 sonne ne peut-il nous entendre?

BARTHOLO, *à part.* C'est quelque fripon . . . (*Haut.*) Eh non, monsieur le mystérieux! Parlez sans vous troubler, si vous pouvez.

LE COMTE, *à part.* Maudit vieillard! (*Haut.*) Don Bazile 25 m'avait chargé de vous apprendre . . .

BARTHOLO. Parlez haut, je suis sourd d'une oreille.

LE COMTE, *élevant la voix.* Ah! volontiers. Que le comte Almaviva, qui restait à la grande place . . .

céans, *adv., within*   **licencié,** *m.,* licentiate (university degree)

BARTHOLO, *effrayé.* Parlez bas! Parlez bas!

LE COMTE, *plus haut.* ... En est délogé ce matin. Comme c'est par moi qu'il a su que le comte Almaviva ...

BARTHOLO. Bas! Parlez bas, je vous prie!

5 LE COMTE, *du même ton.* ... Était en cette ville, et que j'ai découvert que la signora Rosine lui a écrit ...

BARTHOLO. Lui a écrit? Mon cher ami, parlez plus bas, je vous en conjure! Tenez, asseyons-nous, et jasons d'amitié. Vous avez découvert, dites-vous, que Rosine ...

10 LE COMTE, *fièrement.* Assurément. Bazile, inquiet pour vous de cette correspondance, m'avait prié de vous montrer sa lettre; mais la manière dont vous prenez les choses ...

BARTHOLO. Eh! mon Dieu! je les prends bien. Mais ne vous est-il donc pas possible de parler plus bas?

15 LE COMTE. Vous êtes sourd d'une oreille, avez-vous dit.

BARTHOLO. Pardon, pardon, seigneur Alonzo, si vous m'avez trouvé méfiant et dur; mais je suis tellement entouré d'intrigants, de pièges ... et puis votre tournure, votre âge, votre air ... Pardon, pardon. Eh bien! Vous avez la lettre?

20 LE COMTE. Je crains qu'on ne soit aux écoutes.

BARTHOLO. Je vais m'assurer ... (*Il va ouvrir doucement la porte de Rosine.*)

LE COMTE, *à part.* Je me suis enferré de dépit. Garder la lettre à présent! Il faudra m'enfuir: autant vaudrait n'être pas 25 venu ... La lui montrer! ... Si je puis en prévenir Rosine, la montrer est un coup de maître.

BARTHOLO *revient sur la pointe du pied.* Elle est assise auprès de sa fenêtre, le dos tourné à la porte, occupée à relire une lettre de son cousin l'officier, que j'avais décachetée ... 30 Voyons donc la sienne.

LE COMTE *lui remet la lettre de Rosine.* La voici. (*A part.*) C'est ma lettre qu'elle relit.

---

enferrer(s'), to run oneself through (with a sword), put oneself on the spot

décacheter, to break the seal
piège, *m.*, trap

BARTHOLO *lit.* «Depuis que vous m'avez appris votre nom et votre état . . .» Ah! la perfide! c'est bien là sa main.

LE COMTE. D'après un travail que fait actuellement don Bazile avec un homme de loi . . .[3]

BARTHOLO. Avec un homme de loi, pour mon mariage? 5

LE COMTE. Il m'a chargé de vous dire que tout peut être prêt pour demain. Alors, si elle résiste . . .

BARTHOLO. Elle résistera.

LE COMTE *veut reprendre la lettre, Bartholo la serre.* Nous lui montrerons sa lettre, et s'il le faut (*plus mystérieusement*), j'irai 10 jusqu'à lui dire que je la tiens d'une femme à qui le comte l'a sacrifiée.

BARTHOLO, *riant.* De la calomnie! Mon cher ami, je vois bien maintenant que vous venez de la part de Bazile! Mais pour que ceci n'eût pas l'air concerté, ne serait-il pas bon 15 qu'elle vous connût d'avance?

LE COMTE *réprime un grand mouvement de joie.* C'était assez l'avis de don Bazile. Mais comment faire? Il est tard . . . au peu de temps qui reste . . .

BARTHOLO. Je dirai que vous venez en sa place. Ne lui 20 donnerez-vous pas bien une leçon?

Quand Rosine reconnaît son amant sous le déguisement, elle les laisse faire. La leçon de musique endort Bartholo, et alors les deux amants peuvent se parler doucement; mais chaque arrêt réveille un peu le dormeur; quand la musique recommence, il se rendort. Ce jeu continue jusqu'à 25 l'arrivée de Figaro.

SCENE CINQUIEME

FIGARO, ROSINE, BARTHOLO, LE COMTE.

Au début de la scène, une querelle a lieu entre Figaro et Bartholo, qui n'a pas oublié que Figaro a réduit tous ses gens à l'impuissance.

BARTHOLO. Et dites-moi un peu comment la petite Figaro a trouvé les bonbons que vous lui avez portés. 30

[3] Le comte est au courant de tous ces faits puisque Figaro a dû les lui apprendre. Figaro, dans une scène supprimée, a assisté en cachette à une conversation entre Bartholo et Bazile.

FIGARO.   Quels bonbons? Que voulez-vous dire?

BARTHOLO.   Oui, ces bonbons, dans ce cornet fait avec cette feuille de papier à lettre, ce matin.

FIGARO.   Diable emporte si . . .

5 ROSINE, *l'interrompant.*   Avez-vous eu soin de les lui donner de ma part, monsieur Figaro? Je vous l'avais recommandé.

FIGARO.   Ah! ah! les bonbons de ce matin? Que je suis bête, moi! J'avais perdu tout cela de vue . . . Oh! excellents, madame, admirables!

10 BARTHOLO.   Excellents! admirables! Oui, sans doute, monsieur le barbier, revenez sur vos pas! Vous faites là un joli métier, monsieur!

FIGARO.   Qu'est-ce qu'il a donc, monsieur?

BARTHOLO.   Vous le prenez bien haut, monsieur! Sachez 15 que quand je dispute avec un fat, je ne lui cède jamais.

FIGARO *lui tourne le dos.*   Nous différons en cela, monsieur; moi, je lui cède toujours.

BARTHOLO, *en colère.*   Enfin, quel sujet vous amène? Y a-t-il quelque lettre à remettre encore ce soir à madame? Parlez, 20 faut-il que je me retire?

FIGARO.   Comme vous rudoyez le pauvre monde! Eh! parbleu, monsieur, je viens vous raser, voilà tout: n'est-ce pas aujourd'hui votre jour?

BARTHOLO.   Vous reviendrez tantôt.

25 FIGARO.   Ah! oui, revenir! Toute la garnison prend médecine demain matin, j'en ai obtenu l'entreprise par mes protections. Jugez donc comme j'ai du temps à perdre! Monsieur passe-t-il chez lui?

BARTHOLO.   Non, monsieur ne passe point chez lui. Eh! 30 mais . . . qui m'empêche qu'on ne me rase ici?

ROSINE, *avec dédain.*   Vous êtes honnête! Et pourquoi pas dans mon appartement?

BARTHOLO.   Tu te fâches! Pardon, mon enfant, tu vas

---

avoir. *qu'est-ce qu'il a donc?* well, what   fat, *m.*, conceited fellow
  is the matter with it?   rudoyer, to treat harshly

achever de prendre ta leçon; c'est pour ne pas perdre un instant le plaisir de t'entendre.

FIGARO, *bas au comte.* On ne le tirera pas d'ici. (*Haut.*) Allons, L'Éveillé, La Jeunesse? Le bassin, de l'eau, tout ce qu'il faut à monsieur. 5

BARTHOLO. Sans doute, appelez-les! Fatigués, harassés, moulus de votre façon, n'a-t-il pas fallu les faire coucher!

FIGARO. Eh bien! j'irai tout chercher. N'est-ce pas, dans votre chambre? (*Bas au comte.*) Je vais l'attirer dehors.

BARTHOLO *détache son trousseau de clefs, et dit par réflexion:* 10 Non, non, j'y vais moi-même. (*Bas au comte en s'en allant.*) Ayez les yeux sur eux, je vous prie.

Bartholo parti, Figaro demande à Rosine si la clef de la jalousie n'est pas attachée au trousseau. C'est la plus neuve, lui dit-elle. Mais Bartholo se ravise et rentre tout de suite. Il envoie Figaro chercher tout ce dont il a 15 besoin pour se faire raser: celui-ci peut donc voler la clef de la jalousie. Il s'arrange aussi pour laisser tomber la vaisselle, ce qui attire Bartholo au dehors. Pendant son absence le Comte demande à Rosine un rendez-vous pour le soir.

SCENE ONZIEME

LES ACTEURS PRÉCÉDENTS, DON BAZILE

ROSINE, *effrayée.* (*A part.*) Don Bazile! . . . 20

LE COMTE, *à part.* Juste ciel!

FIGARO, *à part.* C'est le diable.

BARTHOLO *va au-devant de lui.* Ah! Bazile, mon ami, soyez le bien rétabli. Votre accident n'a donc point eu de suites? En vérité, le seigneur Alonzo m'avait fort effrayé sur votre 25 état; demandez-lui, je partais pour vous aller voir, et s'il ne m'avait point retenu . . .

BAZILE, *étonné.* Le seigneur Alonzo? . . .

FIGARO, *frappe du pied.* Eh quoi! toujours des accrocs?

accroc, *m.*, obstacle
moudre, to grind, bruise
moulu. See *moudre*

trousseau, *m.*, bunch
vaisselle, *f.*, crockery

Deux heures pour une méchante barbe. . . . Chienne de pratique!

Bazile, *regardant tout le monde.* Me ferez-vous bien le plaisir de me dire, messieurs? . . .

5 Figaro. Vous lui parlerez quand je serai parti.

Bazile. Mais encore faudrait-il . . .

Le Comte. Il faudrait vous taire, Bazile. Croyez-vous apprendre à monsieur quelque chose qu'il ignore? Je lui ai raconté que vous m'aviez chargé de venir donner une leçon 10 de musique à votre place.

Bazile, *plus étonné.* La leçon de musique! . . . Alonzo! . . .

Rosine, *à part, à Bazile.* Eh! taisez-vous.

Bazile. Elle aussi.

Le Comte, *bas à Bartholo.* Dites-lui donc tout bas que nous 15 en sommes convenus.

Bartholo, *à Bazile, à part.* N'allez pas nous démentir, Bazile, en disant qu'il n'est pas votre élève, vous gâteriez tout.

Bazile. Ah! ah!

20 Bartholo, *haut.* En vérité, Bazile, on n'a pas plus de talent que votre élève.

Bazile, *stupéfait.* Que mon élève! . . . (*Bas.*) Je venais pour vous dire que le comte est déménagé.

Bartholo, *bas.* Je le sais, taisez-vous.

25 Bazile, *bas.* Qui vous l'a dit?

Bartholo, *bas.* Lui, apparemment!

Le Comte, *bas.* Moi, sans doute; écoutez seulement.

Rosine, *bas à Bazile.* Est-il si difficile de vous taire?

Figaro, *bas à Bazile.* Hum! Grand escogriffe! Il est sourd.

30 Bazile, *à part.* Qui diable est-ce donc qu'on trompe ici? Tout le monde est dans le secret!

Bartholo, *haut.* Eh bien, Bazile, votre homme de loi? . . .

Figaro. Vous avez toute la soirée pour parler de l'homme de loi.

escogriffe, *m.,* lout

BARTHOLO, *à Bazile.* Un mot; dites-moi seulement si vous êtes content de l'homme de loi.

BAZILE, *effaré.* De l'homme de loi?

LE COMTE, *souriant.* Vous ne l'avez pas vu, l'homme de loi? 5

BAZILE, *impatienté.* Eh! non, je ne l'ai pas vu, l'homme de loi.

LE COMTE, *à Bartholo, à part.* Voulez-vous donc qu'il s'explique ici devant elle? Renvoyez-le.

BARTHOLO, *bas au comte.* Vous avez raison. (*A Bazile.*) 10 Mais quel mal vous a donc pris si subitement?

BAZILE, *en colère.* Je ne vous entends pas.

LE COMTE *lui met, à part, une bourse dans la main.* Oui: monsieur vous demande ce que vous venez faire ici, dans l'état d'indisposition où vous êtes. 15

FIGARO. Il est pâle comme un mort!

BAZILE. Ah! je comprends . . .

LE COMTE. Allez vous coucher, mon cher Bazile: vous n'êtes pas bien, et vous nous faites mourir de frayeur. Allez vous coucher. 20

FIGARO. Il a la physionomie toute renversée. Allez vous coucher.

BAZILE, *au dernier étonnement.* Que j'aille me coucher!

TOUS LES ACTEURS ENSEMBLE. Eh! sans doute.

BAZILE, *les regardant tous.* En effet, messieurs, je crois que 25 je ne ferai pas mal de me retirer: je sens que je ne suis pas ici dans mon assiette ordinaire.

Dans la scène suivante, Figaro est en train de raser Bartholo pendant que le comte cherche à parler à Rosine. Il y a des jeux de théâtre très compliqués, Bartholo étant toujours très méfiant. Le comte réussit à dire à Rosine qu'il 30 viendra à minuit la chercher sous son balcon. Bartholo, qui pousse de côté Figaro pour mieux entendre, saisit le mot «déguisement» et sait bien à qui il a affaire. Rosine sort en proclamant: «Je donnerai mon cœur et ma main à celui qui pourra m'arracher de cette horrible prison.» Le comte et Figaro se sauvent. 35

assiette, *f. je ne suis pas dans mon —,*   **renverser.** *la physionomie renversée,*
  I am out of place   features discomposed

ACTE QUATRIEME

Le théâtre est obscur.

Dans la première scène, Bazile conseille à Bartholo d'employer la calomnie pour venir à bout du comte. Il lui dit aussi qu'il est allé chez le notaire mais l'a trouvé déjà retenu pour le mariage de la nièce de Figaro. Figaro n'ayant pas de nièce, au dire de Bartholo, Bazile est forcé de retourner 5 chez le notaire pour lui persuader de venir à la maison de Bartholo.

SCENE TROISIEME

ROSINE, BARTHOLO

BARTHOLO *rentre avec de la lumière*. Ah! Rosine, puisque vous n'êtes pas encore rentrée dans votre appartement . . .

ROSINE. Je vais me retirer.

BARTHOLO. Par le temps affreux qu'il fait, vous ne re-
10 poserez pas, et j'ai des choses très pressées à vous dire.

ROSINE. Que me voulez-vous, monsieur? N'est-ce donc pas assez d'être tourmentée le jour?

BARTHOLO. Rosine, écoutez-moi.

ROSINE. Demain je vous entendrai.

15 BARTHOLO. Un moment, de grâce!

ROSINE, *à part*. S'il allait venir!

BARTHOLO *lui montre sa lettre*. Connaissez-vous cette lettre?

ROSINE *la reconnaît*. Ah! grands dieux!

BARTHOLO. Mon intention, Rosine, n'est point de vous
20 faire de reproches: à votre âge, on peut s'égarer; mais je suis votre ami; écoutez-moi.

ROSINE. Je n'en puis plus.

BARTHOLO. Cette lettre que vous avez écrite au comte Almaviva . . .

25 ROSINE, *étonnée*. Au comte Almaviva!

BARTHOLO. Voyez quel homme affreux est ce comte: aussitôt qu'il l'a reçue, il en a fait trophée. Je la tiens d'une femme à qui il l'a sacrifiée.

dire. *au — de*, according to

ROSINE. Le comte Almaviva!

BARTHOLO. Vous avez peine à vous persuader cette horreur. L'inexpérience, Rosine, rend votre sexe confiant et crédule; mais apprenez dans quel piège on vous attirait. Cette femme m'a fait donner avis de tout, apparemment pour 5 écarter une rivale aussi dangereuse que vous. J'en frémis! Le plus abominable complot entre Almaviva, Figaro et cet Alonzo, cet élève supposé de Bazile qui porte un autre nom, et n'est que le vil agent du comte, allait vous entraîner dans un abîme dont rien n'eût pu vous tirer. 10

ROSINE, *accablée*. Quelle horreur! . . . Quoi, Lindor! . . . Quoi, ce jeune homme! . . .

BARTHOLO, *à part*. Ah! c'est Lindor.

ROSINE. C'est pour le comte Almaviva . . . C'est pour un autre . . . 15

BARTHOLO. Voilà ce qu'on m'a dit en me remettant votre lettre.

ROSINE, *outrée*. Ah! quelle indignité! . . . Il en sera puni. Monsieur, vous avez désiré de m'épouser?

BARTHOLO. Tu connais la vivacité de mes sentiments. 20

ROSINE. S'il peut vous en rester encore, je suis à vous.

BARTHOLO. Eh bien! le notaire viendra cette nuit même.

ROSINE. Ce n'est pas tout. O ciel! suis-je assez humiliée! . . . Apprenez que dans peu le perfide ose entrer par cette jalousie, dont ils ont eu l'art de vous dérober la clef. 25

Bartholo fait ses préparatifs pour prendre le comte dans un piège. Dans la scène suivante, le comte et Figaro entrent dans la chambre obscure où, à leur insu, Rosine se tient toujours.

SCENE SIXIEME

LE COMTE, ROSINE, FIGARO

Figaro allume toutes les bougies qui sont sur la table.

LE COMTE. La voici. Ma belle Rosine! . . .

ROSINE, *d'un ton très composé*. Je commençais, monsieur, à 30 craindre que vous ne vinssiez pas.

LE COMTE. Charmante inquiétude!... Mademoiselle, il ne me convient point d'abuser des circonstances pour vous proposer de partager le sort d'un infortuné; mais quelque asile que vous choisissiez, je jure mon honneur . . .

5 ROSINE. Monsieur, si le don de ma main n'avait pas dû suivre à l'instant celui de mon cœur, vous ne seriez pas ici. Que la nécessité justifie à vos yeux ce que cette entrevue a d'irrégulier.

LE COMTE. Vous, Rosine! la compagne d'un malheureux, 10 sans fortune, sans naissance! . . .

ROSINE. La naissance, la fortune! Laissons là les jeux du hasard, et si vous m'assurez que vos intentions sont pures . . .

LE COMTE, *à ses pieds.* Ah! Rosine, je vous adore! . . .

ROSINE, *indignée.* Arrêtez, malheureux! . . . Vous osez 15 profaner! . . . Tu m'adores! . . . Va! tu n'es plus dangereux pour moi; j'attendais ce mot pour te détester. Mais avant de t'abandonner au remords qui t'attend (*en pleurant*), apprends que je t'aimais; apprends que je faisais mon bonheur de partager ton mauvais sort. Misérable Lindor! j'allais tout 20 quitter pour te suivre. Mais le lâche abus que tu as fait de mes bontés, et l'indignité de cet affreux comte Almaviva, à qui tu me vendais, ont fait rentrer dans mes mains ce témoignage de ma faiblesse. Connais-tu cette lettre?

LE COMTE, *vivement.* Que votre tuteur vous a remise?

25 ROSINE, *fièrement.* Oui, je lui en ai l'obligation.

LE COMTE. Dieux! que je suis heureux! Il la tient de moi. Dans mon embarras, hier, je m'en suis servi pour arracher sa confiance; et je n'ai pu trouver l'instant de vous en informer. Ah! Rosine! il est donc vrai que vous m'aimez véritablement!

30 FIGARO. Monseigneur, vous cherchiez une femme qui vous aimât pour vous-même . . .

ROSINE. Monseigneur! . . . Que dit-il?

LE COMTE, *jetant son large manteau, paraît en habit magnifique.* O la plus aimée des femmes! il n'est plus temps de vous

asile, *m.,* asylum

abuser; l'heureux homme que vous voyez à vos pieds n'est point Lindor; je suis le comte Almaviva, qui meurt d'amour, et vous cherche en vain depuis six mois.

Rosine *tombe dans les bras du comte.* Ah! . . .

Le Comte, *effrayé.* Figaro! 5

Figaro. Point d'inquiétude, monseigneur: la douce émotion de la joie n'a jamais de suites fâcheuses; la voilà, la voilà qui reprend ses sens. Morbleu! qu'elle est belle!

Rosine. Ah! Lindor! . . . Ah! monsieur! que je suis coupable! j'allais me donner cette nuit à mon tuteur. 10

Le Comte. Vous, Rosine!

Rosine. Ne voyez que ma punition! J'aurais passé ma vie à vous détester. Ah! Lindor! le plus affreux supplice n'est-il pas de haïr, quand on sent qu'on est faite pour aimer?

Figaro *regarde à la fenêtre.* Monseigneur, le retour est 15 fermé; l'échelle est enlevée.

Le Comte. Enlevée.

Rosine, *troublée.* Oui, c'est moi . . . c'est le docteur. Voilà le fruit de ma crédulité. Il m'a trompée. J'ai tout avoué, tout trahi: il sait que vous êtes ici, et va venir avec main-forte. 20

Figaro *regarde encore.* Monseigneur! on ouvre la porte de la rue.

Rosine, *courant dans les bras du comte avec frayeur.* Ah! Lindor! . . .

Le Comte, *avec fermeté.* Rosine, vous m'aimez! Je ne crains 25 personne; et vous serez ma femme. J'aurai donc le plaisir de punir à mon gré l'odieux vieillard! . . .

Rosine. Non, non; grâce pour lui, cher Lindor! Mon cœur est si plein, que la vengeance ne peut y trouver place.

SCENE SEPTIEME

Le Notaire, Don Bazile, Les Acteurs Précédents

Figaro. Monseigneur, c'est notre notaire. 30

Le Comte. Et l'ami Bazile avec lui!

gré, *m. à son* —, to one's satisfaction

main-forte, *f.*, assistance

morbleu, *interj.*, s'death

supplice, *m.*, punishment

BAZILE.   Ah! qu'est-ce que j'aperçois?

FIGARO.   Eh! par quel hasard, notre ami? . . .

BAZILE.   Par quel accident, messieurs? . . .

LE NOTAIRE.   Sont-ce là les futurs conjoints?

5 LE COMTE.   Oui, monsieur. Vous deviez unir la signora Rosine et moi cette nuit chez le barbier Figaro; mais nous avons préféré cette maison pour des raisons que vous saurez. Avez-vous notre contrat?

LE NOTAIRE.   J'ai donc l'honneur de parler à Son Excel-
10 lence monsieur le comte Almaviva?

FIGARO.   Précisément.

BAZILE, *à part.*   Si c'est pour cela qu'il m'a donné le passe-partout.

LE NOTAIRE.   C'est que j'ai deux contrats de mariage,
15 monseigneur. Ne confondons point: voici le vôtre; et c'est ici celui du seigneur Bartholo avec la signora . . . Rosine aussi? Les demoiselles apparemment sont deux sœurs qui portent le même nom.

LE COMTE.   Signons toujours. Don Bazile voudra bien nous
20 servir de second témoin. (*Ils signent.*)

BAZILE.   Mais, Votre Excellence . . . Je ne comprends pas . . .

LE COMTE.   Mon maître Bazile, un rien vous embarrasse, et tout vous étonne.

25 BAZILE.   Monseigneur . . . Mais si le docteur . . .

LE COMTE, *lui jetant une bourse.*   Vous faites l'enfant! Signez donc vite.

BAZILE, *étonné.*   Ah! ah! . . .

FIGARO.   Où est donc la difficulté de signer?

30 BAZILE, *pesant la bourse.*   Il n'y en a plus. Mais c'est que moi, quand j'ai donné ma parole une fois, il faut des motifs d'un grand poids . . . (*Il signe.*)

---

conjoint, *m. futurs* —*s*, bride and   passe-partout, *m.*, pass key
groom

SCENE HUITIEME ET DERNIERE

BARTHOLO, UN ALCADE, DES ALGUAZILS, DES VALETS
avec des flambeaux, et LES ACTEURS PRÉCÉDENTS.

BARTHOLO *voit le comte baiser la main de ˉRosine, et Figaro qui embrasse grotesquement don Bazile; il crie en prenant le notaire à la gorge:* Rosine avec ces fripons! Arrêtez tout le monde. J'en tiens un au collet.

LE NOTAIRE. C'est votre notaire. 5

BAZILE. C'est votre notaire. Vous moquez-vous?

BARTHOLO. Ah! don Bazile, eh! comment êtes-vous ici?

BAZILE. Mais plutôt vous, comment n'y êtes-vous pas?

L'ALCADE, *montrant Figaro.* Un moment! Je connais celui-ci. Que viens-tu faire en cette maison, à des heures 10 indues?

FIGARO. Heure indue? Monsieur voit bien qu'il est aussi près du matin que du soir. D'ailleurs, je suis de la compagnie de Son Excellence monseigneur le comte Almaviva.

BARTHOLO. Almaviva! 15

L'ALCADE. Ce ne sont donc pas des voleurs?

BARTHOLO. Laissons cela. — Partout ailleurs, monsieur le comte, je suis le serviteur de Votre Excellence; mais vous sentez que la supériorité du rang est ici sans force. Ayez, s'il vous plaît, la bonté de vous retirer. 20

LE COMTE. Oui, le rang doit être ici sans force; mais ce qui en a beaucoup est la préférence que mademoiselle vient de m'accorder sur vous, en se donnant à moi volontairement.

BARTHOLO. Que dit-il, Rosine?

ROSINE. Il dit vrai. D'où naît votre étonnement? Ne 25 devais-je pas, cette nuit même, être vengée d'un trompeur? Je le suis.

BAZILE.   Quand je vous disais que c'était le comte lui‑même, docteur?[4]

BARTHOLO.   Que m'importe à moi? Plaisant mariage! Où sont les témoins?

5 LE NOTAIRE.   Il n'y manque rien. Je suis assisté de ces deux messieurs.

BARTHOLO.   Comment, Bazile! vous avez signé?

BAZILE.   Que voulez-vous! Ce diable d'homme a toujours ses poches pleines d'arguments irrésistibles.

10 BARTHOLO.   Je me moque de ses arguments. J'userai de mon autorité.

LE COMTE.   Vous l'avez perdue en en abusant.

BARTHOLO.   La demoiselle est mineure.

FIGARO.   Elle vient de s'émanciper.

15 BARTHOLO.   Qui te parle à toi, maître fripon?

LE COMTE.   Mademoiselle est noble et belle: je suis homme de qualité, jeune et riche; elle est ma femme; à ce titre qui nous honore également, prétend-on me la disputer?

BARTHOLO.   Jamais on ne l'ôtera de mes mains.

20 LE COMTE.   Elle n'est plus en votre pouvoir. Je la mets sous l'autorité des lois; et monsieur, que vous avez amené vous‑même, la protégera contre la violence que vous voulez lui faire. Les vrais magistrats sont les soutiens de tous ceux qu'on opprime.

25 L'ALCADE.   Certainement. Et cette inutile résistance au plus honorable mariage indique assez sa frayeur sur la mauvaise administration des biens de sa pupille, dont il faudra qu'il rende compte.

LE COMTE.   Ah! qu'il consente à tout, et je ne lui demande 30 rien.

---

assister. *être assisté de,* to have as   **quand,** *conj.* — *je vous disais,* didn't
    witnesses   I tell you?

[4] Dans une scène supprimée, où il s'excusait auprès de Bartholo d'avoir accepté la bourse d'Alonzo (voir Acte III, Scène XI), Bazile avait avancé l'hypothèse qu'«à la magnificence du présent qu'il m'a fait, il se pourrait que ce fût le comte lui-même.» Bartholo n'avait pas fait attention à cette remarque.

FIGARO.   Que la quittance de mes cent écus: ne perdons pas la tête.

BARTHOLO, *irrité*.   Ils étaient tous contre moi: je me suis fourré la tête dans un guêpier.

BAZILE.   Quel guêpier? Ne pouvant avoir la femme, cal- 5 culez, docteur, que l'argent vous reste; et oui, vous reste!

BARTHOLO.   Eh! laissez-moi donc en repos, Bazile! Vous ne songez qu'à l'argent. Je me soucie bien de l'argent, moi! A la bonne heure, je le garde, mais croyez-vous que ce soit le motif qui me détermine? (*Il signe.*)   10

FIGARO, *riant*.   Ah! ah! ah! monseigneur! ils sont de la même famille.

LE NOTAIRE.   Mais, messieurs, je n'y comprends plus rien. Est-ce qu'elles ne sont pas deux demoiselles qui portent le même nom?   15

FIGARO.   Non, monsieur, elles ne sont qu'une.

BARTHOLO, *se désolant*.   Et moi qui leur ai enlevé l'échelle pour que le mariage fût plus sûr! Ah! je me suis perdu faute de soins.

FIGARO.   Faute de sens. Mais soyons vrais, docteur: quand 20 la jeunesse et l'amour sont d'accord pour tromper un vieillard, tout ce qu'il fait pour l'empêcher peut bien s'appeler à bon droit *la Précaution inutile*.

fourrer, to stick   **guêpier, *m.*, wasps' nest**

FRANÇOIS-RENÉ DE CHATEAUBRIAND
(1768-1848)

A la veille de la Révolution un adolescent se promenait dans la sombre solitude du vieux château féodal de Combourg; dans son âme exaltée et tourmentée alternativement il nourrissait des rêves de grandeur et couvait des idées de suicide. Il se promènera ainsi à travers la vie, beau, adoré des femmes, le plus
5 *grand écrivain de sa génération mais ayant toujours des désirs inassouvis.*

D'abord enthousiaste de Rousseau, il s'en va tout seul en Amérique en 1791 pour découvrir, dit-il, le passage du nord-ouest et pour voir les vrais sauvages. Exilé en Angleterre par la Révolution, il rêve de la gloire littéraire qu'il conquiert finalement avec Atala et René en 1801. Accueilli par Napoléon, il
10 *publie sa longue et poétique apologie du christianisme, le Génie du Christianisme (1802), suivi plus tard par les Martyrs (1809). Mais ses rêves de grandeur le poussent dans la politique et, sous la Restauration, il devient ambassadeur à Berlin, à Londres, à Rome, et, en 1823, comme ministre des affaires étrangères, il se rend responsable de cette malheureuse guerre qui sup-*
15 *prime le libéralisme en Espagne.*

Chateaubriand est un écrivain aussi personnel que Rousseau. Il verse toute son inquiétude dans l'âme tourmentée de son personnage René, et cette même tristesse émane de l'histoire d'Atala. L'enchantement que Chateaubriand a exercé sur ses contemporains vient surtout de son style poétique qu'il a d'abord créé pour
20 *décrire la nature exotique du nouveau monde. La langue française qui, au XVIIIᵉ siècle, était devenue terne et trop précise, devient chez lui imagée et colorée, belle et sonore.*

ATALA
OU LES AMOURS DE DEUX SAUVAGES
1801

La France possédait autrefois, dans l'Amérique septen-
trionale, un vaste empire qui s'étendait depuis le Labrador

couver, to hatch
inassouvi, *adj.*, unsatisfied

septentrional, *adj.*, north
terne, *adj.*, dull-colored

jusqu'aux Florides et depuis les rivages de l'Atlantique jusqu'aux lacs les plus reculés du haut Canada.

Quatre grands fleuves, ayant leurs sources dans les mêmes montagnes, divisaient ces régions immenses: le fleuve Saint-Laurent,[1] qui se perd à l'est dans le golfe de son nom; la rivière 5 de l'Ouest,[2] qui porte ses eaux à des mers inconnues; le fleuve Bourbon,[3] qui se précipite du midi au nord dans la baie d'Hudson, et le Meschacebé,[4] qui tombe du nord au midi dans le golfe du Mexique.

Ce dernier fleuve, dans un cours de plus de mille lieues, 10 arrose une délicieuse contrée que les habitants des États-Unis appellent le *nouvel Éden*, et à laquelle les Français ont laissé le doux nom de *Louisiane*. Mille autres fleuves, tributaires du Meschacebé, le Missouri, l'Illinois, l'Akansa,[5] l'Ohio, le Wabache,[6] le Tenase,[7] l'engraissent de leur limon et la 15 fertilisent de leurs eaux. Quand tous ces fleuves se sont gonflés des déluges de l'hiver, quand les tempêtes ont abattu des pans entiers de forêts, les arbres déracinés s'assemblent sur les sources. Bientôt les vases les ciment ent, les lianes les en-chaînent, et les plantes, y prenant racine de toutes parts, 20 achèvent de consolider ces débris. Charriés par les vagues écumantes, ils descendent au Meschacebé; le fleuve s'en empare, les pousse au golfe mexicain, les échoue sur les bancs de sable, et accroît ainsi le nombre de ses embouchures. Par intervalles, il élève sa voix en passant sous les monts, et répand 25

charrier, to carry along	**liane,** *f.*, liana (tropical climbing
échouer, to strand	plant)
écumer, to foam	**limon,** *m.*, slime
embouchure, *f.*, mouth	**pan,** *m.*, section

[1] *St. Lawrence.*
[2] Cette rivière était censée commencer dans la région du lac Winnipeg au Canada.
[3] Ce fleuve était probablement le Winnipeg.
[4] *Mississippi.*
[5] *Arkansas.*
[6] *Wabash.*
[7] *Tennessee.*

ses eaux débordées autour des colonnades des forêts et des pyramides des tombeaux indiens; c'est le Nil [8] des déserts.

Les deux rives du Meschacebé présentent le tableau le plus extraordinaire. Sur le bord occidental, des savanes se déroulent
5 à perte de vue; leurs flots de verdure, en s'éloignant, semblent monter dans l'azur du ciel où ils s'évanouissent. On voit dans ces prairies sans bornes errer à l'aventure des troupeaux de trois ou quatre mille buffles sauvages. Quelquefois un bison chargé d'années, fendant les flots à la nage, se vient coucher,
10 parmi de hautes herbes, dans une île du Meschacebé. A son front orné de deux croissants, à sa barbe antique et limoneuse, vous le prendriez pour le dieu du fleuve, qui jette un œil satisfait sur la grandeur de ses ondes et la sauvage abondance de ses rives.

15 Telle est la scène sur le bord occidental; mais elle change sur le bord opposé, et forme avec la première un admirable contraste. Suspendus sur le cours des eaux, groupés sur les rochers et sur les montagnes, dispersés dans les vallées, des arbres de toutes les formes, de toutes les couleurs, de tous les
20 parfums, se mêlent, croissent ensemble, montent dans les airs à des hauteurs qui fatiguent les regards.

Une multitude d'animaux, placés dans ces retraites par la main du Créateur, y répandent l'enchantement et la vie. De l'extrémité des avenues on aperçoit des ours enivrés de
25 raisin, qui chancellent sur les branches des ormeaux; des cariboux se baignent dans un lac; des écureuils noirs se jouent dans l'épaisseur des feuillages; des oiseaux-moqueurs, des colombes de Virginie, de la grosseur d'un passereau, descendent sur les gazons rougis par les fraises; des perroquets verts à
30 tête jaune, des piverts empourprés, des cardinaux de feu,

buffle, *m.,* buffalo
chanceler, to stagger
écureuil, *m.,* squirrel
fraise, *f.,* strawberry
gazon, *m.,* grass plot

onde, *f.,* water
ormeau, *m.,* young elm
passereau, *m.,* sparrow
pivert, *m.,* woodpecker
savane, *f.,* savannah

[8] *Nile.*

grimpent en circulant au haut des cyprès; des colibris étin-
cellent sur les jasmins des Florides, et des serpents-oiseleurs
sifflent, suspendus aux dômes des bois, en s'y balançant comme
des lianes.

Dans ce pays vit un vénérable Indien du nom de Chactas. Il a été à 5
Versailles, il a conversé avec Fénelon,[9] il a vu le monde dit «civilisé», mais
il a préféré la vie sauvage à la civilisation. Un Français nommé René,
voulant également échapper à la civilisation, est reçu guerrier de la tribu de
Chactas. C'est à lui que Chactas raconte l'histoire qui suit.

A la prochaine lune des fleurs, il y aura sept fois dix neiges, 10
et trois neiges de plus, que ma mère me mit au monde sur les
bords du Meschacebé. Les Espagnols s'étaient depuis peu
établis dans la baie de Pensacola; mais aucun blanc n'habitait
encore la Louisiane. Je comptais à peine dix-sept chutes de
feuilles lorsque je marchai avec mon père, le guerrier Outalissi, 15
contre les Muscogulges,[10] nation puissante des Florides. Nous
nous joignîmes aux Espagnols nos alliés, et le combat se donna
sur une des branches de la Maubile.[11] Areskoui [12] et les mani-
tous ne nous furent pas favorables. Les ennemis triomphèrent;
mon père perdit la vie; je fus blessé deux fois en le défendant. 20
Oh! que ne descendis-je alors dans le pays des âmes! j'aurais
évité les malheurs qui m'attendaient sur la terre. Les esprits
en ordonnèrent autrement; je fus entraîné par les fuyards à
Saint-Augustin.

Dans cette ville, nouvellement bâtie par les Espagnols, je 25
courais le risque d'être enlevé pour les mines de Mexico,
lorsqu'un vieux Castillan, nommé *Lopez*, touché de ma

chute, *f.* — *de feuilles*, falling of the leaves, year	**jasmin**, *m.*, jasmine (a climbing evergreen shrub
colibri, *m.*, humming bird	**oiseleur, oiseleuse**, *adj.*, bird-catching

[9] François de Salignac de La Mothe-Fénelon (1651–1715), archevêque de
Cambrai, auteur de *Télémaque* et de divers ouvrages philosophiques.
[10] *Muscogees.* Mieux connus sous le nom de *Creeks;* confédération indienne de
l'Alabama et de la Géorgie.
[11] *Mobile.*
[12] Dieu indien de la guerre.

jeunesse et de ma simplicité, m'offrit un asile, et me présenta à une sœur avec laquelle il vivait sans épouse.

Tous deux prirent pour moi les sentiments les plus tendres. On m'éleva avec beaucoup de soin: on me donna toutes 5 sortes de maîtres. Mais, après avoir passé trente lunes à Saint-Augustin, je fus saisi du dégoût de la vie des cités. Je dépérissais à vue d'œil: tantôt je demeurais immobile pendant des heures à contempler la cime des lointaines forêts, tantôt on me trouvait assis au bord d'un fleuve, que je regardais tristement 10 couler. Je me peignais les bois à travers lesquels cette onde avait passé, et mon âme était tout entière à la solitude.

Comme il n'en peut plus, il prend congé de Lopez et retourne au «désert».

Je ne tardai pas à être puni de mon ingratitude. Mon inexpérience m'égara dans les bois, et je fus pris par un parti 15 de Muscogulges et de Siminoles,[13] comme Lopez me l'avait prédit. Je fus reconnu pour Natchez,[14] à mon vêtement et aux plumes qui ornaient ma tête. On m'enchaîna, mais légèrement, à cause de ma jeunesse. Simaghan, le chef de la troupe, voulut savoir mon nom. Je répondis: «Je m'appelle *Chactas*, 20 fils d'Outalissi, fils de Miscou, qui ont enlevé plus de cent chevelures aux héros muscogulges.» Simaghan me dit: «Chactas, fils d'Outalissi, fils de Miscou, réjouis-toi: tu seras brûlé au grand village.» Je repartis: «Voilà qui va bien,» et j'entonnai ma chanson de mort.

25 Les femmes de la tribu surtout s'intéressent au condamné.

Une nuit que les Muscogulges avaient placé leur camp sur le bord d'une forêt, j'étais assis auprès du *feu de la guerre* avec le chasseur commis à ma garde. Tout à coup j'entendis le

---

chevelure, *f.*, scalp   **cime**, *f.*, top

[13] *Seminole.* Tribu de la même race que les Muscogulges; elle habitait la Floride.
[14] Tribu indienne de la Louisiane qui résista aux Français et qui fut presque entièrement exterminée dans une bataille en 1731. C'est le sujet des *Natchez* de Chateaubriand, dont *Atala* et *René* étaient à l'origine des chapitres.

murmure d'un vêtement sur l'herbe, et une femme à demi
voilée vint s'asseoir à mes côtés. Des pleurs roulaient sous sa
paupière; à la lueur du feu un petit crucifix d'or brillait sur
son sein. Elle était régulièrement belle; l'on remarquait sur
son visage je ne sais quoi de vertueux et de passionné dont 5
l'attrait était irrésistible; elle joignait à cela des grâces plus
tendres: une extrême sensibilité, unie à une mélancolie profonde, respirait dans ses regards; son sourire était céleste.

Je crus que c'était la *Vierge des dernières amours*, cette vierge
qu'on envoie au prisonnier de guerre pour enchanter sa tombe. 10
Dans cette persuasion je lui dis en balbutiant, et avec un
trouble qui pourtant ne venait pas de la crainte du bûcher:
«Vierge, vous êtes digne des premières amours, et vous n'êtes
pas faite pour les dernières.»

La jeune fille me dit alors: «Je ne suis point la *Vierge des* 15
dernières amours. Es-tu chrétien?» Je répondis que je n'avais
point trahi les génies de ma cabane. A ces mots, l'Indienne fit
un mouvement involontaire. Elle me dit: «Je te plains de
n'être qu'un méchant idolâtre. Ma mère m'a faite chrétienne;
je me nomme *Atala*, fille de Simaghan aux bracelets d'or et 20
chef des guerriers de cette troupe. Nous nous rendons à
Apalachucla,[15] où tu seras brûlé.» En prononçant ces mots,
Atala se lève et s'éloigne.

Mais Atala revient les nuits suivantes. Une fois elle renvoie le guerrier
qui doit garder Chactas en lui disant qu'elle gardera le prisonnier à sa place. 25

La fille du désert était aussi troublée que son prisonnier;
nous gardions un profond silence; les génies de l'amour avaient
dérobé nos paroles. Enfin Atala, faisant un effort, dit ceci:
«Guerrier, vous êtes retenu bien faiblement; vous pouvez
aisément vous échapper.» A ces mots, la hardiesse revint sur 30
ma langue; je répondis: «Faiblement retenu, ô femme . . . !»

---

balbutier, to stammer   **paupière,** *f.,* eyelid
bûcher, *m.,* stake

[15] Chateaubriand dit ailleurs que ce nom signifie *ville de la paix;* située dans
l'ouest de la Géorgie sur le Chattahoochee.

Je ne sus comment achever. Atala hésita quelques moments, puis elle dit: «Sauvez-vous.» Et elle me détacha du tronc de l'arbre. Je saisis la corde, je la remis dans la main de la fille étrangère, en forçant ses beaux doigts à se fermer sur ma 5 chaîne. «Reprenez-la! reprenez-la! m'écriai-je. — Vous êtes un insensé, dit Atala d'une voix émue. Malheureux! ne sais-tu pas que tu seras brûlé? Que prétends-tu? Songes-tu bien que je suis la fille d'un redoutable sachem? — Il fut un temps, répliquai-je avec des larmes, que j'étais aussi porté dans une 10 peau de castor aux épaules d'une mère. Mon père avait aussi une belle hutte, et ses chevreuils buvaient les eaux de mille torrents; mais j'erre maintenant sans patrie. Quand je ne serai plus, aucun ami ne mettra un peu d'herbe sur mon corps pour le garantir des mouches. Le corps d'un étranger 15 malheureux n'intéresse personne.»

Ces mots attendrirent Atala. Ses larmes tombèrent dans la fontaine. «Ah! repris-je avec vivacité, si votre cœur parlait comme le mien! Le désert n'est-il pas libre? Les forêts n'ont-elles point des replis où nous cacher? Faut-il donc, pour être 20 heureux, tant de choses aux enfants des cabanes? O fille plus belle que le premier songe de l'époux! ô ma bien-aimée! ose suivre mes pas.» Telles furent mes paroles. Atala me répondit d'une voix tendre: «Mon jeune ami, vous avez appris le langage des blancs: il est aisé de tromper une Indienne. 25 — Quoi! m'écriai-je, vous m'appelez votre jeune ami! Ah! si un pauvre esclave. . . .» Je repris avec ardeur: «Qu'un baiser l'assure de ta foi!» Atala écouta ma prière. Comme un faon semble pendre aux fleurs de lianes roses qu'il saisit de sa langue délicate dans l'escarpement de la montagne, ainsi 30 je restai suspendu aux lèvres de ma bien-aimée.

Hélas! mon cher fils, la douleur touche de près au plaisir. Qui eût pu croire que le moment où Atala me donnait le

---

castor, *m.*, beaver
chevreuil, *m.*, roebuck

escarpement, *m.*, escarpment (cliff or steep hill)
faon, *m.*, fawn

premier gage de son amour serait celui-là même où elle détruirait mes espérances? Cheveux blanchis du vieux Chactas, quel fut votre étonnement lorsque la fille du sachem prononça ces paroles: «Beau prisonnier, j'ai follement cédé à ton désir; mais où nous conduira cette passion? Ma religion ₅ me sépare de toi pour toujours. . . . O ma mère! qu'as-tu fait . . . ?» Atala se tut tout à coup, et retint je ne sais quel fatal secret près d'échapper à ses lèvres. Ses paroles me plongèrent dans le désespoir. «Eh bien! m'écriai-je, je serai aussi cruel que vous, je ne fuirai point. Vous me verrez dans ₁₀ le cadre de feu, vous entendrez les gémissements de ma chair, et vous serez pleine de joie.» Atala saisit mes mains entre les deux siennes. «Pauvre jeune idolâtre, s'écria-t-elle, tu me fais réellement pitié! Tu veux donc que je pleure tout mon cœur?»

Dans ce moment même, les crocodiles, aux approches du ₁₅ coucher du soleil, commençaient à faire entendre leurs rugissements. Atala me dit: «Quittons ces lieux.» J'entraînai la fille de Simaghan au pied des coteaux, qui formaient des golfes de verdure en avançant leurs promontoires dans la savane. Tout était calme et superbe au désert. La cigogne ₂₀ criait sur son nid; les bois retentissaient du chant monotone des cailles, du sifflement des perruches, du mugissement des bisons et du hennissement des cavales siminoles.

Notre promenade fut presque muette. Je marchais à côté d'Atala; elle tenait le bout de la corde, que je l'avais forcée ₂₅ de reprendre. Quelquefois nous versions des pleurs, quelquefois nous essayions de sourire.

Et Chactas s'obstine à rester captif. Ils rentrent au camp indien. Les jours suivants ils continuent ces promenades secrètes jusqu'à ce que les Indiens les surprennent et les ramènent au camp. Cette fois on surveille le ₃₀ prisonnier plus strictement.

cadre, *m.*, frame
caille, *f.*, quail
cavale, *f.*, mare
cigogne, *f.*, stork
coteau, *m.*, hillock

hennissement, *m.*, neighing
mugissement, *m.*, bellowing
perruche, *f.*, hen parrot
rugissement, *m.*, roar

Dans une vallée, au nord, à quelque distance du grand village, s'élevait un bois de cyprès et de sapins, appelé le *Bois du sang.* On y arrivait par les ruines d'un de ces monuments dont on ignore l'origine, et qui sont l'ouvrage d'un
5 peuple maintenant inconnu. Au centre de ce bois s'étendait une arène où l'on sacrifiait les prisonniers de guerre. On m'y conduit en triomphe. Tout se prépare pour ma mort: on plante le poteau d'Areskoui; les pins, les ormes, les cyprès, tombent sous la cognée; le bûcher s'élève; les spectateurs
10 bâtissent des amphithéâtres avec des branches et des troncs d'arbres. Chacun invente un supplice: l'un se propose de m'arracher la peau du crâne, l'autre de me brûler les yeux avec des haches ardentes. Je commence ma chanson de mort:

Je ne crains point les tourments: je suis brave, ô Muscogulges!
15 *je vous défie; je vous méprise plus que des femmes. Mon père Outalissi,*
fils de Miscou, a bu dans le crâne de vos plus fameux guerriers. Vous
n'arracherez pas un soupir de mon cœur.

Provoqué par ma chanson, un guerrier me perça le bras d'une flèche. Je dis: «Frère, je te remercie.»
20   Malgré l'activité des bourreaux, les préparatifs du supplice ne purent être achevés avant le coucher du soleil. On consulta le jongleur, qui défendit de troubler les génies des ombres, et ma mort fut encore suspendue jusqu'au lendemain. Mais, dans l'impatience de jouir du spectacle, et pour être plus tôt
25 prêts au lever de l'aurore, les Indiens ne quittèrent point le *Bois du sang;* ils allumèrent de grands feux, et commencèrent des festins et des danses.

Tard dans la nuit les Indiens s'endorment. Atala semble à Chactas «un monstre d'ingratitude».

30   Je cédai malgré moi à ce lourd sommeil que goûtent quelquefois les misérables. Je rêvais qu'on m'ôtait mes chaînes; je croyais sentir ce soulagement qu'on éprouve lorsque, après avoir été fortement pressé, une main secourable relâche nos fers.

jongleur, *m.*, medicine man

Cette sensation devint si vive qu'elle me fit soulever les paupières. A la clarté de la lune, dont un rayon s'échappait entre deux nuages, j'entrevois une grande figure blanche penchée sur moi et occupée à dénouer silencieusement mes liens. J'allais pousser un cri, lorsqu'une main, que je reconnus 5 à l'instant, me ferma la bouche. Une seule corde restait; mais il paraissait impossible de la couper sans toucher un guerrier qui la couvrait tout entière de son corps. Atala y porte la main, le guerrier s'éveille à demi et se dresse sur son séant. Atala reste immobile et le regarde. L'Indien croit voir l'esprit 10 des ruines; il se recouche en fermant les yeux et en invoquant son manitou. Le lien est brisé. Je me lève; je suis ma libératrice, qui me tend le bout d'un arc dont elle tient l'autre extrémité. Mais que de dangers nous environnent! Tantôt nous sommes près de heurter des sauvages endormis, tantôt une garde nous 15 interroge, et Atala répond en changeant sa voix. Des enfants poussent des cris, des dogues aboient. A peine sommes-nous sortis de l'enceinte funeste que des hurlements ébranlent la forêt. Le camp se réveille, mille feux s'allument, on voit courir de tous côtés des sauvages avec des flambeaux. Nous 20 précipitons notre course.

Quand l'aurore se leva sur les Apalaches,[16] nous étions déjà loin. Quelle fut ma félicité lorsque je me trouvai encore une fois dans la solitude avec Atala, avec Atala ma libératrice, avec Atala qui se donnait à moi pour toujours! Les paroles 25 manquèrent à ma langue; je tombai à genoux, et je dis à la fille de Simaghan: «Les hommes sont bien peu de chose; mais quand les génies les visitent, alors ils ne sont rien du tout. Vous êtes un génie, vous m'avez visité, et je ne puis parler devant vous.» Atala me tendit la main avec un sourire: «Il 30 faut bien, dit-elle, que je vous suive, puisque vous ne voulez pas fuir sans moi. Cette nuit, j'ai séduit le jongleur par des

---

logue, *m.*, mastiff   séant, *m. se dresser sur son* —, to sit up
nceinte, *f.*, enclosure

[16] *Appalachian Mountains.*

présents, j'ai enivré vos bourreaux avec l'essence de feu, et j'ai dû hasarder ma vie pour vous, puisque vous aviez donné la vôtre pour moi. Oui, jeune idolâtre, ajouta-t-elle, avec un accent qui m'effraya, le sacrifice sera réciproque.»

5 Après quinze jours de marche ils atteignent finalement une des branches du Tenase où ils construisent un canot et descendent la rivière. Douze jours plus tard un orage les oblige à se mettre à l'abri.

Nous prêtions l'oreille au bruit de la tempête; tout à coup, je sentis une larme d'Atala tomber sur mon sein: «Orage du 10 cœur, m'écriai-je, est-ce une goutte de votre pluie?» Puis, embrassant étroitement celle que j'aimais: «Atala, lui dis-je, vous me cachez quelque chose. Ouvre-moi ton cœur, ô ma beauté. Raconte-moi cet autre secret de la douleur que tu t'obstines à taire. Ah! je le vois, tu pleures ta patrie.» Elle 15 repartit aussitôt: «Enfant des hommes, comment pleurerais-je ma patrie, puisque mon père n'était point du pays des palmiers? — Quoi? répliquai-je avec un profond étonnement, votre père n'était point du pays des palmiers?» Atala dit ces paroles:

20 «Avant que ma mère eût apporté en mariage au guerrier Simaghan trente cavales, vingt buffles, cent mesures d'huile de gland, cinquante peaux de castors et beaucoup d'autres richesses, elle avait connu un homme de la chair blanche. Or, la mère de ma mère lui jeta de l'eau au visage, et la con-25 traignit d'épouser le magnanime Simaghan, tout semblable à un roi et honoré des peuples comme un génie.»

Le magnanime Simaghan avait pardonné à son épouse son infidélité prénuptiale, et, à la naissance d'Atala, il avait reconnu l'enfant comme sa fille. La mère avait commencé à élever sa fille dans la religion chrétienne 30 mais était morte quand Atala n'avait que seize ans.

Telle fut l'histoire d'Atala. «Et quel était donc ton père, pauvre orpheline? lui dis-je; comment les hommes l'appellent-ils sur la terre, et quel nom portait-il parmi les génies? — Je n'ai jamais lavé les pieds de mon père, dit Atala; je sais seule-

gland, *m.*, acorn

ment qu'il vivait avec sa sœur à Saint-Augustin, et qu'il a toujours été fidèle à ma mère: *Philippe* était son nom parmi les anges, et les hommes le nommaient *Lopez*.»

A ces mots, je poussai un cri qui retentit dans toute la solitude. Le bruit de mes transports se mêla au bruit de l'orage. 5 Serrant Atala sur mon cœur, je m'écriai avec des sanglots: «O ma sœur, ô fille de Lopez! fille de mon bienfaiteur!» Atala, effrayée, me demanda d'où venait mon trouble; mais quand elle sut que Lopez était cet hôte généreux qui m'avait adopté à Saint-Augustin, et que j'avais quitté pour être libre, 10 elle fut saisie elle-même de confusion et de joie.

C'en était trop pour nos cœurs que cette amitié fraternelle qui venait nous visiter et joindre son amour à notre amour. Désormais les combats d'Atala allaient devenir inutiles. En vain je la sentis porter une main à son sein et faire un mouve- 15 ment extraordinaire: déjà je l'avais saisie, déjà je m'étais enivré de son souffle, déjà j'avais bu toute la magie de l'amour sur ses lèvres.

Atala n'offrait plus qu'une faible résistance; je touchais au moment de bonheur, quand tout à coup un impétueux éclair, 20 suivi d'un éclat de foudre, sillonne l'épaisseur des ombres, remplit la forêt de soufre et de lumière et brise un arbre à nos pieds. Nous fuyons. O surprise! . . . , dans le silence qui succède, nous entendons le son d'une cloche! Tous deux interdits, nous prêtons l'oreille à ce bruit, si étrange dans un désert. A 25 l'instant un chien aboie dans le lointain; il approche, il redouble ses cris, il arrive, il hurle de joie à nos pieds. Un vieux solitaire, portant une petite lanterne, le suit à travers les ténèbres de la forêt. «La Providence soit bénie! s'écria-t-il aussitôt qu'il nous aperçut; il y a bien longtemps que je vous 30 cherche! Notre chien vous a sentis dès le commencement de l'orage, et il m'a conduit ici. Bon Dieu! comme ils sont jeunes! Pauvres enfants! comme ils ont dû souffrir! Allons, j'ai apporté une peau d'ours: ce sera pour cette jeune femme;

sillonner, to furrow

voici un peu de vin dans notre calebasse. Que Dieu soit loué
dans toutes ses œuvres! Sa miséricorde est bien grande, et sa
bonté est infinie!»

Atala raconta notre histoire au vieux génie de la montagne.
5 Son cœur parut touché, et des larmes tombèrent sur sa barbe.
«Mon enfant, dit-il à Atala, il faut offrir vos souffrances à
Dieu, pour la gloire de qui vous avez déjà fait tant de choses;
il vous rendra le repos. Voyez fumer ces forêts, sécher ces
torrents, se dissiper ces nuages. . . . Croyez-vous que celui
10 qui peut calmer une pareille tempête ne pourra pas apaiser
les troubles du cœur de l'homme? Si vous n'avez pas de
meilleure retraite, ma chère fille, je vous offre une place au
milieu du troupeau que j'ai eu le bonheur d'appeler à Jésus-
Christ. J'instruirai Chactas, et je vous le donnerai pour époux
15 quand il sera digne de l'être.»

Nous rentrâmes dans une grotte, où l'ermite étendit un lit
de mousse de cyprès pour Atala. Une profonde langueur se
peignait dans les yeux et les mouvements de cette vierge; elle
regardait le père Aubry comme si elle eût voulu lui commu-
20 niquer un secret; mais quelque chose semblait la retenir, soit
ma présence, soit une certaine honte, soit l'inutilité de l'aveu.
Je l'entendis se lever au milieu de la nuit. Elle cherchait le
solitaire; mais, comme il lui avait donné sa couche, il était
allé contempler les beautés du ciel et pour prier Dieu sur le
25 sommet de la montagne. Ma sœur fut donc obligée de retourner à sa couche.

Le lendemain, je m'éveillai aux chants des cardinaux et des
oiseaux-moqueurs nichés dans les acacias et les lauriers qui
environnaient la grotte. J'allai cueillir une rose de magnolia et
30 je la déposai, humectée des larmes du matin, sur la tête
d'Atala endormie. J'espérais, selon la religion de mon pays,
que l'âme de quelque enfant mort à la mamelle serait descen-
due sur cette fleur dans une goutte de rosée, et qu'un heureux

---

calebasse, *f.*, calabash (vessel made
    from gourd)

humecter, to moisten
rosée, *f.*, dew

songe la porterait au sein de ma future épouse. Je cherchai ensuite mon hôte: je le trouvai la robe relevée dans ses deux poches, un chapelet à la main, et m'attendant assis sur le tronc d'un pin tombé de vieillesse. Il me proposa d'aller avec lui à la Mission, tandis qu'Atala reposait encore; j'acceptai 5 son offre, et nous nous mîmes en route à l'instant.

Autour de sa mission le vieux prêtre a créé une sorte d'Utopie qui rappelle toutes les Utopies si chères aux philosophes du XVIIIᵉ siècle. Chactas rêve d'y passer toute sa vie avec Atala.

Si mon songe de bonheur fut vif, il fut aussi d'une courte 10 durée, et le réveil m'attendait à la grotte du solitaire. Je fus surpris, en y arrivant au milieu du jour, de ne pas voir Atala accourir au-devant de nos pas. Je ne sais quelle soudaine horreur me saisit. En approchant de la grotte, je n'osais appeler la fille de Lopez: mon imagination était également épouvantée 15 ou du bruit ou du silence qui succéderait à mes cris. Encore plus effrayé de la nuit qui régnait à l'entrée du rocher, je dis au missionnaire: «O vous que le Ciel accompagne et fortifie, pénétrez dans ces ombres.»

L'homme de paix entra dans la grotte, et je restai au dehors 20 plein de terreur. Bientôt un faible murmure, semblable à des plaintes, sortit du fond du rocher et vint frapper mon oreille. Poussant un cri, et retrouvant mes forces, je m'élançai dans la nuit de la caverne. . . . Esprits de mes pères, vous savez seuls le spectacle qui frappa mes yeux! 25

Le solitaire avait allumé un flambeau de pin; il le tenait d'une main tremblante, au-dessus de la couche d'Atala. Cette belle et jeune femme, à moitié soulevée sur le coude, se montrait pâle et échevelée. Les gouttes d'une sueur pénible brillaient sur son front; ses regards à demi éteints cherchaient 30 encore à m'exprimer son amour, et sa bouche essayait de sourire. Frappé comme d'un coup de foudre, les yeux fixés, les bras étendus, les lèvres entr'ouvertes, je demeurai immobile. Un profond silence règne un moment parmi les trois person-

chapelet, *m.*, rosary   **échevelé**, *adj.*, with dishevelled hair

nages de cette scène de douleur. Le solitaire le rompt le
premier: «Ceci, dit-il, ne sera qu'une fièvre occasionnée par
la fatigue; et, si nous nous résignons à la volonté de Dieu, il
aura pitié de nous.»

5   A ces paroles, le sang suspendu reprit son cours dans mon
cœur, et, avec la mobilité du sauvage, je passai subitement de
l'excès de la crainte à l'excès de la confiance. Mais Atala ne
m'y laissa pas longtemps. Balançant tristement la tête, elle
nous fit signe de nous approcher de sa couche.

10   «Mon père, dit-elle d'une voix affaiblie, en s'adressant au
religieux, je touche au moment de la mort. O Chactas!
écoute sans désespoir le funeste secret que je t'ai caché pour
ne pas te rendre trop misérable, et pour obéir à ma mère.
Tâche de ne pas m'interrompre par des marques d'une
15 douleur qui précipiterait le peu d'instants que j'ai à vivre.
J'ai beaucoup de choses à raconter, et, aux battements de ce
cœur, qui se ralentissent . . . à je ne sais quel fardeau glacé
que mon sein soulève à peine . . . je sens que je ne me saurais
trop hâter.»

20   Après quelques moments de silence, Atala poursuivit ainsi:
«Ma triste destinée a commencé presque avant que j'eusse
vu la lumière. Ma mère m'avait conçue dans le malheur; on
désespéra de ma vie. Pour sauver mes jours, ma mère fit un
vœu: elle promit à la Reine des anges [17] que je lui consacrerais
25 ma virginité si j'échappais à la mort. . . . Vœu fatal qui me
précipite au tombeau!

«J'entrais dans ma seizième année lorsque je perdis ma
mère. Quelques heures avant de mourir, elle m'appela au
bord de sa couche. «Ma fille, me dit-elle en présence d'un
30 «missionnaire qui consolait ses derniers instants; ma fille, tu
«sais le vœu que j'ai fait pour toi. Voudrais-tu démentir ta
«mère?»

«Fondant en pleurs, et me précipitant dans le sein maternel,

fardeau, *m.*, weight

[17] La Vierge Marie.

je promis tout ce qu'on me voulut faire promettre. Le missionnaire prononça sur moi les paroles redoutables, et me donna
le scapulaire qui me lie pour jamais. Ma mère me menaça de
sa malédiction si jamais je rompais mes vœux; et, après
m'avoir recommandé un secret inviolable envers les païens, 5
persécuteurs de ma religion, elle expira en me tenant em-
brassée.»

Comme Atala achevait de prononcer ces paroles, serrant
les poings, et regardant le missionnaire d'un air menaçant,
je m'écriai: «La voilà donc, cette religion que vous m'avez 10
tant vantée! Périsse le serment qui m'enlève Atala! périsse le
Dieu qui contrarie la nature! Homme-prêtre, qu'es-tu venu
faire dans ces forêts?

— Te sauver, dit le vieillard d'une voix terrible, dompter tes
passions, et t'empêcher, blasphémateur, d'attirer sur toi la 15
colère céleste! Il te sied bien, jeune homme, à peine entré dans
la vie, de te plaindre de tes douleurs! Où sont les marques de
tes souffrances? où sont les injustices que tu as supportées?
où sont tes vertus, qui seules pourraient te donner quelques
droits à la plainte? Quel service as-tu rendu? quel bien as-tu 20
fait? Eh! malheureux, tu ne m'offres que des passions, et tu
oses accuser le Ciel! Quand tu auras, comme le père Aubry,
passé trente années exilé sur les montagnes, tu seras moins
prompt à juger des desseins de la Providence; tu comprendras
alors que tu ne sais rien, que tu n'es rien, et qu'il n'y a point 25
de châtiment si rigoureux, point de maux si terribles que la
chair corrompue ne mérite de souffrir.»

Les éclairs qui sortaient des yeux du vieillard, sa barbe qui
frappait sa poitrine, ses paroles foudroyantes, le rendaient
semblable à un dieu. Accablé de sa majesté, je tombai à ses 30
genoux, et lui demandai pardon de mes emportements. «Mon

---

emportement, *m.*, outburst
foudroyant, *adj.*, thundering
scapulaire, *m.*, scapular (article consisting of two small pieces of cloth,

one hanging at the back, one in
front, worn next the body from
motives of devotion)

fils, me répondit-il avec un accent si doux que le remords entra
dans mon âme, mon fils, ce n'est pas pour moi-même que je
vous ai réprimandé.

— Mon jeune ami, reprit Atala, tu as été témoin de mes
5 combats, et cependant tu n'en as vu que la moindre partie:
je te cachais le reste. Mes nuits étaient arides et pleines de
fantômes, mes jours étaient désolés; la rosée du soir séchait en
tombant sur ma peau brûlante; j'entr'ouvrais mes lèvres aux
brises, et les brises, loin de m'apporter la fraîcheur, s'em-
10 brasaient du feu de mon souffle. Quelquefois, en attachant
mes yeux sur toi, j'allais jusqu'à former des désirs aussi insensés
que coupables: tantôt j'aurais voulu être avec toi la seule
créature vivante sur la terre; tantôt sentant une divinité qui
m'arrêtait dans mes horribles transports, j'aurais désiré que
15 cette divinité se fût anéantie, pourvu que, serrée dans tes bras,
j'eusse roulé d'abîme en abîme avec les débris de Dieu et du
monde!

— Ma fille, interrompit le missionnaire, votre douleur vous
égare. Cet excès de passion auquel vous vous livrez est rare-
20 ment juste, il n'est pas même dans la nature. Votre imagination impétueuse vous a trop alarmée sur vos vœux. La
religion n'exige point de sacrifice plus qu'humain. Rassurez-
vous donc, ma chère fille, votre situation exige du calme;
adressons-nous à Dieu, qui guérit toutes les plaies des servi-
25 teurs. Si c'est sa volonté, comme je l'espère, que vous échap-
piez à cette maladie, j'écrirai à l'évêque de Québec: il a les
pouvoirs nécessaires pour vous relever de vos vœux, qui ne
sont que des vœux simples; et vous achèverez vos jours près
de moi, avec Chactas votre époux.»

30 A ces paroles du vieillard, Atala fut saisie d'une longue
convulsion, dont elle ne sortit que pour donner des marques
d'une douleur effrayante. «Quoi! dit-elle en joignant les deux
mains avec passion, il y avait du remède! Je pouvais être

embraser (s'), to be kindled   plaie, *f.*, wound
évêque, *m.*, bishop

relevée de mes vœux! — Oui, ma fille, répondit le père; et
vous le pouvez encore. — Il est trop tard, il est trop tard!
s'écria-t-elle. Faut-il mourir au moment où j'apprends que
j'aurais pu être heureuse? — Calme-toi, lui dis-je, en saisissant
une des mains de l'infortunée; calme-toi, ce bonheur, nous 5
allons le goûter. — Jamais! jamais! dit Atala. — Comment?
repartis-je. — Tu ne sais pas tout s'écria la vierge; c'est hier
. . . pendant l'orage . . . J'allais violer mes vœux; j'allais
plonger ma mère dans les flammes de l'abîme; déjà sa malédiction était sur moi, déjà je mentais au Dieu qui m'a sauvé la 10
vie . . . Quand tu baisais mes lèvres tremblantes, tu ne savais
pas que tu n'embrassais que la mort! — O ciel! s'écria le
missionnaire; cher enfant, qu'avez-vous fait? — Un crime,
mon père, dit Atala les yeux égarés: mais je ne perdais que
moi, et je sauvais ma mère. — Achève donc, m'écriai-je plein 15
d'épouvante. — Hé bien! dit-elle, j'avais prévu ma faiblesse:
en quittant les cabanes, j'ai emporté avec moi . . . — Quoi?
repris-je avec horreur. — Un poison! dit le père. — Il est dans
mon sein,» s'écria Atala.

Atala meurt d'une mort très chrétienne en exhortant son ami à se con- 20
vertir.

Vers le soir, nous transportâmes ses précieux restes à une
ouverture de la grotte qui donnait vers le nord. L'ermite les
avait roulés dans une pièce de lin d'Europe, filé par sa mère:
c'était le seul bien qui lui restât de sa patrie, et depuis long- 25
temps il le destinait à son propre tombeau. Atala était couchée
sur un gazon de sensitives des montagnes; ses pieds, sa tête,
ses épaules et une partie de son sein étaient découverts. On
voyait dans ses cheveux une fleur de magnolia fanée . . .
celle-là même que j'avais déposée sur le lit de la vierge pour 30
la rendre féconde. Ses lèvres, comme un bouton de rose
cueilli depuis deux matins, semblaient languir et sourire.

fané, *adj.*, faded   **sensitive,** *f.*, sensitive (a tropical plant
                                                sensitive to touch)

Dans ses joues d'une blancheur éclatante, on distinguait quelques veines bleues. Ses beaux yeux étaient fermés, ses pieds modestes étaient joints, et ses mains d'albâtre pressaient sur son cœur un crucifix d'ébène; le scapulaire de ses vœux
5 était passé à son cou. Elle paraissait enchantée par l'ange de la mélancolie et par le double sommeil de l'innocence et de la tombe: je n'ai rien vu de plus céleste.

Le religieux ne cessa de prier toute la nuit. La lune prêta son pâle flambeau à cette veillée funèbre. Elle se leva au
10 milieu de la nuit, comme une blanche vestale qui vient pleurer sur le cercueil d'une compagne. Bientôt elle répandit dans les bois ce grand secret de mélancolie qu'elle aime à raconter aux vieux chênes et aux rivages antiques des mers.

De temps en temps, le religieux plongeait un rameau fleuri
15 dans une eau consacrée; puis, secouant la branche humide, il parfumait la nuit des baumes du ciel. Parfois il répétait sur un air antique quelques vers d'un vieux poète nommé Job; [18] il disait:

J'ai passé comme une fleur; J'ai séché comme l'herbe des champs.
20 *Pourquoi la lumière a-t-elle été donnée à un misérable, et la vie à ceux qui sont dans l'amertume du cœur?*

Cependant une barre d'or se forma dans l'orient. Les éperviers criaient sur les roches, et les martres rentraient dans le creux des ormes: c'était le signal du convoi d'Atala. Je
25 chargeai le corps sur mes épaules; l'ermite marchait devant moi, une bêche à la main. Nous commençâmes à descendre de rochers en rochers; la vieillesse et la mort ralentissaient également nos pas. A la vue du chien qui nous avait trouvés

amertume, *f.*, bitterness
bêche, *f.*, spade
cercueil, *m.*, coffin
convoi, *m.*, funeral procession
ébène, *m.*, ebony
épervier, *m.*, hawk

rameau, *m.*, bough
veillée, *f.*, wake
vestale, *f.*, Vestal Virgin (serving Vesta, Roman goddess of the hearth)

[18] Personnage biblique, héros du livre de *Job*. Malgré sa piété, il fut éprouvé sévèrement par Dieu à la demande de Satan qui prétendait que la piété de Job n'était due qu'à sa prospérité.

dans la forêt, et qui maintenant, bondissant de joie, nous traçait une autre route, je me mis à fondre en larmes. Souvent la longue chevelure d'Atala, jouet des brises matinales, étendait son voile d'or sur mes yeux; souvent, pliant sous le fardeau, j'étais obligé de le déposer sur la mousse, et de 5 m'asseoir auprès, pour reprendre mes forces. Enfin nous arrivâmes au lieu marqué par ma douleur; nous descendîmes sous l'arche du pont.[19] O mon fils! il eût fallu voir un jeune sauvage et un vieil ermite, à genoux l'un vis-à-vis de l'autre dans un désert, creusant avec leurs mains un tombeau pour 10 une pauvre fille dont le corps était étendu près de là, dans la ravine desséchée du torrent!

Dès le lendemain je quittai mon vénérable hôte, qui, me pressant sur son cœur, me donna ses derniers conseils, sa dernière bénédiction et ses dernières larmes. Je passai au 15 tombeau. Tombant à genoux, et embrassant étroitement la fosse, je m'écriai: «Dors en paix dans cette terre étrangère, fille trop malheureuse! Pour prix de ton amour, de ton exil et de ta mort, tu vas être abandonnée, même de Chactas!» Alors versant des flots de larmes, je me séparai de la fille de 20 Lopez; alors je m'arrachai de ces lieux, laissant au pied du monument de la nature un monument plus auguste: l'humble tombeau de la vertu.

fosse, *f.,* grave

[19] Il s'agit d'un pont naturel.

LA POÉSIE ROMANTIQUE

Avant de prendre, entre 1825 et 1830, la forme d'une école qui devait s'opposer au classicisme, le romantisme avait existé en France, avec Rousseau et Chateaubriand, sous forme d'un retour à la nature et d'un lyrisme personnel. En termes philosophiques, le particulier *remplaçait* l'universel. *Avec*
5 *Chateaubriand, la prose romantique était déjà formée, mais tout restait à faire dans le domaine de la poésie qui s'était appauvrie au XVIIIe siècle. En 1820, dans ses* Méditations, *le jeune Alphonse de Lamartine (1790–1869) se révèle comme le Chateaubriand poétique tant attendu. Ce poète de l'amour et de la nature a séduit ses contemporains par sa poésie vague, suggestive, flottante.*
10 *Certains de ses poèmes, comme le* Lac, *sont autobiographiques.*

Ce sont les cadets de Lamartine, avec Alfred de Vigny (1797–1863) et Victor Hugo à leur tête, qui se sont baptisés «romantiques» (ils n'inventaient pas le mot) et qui, sous la bannière flamboyante du romantisme, ont cherché à renouveler de fond en comble la littérature française. Leurs efforts ont porté sur
15 *tous les domaines. Dans la poésie ils ont renouvelé la forme, en violant exprès certaines règles de la poésie classique et en recherchant davantage la musique des vers. Au lyrisme lamartinien est venu s'ajouter le souci du pittoresque, souvent de l'exotique, qui se traduit sous forme d'images précises et frappantes.*

De Victor Hugo, le grand chef du romantisme, nous reparlerons dans le
20 *chapitre suivant. Sa poésie passe par toutes les gammes, depuis la poésie familière jusqu'à la poésie épique, et sa vision poétique s'exprime sous forme d'images colorées et d'antithèses inattendues. L'autre chef romantique, Alfred de Vigny, a moins de souffle mais il est plus intellectuel; les déceptions qu'il a éprouvées devant la vie donnent lieu à un grand pessimisme dans sa poésie.*
25 *Le Benjamin de l'école romantique, Alfred de Musset (1810–1857), qui à ses débuts employait un style un peu contourné et richement coloré, revient à une manière plus nue, plus classique. Dans* Tristesse *on remarquera qu'il a éliminé presque totalement l'adjectif. Après sa malheureuse liaison avec la*

Benjamin, *m.,* youngest member (Benjamin, the favorite son of Jacob)
cadet, *m.,* younger brother

comble, *m. de fond en* —, from top to bottom
contourné, *adj.,* distorted
flamboyant, *adj.,* glittering
gamme, *f.,* gamut

romancière George Sand, qui se termina définitivement en 1835, ses poèmes furent empreints d'une mélancolie profonde. Il est dommage que nous n'ayons pas pu accorder plus de place à ce grand écrivain romantique qui a écrit aussi des pièces exquises telles que Fantasio (*1834*) *et* On ne badine pas avec l'amour (*1834*). 5

LE LAC

1820

Par Alphonse de Lamartine

Ainsi, toujours poussés vers de nouveaux rivages,
Dans la nuit éternelle emportés sans retour,
Ne pourrons-nous jamais sur l'océan des âges
    Jeter l'ancre un seul jour?

O lac! l'année à peine a fini sa carrière, 10
Et près des flots chéris qu'elle devait revoir,
Regarde! je viens seul m'asseoir sur cette pierre
    Où tu la vis s'asseoir!

Tu mugissais ainsi sous ces roches profondes;
Ainsi tu te brisais sur leurs flancs déchirés; 15
Ainsi le vent jetait l'écume de tes ondes
    Sur ses pieds adorés.

Un soir, t'en souvient-il? nous voguions en silence,
On n'entendait au loin, sur l'onde et sous les cieux,
Que le bruit des rameurs qui frappaient en cadence 20
    Tes flots harmonieux.

Tout à coup des accents inconnus à la terre
Du rivage charmé frappèrent les échos;
Le flot fut attentif, et la voix qui m'est chère
    Laissa tomber ces mots: 25

badiner, to trifle
empreindre, to stamp
mugir, to moan

rameur, *m.*, oarsman
voguer, to sail

«O temps, suspends ton vol! et vous, heures propices,
          Suspendez votre cours!
Laissez-nous savourer les rapides délices
          Des plus beaux de nos jours!

5   «Assez de malheureux ici-bas vous implorent:
          Coulez, coulez pour eux;
Prenez avec leurs jours les soins qui les dévorent;
          Oubliez les heureux.

«Mais je demande en vain quelques moments encore,
10   Le temps m'échappe et fuit;
Je dis à cette nuit: Sois plus lente; et l'aurore
          Va dissiper la nuit.

«Aimons donc, aimons donc! de l'heure fugitive,
          Hâtons-nous, jouissons!
15 L'homme n'a point de port, le temps n'a point de rive;
          Il coule, et nous passons!»

Temps jaloux, se peut-il que ces moments d'ivresse,
Où l'amour à longs flots nous verse le bonheur,
S'envolent loin de nous de la même vitesse
20   Que les jours de malheur?

Eh quoi! n'en pourrons-nous fixer au moins la trace?
Quoi! passés pour jamais? quoi! tout entiers perdus?
Ce temps qui les donna, ce temps qui les efface,
          Ne nous les rendra plus?

25 Éternité, néant, passé, sombres abîmes,
Que faites-vous des jours que vous engloutissez?
Parlez: nous rendrez-vous ces extases sublimes
          Que vous nous ravissez?

flot, *m.*, flood, wave, torrent   néant, *m.*, nothingness

O lac! rochers muets! grottes! forêt obscure!
Vous que le temps épargne ou qu'il peut rajeunir,
Gardez de cette nuit, gardez, belle nature,
    Au moins le souvenir!

Qu'il soit dans ton repos, qu'il soit dans tes orages,   5
Beau lac, et dans l'aspect de tes riants coteaux,
Et dans ces noirs sapins, et dans ces rocs sauvages
    Qui pendent sur tes eaux.

Qu'il soit dans le zéphyr qui frémit et qui passe,
Dans les bruits de tes bords par tes bords répétés,   10
Dans l'astre au front d'argent qui blanchit ta surface
    De ses molles clartés!

Que le vent qui gémit, le roseau qui soupire,
Que les parfums légers de ton air embaumé,
Que tout ce qu'on entend, l'on voit ou l'on respire,   15
    Tout dise: «Ils ont aimé!»

MOÏSE

1826

Par Alfred de Vigny

(*Extrait*)

Dans ce poème Moïse [1] symbolise le génie incompris. Il se plaint à Dieu
de ce que tous ses dons surhumains l'ont éloigné des mortels.

Et, debout devant Dieu, Moïse ayant pris place,
Dans le nuage obscur lui parlait face à face.   20

Il disait au Seigneur: «Ne finirai-je pas?
Où voulez-vous encor que je porte mes pas?
Je vivrai donc toujours puissant et solitaire?

---

astre, *m.*, star, orb   roseau, *m.*, reed
mou, mol, molle, *adj.*, soft

[1] *Moses.*

Laissez-moi m'endormir du sommeil de la terre. —
Que vous ai-je fait pour être votre élu?
J'ai conduit votre peuple où vous avez voulu.
Voilà que son pied touche à la terre promise.
5   De vous à lui qu'un autre accepte l'entremise,
Au coursier d'Israël qu'il attache le frein;
Je lui lègue mon livre et la verge d'airain.

«Pourquoi vous fallut-il tarir mes espérances,
Ne pas me laisser homme avec mes ignorances,
10   Puisque du mont Horeb [2] jusques au mont Nébo [3]
Je n'ai pas pu trouver le lieu de mon tombeau?
Hélas! vous m'avez fait sage parmi les sages!
Mon doigt du peuple errant a guidé les passages.
J'ai fait pleuvoir le feu sur la tête des rois;
15   L'avenir à genoux adorera mes lois;
Des tombes des humains j'ouvre la plus antique,
La mort trouve à ma voix une voix prophétique,
Je suis très grand, mes pieds sont sur les nations,
Ma main fait et défait les générations. —
20   Hélas! je suis, Seigneur, puissant et solitaire,
Laissez-moi m'endormir du sommeil de la terre!

OCEANO NOX
1840
Par Victor Hugo

Oh! combien de marins, combien de capitaines
Qui sont partis joyeux pour des courses lointaines,
Dans ce morne horizon se sont évanouis!

airain, *m.*, brass	**morne**, *adj.*, gloomy
entremise, *f.*, mediation	**Oceano Nox** (Latin), Night on the
frein, *m.*, bridle	Ocean
léguer, to bequeath	**verge**, *f.*, rod

[2] Montagne d'Arabie où Dieu apparut à Moïse au milieu d'un buisson ardent.
[3] Montagne près de l'embouchure du Jourdain (*Jordan River*).

Combien ont disparu, dure et triste fortune!
Dans une mer sans fond, par une nuit sans lune,
Sous l'aveugle océan à jamais enfouis!

Combien de patrons morts avec leurs équipages!
L'ouragan de leur vie a pris toutes les pages   5
Et d'un souffle il a tout dispersé sur les flots!
Nul ne saura leur fin dans l'abîme plongée.
Chaque vague en passant d'un butin s'est chargée;
L'une a saisi l'esquif, l'autre les matelots!

Nul ne sait votre sort, pauvres têtes perdues!   10
Vous roulez à travers les sombres étendues,
Heurtant de vos fronts morts des écueils inconnus.
Oh! que de vieux parents, qui n'avaient plus qu'un rêve,
Sont morts en attendant tous les jours sur la grève
          Ceux qui ne sont pas revenus!   15

On s'entretient de vous parfois dans les veillées.
Maint joyeux cercle, assis sur des ancres rouillées,
Mêle encor quelque temps vos noms d'ombre couverts
Aux rires, aux refrains, aux récits d'aventures,
Aux baisers qu'on dérobe à vos belles futures,   20
Tandis que vous dormez dans les goëmons verts!

On demande: — Où sont-ils? sont-ils rois dans quelque île?
Nous ont-il délaissés pour un bord plus fertile? —
Puis votre souvenir même est enseveli.
Le corps se perd dans l'eau, le nom dans la mémoire.   25
Le temps, qui sur toute ombre en verse une plus noire,
Sur le sombre océan jette le sombre oubli.

butin, *m.*, booty	**future**, *f.*, fiancée
écueil, *m.*, reef	**goëmon**, *m.*, seaweed
enfouir, to entomb	**grève**, *f.*, shore
ensevelir, to bury	**ouragan**, *m.*, hurricane
équipage, *m.*, crew	**rouillé**, *adj.*, rusty
esquif, *m.*, skiff	**veillée**, *f.*, evening gathering

Bientôt des yeux de tous votre ombre est disparue.
L'un n'a-t-il pas sa barque et l'autre sa charrue?
Seules, durant ces nuits où l'orage est vainqueur,
Vos veuves aux fronts blancs, lasses de vous attendre,
5 Parlent encor de vous en remuant la cendre
       De leur foyer et de leur cœur!

Et quand la tombe enfin a fermé leur paupière,
Rien ne sait plus vos noms, pas même une humble pierre
Dans l'étroit cimetière où l'écho nous répond,
10 Pas même un saule vert qui s'effeuille à l'automne,
Pas même la chanson naïve et monotone
Que chante un mendiant à l'angle d'un vieux pont!

Où sont-ils, les marins sombrés dans les nuits noires?
O flots, que vous savez de lugubres histoires!
15 Flots profonds redoutés des mères à genoux!
Vous vous les racontez en montant les marées,
Et c'est ce qui vous fait ces voix désespérées
Que vous avez le soir quand vous venez vers nous!

TRISTESSE

1840

Par Alfred de Musset

J'ai perdu ma force et ma vie,
20 Et mes amis et ma gaîté;
J'ai perdu jusqu'à la fierté
Qui faisait croire à mon génie.

Quand j'ai connu la Vérité,
J'ai cru que c'était une amie;

---

charrue, *f.*, plough
effeuiller (s'), to shed its leaves
foyer, *m.*, hearth

marée, *f.*, tide
saule, *m.*, willow
sombrer, to founder

Quand je l'ai comprise et sentie,
J'en étais déjà dégoûté.

Et pourtant elle est éternelle,
Et ceux qui se sont passés d'elle
Ici-bas ont tout ignoré.

Dieu parle, il faut qu'on lui réponde.
Le seul bien qui me reste au monde
Est d'avoir quelquefois pleuré.

VICTOR HUGO (1802–1885)

Chef des romantiques, Victor Hugo a dominé toute une époque, sinon tout un siècle. Aucun autre écrivain français n'a pu l'égaler dans le style ou dans la richesse du vocabulaire. Il pense par images, et c'est pour cela que certains critiques à tendance classique lui reprochent la pauvreté de ses idées. Pourtant,
5 dans ses théories littéraires, Hugo ne manquait pas d'idées et il y aurait beaucoup à dire là-dessus. S'attaquant au théâtre classique tombé en décadence, il a rejeté, dans la préface de son drame expérimental Cromwell (1827), les fameuses unités classiques et a proposé Shakespeare comme modèle. En 1830 il a battu en brèche le classicisme avec son drame poétique Hernani qui, joué
10 à la Comédie Française, donna lieu à une grande bataille le soir de la première. La pièce, tout comme Ruy Blas (1838), quoique très belle, est trop lyrique pour être dramatique.

Pendant toute sa vie, depuis ses Odes et Poésies Diverses (1822), publiées à l'âge de vingt ans, Hugo n'a cessé de donner des recueils de poèmes
15 dont les meilleurs datent d'après la période romantique; ce sont les Contemplations (1856) et la Légende des Siècles (1859, 1877, 1883). Après une éclipse non méritée Hugo a retrouvé aujourd'hui sa vraie place comme un des plus grands poètes français.

Bien que poète pendant toute sa vie, Hugo n'a été dramaturge et romancier
20 qu'à certains moments. Quelques romans plutôt extravagants figurent parmi ses œuvres de jeunesse, mais en plein romantisme il n'a écrit qu'un seul roman, Notre-Dame de Paris (1831), qui suit la formule de l'écrivain romantique anglais, Walter Scott. Scott revient vers un moyen âge poétisé comme source d'inspiration. Si l'intrigue romanesque de Notre-Dame de Paris manque
25 d'intérêt psychologique, le roman se rachète par cette grandiose évocation de la ville de Paris au moyen âge où Hugo montre en prose ses dons épiques. Pendant son exil de dix-neuf ans sous le règne de Napoléon III, Hugo revient au roman; il en écrit plusieurs, en particulier les Misérables (1862) qui, tout en se rapprochant vaguement du réalisme, reste foncièrement romantique.

brèche, f. battre en —, to breach   **première,** f., opening
foncièrement, adv., thoroughly

NOTRE-DAME DE PARIS

1831

C'est le 6 janvier 1482. Le peuple de Paris, toujours curieux, attend l'arrivée des ambassadeurs flamands [1] qui doivent assister à la représentation d'un mystère dans la grand'salle du Palais de Justice.

Ce n'était pas chose aisée de pénétrer ce jour-là dans cette grand'salle, réputée cependant alors la plus grande 5 enceinte couverte qui fût au monde. La place du Palais,[2] encombrée du peuple, offrait aux curieux des fenêtres l'aspect d'une mer, dans laquelle cinq ou six rues, comme autant d'embouchures de fleuves, dégorgeaient à chaque instant de nouveaux flots de têtes. Les ondes de cette foule, sans cesse 10 grossies, se heurtaient aux angles des maisons qui s'avançaient çà et là, comme autant de promontoires, dans le bassin irrégulier de la place. Au centre de la haute façade gothique du Palais, le grand escalier, sans relâche remonté et descendu par un double courant qui, après s'être brisé sous le perron 15 intermédiaire, s'épandait à larges vagues sur deux pentes latérales, le grand escalier, dis-je, ruisselait incessamment dans la place comme une cascade dans un lac. Les cris, les rires, le trépignement de ces mille pieds faisaient un grand bruit et une grande clameur. De temps en temps cette clameur et ce 20 bruit redoublaient, le courant qui poussait cette foule vers le

flamand, *adj.*, Flemish	**perron,** *m.*, flight of steps
mystère, *m.*, miracle play (in Middle Ages, a drama based on Bible)	**relâche,** *f. sans —*, incessantly
	trépignement, *m.*, stamping

[1] En 1482 le duc Maximilien d'Autriche envoya des ambassadeurs en France pour conclure un mariage entre sa fille Marguerite de Flandre, âgée de quatre ans, et le dauphin.

[2] Le Palais de Justice. Situé sur l'emplacement du palais du gouverneur gallo-romain dans l'Ile de la Cité, ce palais fortifié devint la résidence royale avec l'avènement des Capétiens (rois qui descendaient de Hugues Capet). Il fut reconstruit par Louis IX (1215–1270). Quand Charles V (1337–1380) fit construire le premier Louvre, il devint le palais de justice. Un incendie en 1618 et un autre en 1776 en détruisirent la plus grande partie, et tout ce qui en reste à présent est la Sainte-Chapelle de Saint-Louis (Louis IX) et quelques tours et souterrains du côté nord de l'actuel Palais de Justice, construit au XIXᵉ siècle.

grand escalier rebroussait, se troublait, tourbillonnait. C'était une bourrade d'un archer ou le cheval d'un sergent de la prévôté qui ruait pour rétablir l'ordre; admirable tradition que la prévôté a léguée à la connétablie, la connétablie à la
5 maréchaussée, et la maréchaussée à notre gendarmerie de Paris.

S'il pouvait nous être donné à nous, hommes de 1830, de nous mêler en pensée à ces parisiens du quinzième siècle et d'entrer avec eux, tiraillés, coudoyés, culbutés, dans cette
10 immense salle du Palais, si étroite le 6 janvier 1482, le spectacle ne serait ni sans intérêt ni sans charme, et nous n'aurions autour de nous que des choses si vieilles qu'elles nous sembleraient toutes neuves.

Si le lecteur y consent, nous essaierons de retrouver par la
15 pensée l'impression qu'il eût éprouvée avec nous en franchissant le seuil de cette grand'salle au milieu de cette cohue en surcot, en hoqueton et en cotte-hardie.

Et d'abord, bourdonnement dans les oreilles, éblouissement dans les yeux. Au-dessus de nos têtes une double voûte en
20 ogive, lambrissée en sculptures de bois, peinte d'azur, fleurdelysée en or; sous nos pieds, un pavé alternatif de marbre blanc et noir. A quelques pas de nous, un énorme pilier, puis un autre, puis un autre; en tout sept piliers dans la longueur de la salle, soutenant au milieu de sa largeur les retombées
25 de la double voûte. Autour des quatre premiers piliers, des boutiques de marchands, tout étincelantes de verre et de

bourdonnement, *m.,* buzzing
bourrade, *f.,* pommeling
cohue, *f.,* mob
connétablie, *f.,* jurisdiction of the High Constable
cotte-hardie, *f.,* cassock (cloak worn by both sexes)
coudoyer, to jostle
culbuter, to knock head over heels
hoqueton, *m.,* cloak (coarse cloak worn by men-at-arms)
lambrisser, to overlay

maréchaussée, *f.,* jurisdiction of the Marshal of France
ogive, *f. en —,* in the form of a pointed arch (term of Gothic architecture)
prévôté, *f.,* jurisdiction of the Provost
rebrousser, to turn back
retombée, *f.,* foot
ruer, to strike left and right
surcot, *m.,* surcoat (loose garment emblazoned with heraldic arms)
tirailler, to pull about

clinquants; autour des trois derniers, des bancs de bois de chêne, usés et polis par le haut-de-chausses des plaideurs et la robe des procureurs. A l'entour de la salle, le long de la haute muraille, entre les portes, entre les croisées, entre les piliers, l'interminable rangée des statues de tous les rois de France 5 depuis Pharamond; [3] les rois fainéants, les bras pendants et les yeux baissés; les rois vaillants et bataillards, la tête et les mains hardiment levées au ciel. Puis, aux longues fenêtres ogives, des vitraux de mille couleurs; aux larges issues de la salle, de riches portes finement sculptées; et le tout, voûtes, 10 piliers, murailles, chambranles, lambris, portes, statues, recouvert du haut en bas d'une splendide enluminure bleu et or, qui, déjà un peu ternie à l'époque où nous la voyons, avait presque entièrement disparu sous la poussière et les toiles d'araignée en l'an de grâce 1549, où du Breul [4] l'ad- 15 mirait encore par tradition.

Les deux extrémités de ce gigantesque parallélogramme étaient occupées, l'une par la fameuse table de marbre, si longue, si large et si épaisse que jamais on ne vit, disent les vieux papiers terriers, dans un style qui eût donné appétit à 20 Gargantua, *pareille tranche de marbre au monde;* l'autre par la chapelle où Louis XI s'était fait sculpter à genoux devant la Vierge, et où il avait fait transporter, sans se soucier de laisser deux niches vides dans la file des statues royales, les statues de Charlemagne et de saint Louis, deux saints qu'il supposait fort 25 en crédit au ciel comme rois de France.

C'est sur la table de marbre que devait, selon l'usage, être

araignée, *f.*, spider
chambranle, *m.*, casing (of doors and windows)
clinquant, *m.*, tinsel
croisée, *f.*, arch

enluminure, *f.*, coloring
fainéant, *adj.*, do-nothing
terrier, *m. papier —*, court-roll (list of vassals in a fief)
vitrail, *m.*, stained-glass window

[3] Pharamond était censé être le premier roi mérovingien. Les Mérovingiens étaient la première dynastie française qui tirait son nom de Mérovée, prince franc du Ve siècle.
[4] Du Breul (1528–1614) était l'abbé de Saint-Allire de Clermont. Il a écrit *les Fastes et Antiquités de Paris.*

représenté le mystère. Elle avait été disposée pour cela dès le matin; sa riche planche de marbre, toute rayée par les talons de la basoche, supportait une cage de charpente assez élevée, dont la surface supérieure, accessible aux regards de toute la
5 salle, devait servir de théâtre, et dont l'intérieur, masqué par des tapisseries, devait tenir lieu de vestiaire aux personnages de la pièce. Une échelle, naïvement placée en dehors, devait établir la communication entre la scène et le vestiaire, et prêter ses roides échelons aux entrées comme aux sorties. Il
10 n'y avait pas de personnage si imprévu, pas de péripétie, pas de coup de théâtre qui ne fût tenu de monter par cette échelle.

La foule, qui attend depuis le matin, s'impatiente quand les ambassadeurs la font attendre encore après midi, heure à laquelle on avait fixé la représentation.

15 On attendit une, deux, trois, cinq minutes, un quart d'heure; rien ne venait. L'estrade demeurait déserte, le théâtre muet. Cependant à l'impatience avait succédé la colère. Les paroles irritées circulaient, à voix basse encore, il est vrai. — Le mystère! le mystère! murmurait-on sourde-
20 ment. Les têtes fermentaient. Une tempête, qui ne faisait encore que gronder, flottait à la surface de cette foule. Ce fut Jehan du Moulin qui en tira la première étincelle.

Jehan du Moulin, un des personnages de l'histoire, est monté avec ses camarades sur les piliers de la salle, tous prêts à jouer leur rôle accoutumé
25 de trouble-fête.

— Le mystère, et au diable les flamands! s'écria-t-il de toute la force de ses poumons, en se tordant comme un serpent autour de son chapiteau.

La foule battit des mains.

basoche, *f.*, Basoche (corporation of lawyers of Palace of Justice, famous for producing miracle plays)
chapiteau, *m.*, capital (of a pillar)
charpente, *f.*, timberwork
estrade. *f.*, platform

péripétie, *f.*, peripetia, sudden turn of fortune
rayer, to scratch
roide, *adj.* See *raide*
vestiaire, *m.*, dressing room

— Le mystère, répéta-t-elle, et la Flandre [5] à tous les diables!

— Il nous faut le mystère, sur-le-champ, reprit l'écolier; ou m'est avis que nous pendions le bailli du palais, en guise de comédie et de moralité. 5

— Bien dit, cria le peuple, et entamons la pendaison par ses sergents.

Une grande acclamation suivit. Les quatre pauvres diables commençaient à pâlir et à s'entre-regarder. La multitude s'ébranlait vers eux, et ils voyaient déjà la frêle balustrade de 10 bois qui les en séparait ployer et faire ventre sous la pression de la foule.

Le moment était critique.

— A sac! à sac! criait-on de toutes parts.

En cet instant, la tapisserie du vestiaire que nous avons 15 décrit plus haut se souleva, et donna passage à un personnage dont la seule vue arrêta subitement la foule, et changea comme par enchantement sa colère en curiosité.

— Silence! silence!

Le personnage, fort peu rassuré et tremblant de tous ses 20 membres, s'avança jusqu'au bord de la table de marbre, avec force révérences qui, à mesure qu'il approchait, ressemblaient de plus en plus à des génuflexions.

Cependant le calme s'était peu à peu rétabli. Il ne restait plus que cette légère rumeur qui se dégage toujours du silence 25 de la foule.

— Messieurs les bourgeois, dit-il, et mesdemoiselles les bourgeoises, nous devons avoir l'honneur de déclamer et

bailli, *m.,* bailiff
entamer, to begin

mademoiselle, *f.,* title given in Middle Ages to married women not of noble birth

[5] *Flanders.* La Flandre était un ancien comté de France dont les comtes étaient souvent plus puissants que le roi lui-même. L'ancienne Flandre comprenait la Flandre Occidentale et la Flandre Orientale en Belgique, la partie sud de la Zélande en Hollande, et l'actuel département du Nord en France. La langue flamande se parle encore dans cette région. Au XVe siècle la Flandre appartenait aux Habsbourg qui possédaient aussi l'Autriche.

représenter devant son éminence M. le cardinal une très belle moralité, qui a nom: *Le bon jugement de madame la vierge Marie.* C'est moi qui fais Jupiter. Son éminence accompagne en ce moment l'ambassade très honorable de monsieur le duc
5 d'Autriche; laquelle est retenue, à l'heure qu'il est, à écouter la harangue de M. le recteur de l'Université, à la porte Baudets. Dès que l'éminentissime cardinal sera arrivé, nous commencerons.

Mais la foule ne veut rien entendre. Elle exige que la pièce commence.
10 L'auteur du mystère, Pierre Gringoire,[6] qui se tient à l'écart près de la table, donne l'ordre qu'on commence. La cérémonie de l'entrée du cardinal, de sa suite, et des ambassadeurs, qui doivent tous être annoncés chacun à leur tour, interrompt la pièce. Ce nouveau divertissement attire l'attention de l'assistance. Finalement son éminence commande qu'on continue la
15 pièce, mais à tout bout de champ celle-ci est interrompue par l'arrivée d'un nouveau membre de l'ambassade qui doit être annoncé. Enfin un des ambassadeurs, maître Coppenole, chaussetier de Gand,[7] n'en peut plus; il n'a pas de goût littéraire, et il propose à la foule, qui l'a déjà trouvé très sympathique, de remplacer le mystère par l'élection du pape des fous. Il
20 leur explique de quoi il s'agit; les concurrents doivent passer leurs têtes par un trou et le plus laid deviendra pape. On fait un trou en brisant une vitre de la rosace de la chapelle de Louis XI. Tout le monde tourne le dos au mystère qui continue en vain. La pièce expire sous les applaudissements qui accueillent celui qu'on a élu pape.

25 — Noël! Noël! Noël! criait le peuple de toutes parts.

C'était une merveilleuse grimace, en effet, que celle qui rayonnait en ce moment au trou de la rosace. Après toutes les figures pentagones, hexagones et hétéroclites qui s'étaient succédé à cette lucarne sans réaliser cet idéal du grotesque qui
30 s'était construit dans les imaginations exaltées par l'orgie, il ne fallait rien moins, pour enlever les suffrages, que la grimace

chaussetier, *m.,* hosier   **rosace,** *f.,* rose window
hétéroclite, *adj.,* irregular   **suffrage,** *m. enlever les* —*s,* to win
lucarne, *f.,* skylight   approval
noël, *interj.,* hurrah

[6] Pierre Gringoire a réellement existé. C'était un poète et auteur dramatique qui écrivit des satires pour Louis XII contre son ennemi le pape Jules II et qui créa la comédie politique par son *Jeu du Prince des Sots et de Mère Sotte* (1511).
[7] *Ghent.* Ville de Flandre, aujourd'hui en Belgique; siège d'une célèbre université de langue flamande.

sublime qui venait d'éblouir l'assemblée. Nous n'essayerons pas de donner au lecteur une idée de ce nez tetraèdre, de cette bouche en fer à cheval, de ce petit œil gauche obstrué d'un sourcil roux en broussailles tandis que l'œil droit disparaissait entièrement sous une énorme verrue, de ces dents désordon- 5 nées, ébréchées çà et là, comme les créneaux d'une forteresse, de cette lèvre calleuse sur laquelle une de ces dents empiétait comme la défense d'un éléphant, de ce menton fourchu, et surtout de la physionomie répandue sur tout cela, de ce mélange de malice, d'étonnement et de tristesse. Qu'on rêve, 10 si l'on peut, cet ensemble.

L'acclamation fut unanime. On se précipita vers la chapelle. On en fit sortir en triomphe le bienheureux pape des fous. Mais c'est alors que la surprise et l'admiration furent à leur comble. La grimace était son visage. 15

Ou plutôt toute sa personne était une grimace. Une grosse tête hérissée de cheveux roux; entre les deux épaules une bosse énorme dont le contre-coup se faisait sentir par devant; un système de cuisses et de jambes si étrangement fourvoyés qu'elles ne pouvaient se toucher que par les genoux, et vues de 20 face, ressemblaient à deux croissants de faucilles qui se rejoignent par la poignée; de larges pieds, des mains monstrueuses; et, avec toute cette difformité, je ne sais quelle allure redoutable de vigueur, d'agilité et de courage; étrange exception à la règle éternelle qui veut que la force, comme la 25 beauté, résulte de l'harmonie. Tel était le pape que les fous venaient de se donner.

On eût dit un géant brisé et mal ressoudé.

Quand cette espèce de cyclope parut sur le seuil de la

---

bosse, *f.*, hump
broussaille, *f.*, *en* —*s*, bushy
contre-coup, *m.*, effect
créneau, *m.*, battlement
cuisse, *f.*, thigh
ébrécher, to breach
empiéter, to encroach

faucille, *f.*, sickle
fourvoyer, to lead astray
ressouder, to solder together
tetraèdre, *adj.*, tetrahedron-shaped
   (tetrahedron: four-sided solid, especially triangular pyramid)
verrue, *f.*, wart

chapelle, immobile, trapu, et presque aussi large que haut, *carré par la base*, comme dit un grand homme,[8] à son surtout mi-parti rouge et violet, semé de campaniles d'argent, et surtout à la perfection de sa laideur, la populace le reconnut
5 sur-le-champ, et s'écria d'une voix:

— C'est Quasimodo, le sonneur de cloches! c'est Quasimodo, le bossu de Notre-Dame![9] Quasimodo le borgne! Quasimodo le bancal! Noël! Noël!

— Gare les femmes grosses! criaient les écoliers.
10 Les femmes en effet se cachaient le visage.

— Oh! le vilain singe, disait l'une.

— Aussi méchant que laid, reprenait une autre.

— C'est le diable, ajoutait une troisième.

— J'ai le malheur de demeurer auprès de Notre-Dame;
15 toute la nuit je l'entends rôder dans la gouttière.

— Avec les chats.

— Il est toujours sur nos toits.

— Il nous jette des sorts par les cheminées.

Un écolier, Robin Poussepin, je crois, vint lui rire sous le
20 nez, et trop près. Quasimodo se contenta de le prendre par la ceinture, et de le jeter à dix pas à travers la foule.

Maître Coppenole, émerveillé, s'approcha de lui.

— Croix-Dieu! Saint-Père! tu as bien la plus belle laideur que j'aie vue de ma vie. Tu mériterais la papauté à Rome
25 comme à Paris.

Quasimodo ne répondit pas.

bancal, *adj.*, bandy-legged	**Quasimodo**, *f.*, Low Sunday (first
campanile, *m.*, bell tower	Sunday after Easter)
gare, *interj.*, out of the way	**surtout**, *m.*, cloak
	trapu, *adj.*, stubby

[8] Le «grand homme» est Napoléon et la phrase est tirée du *Mémorial de Sainte-Hélène* de Las Cases. Cette allusion voilée à Napoléon indique un changement d'attitude chez le royaliste Hugo qui s'inspirera de l'épopée napoléonienne en écrivant beaucoup plus tard son recueil des *Châtiments*, ses poèmes satiriques dirigés contre Napoléon «le petit», c'est-à-dire Napoléon III.

[9] La cathédrale de Notre-Dame fut commencée en 1163 et terminée vers 1230.

— Croix-Dieu! dit le chaussetier, est-ce que tu es sourd?
Il était sourd en effet.

Cependant il commençait à s'impatienter des façons de
Coppenole, et se tourna tout à coup vers lui avec un grincement de dents si formidable que le géant flamand recula, 5
comme un bouledogue devant un chat.

Alors il se fit autour de l'étrange personnage un cercle de
terreur et de respect qui avait au moins quinze pas géo-
métriques de rayon. Une vieille femme expliqua à maître
Coppenole que Quasimodo était sourd. 10

— Hé! je le reconnais, s'écria Jehan, qui était enfin descendu de son chapiteau pour voir Quasimodo de plus près,
c'est le sonneur de cloches de mon frère l'archidiacre. — Bonjour, Quasimodo!

Les manifestants prennent des parties de costume dans l'armoire de la 15
basoche. Ils coiffent d'une tiare leur nouveau pape et commencent à
défiler, d'abord autour de la salle, ensuite dans les rues de Paris. Cependant
le mystère délaissé continue, mais les rares assistants qui restent se préci-
pitent vers les fenêtres pour voir *la Esmeralda;* ils volent même l'échelle qui
donne accès à la table de marbre. Cette fois c'en est fait du mystère. Quand 20
le malheureux poète Gringoire descend dans les rues, il y trouve encore la
Esmeralda.

Dans un espace laissé libre entre la foule et le feu, une
jeune fille dansait.

Si cette jeune fille était un être humain, ou une fée, c'est 25
ce que Gringoire, tout philosophe sceptique, tout poëte
ironique qu'il était, ne put décider dans le premier moment,
tant il fut fasciné par cette éblouissante vision.

Elle n'était pas grande, mais elle le semblait, tant sa fine
taille s'élançait hardiment. Elle était brune, mais on devinait 30
que le jour sa peau devait avoir ce beau reflet doré des

archidiacre, *m.*, archdeacon (church
   dignitary ranking next below a
   bishop)
esmeralda, *f.* (Spanish), emerald
faire. *c'en est fait,* it is done for

tiare, *f.*, tiara (triple crown worn by
   pope)
tout, *adv.* — *philosophe qu'il était,*
   philosopher though he was

andalouses et des romaines. Son petit pied aussi était andalou, car il était tout ensemble à l'étroit et à l'aise dans sa gracieuse chaussure. Elle dansait, elle tournait, elle tourbillonnait sur un vieux tapis de Perse, jeté négligemment sous ses pieds; 5 et chaque fois qu'en tournoyant sa rayonnante figure passait devant vous, ses grands yeux noirs vous jetaient un éclair.

Autour d'elle, tous les regards étaient fixes, toutes les bouches ouvertes; et en effet tandis qu'elle dansait ainsi au bourdonnement du tambour de basque que ses deux bras 10 ronds et purs élevaient au-dessus de sa tête, mince, frêle et vive comme une guêpe, avec son corsage d'or sans pli, sa robe bariolée qui se gonflait, avec ses épaules nues, ses jambes fines que sa jupe découvrait par moments, ses cheveux noirs, ses yeux de flamme, c'était une surnaturelle créature.

15 — En vérité, pensa Gringoire, c'est une salamandre, c'est une nymphe, c'est une déesse, c'est une bacchante du mont Ménaléen! [10]

En ce moment une des nattes de la chevelure de la «salamandre» se détacha, et une pièce de cuivre jaune qui y était 20 attachée roula à terre.

— Hé non! dit-il, c'est une bohémienne.

Parmi les mille visages que cette lueur teignait d'écarlate, il y en avait un qui semblait plus encore que tous les autres absorbé dans la contemplation de la danseuse. C'était une 25 figure d'homme, austère, calme et sombre. Cet homme, dont le costume était caché par la foule qui l'entourait, ne paraissait pas avoir plus de trente-cinq ans; cependant il était chauve;

---

andalou, andalouse, *adj.*, Andalusian (Andalusia, province of Spain)
bacchant, -e, *m. and f.*, bacchant (a worshiper of Bacchus, Roman god of wine)
bariolé, *adj.*, variegated
bohémien, -ne, *m. and f.*, Bohemian, gypsy (gypsies were thought to come from Bohemia)

chauve, *adj.*, bald
guêpe, *f.*, wasp
natte, *f.*, tress
salamandre, *f.*, salamander (according to the alchemists, one of the spirits living in the element of fire)
tambour, *m. — de basque,* tambourine (reference to Basque region of northern Spain)

[10] *Menalus.* Montagne d'Arcadie (Grèce).

à peine avait-il aux tempes quelques touffes de cheveux rares et déjà gris; son front large et haut commençait à se creuser de rides; mais dans ses yeux enfoncés éclatait une jeunesse extraordinaire, une vie ardente, une passion profonde. Il les tenait sans cesse attachés sur la bohémienne, et tandis que la 5 folle jeune fille de seize ans dansait et voltigeait au plaisir de tous, sa rêverie à lui, semblait devenir de plus en plus sombre.

— Djali, dit la bohémienne.

Alors Gringoire vit arriver une jolie petite chèvre blanche, alerte, éveillée, lustrée, avec des cornes dorées, avec des pieds 10 dorés, avec un collier doré, qu'il n'avait pas encore aperçue, et qui était restée jusque-là accroupie sur un coin du tapis et regardant danser sa maîtresse.

— Djali, dit la danseuse, à votre tour.

Et s'asseyant, elle présenta gracieusement à la chèvre son 15 tambour de basque.

— Djali, continua-t-elle, à quel mois sommes-nous de l'année?

La chèvre leva son pied de devant et frappa un coup sur le tambour. On était en effet au premier mois. La foule ap- 20 plaudit.

— Djali, reprit la jeune fille en tournant son tambour de basque d'un autre côté, à quel jour du mois sommes-nous?

Djali leva son pied d'or et frappa six coups sur le tambour.

— Djali, poursuivit l'égyptienne toujours avec un nouveau 25 manège du tambour, à quelle heure du jour sommes-nous?

Djali frappa sept coups. Au même moment l'horloge de la Maison-aux-Piliers [11] sonna sept heures.

Le peuple était émerveillé.

— Il y a de la sorcellerie là-dessous, dit une voix sinistre 30 dans la foule. C'était celle de l'homme chauve qui ne quittait pas la bohémienne des yeux.

lustré, *adj.*, glossy   **voltiger,** to flutter about
manège, *m.*, trick, twist

[11] Édifice de la Place de Grève.

Les «diableries» de la bohémienne continuent de la sorte. De temps en temps elle est interrompue par cette voix sinistre qui sort de la foule. En attendant, la procession du pape des fous arrive sur la place. Tout d'un coup un ecclésiastique s'élance de la foule et va au-devant de Quasimodo.
5 C'est l'homme à la voix sinistre en qui Gringoire reconnaît son ancien maître dom Claude Frollo. Tout le monde s'attend à ce que le prêtre téméraire soit déchiré par le bossu. Mais celui-ci se met à genoux, dom Claude lui parle par signes, et le bossu le suit docilement.

Comme il se fait tard, Gringoire, qui n'a pas de gîte pour la nuit, suit
10 la bohémienne avec l'intention de demander secours aux bohémiens, qui ont «bon cœur», à ce qu'on dit.

Depuis quelques instants, il avait attiré l'attention de la jeune fille; elle avait à plusieurs reprises tourné la tête vers lui avec inquiétude; elle s'était même une fois arrêtée tout
15 court, avait profité d'un rayon de lumière qui s'échappait d'une boulangerie entr'ouverte pour le regarder fixement du haut en bas; puis, ce coup d'œil jeté, Gringoire lui avait vu faire cette petite moue qu'il avait déjà remarquée, et elle avait passé outre.

20 Cette petite moue donna à penser à Gringoire. Il y avait certainement du dédain et de la moquerie dans cette gracieuse grimace. Aussi commençait-il à baisser la tête, à compter les pavés, et à suivre la jeune fille d'un peu plus loin, lorsque, au tournant d'une rue qui venait de la lui faire perdre de vue,
25 il l'entendit pousser un cri perçant.

Il hâta le pas.

La rue était pleine de ténèbres. Pourtant une étoupe imbibée d'huile, qui brûlait dans une cage de fer aux pieds de la Sainte-Vierge du coin de la rue, permit à Gringoire de
30 distinguer la bohémienne se débattant dans les bras de deux hommes qui s'efforçaient d'étouffer ses cris. La pauvre petite chèvre, tout effarée, baissait les cornes et bêlait.

bêler, to bleat
boulangerie, *f.*, bakery
dom, *m.*, abbreviation of Latin *dominus*, title given to certain monks

étoupe, *f.*, tow (short, coarse part of flax or hemp)
gîte, *m.*, resting place
outre, *adv.* passer —, to go on
téméraire, *adj.*, bold

— A nous, messieurs du guet, cria Gringoire, et il s'avança
bravement. L'un des hommes qui tenaient la jeune fille se
tourna vers lui. C'était la formidable figure de Quasimodo.
Gringoire ne prit pas la fuite, mais il ne fit point un pas de
plus. 5

Quasimodo vint à lui, le jeta à quatre pas sur le pavé d'un
revers de la main, et s'enfonça rapidement dans l'ombre,
emportant la jeune fille ployée sur un de ses bras comme une
écharpe de soie. Son compagnon le suivait, et la pauvre
chèvre courait après tous, avec son bêlement plaintif. 10

— Au meurtre! au meurtre! criait la malheureuse bohémienne.

— Halte-là, misérables, et lâchez-moi cette ribaude! dit
tout à coup d'une voix de tonnerre un cavalier qui déboucha
brusquement du carrefour voisin. 15

C'était un capitaine des archers de l'ordonnance du roi,
armé de pied en cap, et l'espadon à la main.

Il arracha la bohémienne des bras de Quasimodo stupéfait,
la mit en travers sur sa selle, et, au moment où le redoutable
bossu, revenu de sa surprise, se précipitait sur lui pour re- 20
prendre sa proie, quinze ou seize archers, qui suivaient de
près leur capitaine, parurent l'estramaçon au poing. C'était
une escouade de l'ordonnance du roi qui faisait le contre-guet,
par ordre de messire Robert d'Estouteville, garde de la
prévôté de Paris. 25

Quasimodo fut enveloppé, saisi, garrotté. Il rugissait, il
écumait, il mordait, et, s'il eût fait grand jour, nul doute que
son visage seul, rendu plus hideux encore par la colère, n'eut
mis en fuite toute l'escouade. Mais la nuit il était désarmé de
son arme la plus redoutable, de sa laideur. 30

à. *à nous!* help us!
carrefour, *m.*, street crossing
contre-guet, *m.*, counter-watch (an
  additional watch maintained by
  royal troops)
écharpe, *f.*, scarf

espadon, *m.*, broadsword
estramaçon, *m.*, two-edged sword
garrotter, to bind
guet, *m.*, watch
ordonnance, *f.*, bodyguard
ribaude, *f.*, wench

Son compagnon avait disparu dans la lutte.

La bohémienne se dressa gracieusement sur la selle de
l'officier, elle appuya ses deux mains sur les deux épaules du
jeune homme, et le regarda fixement quelques secondes,
5 comme ravie de sa bonne mine et du bon secours qu'il venait
de lui porter. Puis, rompant le silence la première, elle lui dit,
en faisant plus douce encore sa douce voix:

— Comment vous appelez-vous, monsieur le gendarme?

— Le capitaine Phœbus de Châteaupers, pour vous servir,
10 ma belle! répondit l'officier en se redressant.

— Merci, dit-elle.

Et, pendant que le capitaine Phœbus retroussait sa mous-
tache à la bourguignonne, elle se laissa glisser à bas du cheval,
comme une flèche qui tombe à terre, et s'enfuit.

15   Quand Gringoire, étourdi de sa chute, revient à lui, il se trouve seul.

A peine avait-il fait quelques pas dans la longue ruelle,
laquelle était en pente, non pavée, et de plus en plus boueuse
et inclinée, qu'il remarqua quelque chose d'assez singulier.
Elle n'était pas déserte. Çà et là, dans sa longueur, rampaient
20 je ne sais quelles masses vagues et informes, se dirigeant toutes
vers la lueur qui vacillait au bout de la rue, comme ces lourds
insectes qui se traînent la nuit de brin d'herbe en brin d'herbe
vers un feu de pâtre.

Rien ne rend aventureux comme de ne pas sentir la place
25 de son gousset. Gringoire continua de s'avancer, et eut
bientôt rejoint celle de ces larves qui se traînait le plus
paresseusement à la suite des autres. En s'approchant, il vit
que ce n'était rien autre chose qu'un misérable cul-de-jatte
qui sautelait sur ses deux mains, comme un faucheux blessé
30 qui n'a plus que deux pattes. Au moment où il passa près
de cette espèce d'araignée à face humaine, elle éleva vers lui

cul-de-jatte, *m.*, cripple   gousset, *m.*, purse
faucheux, *m.*, field spider   pâtre, *m.*, shepherd

une voix lamentable: — *La buona mancia, signor! la buona mancia!* [12]

A mesure qu'il s'avance, Gringoire se trouve entouré de mendiants qui lui parlent dans toutes les langues.

— Où suis-je? dit le poëte terrifié. 5

— Dans la Cour des Miracles, répondit un quatrième spectre qui les avait accostés.

— Sur mon âme, reprit Gringoire, je vois bien des aveugles qui regardent et des boiteux qui courent; mais où est le Sauveur? 10

Ils répondirent par un éclat de rire sinistre.

Le pauvre poëte jeta les yeux autour de lui. Il était en effet dans cette redoutable Cour des Miracles, où jamais honnête homme n'avait pénétré à pareille heure; cercle magique où les officiers du Châtelet [13] et les sergents de la 15 prévôté qui s'y aventuraient disparaissaient en miettes; cité des voleurs, hideuse verrue à la face de Paris; égout d'où s'échappait chaque matin, et où revenait croupir chaque nuit ce ruisseau de vices, de mendicité et de vagabondage toujours débordé dans les rues des capitales; ruche monstrueuse où 20 rentraient le soir avec leur butin tous les frelons de l'ordre social.

C'était une vaste place, irrégulière et mal pavée, comme toutes les places de Paris alors. Des feux, autour desquels fourmillaient des groupes étranges, y brillaient çà et là. Tout 25 cela allait, venait, criait. Par moments, sur le sol, où tremblait la clarté des feux, mêlée à de grandes ombres indéfinies, on pouvait voir passer un chien qui ressemblait à un homme, un homme qui ressemblait à un chien.

boiteux, boiteuse, *adj.*, lame   mendicité, *f.*, mendicancy
croupir, to lie in filth   miette, *f.*, crumb. en —*s*, in pieces
égout, *m.*, sewer   ruche, *f.*, hive
frelon, *m.*, drone

[12] Italien: *La charité, seigneur.* Littéralement: *Le bon pourboire.*
[13] Siège du prévôt de Paris; l'emplacement de cette forteresse, démolie en 1802, est l'actuelle Place du Châtelet.

Les mendiants s'emparent de Gringoire et l'amènent à leur roi.

Un tonneau était près du feu, et un mendiant sur le tonneau. C'était le roi sur son trône.

Gringoire n'osait souffler ni lever les yeux.

5 — *Hombre, quita tu sombrero*,[14] dit l'un des trois drôles à qui il était; et avant qu'il eût compris ce que cela voulait dire, l'autre lui avait pris son chapeau.

Cependant le roi, du haut de sa futaille, lui adressa la parole.

10 — Qu'est-ce que c'est que ce maraud?

Gringoire tressaillit.

— Maître, balbutia-t-il ... Monseigneur ... Sire ... Comment dois-je vous appeler? dit-il enfin.

— Monseigneur, sa majesté, ou camarade, appelle-moi
15 comme tu voudras. Mais dépêche. Qu'as-tu à dire pour ta défense?

— *Pour ta défense!* pensa Gringoire, ceci me déplaît. Il reprit en bégayant: — Je suis celui qui ce matin ...

— Par les ongles du diable! interrompit Clopin, ton nom,
20 maraud, et rien de plus. Écoute. Tu es devant trois puissants souverains: moi, Clopin Trouillefou, roi de Thunes;[15] Mathias Hungadi Spicali, duc d'Égypte[16] et de Bohême;[17] Guillaume Rousseau, empereur de Galilée.[18] Nous sommes tes juges. Tu es entré dans le royaume d'argot sans être argotier,
25 tu as violé les privilèges de notre ville.

argot, *m.*, slang. *royaume d'*—, kingdom   futaille, *f.*, cask
   of thieves   ongle, *m.*, hoof
bégayer, to stutter

[14] Enlève ton chapeau.
[15] Nom qui était censé venir d'un célèbre mendiant qui fut trois fois élu ro[i] des vagabonds.
[16] Une autre croyance, assez répandue, faisait venir d'Égypte les vagabond[s] appelés généralement *bohémiens* ou *tziganes*.
[17] *Bohemia.* On croyait que les vagabonds appelés *bohémiens* étaient originaire[s] de ce pays devenu aujourd'hui la Tchécoslovaquie. A vrai dire, les bohémien[s] étaient d'origine hindoue.
[18] Hugo a donné ici à une bande de voleurs un nom qui appartenait réelle[-]ment à une association de clercs comme la Basoche.

Finalement les truands se ravisent. Gringoire ne sera pas pendu s'il se fait truand. Pour être truand il doit prouver qu'il est bon à quelque chose: il doit monter sur un escabeau et fouiller un mannequin suspendu à une potence et chargé de grelots.

Voyant qu'il n'y avait ni répit, ni sursis, ni faux-fuyant 5 possible, il prit bravement son parti. Il tourna son pied droit autour de son pied gauche, se dressa sur son pied gauche, et étendit le bras; mais, au moment où il touchait le mannequin, son corps qui n'avait plus qu'un pied chancela sur l'escabeau qui n'en avait que trois; il voulut machinalement s'appuyer 10 au mannequin, perdit l'équilibre, et tomba lourdement sur la terre, tout assourdi par la fatale vibration des mille sonnettes du mannequin, qui, cédant à l'impulsion de sa main, décrivit d'abord une rotation sur lui-même, puis se balança majes- tueusement entre les deux poteaux.   15

— Malédiction! cria-t-il en tombant, et il resta comme mort la face contre terre.

Voilà donc Gringoire encore une fois en danger d'être pendu. Cette fois ses bourreaux se souviennent que, d'après leur loi, il peut encore être sauvé si une truande veut l'avoir pour mari. Mais aucune truande ne veut l'avoir. 20 A ce moment-là la Esmeralda arrive et, à la grande surprise de tout le monde, l'accepte pour mari. Suivant la coutume, le duc d'Égypte casse une cruche d'argile; la cruche se cassant en quatre morceaux, le mariage doit durer seulement quatre ans.

Au bout de quelques instants, notre poëte se trouva dans 25 une petite chambre voûtée en ogive, bien close, bien chaude, assis devant une table qui ne paraissait pas demander mieux que de faire quelques emprunts à un garde-manger suspendu tout auprès, ayant un bon lit en perspective, et tête à tête avec une jolie fille. L'aventure tenait de l'enchantement.   30

La jeune fille ne paraissait faire aucune attention à lui; elle allait, venait, dérangeait quelque escabelle, causait avec sa

argile, *f.*, clay	grelot, *m.*, small round bell
cruche, *f.*, pitcher	potence, *f.*, gallows
escabeau, *m.*, stool	sursis, *m.*, reprieve
escabelle, *f.*, stool	truand, *m.*, vagabond
faux-fuyant, *m.*, evasion	

chèvre, faisait sa moue çà et là. Enfin elle vint s'asseoir près de la table, et Gringoire put la considérer à l'aise.

— Voilà donc, se disait-il en la suivant vaguement des yeux, ce que c'est que *la Esmeralda?* une céleste créature! une
5 danseuse des rues! tant et si peu! — Une jolie femme, sur ma parole! — et qui doit m'aimer à la folie pour m'avoir pris de la sorte. — A propos, dit-il en se levant tout à coup avec ce sentiment du vrai qui faisait le fond de son caractère et de sa philosophie, je ne sais trop comment cela se fait, mais je
10 suis son mari!

Cette idée en tête et dans les yeux, il s'approcha de la jeune fille d'une façon si militaire et si galante qu'elle recula.

— Que me voulez-vous donc? dit-elle.

— Pouvez-vous me le demander, adorable Esmeralda?
15 répondit Gringoire avec un accent si passionné qu'il en était étonné lui-même en s'entendant parler.

L'égyptienne ouvrit ses grands yeux. — Je ne sais pas ce que vous voulez dire.

— Eh quoi! reprit Gringoire, s'échauffant de plus en plus,
20 et songeant qu'il n'avait affaire après tout qu'à une vertu de la Cour des Miracles, ne suis-je pas à toi, douce amie? n'es-tu pas à moi?

Et, tout ingénument, il lui prit la taille.

Le corsage de la bohémienne glissa dans ses mains comme
25 la robe d'une anguille. Elle sauta d'un bond à l'autre bout de la cellule, se baissa, et se redressa, avec un petit poignard à la main, avant que Gringoire eût eu seulement le temps de voir d'où ce poignard sortait; irritée et fière, les lèvres gonflées, les narines ouvertes, les joues rouges comme une pomme d'api,
30 les prunelles rayonnantes d'éclairs.

La demoiselle se faisait guêpe et ne demandait pas mieux que de piquer.

anguille, *f.*, eel
api, *m. pomme d'*—, lady-apple (a small red apple)

narine, *f.*, nostril
prunelle, *f.*, pupil

— Il faut que tu sois un drôle bien hardi! dit-elle.

— Pardon, mademoiselle, dit Gringoire en souriant. Mais pourquoi donc m'avez-vous pris pour mari?

— Fallait-il te laisser pendre?

Ainsi repoussé, Gringoire se met à parler d'autre chose. Il demande à 5 la jeune fille des détails sur sa vie et apprend qu'on l'appelle *la Esmeralda* parce qu'elle porte dans son sein une amulette contenant une verroterie pareille à une émeraude. Alors Gringoire lui raconte sa propre vie. Au lieu de l'écouter, la jeune fille murmure le nom de *Phœbus* et tout d'un coup elle demande à Gringoire ce que ce nom signifie. C'est un mot latin qui veut 10 dire *Soleil* et qui était aussi le nom d'un bel archer qui était dieu, lui dit-il, fier de faire briller son érudition. Soudain la bohémienne laisse tomber un bracelet et, quand Gringoire se baisse pour le ramasser, elle disparaît.

Laissant Gringoire seul dans la chambre de l'égyptienne, l'auteur commence une assez longue digression sur Claude Frollo et Quasimodo. Le 15 prêtre avait recueilli ce dernier quand, tout petit, il avait été abandonné le dimanche de la Quasimodo dans l'église de Notre-Dame, et l'avait élevé, le faisant plus tard sonneur des cloches de l'église. Le bruit des cloches avait rendu Quasimodo complètement sourd. Le monde extérieur, qu'il voyait à peine avec le seul œil qui restait bon, lui était encore plus fermé; il n'aimait 20 que son maître, qui pouvait lui parler par signes, et ses cloches. Claude Frollo avait élevé un autre enfant aussi; c'était un petit frère dont il avait dû se charger à la mort de ses parents qui avaient péri dans la grande peste de 1466. Ce frère, nommé Jehan et que nous avons déjà rencontré, n'étudiait pas et était devenu un mauvais sujet. Pour se dédommager de la déception 25 que lui avait causée la mauvaise conduite de son frère, Claude Frollo, déjà fort savant, s'était consacré à la science qui, à cette époque, était un mélange de magie et de nécromancie.

Cette digression finie, l'auteur nous ramène à Quasimodo qui, comme nous le savons, a été arrêté et qui comparaît devant le magistrat. Le juge 30 est aussi sourd que le prisonnier; de là des malentendus et des quiproquos qui font rire l'auditoire. Finalement le bossu est condamné au pilori et mené à la place de Grève [19] où la populace l'attend.

Cette populace, disciplinée à l'attente des exécutions publiques, ne manifestait pas trop d'impatience. Elle se diver- 35 tissait à regarder le pilori, espèce de monument très simple composé d'un cube de maçonnerie de quelque dix pieds de

quiproquo, *m. quid pro quo* (Latin),   **verroterie,** *f.*, glass trinket
strange coincidence

[19] La Grève était une grande place près de l'Hôtel de Ville où avaient lieu les exécutions publiques.

haut, creux à l'intérieur. Un degré fort roide en pierre brute qu'on appelait par excellence *l'échelle* conduisait à la plate-forme supérieure, sur laquelle on apercevait une roue horizontale en bois de chêne plein. On liait le patient sur cette roue, 5 à genoux et les bras derrière le dos. Une tige en charpente, que mettait en mouvement un cabestan caché dans l'intérieur du petit édifice, imprimait une rotation à la roue, toujours maintenue dans le plan horizontal, et présentait de cette façon la face du condamné successivement à tous les points de la 10 place. C'est ce qu'on appelait *tourner* un criminel.

Le patient arriva enfin lié au cul d'une charrette, et quand il eut été hissé sur la plate-forme, quand on put le voir de tous les points de la place ficelé à cordes et à courroies sur la roue du pilori, une huée prodigieuse mêlée de rires et d'acclama-15 tions, éclata dans la place.

Pendant que la roue tourne, le bourreau flagelle Quasimodo qui se débat mais ne peut casser ses liens. Après le supplice, il doit encore passer deux heures exposé aux huées de la foule. Le sang de ses blessures attire les mouches. De nouveau il essaye de briser les liens.

20   Alors le misérable, ne pouvant briser son collier de bête fauve enchaînée, redevint tranquille. Mais la colère, la haine, le désespoir abaissaient lentement sur ce visage hideux un nuage de plus en plus sombre, de plus en plus chargé d'une électricité qui éclatait en mille éclairs dans l'œil du cyclope. 25   Cependant ce nuage s'éclaircit un moment, au passage d'une mule qui traversait la foule et qui portait un prêtre. Du plus loin qu'il aperçut cette mule et ce prêtre, le visage du pauvre patient s'adoucit. A la fureur qui le contractait succéda un sourire étrange, plein d'une douceur, d'une mansuétude, 30 d'une tendresse ineffables. A mesure que le prêtre approchait, ce sourire devenait plus net, plus distinct, plus radieux. C'était

cabestan, *m.*, capstan
courroie, *f.*, thong
cul, *m.*, tail
fauve, *adj.*, wild

ficeler, to tie up
huée, *f.*, hooting
imprimer, to impart
tige, *f.*, shaft

comme la venue d'un sauveur que le malheureux saluait. Toutefois, au moment où la mule fut assez près du pilori pour que son cavalier pût reconnaître le patient, le prêtre baissa les yeux, rebroussa brusquement chemin, piqua des deux, comme s'il avait eu hâte de se débarrasser de réclamations 5 humiliantes et fort peu de souci d'être salué et reconnu d'un pauvre diable en pareille posture.

Ce prêtre était l'archidiacre dom Claude Frollo.

Le nuage retomba plus sombre sur le front de Quasimodo. Le sourire s'y mêla encore quelque temps, mais amer, 10 découragé, profondément triste.

Le temps s'écoulait.

Tout à coup il s'agita de nouveau dans ses chaînes avec un redoublement de désespoir dont trembla toute la charpente qui le portait, et rompant le silence qu'il avait obstinément 15 gardé jusqu'alors, il cria avec une voix rauque et furieuse qui ressemblait plutôt à un aboiement qu'à un cri humain et qui couvrit le bruit des huées: — A boire!

— Bois ceci! criait Robin Poussepain en lui jetant par la face une éponge traînée dans le ruisseau. Tiens, vilain sourd! 20

— A boire, répéta Quasimodo pantelant.

En ce moment, il vit s'écarter la populace. Une jeune fille bizarrement vêtue sortit de la foule. Elle était accompagnée d'une petite chèvre blanche à cornes dorées et portait un tambour de basque à la main. 25

L'œil de Quasimodo étincela. C'était la bohémienne qu'il avait essayé d'enlever la nuit précédente, algarade pour laquelle il sentait confusément qu'on le châtiait en cet instant même. Il ne douta pas qu'elle ne vînt se venger aussi, et lui donner son coup comme tous les autres. 30

Elle s'approcha, sans dire une parole, du patient qui se tordait vainement pour lui échapper, et détachant une gourde de sa ceinture, elle la porta doucement aux lèvres arides du misérable.

algarade, *f.*, prank   rebrousser. — *chemin*, to turn back

Alors, dans cet œil jusque-là si sec et si brûlé, on vit rouler une grosse larme qui tomba lentement le long de ce visage difforme et longtemps contracté par le désespoir.

Cependant il oubliait de boire. L'égyptienne fit sa petite 5 moue avec impatience, et appuya en souriant le goulot à la bouche dentue de Quasimodo. Il but à longs traits. Sa soif était ardente.

Quand il eut fini, le misérable allongea ses lèvres noires, sans doute pour baiser la belle main qui venait de l'assister. 10 Mais la jeune fille, qui n'était pas sans défiance peut-être et se souvenait de la violente tentative de la nuit, retira sa main avec le geste effrayé d'un enfant qui craint d'être mordu par une bête.

Alors le pauvre sourd fixa sur elle un regard plein de re-15 proche et d'une tristesse inexprimable.

Un jour que Claude Frollo regarde danser la Esmeralda il voit à côté d'elle quelqu'un qu'il reconnaît. C'est Gringoire qui avait été autrefois son élève et protégé. Il lui fait signe de le suivre et lui demande des renseignements sur la «sorcière.» Gringoire lui apprend en quoi consiste la sorcellerie 20 de l'égyptienne, que la chèvre par exemple a été dressée à reconnaître certains gestes de sa maîtresse qui lui indiquent les tours à faire. Il lui apprend aussi que la bohémienne répète souvent le mot *Phœbus* sans qu'il sache pourquoi.

Alors la scène se transporte dans la tour de Notre-Dame où Claude Frollo 25 a une cellule secrète pour faire ses expériences alchimiques. Jehan, qui veut lui demander de l'argent, monte dans la tour à la recherche de son frère. Il le trouve dans la cellule. Naturellement le grand frère ne cache pas son mécontentement, mais ses emportements sont interrompus par la venue d'un autre personnage, un avocat, maître Jacques Charmolue, qui vient 30 consulter dom Claude au sujet des procès de sorcellerie dont ils s'occupent. Avant l'entrée de l'avocat, Claude oblige Jehan à se cacher sous un fourneau; Jehan s'y refuse à moins de recevoir une belle récompense. Son frère lui jette sa bourse. Le visiteur veut discuter avec son collègue le procès de la Esmeralda qu'ils préparent depuis un certain temps déjà; pour une raison 35 inconnue du lecteur, dom Claude veut remettre ce procès à plus tard. Il semble très ému.

Après le départ des deux hommes, Jehan sort de son trou et descend aussi. Sur la place il rencontre son ami le capitaine Phœbus qu'il invite à boire. Quand le capitaine refuse parce qu'il croit que Jehan n'a pas d'argent,

fourneau, *m.*, furnace   goulot, *m.*, neck

celui-ci étale sur une borne le contenu de l'escarcelle. Dom Claude qui, pendant ce temps, surveille son frère de loin, s'approche et entend leur conversation. Il apprend que l'ami de son frère s'appelle *Phœbus*, ce qui lui rappelle sa conversation avec Gringoire. Il décide de suivre ce Phœbus. Les deux amis se mettent en route vers *la Pomme d'Eve* et dom Claude entend 5 Phœbus qui prétend avoir un rendez-vous avec la Esmeralda. Le lecteur avait appris ailleurs que Phœbus avait revu la bohémienne quand elle avait dansé sous le balcon de Fleur-de-Lys, une jeune fille noble que sa mère cherchait à marier au beau capitaine. En entendant le nom de la bohémienne, dom Claude est secoué d'un frisson.   10

A la tombée de la nuit dom Claude surveille encore *la Pomme d'Eve*. Finalement les deux buveurs en sortent; Phœbus est très pressé d'aller à son rendez-vous — à sept heures, chez la Falourdel, dit-il —, mais Jehan est si ivre qu'il déraisonne; Phœbus l'abandonne enfin ivre mort sur le pavé.   15

En débouchant dans la rue Saint-André-des-Arcs,[20] le capitaine Phœbus s'aperçut que quelqu'un le suivait. Il vit, en détournant par hasard les yeux, une espèce d'ombre qui rampait derrière lui le long des murs. Il s'arrêta, elle s'arrêta. Il se remit en marche, l'ombre se remit en marche.   20

Le capitaine était brave et se serait fort peu soucié d'un larron l'estoc au poing. Mais cette statue qui marchait, cet homme pétrifié le glacèrent. Il courait alors par le monde je ne sais quelles histoires du moine bourru, rôdeur nocturne des rues de Paris, qui lui revinrent confusément en mémoire. Il 25 resta quelques minutes stupéfait et rompit enfin le silence, en s'efforçant de rire.

— Monsieur, si vous êtes un voleur, comme je l'espère, vous me faites l'effet d'un héron qui s'attaque à une coquille de noix. Je suis un fils de famille ruiné, mon cher. Adressez-vous 30 à côté. Il y a dans la chapelle de ce collège du bois de la vraie croix, qui est dans de l'argenterie.

La main de l'ombre sortit de dessous son manteau et s'abattit sur le bras de Phœbus avec la pesanteur d'une serre

bourru, *adj. moine* —, goblin   **larron,** *m.*, robber
escarcelle, *f.*, purse   **serre,** *f.*, talon
estoc, *m.*, a long rapier

[20] Cette rue s'appelle aujourd'hui *Saint-André-des-Arts*.

d'aigle. En même temps l'ombre parla: — Capitaine Phœbus de Châteaupers!

— Comment diable! dit Phœbus, vous savez mon nom!

— Je ne sais pas seulement votre nom, reprit l'homme au
5 manteau avec sa voix de sépulcre. Vous avez un rendez-vous ce soir.

— Oui, répondit Phœbus stupéfait.

— A sept heures.

— Dans un quart d'heure.

10   — Chez la Falourdel.

— Précisément.

— La vilotière du Pont Saint-Michel.[21]

— De saint Michel [22] archange, comme dit la patenôtre.

— Impie! grommela le spectre. — Avec une femme?

15   — *Confiteor*.

— Qui s'appelle. . .

— La Smeralda, dit Phœbus allègrement. Toute son insouciance lui était revenue par degrés.

A ce nom, la serre de l'ombre secoua avec fureur le bras de
20 Phœbus. . .

— Capitaine Phœbus de Châteaupers, tu mens!

— Christ et Satan! cria le capitaine. Voilà une parole qui s'attaque rarement à l'oreille d'un Châteaupers.

Au lieu de se battre avec le capitaine, l'inconnu lui dit qu'il ne veut pas
25 lui faire manquer son rendez-vous et qu'il consentira à se battre avec lui une autre fois. Phœbus le remercie, puis se souvient qu'il n'a pas de quoi payer sa chambre. L'inconnu lui donne un écu en demandant le droit de se cacher dans la chambre; Phœbus y consent.

Phœbus s'arrêta devant une porte basse et heurta rudement.
30 Une lumière parut aux fentes de la porte. — Qui est là? cria une voix édentée. — Corps-Dieu! tête-Dieu! ventre-Dieu!

---

allègrement, *adv.*, cheerfully
confiteor (Latin), I confess
fente, *f.*, chink

patenôtre, *f.*, *pater noster* (more correctly, the Lord's Prayer)
vilotière, *f.*, trollope

[21] Il y a encore un Pont Saint-Michel à Paris.
[22] *Saint Michael*.

répondit le capitaine. La porte s'ouvrit sur-le-champ, et laissa
voir aux arrivants une vieille femme et une vieille lampe qui
tremblaient toutes deux. La vieille était pliée en deux, vêtue
de guenilles, branlante du chef, percée à petits yeux, coiffée
d'un torchon, ridée partout. L'intérieur du bouge n'était pas 5
moins délabré qu'elle. Cependant le capitaine, tout en jurant
comme un sarrasin, se hâta de *faire dans un écu reluire le soleil*,
comme dit notre admirable Régnier.[23]

La vieille le traita de monseigneur, et serra l'écu dans un
tiroir. C'était la pièce que l'homme au manteau noir avait 10
donnée à Phœbus. Pendant qu'elle tournait le dos, un petit
garçon chevelu et déguenillé qui jouait dans les cendres
s'approcha adroitement du tiroir, y prit l'écu, et mit à la
place une feuille sèche qu'il avait arrachée d'un fagot.

On cache dom Claude dans l'alcôve de la chambre où Phœbus doit 15
recevoir la bohémienne. Tremblant de rage, il est à peine conscient de ce
qui se passe.

Quand il revint à lui, Phœbus et la Esmeralda étaient seuls,
assis sur le coffre de bois à côté de la lampe qui faisait saillir
aux yeux de l'archidiacre ces deux jeunes figures, et un 20
misérable grabat au fond du galetas.

La jeune fille était rouge, interdite, palpitante. Ses longs
cils baissés ombrageaient ses joues de pourpre. L'officier, sur
lequel elle n'osait lever les yeux, rayonnait. Machinalement,
et avec un geste charmant de gaucherie, elle traçait du doigt 25
sur le banc des lignes incohérentes, et elle regardait son doigt.
On ne voyait pas son pied, la petite chèvre était accroupie
dessus.

— Oh! disait la jeune fille sans lever les yeux, ne me
méprisez pas, monseigneur Phœbus. Je sens que ce que je 30
fais est mal.

bouge, *m.,* hovel	**galetas,** *m.,* garret
branler, to shake	**grabat,** *m.,* pallet
chef, *m.,* head	**guenille,** *f.,* rag
délabré, *adj.,* dilapidated	**torchon,** *m.,* duster

[23] Mathurin Régnier (1573–1613), poète satirique.

— Vous mépriser, belle enfant! répondait l'officier d'un air de galanterie supérieure et distinguée, vous mépriser, tête-Dieu! et pourquoi?

— Pour vous avoir suivi.

5 — Sur ce propos, ma belle, nous ne nous entendons pas. Je ne devrais pas vous mépriser, mais vous haïr.

La jeune fille le regarda avec effroi: — Me haïr! qu'ai-je donc fait?

— Pour vous être tant fait prier.

10 — Hélas! dit-elle ... c'est que je manque à un vœu ... Je ne retrouverai pas mes parents ... l'amulette perdra sa vertu. — Mais qu'importe? qu'ai-je besoin de père et de mère à présent?

En parlant ainsi, elle fixait sur le capitaine ses grands yeux 15 noirs humides de joie et de tendresse.

— Vous m'avez sauvée, poursuivit la bohémienne, moi qui ne suis qu'une pauvre enfant perdue en Bohême. Il y a long-temps que je rêve d'un officier qui me sauve la vie. C'était de vous que je rêvais avant de vous connaître, mon Phœbus. 20 Mon rêve avait une belle livrée comme vous, une grande mine, une épée. Vous vous appelez Phœbus, c'est un beau nom. J'aime votre nom, j'aime votre épée. Tirez donc votre épée, Phœbus, que je la voie.

Phœbus tire son épée et se pavane.

25   Phœbus vint se rasseoir près d'elle, mais beaucoup plus près qu'auparavant.

— Écoutez, ma chère ...

L'égyptienne lui donna quelques petits coups de sa jolie main sur la bouche avec un enfantillage plein de folie, de 30 grâce et de gaieté. — Non, non, je ne vous écouterai pas. M'aimez-vous? Je veux que vous me disiez si vous m'aimez.

— Si je t'aime, ange de ma vie! s'écria le capitaine en s'agenouillant à demi. Mon corps, mon sang, mon âme, tout

pavaner (se), to show off

est à toi, tout est pour toi. Je t'aime, et n'ai jamais aimé que toi.

Le capitaine avant tant de fois répété cette phrase, en mainte conjoncture pareille, qu'il la débita tout d'une haleine, sans faire une seule faute de mémoire. — Oh! murmura 5 l'égyptienne, voilà le moment où l'on devrait mourir!

Phœbus, enhardi par sa douceur, lui prit la taille sans qu'elle résistât, puis se mit à délacer à petit bruit le corsage de la pauvre enfant, et dérangea si fort sa gorgerette que le prêtre haletant vit sortir de la gaze la belle épaule nue de la 10 bohémienne, ronde et brune, comme la lune qui se lève dans la brume à l'horizon.

La jeune fille laissait faire Phœbus. Elle ne paraissait pas s'en apercevoir. L'œil du hardi capitaine étincelait.

Tout à coup elle se tourna vers lui: — Phœbus, dit-elle avec 15 une expression d'amour infinie, instruis-moi dans ta religion.

— Ma religion! s'écria le capitaine éclatant de rire. Moi, vous instruire dans ma religion! Corne et tonnerre! qu'est-ce que vous voulez faire de ma religion?

— C'est pour nous marier, répondit-elle.   20

La figure du capitaine prit une expression mélangée de surprise, de dédain, d'insouciance et de passion libertine. — Ah bah! dit-il, est-ce qu'on se marie?

La bohémienne devint pâle et laissa tristement retomber sa tête sur sa poitrine.   25

— Belle amoureuse, reprit tendrement Phœbus, qu'est-ce que c'est que ces folies-là? Grand'chose que le mariage! est-on moins bien aimant pour n'avoir pas craché du latin dans la boutique d'un prêtre?

Cependant le capitaine avait mis à découvert l'amulette 30 mystérieuse qu'elle portait au cou. — Qu'est-ce que cela? dit-il en saisissant ce prétexte pour se rapprocher de la belle créature qu'il venait d'effaroucher.

gaze, *f.,* gauze   **gorgerette,** *f.,* tucker (cloth going around neck)

— N'y touchez pas! répondit-elle vivement, c'est ma gardienne. C'est elle qui me fera retrouver ma famille si j'en reste digne. Oh! laissez-moi, monsieur le capitaine! Ma mère! ma pauvre mère! à mon secours!

5 Phœbus recula et dit d'un ton froid: — Oh! mademoiselle! que je vois bien que vous ne m'aimez pas!

— Je ne l'aime pas! s'écria la pauvre malheureuse enfant. Qu'est-ce que tu dis là, méchant, pour me déchirer le cœur! Oh! va! prends-moi, prends tout! fais ce que tu voudras de 10 moi. Je suis à toi.

En parlant ainsi, elle jetait ses bras autour du cou de l'officier, elle le regardait du bas en haut suppliante et avec un beau sourire tout en pleurs.

Tout à coup, au-dessus de la tête de Phœbus, elle vit une 15 autre tête, une figure livide, verte, convulsive, avec un regard de damné. Près de cette figure il y avait une main qui tenait un poignard. C'était la figure et la main du prêtre. Il avait brisé la porte et il était là. Phœbus ne pouvait le voir. La jeune fille resta immobile, glacée, muette sous l'épouvantable appa-20 rition, comme une colombe qui lèverait la tête au moment où l'orfraie regarde dans son nid avec ses yeux ronds.

Elle ne put même pousser un cri. Elle vit le poignard s'abaisser sur Phœbus et se relever fumant. — Malédiction! dit le capitaine, et il tomba.

25 Elle s'évanouit.

Quand elle reprit ses sens, elle était entourée de soldats du guet, on emportait le capitaine baigné dans son sang, le prêtre avait disparu, la fenêtre du fond de la chambre, qui donnait sur la rivière, était toute grande ouverte, on ramassait un 30 manteau qu'on supposait appartenir à l'officier, et elle entendait dire autour d'elle: — C'est une sorcière qui a poignardé un capitaine.

Dans le procès de la Esmeralda, la vieille tenancière du bouge où Phœbus a été poignardé raconte qu'elle a trouvé une feuille sèche à la place de son

orfraie, *f.*, osprey (large brown and white hawk which feeds on fish) écu et elle ajoute qu'elle a entendu aussi un cri, qu'elle a regardé par sa fenetre et qu'elle a vu un prêtre qui nageait vers l'île de la Cité.[24] Ce prêtre, dit-on, doit être le «moine bourru»: autre preuve de sorcellerie. Alors maître Jacques Charmolue fait venir la chèvre; Claude Frollo lui a déjà appris tous les tours de la bohémienne. Quand il présente à la chèvre d'une 5 certaine façon le tambour de basque en demandant l'heure, l'animal frappe sept coups de sa patte. Il n'y a plus de doute: la chèvre est certainement le diable et la Esmeralda une sorcière. On mène la jeune fille à la *chambre de la question;* quand on lui met le brodequin elle avoue tout.

Dans son cachot souterrain, la Esmeralda reçoit la visite d'un prêtre. 10 Il lui demande si elle est malheureuse et, sans le regarder, elle répond qu'elle a froid.

— Eh bien, suivez-moi.

En parlant ainsi, le prêtre lui prit le bras. La malheureuse était gelée jusque dans les entrailles, cependant cette main lui 15 fit une impression de froid.

— Oh! murmura-t-elle, c'est la main glacée de la mort.
— Qui êtes-vous donc?

Le prêtre releva son capuchon. Elle regarda. C'était ce visage sinistre qui la poursuivait depuis si longtemps, cette 20 tête de démon qui lui était apparue chez la Falourdel au-dessus de la tête adorée de son Phœbus, cet œil qu'elle avait vu pour la dernière fois briller près d'un poignard.

— Hah! cria-t-elle, les mains sur ses yeux et avec un tremblement convulsif, c'est le prêtre! 25

Puis elle laissa tomber ses bras découragés, et resta assise, la tête baissée, l'œil fixé à terre, muette, et continuant de trembler.

— Je vous fais donc horreur? dit-il enfin.

Elle ne répondit pas. 30

— Est-ce que je vous fais horreur? répéta-t-il.

Ses lèvres se contractèrent comme si elle souriait. — Oui, dit-elle, le bourreau raille le condamné. Voilà des mois qu'il me poursuit, qu'il me menace, qu'il m'épouvante! Sans lui,

brodequin, *m.,* boot   capuchon, *m.,* cowl

[24] Ile de la Seine où est située Notre-Dame.

mon Dieu, que j'étais heureuse! C'est lui qui m'a jetée dans cet abîme! O ciel! c'est lui qui a tué ... c'est lui qui l'a tué, mon Phœbus!

Ici, éclatant en sanglots et levant les yeux sur le prêtre:
5 — Oh! misérable! qui êtes-vous? que vous ai-je fait? vous me haïssez donc bien? Hélas! qu'avez-vous contre moi?

— Je t'aime, cria le prêtre.

En effet, le prêtre l'aime malgré lui. Il la croit envoyée par le diable pour le tourmenter mais il l'aime toujours et lui propose de s'enfuir avec lui. Il 10 a pensé se débarrasser de ce tourment en la faisant condamner comme sorcière; tout cela était inutile: il l'aime. La jeune fille le repousse et le maudit.

Suivant la coutume, on amène la condamnée en procession à Notre-Dame pour lui donner une dernière occasion de demander pardon à Dieu. 15 Le prêtre qui la reçoit au portail est l'archidiacre lui-même. A voix basse il lui propose de s'enfuir avec lui. Encore une fois elle refuse, et la cérémonie religieuse continue et s'achève.

La malheureuse, au moment de remonter dans le tombereau fatal et de s'acheminer vers sa dernière station, fut 20 prise peut-être de quelque déchirant regret de la vie. Elle leva ses yeux rouges et secs vers le ciel, vers le soleil, vers les nuages d'argent coupés çà et là de trapèzes et de triangles bleus, puis elle les abaissa autour d'elle, sur la terre, sur la foule, sur les maisons ... Tout à coup, tandis que l'homme 25 jaune lui liait les coudes, elle poussa un cri terrible, un cri de joie. A ce balcon, là-bas, à l'angle de la place, elle venait de l'apercevoir, lui, son ami, son seigneur, Phœbus, l'autre apparition de sa vie! Le juge avait menti! le prêtre avait menti! c'était bien lui, elle n'en pouvait douter, il était là, 30 beau, vivant, revêtu de son éclatante livrée, la plume en tête, l'épée au côté!

— Phœbus! cria-t-elle, mon Phœbus!

Et elle voulut tendre vers lui ses bras tremblants d'amour et de ravissement, mais ils étaient attachés.

tombereau, *m.*, cart

trapèze, *m.*, trapezium (a plane figure bounded by four straight lines of which no two are parallel)

Alors elle vit le capitaine froncer le sourcil, une belle jeune
fille qui s'appuyait sur lui le regarder avec une lèvre dédai-
gneuse et des yeux irrités, puis Phœbus prononça quelques
mots qui ne vinrent pas jusqu'à elle, et tous deux s'éclipsèrent
précipitamment derrière le vitrail du balcon qui se referma.   5
— Phœbus! cria-t-elle éperdue, est-ce que tu le crois?
Une pensée monstrueuse venait de lui apparaître. Elle se
souvenait qu'elle avait été condamnée pour meurtre sur la
personne de Phœbus de Châteaupers.
Elle avait tout supporté jusque-là. Mais ce dernier coup 10
était trop rude. Elle tomba sans mouvement sur le pavé.
— Allons, dit Charmolue, portez-la dans le tombereau, et
finissons!
Personne n'avait encore remarqué dans la galerie des
statues des rois, sculptés immédiatement au-dessus des ogives 15
du portail, un spectateur étrange qui avait tout examiné
jusqu'alors avec une telle impassibilité, avec un cou si tendu,
avec un visage si difforme, que, sans son accoutrement mi-
parti rouge et violet, on eût pu le prendre pour un de ces
monstres de pierre par la gueule desquels se dégorgent depuis 20
six cents ans les longues gouttières de la cathédrale. Ce spectateur n'avait rien perdu de ce qui s'était passé depuis midi
devant le portail de Notre-Dame. Et dès les premiers instants,
sans que personne songeât à l'observer, il avait fortement
attaché à l'une des colonnettes de la galerie une grosse corde 25
à nœuds, dont le bout allait traîner en bas sur le perron. Cela
fait, il s'était mis à regarder tranquillement, et à siffler de
temps en temps quand un merle passait devant lui. Tout à
coup, au moment où les valets du maître des œuvres se dis-
posaient à exécuter l'ordre flegmatique de Charmolue, il 30
enjamba la balustrade de la galerie, saisit la corde des pieds,
des genoux et des mains, puis on le vit couler sur la façade,
comme une goutte de pluie qui glisse le long d'une vitre,

accoutrement, *m.*, garb   merle, *m.*, blackbird
maître, *m.* — *des œuvres*, executioner

courir vers les deux bourreaux avec la vitesse d'un chat tombé d'un toit, les terrasser sous deux poings énormes, enlever l'égyptienne d'une main, comme un enfant sa poupée, et d'un seul élan rebondir jusque dans l'église, en élevant la
5 jeune fille au-dessus de sa tête, et en criant d'une voix formidable: Asile!

D'après la loi, la condamnée peut chercher asile dans l'église, mais elle doit y rester.

Quasimodo monte avec la jeune fille dans la tour où il la garde pendant
10 quelque temps. Il se montre très doux avec elle et lui donne un sifflet pour l'appeler en cas de danger.

Un matin la Esmeralda revoit Phœbus sous le balcon de sa fiancée. Le galant capitaine avait survécu miraculeusement à sa blessure et avait eu le temps de guérir pendant le long procès de la sorcière. La Esmeralda
15 envoie Quasimodo à sa recherche, mais son messager ne réussit pas à se faire comprendre. D'ailleurs le beau Phœbus se soucie très peu de revoir sa bohémienne.

Cependant les truands de la Cour des Miracles, apprenant où est leur chère bohémienne, font le siège de Notre-Dame pendant la nuit. Tout seul
20 dans sa tour, Quasimodo, qui ne comprend pas que les truands sont venus pour sauver la jeune fille, leur oppose une forte résistance et défend la cathédrale avec des matériaux de réparation. En bas, les truands commencent à enfoncer la porte de l'église.

L'instant pressait. Les pinces et les marteaux travaillaient
25 en bas. Avec une force que décuplait le sentiment du danger, il souleva une des poutres, la plus lourde, la plus longue, il la fit sortir par une lucarne, puis, la ressaisissant du dehors de la tour, il la fit glisser sur l'angle de la balustrade qui entoure la plate-forme, et la lâcha sur l'abîme. L'énorme charpente, dans
30 cette chute de cent soixante pieds, raclant la muraille, cassant les sculptures, tourna plusieurs fois sur elle-même comme une aile de moulin qui s'en irait toute seule à travers l'espace. Enfin elle toucha le sol, l'horrible cri s'éleva, et la noire poutre, en rebondissant sur le pavé, ressemblait à un serpent
35 qui saute.

Quasimodo vit les truands s'éparpiller à la chute du

---

décupler, to increase tenfold   **racler,** to scrape
pince, *f.*, pincer

madrier, comme la cendre au souffle d'un enfant. Il profita
de leur épouvante, et tandis qu'ils fixaient un regard super-
stitieux sur la massue tombée du ciel, et qu'ils éborgnaient les
saints de pierre du portail avec une décharge de sagettes et de
chevrotines, Quasimodo entassait silencieusement des gravats, 5
des pierres, des moellons, jusqu'aux sacs d'outils des maçons,
sur le rebord de cette balustrade d'où la poutre s'était lancée.

Aussi, dès qu'ils se mirent à battre la grande porte, la grêle
de moellons commença à tomber, et il leur sembla que
l'église se démolissait d'elle-même sur leur tête.   10

Qui eût pu voir Quasimodo en ce moment eût été effrayé.
Sa grosse tête de gnome se penchait par-dessus la balustrade,
puis une pierre tombait, puis une autre. De temps en temps il
suivait une belle pierre de l'œil, et, quand elle tuait bien, il
disait: Hun!   15

Cependant les gueux ne se décourageaient pas. Déjà plus de
vingt fois l'épaisse porte sur laquelle ils s'acharnaient avait
tremblé sous la pesanteur de leur bélier de chêne multiplié
par la force de cent hommes. Les panneaux craquaient, les
ciselures volaient en éclats, les gonds à chaque secousse 20
sautaient en sursaut sur leurs pitons, les ais se détraquaient,
le bois tombait en poudre broyé entre les nervures de fer.
Heureusement pour Quasimodo, il y avait plus de fer que de
bois.

Il sentait pourtant que la grande porte chancelait. Sa pluie 25
de moellons ne suffisait pas à repousser les assaillants.

En ce moment d'angoisse, il remarqua, un peu plus bas que
la balustrade d'où il écrasait les argotiers, deux longues
gouttières de pierre qui se dégorgeaient immédiatement au-

ais, *m.*, plank	**gueux**, *m.*, beggar
bélier, *m.*, ram	**madrier**, *m.*, plank
broyer, to grind	**massue**, *f.*, club
chevrotine, *f.*, buckshot	**moellon**, *m.*, ashlar (rough stone)
ciselure, *f.*, carving	**nervure**, *f.*, band
gond, *m.*, hinge	**piton**, *m.*, eyebolt
gravats, *m. pl.*, rubbish	**sagette**, *f.*, arrow

dessus de la grande port. L'orifice interne de ces gouttières aboutissait au pavé de la plate-forme. Il courut chercher un fagot dans son bouge de sonneur, posa sur ce fagot force bottes de lattes et force rouleaux de plomb, munitions dont il n'avait 5 pas encore usé, et, ayant bien disposé ce bûcher devant le trou des deux gouttières, il y mit le feu avec sa lanterne.

Pendant ce temps-là, les pierres ne tombant plus, les truands avaient cessé de regarder en l'air.

Tout à coup, au moment où ils se groupaient pour un 10 dernier effort autour du bélier, chacun retenant son haleine et roidissant ses muscles afin de donner toute sa force au coup décisif, un hurlement, plus épouvantable encore que celui qui avait éclaté et expiré sous le madrier, s'éleva au milieu d'eux. Ceux qui ne criaient pas, ceux qui vivaient encore, 15 regardèrent. — Deux jets de plomb fondu tombaient du haut de l'édifice au plus épais de la cohue. Cette mer d'hommes venait s'affaisser sous le métal bouillant qui avait fait, aux deux points où il tombait, deux trous noirs et fumants dans la foule, comme ferait de l'eau chaude dans la neige.

20 L'écolier Jehan monte sur une échelle armé d'une arbalète. Il réussit à envoyer une flèche dans le bras gauche de Quasimodo, mais celui-ci, nullement incommodé, saisit le jeune homme et le jette par-dessus la balustrade. Finalement les truands sont mis en déroute par l'arrivée d'une troupe de soldats du roi, parmi lesquels il y a le capitaine Phœbus. La 25 défense de Quasimodo avait été doublement inutile: d'abord parce que les truands venaient pour sauver la Esmeralda et ensuite parce que, la bataille finie, la jeune fille a disparu.

Pendant ce temps Gringoire avait réussi à s'introduire dans la cathédrale et à persuader la Esmeralda de s'enfuir. Dans leur fuite ils sont accom-30 pagnés d'un homme couvert d'un voile noir. Ils remontent la Seine en bateau; une fois à terre la jeune fille se trouve seule avec l'inconnu. Il l'entraîne sur la place de Grève. Elle comprend alors que l'inconnu est dom Claude. Celui-ci lui donne à choisir entre le gibet et la fuite avec lui. Sur son refus, il la laisse sous la garde d'une vieille recluse, ennemie acharnée 35 des bohémiens qui a déjà figuré dans des parties supprimées de l'histoire, et il s'en va chercher le guet. La vieille hait les bohémiens parce qu'ils lui ont volé sa fille. Inutile de dire — puisque nous avons affaire à une histoire

affaiser (s'), to sink down	**latte,** *f.*, lath
botte, *f.*, bundle	**orifice,** *m.*, aperture

romantique — que c'est la mère de la Esmeralda; elle reconnaît sa fille à l'aide de l'amulette. Le guet, commandé par le capitaine Phœbus et renforcé par des troupes royales, vient chercher la prisonnière que la vieille cache aussitôt. Le guet s'en va, mais la Esmeralda a l'imprudence de se montrer à la fenêtre pour voir son cher Phœbus s'en aller. Des soldats du 5 roi qui sont restés en arrière l'attrapent. Entretemps Quasimodo cherche la Esmeralda partout dans la cathédrale. Il soupçonne que Claude Frollo a causé sa disparition et quand celui-ci revient il le suit jusqu'au sommet de la tour.

Quasimodo brûlait de lui demander ce qu'il avait fait de 10 l'égyptienne. Mais l'archidiacre semblait en ce moment être hors du monde. Les yeux invariablement fixés sur un certain lieu, il demeurait immobile et silencieux; et ce silence et cette immobilité avaient quelque chose de si redoutable que le sauvage sonneur frémissait devant et n'osait s'y heurter. 15 Seulement, et c'était encore une manière d'interroger l'archidiacre, il suivit la direction de son rayon visuel, et de cette façon le regard du malheureux sourd tomba sur la place de Grève.

Il vit ainsi ce que le prêtre regardait. L'échelle était dressée 20 près du gibet permanent. Il y avait quelque peuple dans la place et beaucoup de soldats. Un homme traînait sur le pavé, une chose blanche à laquelle une chose noire était accrochée.²⁵ Cet homme s'arrêta au pied du gibet.

Ici il se passa quelque chose que Quasimodo ne vit pas bien. 25 Ce n'est pas que son œil unique n'eût conservé sa longue portée, mais il y avait un gros de soldats qui empêchait de distinguer tout. D'ailleurs en cet instant le soleil parut, et un tel flot de lumière déborda par-dessus l'horizon qu'on eût dit que toutes les pointes de Paris, flèches, cheminées, pignons, 30 prenaient feu à la fois.

Cependant l'homme se mit à monter l'échelle. Alors Quasimodo le revit distinctement. Il portait une femme sur

pignon, *m.,* gable

²⁵ La «chose noire» est la mère de la Esmeralda. Le roi Louis XI lui-même avait donné l'ordre à ses troupes de s'emparer à tout prix de la sorcière et de l'exécuter sans délai pour mettre fin aux troubles dans Paris.

son épaule, une jeune fille vêtue de blanc, cette jeune fille'
avait un nœud au cou. Quasimodo la reconnut. C'était elle.
L'homme parvint ainsi au haut de l'échelle. Là il arrangea
le nœud. Ici le prêtre, pour mieux voir, se mit à genoux sur
5 la balustrade.

Tout à coup l'homme repoussa brusquement l'échelle du
talon, et Quasimodo qui ne respirait plus depuis quelques
instants vit se balancer au bout de la corde, à deux toises
au-dessus du pavé, la malheureuse enfant avec l'homme
10 accroupi les pieds sur ses épaules. La corde fit plusieurs tours
sur elle-même, et Quasimodo vit courir d'horribles convulsions
le long du corps de l'égyptienne. Le prêtre de son côté, le cou
tendu, l'œil hors de la tête, contemplait ce groupe épouvantable de l'homme et de la jeune fille, de l'araignée et de la
15 mouche.

Au moment où c'était le plus effroyable, un rire de démon,
un rire qu'on ne peut avoir que lorsqu'on n'est plus homme,
éclata sur le visage livide du prêtre. Quasimodo n'entendit
pas ce rire, mais il le vit. Le sonneur recula de quelques pas
20 derrière l'archidiacre, et tout à coup, se ruant sur lui avec
fureur, de ses deux grosses mains il le poussa dans l'abîme sur
lequel dom Claude était penché.

Le prêtre cria: — Damnation! et tomba.

ruer (se), to rush   **toise,** *f.,* fathom

HONORÉ DE BALZAC (1799–1850)

En plein romantisme, Balzac n'a pu être romantique; son tempérament ne s'y prêtait pas. Ayant échoué dans le genre «frénétique», la pire forme du romantisme, il se lança dans une affaire d'imprimerie d'où il se retira en 1828, criblé de dettes. Alors commença pour lui une vie de forçat quand, pour liquider ses dettes, il s'attela à une œuvre énorme sans égale dans l'histoire du roman 5 qu'il devait appeler par la suite la Comédie Humaine. Pour lui, plus d'échappées dans l'irréel, dans le moyen âge, dans l'orient, dans la nature, dans le rêve. Il s'attache à décrire la vie de tous les jours, mesquine, opprimante, décourageante, mais vécue. Sans faire école, cet auteur inaugure un nouveau type de littérature qu'on appellera plus tard réalisme. Le réalisme de Balzac 10 se reconnaît à deux procédés: d'abord la description détaillée du physique du personnage; ensuite la description minutieuse du milieu où vit le personnage — et le milieu et le personnage sont étroitement liés, se réflètent et se complètent. Sans parti pris, sans programme, simplement parce qu'il est lui-même, Balzac renoue avec le courant le plus profond de la littérature française, l'analyse 15 psychologique. Ses personnages font penser immédiatement à ceux de Molière, car ils sont aussi des types, des spécimens de l'humanité. Généralement, on cite comme étant les meilleures parties de la Comédie Humaine: Eugénie Grandet (1833), le Père Goriot (1834), la Cousine Bette (1846) et le Cousin Pons (1847). Ce n'est que vers 1850, avec l'avènement de l'école 20 réaliste, que Balzac sera apprécié à sa juste valeur.

EUGÉNIE GRANDET

1833

Il se trouve dans certaines villes de province des maisons dont la vue inspire une mélancolie égale à celle que provoquent les cloîtres les plus sombres, les landes les plus ternes

atteler, to harness
cribler, to riddle
forçat, m., convict. une vie de —, a life at hard labor
frénétique, adj. le —, Gothic romance

(type of novel which originated in England, specializing in ghosts, secret passages, and vampires)
lande, f., moor
mesquin, adj., shabby

ou les ruines les plus tristes. Peut-être y a-t-il à la fois dans ces maisons et le silence du cloître, et l'aridité des landes, et les ossements des ruines; la vie et le mouvement y sont si tranquilles qu'un étranger les croirait inhabitées, s'il ne rencon-
5 trait tout à coup le regard pâle et froid d'une personne immobile dont la figure à demi monastique dépasse l'appui de la croisée, au bruit d'un pas inconnu. Ces principes de mélancolie existent dans la physionomie d'un logis situé à Saumur,[1] au bout de la rue montueuse qui mène au château, par le
10 haut de la ville. Cette rue, maintenant peu fréquentée, chaude en été, froide en hiver, obscure en quelques endroits, est remarquable par la sonorité de son petit pavé cailouteux, toujours propre et sec, par l'étroitesse de sa voie tortueuse, par la paix de ses maisons, qui appartiennent à la vieille ville
15 et que dominent les remparts. Après avoir suivi les détours de ce chemin pittoresque, dont les moindres accidents réveillent des souvenirs et dont l'effet général tend a plonger dans une sorte de rêverie machinale, vous apercevez un renfoncement assez sombre, au centre duquel est cachée la porte de la maison
20 de M. Grandet.

M. Grandet jouissait à Saumur d'une réputation dont les causes et les effets ne seront pas entièrement compris par les personnes qui n'ont point, peu ou prou, vécu en province. M. Grandet, encore nommé par certaines gens le père
25 Grandet, mais le nombre de ces vieillards diminuait sensiblement, était en 1789 un maître tonnelier fort à son aise, sachant lire, écrire et compter. Lorsque la République française mit en vente, dans l'arrondissement de Saumur, les biens du clergé, le tonnelier, alors âgé de quarante ans, venait
30 d'épouser la fille d'un riche marchand de planches. Grandet

accident, *m.*, unevenness
appui, *m.*, sill
arrondissement, *m.*, district (subdivision of a *département*)
ossements, *m. pl.*, bones

prou, *adv.*, much. *peu ou* —, to a certain extent
renfoncement, *m.*, recess
tonnelier, *m.*, cooper

[1] Ville sur la Loire entre Tours et Angers.

alla, muni de sa fortune liquide et de la dot, au district, où, moyennant deux cents doubles louis offerts par son beau-père au farouche républicain qui surveillait la vente des domaines nationaux, il eut pour un morceau de pain, légale-ment, sinon légitimement, les plus beaux vignobles de 5 l'arrondissement, une vieille abbaye et quelques métairies. Sous le Consulat,[2] le bonhomme Grandet devint maire, administra sagement, vendangea mieux encore; sous l'Empire, il fut M. Grandet. Napoléon n'aimait pas les républicains: il remplaça M. Grandet, qui passait pour avoir porté le 10 bonnet rouge, par un grand propriétaire, un homme à particule, un futur baron de l'Empire. M. Grandet quitta les honneurs municipaux sans aucun regret. Il avait fait faire, dans l'intérêt de la ville, d'excellents chemins qui menaient à ses propriétés. Sa maison et ses biens, très avantageusement 15 cadastrés, payaient des impôts modérés. Cet événement eut lieu en 1806. M. Grandet avait alors cinquante-sept ans et sa femme environ trente-six. Une fille unique, fruit de leurs légitimes amours, était âgée de dix ans. M. Grandet, que la Providence voulut sans doute consoler de sa disgrâce adminis- 20 trative, hérita successivement pendant cette année de madame de la Gaudinière, née de la Bertellière, mère de madame Grandet; puis du vieux M. de la Bertellière, père de la défunte, et encore de madame Gentillet, grand'mère du côté maternel: trois successions dont l'importance ne fut connue 25 de personne. Il exploitait cent arpents de vignes, qui, dans les années plantureuses, lui donnaient sept à huit cents poinçons

cadastrer, to assess
district, *m.*, administrative office of the *arrondissement*
louis, *m.*, a gold coin worth 20 francs.
  double —, coin worth 32½ francs
moyennant, *prep.*, in return for
particule, *f.*, with a *de* before his name

plantureux, plantureuse, *adj.*, plentiful
poinçon, *m.*, puncheon (a liquor cask)
vendanger, to reap a harvest, gather the grapes
vignoble, *m.*, vineyard

[2] Le consulat a gouverné la France de 1799 à 1804. Napoléon était *premier consul.*

de vin. Il possédait treize métairies, une vieille abbaye, où, par économie, il avait muré les croisées, les ogives, les vitraux, ce qui les conserva; et cent vingt-sept arpents de prairies où croissaient et grossissaient trois mille peupliers plantés en 1793.

5 Quant à ses capitaux, deux seules personnes pouvaient vaguement en présumer l'importance; l'une était M. Cruchot, notaire, chargé des placements usuraires de M. Grandet; l'autre M. des Grassins, le plus riche banquier de Saumur, aux bénéfices duquel le vigneron participait à sa convenance 10 et secrètement. Quoique le vieux Cruchot et M. des Grassins possédassent cette profonde discrétion qui engendre en province la confiance et la fortune, ils témoignaient publiquement à M. Grandet un si grand respect que les observateurs pouvaient mesurer l'étendue des capitaux de l'ancien maire 15 d'après la portée de l'obséquieuse considération dont il était l'objet. M. Grandet inspirait donc l'estime respectueuse à laquelle avait droit un homme qui ne devait jamais rien à personne, qui, vieux tonnelier, vieux vigneron, devinait avec la précision d'un astronome quand il fallait fabriquer pour sa 20 récolte mille poinçons ou seulement cinq cents. Sa fameuse récolte de 1811, sagement serrée, lentement vendue, lui avait rapporté plus de deux cent quarante mille livres. Financièrement parlant, M. Grandet tenait du tigre et du boa: il savait se coucher, se blottir, envisager longtemps sa proie, sauter 25 dessus; puis il ouvrait la gueule de sa bourse, y engloutissait une charge d'écus et se couchait tranquillement, comme le serpent qui digère, impassible, froid, méthodique. Personne ne le voyait passer sans éprouver un sentiment d'admiration mélangé de respect et de terreur. Chacun dans Saumur 30 n'avait-il pas senti le déchirement de ses griffes d'acier?

M. Grandet n'achetait jamais ni viande ni pain. Ses fermiers lui apportaient par semaine une provision suffisante de

blottir (se), to lie close to the ground   usuraire, *adj.*, at interest
griffe, *f.*, claw

chapons, de poulets, d'œufs, de beurre et de blé de rente. Il possédait un moulin dont le locataire devait, en sus du bail, venir chercher une certaine quantité de grains et lui en rapporter le son et la farine. La grande Nanon, son unique servante, quoiqu'elle ne fût plus jeune, boulangeait elle-même 5 tous les samedis le pain de la maison. M. Grandet s'était arrangé avec les maraîchers, ses locataires, pour qu'ils le fournissent de légumes. Ses seules dépenses connues étaient le pain bénit, la toilette de sa femme, celle de sa fille et le paye- ment de leurs chaises à l'église; la lumière, les gages de la 10 grande Nanon, l'étamage des casseroles; l'acquittement des impositions, les réparations de ses bâtiments et les frais de ses exploitations. Les manières de cet homme étaient fort simples. Il parlait peu. Généralement il exprimait ses idées par de petites phrases sentencieuses et dites d'une voix douce. Depuis 15 la Révolution, époque à laquelle il attira les regards, le bon- homme bégayait d'une manière fatigante aussitôt qu'il avait à discourir longuement ou à soutenir une discussion. Ce bredouillement, l'incohérence de ses paroles, le flux de mots où il noyait sa pensée, son manque apparent de logique, 20 attribués à un défaut d'éducation, étaient affectés. Quand, après une savante conversation, son adversaire lui avait livré le secret de ses prétentions en croyant le tenir, il lui répondait:

— Je ne puis rien conclure sans avoir consulté ma femme.

Sa femme, qu'il avait réduite à un ilotisme complet, était en 25 affaires son paravent le plus commode. Il n'allait jamais chez personne, ne voulait ni recevoir ni donner à dîner; il ne faisait jamais de bruit, et semblait économiser tout, même le mouve-

---

bail, *m.*, lease
bredouillement, *m.*, stammering
chapon, *m.*, capon
étamage, *m.*, tinning
ilotisme, *m.*, helotism (*Helots*, from the town of *Helos*, were bondsmen in ancient Sparta)

maraîcher, *m.*, market gardener
rente, *f. de* —, as part of the annual dues
son, *m.*, bran
sus, *prep. en* — *de*, over and above

ment. Au physique, Grandet était un homme de cinq pieds, trapu, carré, ayant des mollets de douze pouces de circonférence, des rotules noueuses et de larges épaules; son visage était rond, tanné, marqué de petite vérole; son menton était
5 droit, ses lèvres n'offraient aucune sinuosité, et ses dents étaient blanches; ses yeux avaient l'expression calme et dévoratrice que le peuple accorde au basilic; son front, plein de lignes transversales, ne manquait pas de protubérances significatives; ses cheveux, jaunâtres et grisonnants, étaient
10 *blanc et or*, disaient quelques jeunes gens qui ne connaissaient pas la gravité d'une plaisanterie faite sur M. Grandet. Son nez, gros par le bout, supportait une loupe veinée que le vulgaire disait, non sans raison, pleine de malice. Cette figure annonçait une finesse dangereuse, une probité sans chaleur,
15 l'égoïsme d'un homme habitué à concentrer ses sentiments dans la jouissance de l'avarice et sur le seul être qui lui fût réellement de quelque chose, sa fille Eugénie, sa seule héritière.

La maison de Grandet est décrite avec le même luxe de détails réalistes. Dans cette vieille maison sombre six personnes seulement ont le droit de
20 pénétrer: d'un côté, les trois Cruchot: le notaire, son fils qui se fait appeler C. de Bonfons et qui est président au tribunal de première instance, et l'abbé Cruchot, frère du notaire; — de l'autre côté, les Grassins, le père, la mère, et leur fils Adolphe. Les fils des deux familles aspirent à la main d'Eugénie.

Tous les ans, pour son anniversaire, Grandet a coutume de donner à
25 sa fille une pièce d'or pour faire son douzain de mariage. Cette année, quand Eugénie a ses vingt-trois ans, il fait de même et au dîner il parle du mariage pour la première fois.

Après ce dîner, Nanon alla chercher une bouteille de cassis dans la chambre de M. Grandet, et manqua de tomber en
30 descendant.

basilic, *m*., basilisk (a fearful creature of classic and medieval legend, like a serpent, lizard or dragon, whose breath and look were fatal)
cassis, *m*., black-currant cordial
douzain, *m*., douzain (in Berri and Anjou, explains Balzac, the bride receives a present of twelve pieces of silver or gold, a dozen dozens, or twelve hundred pieces)
instance, *f*., *tribunal de première —*, county court
loupe, *f*., wen (type of tumor)
mollet, *m*., calf
rotule, *f*., patella, kneecap
vérole, *f. petite —*, smallpox

— Grande bête, lui dit son maître, est-ce que tu te laisserais choir comme une autre, toi?

— Monsieur, c'est cette marche de votre escalier qui ne tient pas.

— Elle a raison, dit madame Grandet, vous auriez dû la faire raccommoder depuis longtemps. Hier Eugénie a failli s'y fouler le pied.

— Tiens, dit Grandet à Nanon en la voyant toute pâle, puisque c'est la naissance d'Eugénie, et que tu as manqué de tomber, prends un petit verre de cassis pour te remettre.

— Ma foi, je l'ai bien gagné, dit Nanon. A ma place, il y a bien des gens qui auraient cassé la bouteille; mais je me serais plutôt cassé le coude pour la tenir en l'air.

— C'te pauvre Nanon! dit Grandet en lui versant le cassis.

— T'es-tu fait mal? lui dit Eugénie en la regardant avec intérêt.

— Non, puisque je me suis retenue en me fichant sur mes reins.

— Eh bien! puisque c'est la naissance d'Eugénie, dit Grandet, je vais vous raccommoder votre marche. Vous ne savez pas, vous autres, mettre le pied dans le coin, à l'endroit où elle est encore solide.

Grandet prit la chandelle, laissa sa femme, sa fille et sa servante sans autre lumière que celle du foyer qui jetait de vives flammes, et alla dans le fournil chercher des planches, des clous et des outils.

— Faut-il vous aider? lui cria Nanon en l'entendant frapper dans l'escalier.

— Non! non! ça me connaît, répondit l'ancien tonnelier.

Pendant que Grandet est en train de raccommoder la marche, les Cruchot arrivent et sont bientôt suivis des Grassins. Tout le monde se met à faire une partie de loto.

ficher (se), to bring oneself up sharp   **reins**, *m. pl.*, haunches
fournil, *m.*, bakehouse

Au moment où madame Grandet gagnait un lot de seize sous, le plus considérable qui eût jamais été ponté dans cette salle, et que la grande Nanon riait d'aise en voyant madame empochant cette riche somme, un coup de marteau retentit
5 à la porte de la maison et y fit un si grand tapage que les femmes sautèrent sur leurs chaises.

— Ce n'est pas un homme de Saumur qui frappe ainsi, dit le notaire.

— Peut-on cogner comme ça! dit Nanon. Veulent-ils casser
10 notre porte?

— Quel diable est-ce? s'écria Grandet.

Nanon prit une des deux chandelles et alla ouvrir, accompagnée de Grandet.

— Grandet! Grandet! s'écria sa femme, qui, poussée par un
15 vague sentiment de peur, s'élança vers la porte de la salle.

— Si nous y allions? dit M. des Grassins. Ce coup de marteau me paraît malveillant.

A peine fut-il permis à M. des Grassins d'apercevoir la figure d'un jeune homme accompagné du facteur des message-
20 ries, qui portait deux malles énormes et traînait des sacs de nuit. Grandet se retourna brusquement vers sa femme et lui dit:

— Madame Grandet, allez à votre loto. Laissez-moi m'entendre avec monsieur.

25 Puis il tira vivement la porte de la salle, où les joueurs agités reprirent leurs places, mais sans continuer le jeu.

— Est-ce quelqu'un de Saumur, monsieur des Grassins? lui dit sa femme.

— Non, c'est un voyageur.

30 — Il ne peut venir que de Paris.

— En effet, dit le notaire, en tirant sa vieille montre épaisse de deux doigts et qui ressemblait à un vaisseau hollandais, il

lot, *m.*, pool
messageries, *f. pl.*, stagecoach company
ponter, to bet

est *neuffe-s-heures*. Peste! la diligence du Grand Bureau ³ n'est jamais en retard.

— Et ce monsieur est-il jeune? demanda l'abbé Cruchot.

— Oui, répondit M. des Grassins. Il apporte des bagages qui doivent peser au moins trois cents kilos.   5

— Nanon ne revient pas, dit Eugénie.

— Ce ne peut être qu'un de vos parents, dit le président. A sa voix, j'ai vu que M. Grandet était contrarié; peut-être ne serait-il pas content de s'apercevoir que nous parlons de ses affaires.   10

— Mademoiselle, dit Adolphe à sa voisine, ce sera sans doute votre cousin Grandet, un bien joli jeune homme que j'ai vu au bal de M. Nucingen.⁴

Adolphe ne continua pas, sa mère lui marcha sur le pied; puis, en lui demandant à haute voix deux sous pour sa 15
mise:

— Veux-tu te taire, grand nigaud! lui dit-elle à l'oreille.

En ce moment, Grandet rentra sans la grande Nanon, dont le pas et celui du facteur retentirent dans les escaliers; il était suivi du voyageur qui depuis quelques instants excitait tant 20 de curiosité et préoccupait si vivement les imaginations que son arrivée en ce logis et sa chute au milieu de ce monde peut être comparée à celle d'un colimaçon dans une ruche ou à l'introduction d'un paon dans quelque obscure basse-cour de village.   25

— Asseyez-vous auprès du feu, lui dit Grandet.

Avant de s'asseoir, le jeune étranger salua très gracieuse-ment l'assemblée. Les hommes se levèrent pour répondre par une inclination polie, et les femmes firent une révérence

colimaçon, *m.*, snail   nigaud, *m.*, simpleton
mise, *f.*, stake   paon, *m.*, peacock

³ Au temps d'*Eugénie Grandet*, il y avait deux services de diligence en **France**, les *Messageries Royales* connues sous le nom de *Grand Bureau*, et les *Messageries Laffitte et Caillard*.

⁴ Personnage qui joue un rôle important dans d'autres romans de **Balzac**. Nucingen est le type de l'homme de finances.

cérémonieuse. — Vous avez sans doute froid, monsieur? dit
madame Grandet; vous arrivez peut-être de . . . ?

— Voilà bien les femmes! dit le vieux vigneron en quittant
la lecture d'une lettre qu'il tenait à la main; laissez donc
5 monsieur se reposer.

— Mais, mon père, monsieur a peut-être besoin de quelque
chose, dit Eugénie.

— Il a une langue, répondit sévèrement le vigneron.

L'inconnu fut seul surpris de cette scène. Les autres per-
10 sonnes étaient faites aux façons despotiques du bonhomme.
Néanmoins, l'inconnu se leva, présenta le dos au feu, leva l'un
de ses pieds pour chauffer la semelle de ses bottes et dit à
Eugénie:

— Ma cousine, je vous remercie, j'ai dîné à Tours. Et,
15 ajouta-t-il en regardant Grandet, je n'ai besoin de rien, je ne
suis même point fatigué.

— Monsieur vient de la capitale? demanda madame des
Grassins.

M. Charles, ainsi se nommait le fils de M. Grandet de Paris,
20 en s'entendant interpeller, prit un petit lorgnon suspendu
par une chaîne à son cou, l'appliqua sur son œil droit pour
examiner ce qu'il y avait sur la table et les personnes qui y
étaient assises, lorgna fort impertinemment madame des
Grassins et lui dit, après avoir tout vu:

25 — Oui, madame. — Vous jouez au loto, ma tante, ajouta-
t-il; je vous en prie, continuez votre jeu, il est trop amusant
pour le quitter.

M. des Grassins mit un jeton sur le carton de sa femme, qui,
saisie par de tristes pressentiments, observa tour à tour le
30 cousin de Paris et Eugénie, sans songer au loto. De temps en
temps la jeune héritière lançait de furtifs regards à son cousin,
et la femme du banquier put facilement y découvrir un
crescendo d'étonnement et de curiosité.

jeton, *m.*, counter   semelle, *f.*, sole
lorgnon, *m.*, eyeglass

M. Charles est un dandy de Paris. Il s'est fait encore plus élégant pour éblouir la société provinciale qu'il comptait trouver chez son oncle à Froidfond, château qu'en effet son oncle a acheté pour faire un bon placement mais qu'il n'a jamais habité lui-même. Pendant que les Grassins apprennent à Charles que son oncle est un «grigou» et sa cousine une sotte, 5 Eugénie est occupée à surveiller le travail de Nanon qui prépare la chambre du visiteur. Elle vole du bois, fait tout pour embellir la pièce, et, comme dit Balzac: «Il lui avait plus surgi d'idées en un quart d'heure qu'elle n'en avait eu depuis qu'elle était au monde.» Pendant ce temps aussi Grandet lit la lettre qui vient de son frère et qui dit que le frère a fait faillite, qu'il va se 10 suicider, et qu'il lui confie son fils.

Le lendemain matin Eugénie est en train de se regarder dans son miroir:

«Je ne suis pas assez belle pour lui!» telle était la pensée d'Eugénie, pensée humble et fertile en souffrances. La pauvre fille ne se rendait pas justice; mais la modestie, ou mieux la 15 crainte, est une des premières vertus de l'amour. Eugénie appartenait bien à ce type d'enfants fortement constitués, comme ils le sont dans la petite bourgeoisie, et dont les beautés paraissent vulgaires; mais, si elle ressemblait à la Vénus de Milo,[5] ses formes étaient ennoblies par cette suavité 20 du sentiment chrétien qui purifie la femme et lui donne une distinction inconnue aux sculpteurs anciens. Elle avait une tête énorme, le front masculin, mais délicat, du Jupiter de Phidias,[6] et des yeux gris auxquels sa chaste vie, en s'y portant tout entière, imprimait une lumière jaillissante. Les traits de 25 son visage rond, jadis frais et rose, avaient été grossis par une petite vérole assez clémente pour n'y point laisser de traces, mais qui avait détruit le velouté de la peau, néanmoins si douce et si fine encore que le pur baiser de sa mère y traçait passagèrement une marque rouge. Son nez était un peu trop 30 fort, mais il s'harmonisait avec une bouche d'un rouge de minium, dont les lèvres à mille raies étaient pleines d'amour

grigou, *m.*, sordid miser
jadis, *adv.*, once

minium, *m.*, minium (a bright red color)
raie, *f.*, crease

[5] Cette célèbre statue fut découverte à Melos en 1820 et est maintenant au Louvre.
[6] Phidias était le plus célèbre sculpteur grec. Son *Jupiter* n'a pas survécu.

et de bonté. Eugénie, grande et forte, n'avait donc rien du joli qui plaît aux masses; mais elle était belle de cette beauté si facile à méconnaître, et dont s'éprennent seulement les artistes. Eugénie était encore sur la rive de la vie où fleurissent
5 les illusions enfantines, où se cueillent les marguerites avec des délices plus tard inconnues. Aussi se dit-elle en se mirant, sans savoir encore ce qu'était l'amour:

— Je suis trop laide, il ne fera pas attention à moi!

Puis elle ouvrit la porte de sa chambre qui donnait sur
10 l'escalier, et tendit le cou pour écouter les bruits de la maison.

— Il ne se lève pas, pensa-t-elle en entendant la tousserie matinale de Nanon, et la bonne fille allant, venant, balayant la salle, allumant son feu, enchaînant le chien et parlant à
15 ses bêtes dans l'écurie.

Aussitôt Eugénie descendit et courut à Nanon, qui trayait la vache.

— Nanon, ma bonne Nanon, fais donc de la crème pour le café de mon cousin.

20 — Mais, mademoiselle, il aurait fallu s'y prendre hier, dit Nanon, qui partit d'un gros éclat de rire. Je ne peux pas faire de la crème. Votre cousin est mignon, mignon, mais vraiment mignon. Vous ne l'avez pas vu dans sa *chambrelouque* de soie et d'or. Je l'ai vu, moi. Il porte du linge fin comme celui du
25 surplis de M. le curé.

— Nanon, fais-nous donc de la galette.

— Et qui me donnera du bois pour le four, et de la farine, et du beurre? dit Nanon, laquelle, en sa qualité de premier ministre de Grandet, prenait parfois une importance énorme
30 aux yeux d'Eugénie et de sa mère. Faut-il pas le voler, cet homme, pour fêter votre cousin? Demandez-lui du beurre, de

---

chambrelouque, *f.,* dressing gown
  (provincial term)
écurie, *f.,* stable
falloir. *faut-il pas?* so I have to?
galette, *f.,* cake (a broad, thin cake)

marguerite, *f.,* daisy
surplis, *m.,* surplice (outer garment
  with wide sleeves worn over cassock)
traire, to milk

la farine, du bois, il est votre père, il peut vous en donner.
Tenez, le voilà qui descend pour voir aux provisions . . .

Grâce à toutes sortes de ruses, Nanon réussit à obtenir de Grandet
l'autorisation de faire la galette. Puis, Charles n'étant pas encore levé,
Grandet invite sa fille à venir faire l'inspection de sa prairie au bord de la 5
Loire. En route ils rencontrent Cruchot qui cherche à savoir si Charles est
venu pour épouser Eugénie, à quoi Grandet répond avec son bredouillement feint:

— Eh bien, mon vieux cama . . . arade, je serai franc, et je
vous dirai ce que vous . . . ous vou . . . oulez sa . . . savoir. 10
J'aimerais mieux, voyez-voous, je . . . jeter ma fi . . . fi . . .
fille dans la Loire que de la do . . . onner à son cou . . .
ou . . . ousin: vous . . . pou . . . ouvez a . . . annoncer ça.
Mais non, laissez ja . . . aser le mon . . . onde.

Cette réponse causa des éblouissements à Eugénie. Les loin- 15
taines espérances qui pour elle commençaient à poindre dans
son cœur fleurirent soudain, se réalisèrent et formèrent un
faisceau de fleurs qu'elle vit coupées et gisant à terre. Depuis
la veille, elle s'attachait à Charles par tous les liens de bonheur [7] qui unissent les âmes; désormais la souffrance allait 20
donc les corroborer. Elle revint tremblant sur ses jambes, et,
en arrivant à la vieille rue sombre, si joyeuse pour elle, elle
la trouva d'un aspect triste, elle y respira la mélancolie que
les temps et les choses y avaient imprimée. A quelques pas
du logis, elle devança son père et l'attendit à la porte après y 25
avoir frappé. Mais Grandet, qui voyait dans la main du
notaire un journal encore sous bande, lui avait dit:

— Où en sont les fonds?

— Mon Dieu! dit le notaire, qui avait ouvert son journal.

— Eh bien, quoi? s'écria Grandet au moment où Cruchot 30
lui mettait le journal sous les yeux en lui disant: — Lisez cet
article.

faisceau, *m.*, sheaf   poindre, to break through
fonds, *m. pl.*, government bonds

[7] C'est parce qu'elle croyait que Grandet avait fait venir Charles pour les
marier ensemble.

«*M. Grandet, l'un des négociants les plus estimés de Paris, s'est brûlé la cervelle hier, après avoir fait son apparition accoutumée à la Bourse. Il avait envoyé au président de la Chambre des Députés sa démission, et s'était également démis de ses fonctions de juge au*
5 *tribunal de commerce. Les faillites de MM. Roguin et Souchet, son agent de change et son notaire, l'ont ruiné. La considération dont jouissait M. Grandet et son crédit étaient néanmoins tels qu'il eût sans doute trouvé des secours sur la place de Paris. Il est à regretter que cet homme honorable ait cédé à un premier moment de désespoir;*
10 *etc . . .*»

— Je le savais, dit le vieux vigneron au notaire.

Ce mot glaça maître Cruchot, qui, malgré son impassibilité de notaire, se sentit froid dans le dos en pensant que le Grandet de Paris avait peut-être imploré vainement les
15 millions du Grandet de Saumur.

— Et son fils, si joyeux hier . . . ?

— Il ne sait rien encore, répondit Grandet avec le même calme.

— Adieu, monsieur Grandet, dit Cruchot, qui comprit
20 tout et alla rassurer le président de Bonfons.

Grandet entre et trouve le déjeuner tout prêt. Nanon descend et leur apprend que Charles dort «comme un chérubin».

— Laisse-le dormir, dit Grandet, il s'éveillera toujours assez tôt aujourd'hui pour apprendre de mauvaises nouvelles.
25 — Qu'y a-t-il donc? demanda Eugénie en mettant dans son café les deux petits morceaux de sucre pesant on ne sait combien de grammes que le bonhomme s'amusait à couper lui-même à ses heures perdues.

Madame Grandet, qui n'avait pas osé faire cette question,
30 regarda son mari.

— Son père s'est brûlé la cervelle.

— Mon oncle? . . . dit Eugénie.

---

bourse, *f.*, stock exchange   **place,** *f.*, exchange
change, *m. agent de* —, broker

— Le pauvre jeune homme! s'écria madame Grandet.

— Oui, pauvre, reprit Grandet, il ne possède pas un sou.

— Eh bien, il dort comme s'il était le roi de la terre, dit Nanon, d'un accent doux.

Eugénie cessa de manger. Son cœur se serra comme le cœur 5 se serre quand, pour la première fois, la compassion, excitée par le malheur de celui qu'elle aime, s'épanche dans le corps entier d'une femme. La jeune fille pleura.

— Tu ne connaissais pas ton oncle, pourquoi pleures-tu? lui dit son père, en lui lançant un de ces regards de tigre 10 affamé qu'il jetait sans doute à ses tas d'or.

— Mais, monsieur, dit la servante, qui ne se sentirait pas de pitié pour ce pauvre jeune homme, qui dort comme un sabot sans savoir son sort?

— Je ne te parle pas, Nanon! tiens ta langue.   15

Eugénie apprit en ce moment que la femme qui aime doit toujours dissimuler ses sentiments. Elle ne répondit pas.

— Jusqu'à mon retour vous ne lui parlerez de rien, j'espère, madame Grandet, dit le vieillard en continuant. Je suis obligé d'aller faire aligner le fossé de mes prés sur la route. — Quant 20 à toi, mademoiselle Grandet, si c'est pour ce mirliflore que tu pleures, assez comme cela, mon enfant. Il partira dare dare pour les grandes Indes. Tu ne le verras plus . . .

A onze heures, ce qui est pour lui une heure matinale, Charles descend déjeuner en disant qu'il mangerait volontiers un perdreau. Eugénie a déjà 25 mis la maison à sac pour produire le modeste déjeuner qu'elle lui sert. Pendant que Charles déjeune, Grandet rentre.

Charles, ayant goûté son café, le trouva trop amer et chercha le sucre que Grandet avait déjà serré.

— Que voulez-vous, mon neveu? lui dit le bonhomme.   30

— Le sucre.

— Mettez du lait, répondit le maître de la maison, votre café s'adoucira.

---

dare dare, *adv.*, without a moment's delay

épancher (s'), to overflow

mirliflore, *m.*, coxcomb

perdreau, *m.*, a young partridge

Eugénie reprit la soucoupe au sucre que Grandet avait déjà serrée, et la mit sur la table en contemplant son père d'un air calme. Charles ne devait jamais être dans le secret des profondes agitations qui brisaient le cœur de sa cousine, 5 alors foudroyée par le regard du vieux tonnelier.

— Tu ne manges pas, ma femme?

La pauvre ilote s'avança, coupa piteusement un morceau de pain et prit une poire. Eugénie offrit audacieusement à son père du raisin en lui disant:

10   — Goûte donc à ma conserve, papa! Mon cousin, vous en mangerez, n'est-ce pas? Je suis allée chercher ces jolies grappes-là pour vous.

— Oh! si on ne les arrête, elles mettront Saumur au pillage pour vous, mon neveu. Quand vous aurez fini, nous irons 15 ensemble dans le jardin, j'ai à vous dire des choses qui ne sont pas sucrées.

Eugénie et sa mère lancèrent un regard sur Charles, à l'expression duquel le jeune homme ne put se tromper.

— Qu'est-ce que ces mots signifient, mon oncle? Depuis la 20 mort de ma pauvre mère . . . (à ces deux mots, sa voix mollit), il n'y a pas de malheur possible pour moi.

Ayant amené son neveu dans le jardin, Grandet lui apprend le suicide de son père. Le vieil avare ne comprend rien au désespoir du jeune homme et, rentré dans la maison, il dit à sa femme: «Mais ce jeune homme n'est 25 bon à rien, il s'occupe plus des morts que de l'argent.»

Le lendemain Grandet fait une très bonne affaire en vendant sa récolte et il commence à penser à sauver l'honneur de son frère dont la faillite n'a pas encore été déclarée officiellement. Il va envoyer M. des Grassins à Paris pour acheter les titres de créances. Cette nuit-là sa fille l'entend qui, 30 avec l'aide de Nanon, descend son or de son cabinet particulier et qui l'emporte à Angers pour le vendre à des spéculateurs. Les bénéfices doivent servir à liquider les affaires de son frère. Grandet parti, Eugénie, qui avait craint que son père n'enlevât son cousin et qui écoutait du haut de l'escalier, s'apprête à rentrer dans sa chambre.

créance, *f. titre de* —, promissory note   soucoupe, *f.*, salver
foudroyer, to crush

Le silence était rétabli dans la maison, et le lointain roulement de la voiture, qui cessa par degrés, ne retentissait déjà plus dans Saumur endormi. En ce moment, Eugénie entendit en son cœur, avant de l'écouter par l'oreille, une plainte qui perça les cloisons, et qui venait de la chambre de son cousin. 5 Une bande lumineuse, fine autant que le tranchant d'un sabre, passait par la fente de la porte et coupait horizontalement les balustres du vieil escalier.

— Il souffre, dit-elle en grimpant deux marches.

Un second gémissement la fit arriver sur le palier de la 10 chambre. La porte était entr'ouverte, elle la poussa. Charles dormait, la tête penchée en dehors du vieux fauteuil; sa main avait laissé tomber la plume et touchait presque terre. La respiration saccadée que nécessitait la posture du jeune homme effraya soudain Eugénie, qui entra promptement. 15

— Il doit être bien fatigué, se dit-elle en regardant une dizaine de lettres cachetées. Elle en lut les adresses: *A Messieurs Farry, Breilman et Cie, carrossiers. — A Monsieur Buisson, tailleur, etc.*

— Il a sans doute arrangé toutes ses affaires pour pouvoir 20 bientôt quitter la France, pensa-t-elle.

Puis ses yeux tombèrent sur deux lettres ouvertes. Ces mots qui en commençaient une: *Ma chère Annette,* lui causèrent un éblouissement. Son cœur palpita, ses pieds se clouèrent sur le carreau. 25

— Sa chère Annette! Il aime, il est aimé! Plus d'espoir! Que lui dit-il?

Ces idées lui traversèrent la tête et le cœur. Elle lisait ces mots partout, même sur les carreaux, en traits de flammes. *Chère Annette!* Un démon lui criait ces deux mots aux 30 oreilles.

balustre, *m.,* banister   **cloison,** *f.,* partition
carreau, *m.,* tile, tile floor   **palier,** *m.,* landing
carrossier, *m.,* carriage maker   **saccadé,** *adj.,* jerky

— Je sais que je fais peut-être mal, mais je la lirai, la lettre, dit-elle.

Jusque-là, elle n'avait eu à rougir d'aucune action. La passion, la curiosité l'emportèrent.

5 C'est une lettre d'adieu. Charles informe *sa chère Annette* de la mort de son père et de son projet d'aller faire fortune aux Indes. Il se plaint seulement de ne pouvoir, faute d'argent, aller lui dire adieu à Paris. A la lecture de ce passage, Eugénie décide de lui donner tout son or. Plus loin elle lit: «Nous nous quittons aujourd'hui pour toujours.» — Il la quitte, sainte Vierge! 10 O bonheur, s'écrie-t-elle. Ayant lu cette lettre inachevée, elle en lit une autre à l'adresse d'un ami de Charles, qui s'appelle Alphonse.

Ceci fait, Eugénie va chercher son or dans sa chambre et revient dans celle de Charles.

Au moment où elle se montra sur le seuil de la porte, en 15 tenant d'une main la bougie, de l'autre sa bourse, Charles se réveilla, vit sa cousine et resta béant de surprise. Eugénie s'avança, posa le flambeau sur la table et dit d'une voix émue:

— Mon cousin, j'ai à vous demander pardon d'une faute grave que j'ai commise envers vous; mais Dieu me le par-
20 donnera, ce péché, si vous voulez l'effacer.

— Qu'est-ce donc? dit Charles en se frottant les yeux.

— J'ai lu ces deux lettres.

Charles rougit.

— Comment cela s'est-il fait? reprit-elle; pourquoi suis-je 25 montée? En vérité, maintenant je ne le sais plus. Mais je suis tentée de ne pas trop me repentir d'avoir lu ces lettres, puis-qu'elles m'ont fait connaître votre cœur, votre âme et . . .

— Et quoi? demanda Charles.

— Et vos projets, la nécessité où vous êtes d'avoir une 30 somme.

— Ma chère cousine . . .

— Chut, chut, mon cousin! pas si haut, n'éveillons personne. Voici, dit-elle en ouvrant sa bourse, les économies d'une pauvre fille qui n'a besoin de rien. Charles, acceptez-les. Un

béant, *adj.*, open-mouthed

cousin est presque un frère, vous pouvez bien emprunter la
bourse de votre sœur.

Il restait muet. Eugénie, autant femme que jeune fille,
n'avait pas prévu des refus.

— Eh bien? dit-elle.   5

Il baissa la tête.

— Vous refuseriez? demanda Eugénie, dont les palpitations
retentirent au milieu du profond silence.

L'hésitation de son cousin l'humilia; mais la nécessité dans
laquelle il se trouvait se représenta plus vivement à son esprit, 10
et elle plia le genou.

— Je ne me relèverai pas que vous n'ayez pris cet or! dit-
elle. Mon cousin, de grâce, une réponse! . . . que je sache si
vous m'honorez, si vous êtes généreux, si . . .

En entendant le cri d'un noble désespoir, Charles laissa 15
tomber des larmes sur les mains de sa cousine, qu'il saisit
afin de l'empêcher de s'agenouiller. En recevant ces larmes
chaudes, Eugénie sauta sur la bourse, la lui versa sur la
table.

— Eh bien, oui, n'est-ce pas? dit-elle en pleurant de joie.   20

Charles put enfin exprimer ses sentiments.

— Oui, Eugénie, j'aurais l'âme bien petite, si je n'acceptais
pas. Cependant, rien pour rien, confiance pour confiance.
J'ai là . . .

Il s'interrompit pour montrer sur la commode une caisse 25
carrée enveloppée d'un surtout de cuir.

— J'ai là, voyez-vous, une chose qui m'est aussi précieuse
que la vie. Cette boîte est un présent de ma mère. Depuis ce
matin, je pensais que, si elle pouvait sortir de sa tombe, elle
vendrait elle-même l'or que sa tendresse lui a fait prodiguer 30
dans ce nécessaire; mais, accomplie par moi, cette action me
paraîtrait un sacrilège.

---

nécessaire, *m.*, dressing case   **surtout,** *m.*, holder
rien, *pro.* — *pour* —, one thing for
    another

Eugénie serra convulsivement la main de son cousin en entendant ces derniers mots.

— Non, reprit-il après une légère pause, pendant laquelle tous deux ils se jetèrent un regard humide, non, je ne veux ni
5 le détruire, ni le risquer dans mes voyages. Chère Eugénie, vous en serez dépositaire. Jamais ami n'aura confié quelque chose de plus sacré à son ami.

Il lui montre la boîte qui renferme le portrait de sa mère, dont il se met à parler avec tendresse. Puis il se plaint de ce qu'il est ruiné, à quoi Eugénie
10 répond qu'il ne doit pas s'inquiéter puisque son père à elle est riche. Pour les prétendues richesses du vieux, Charles n'a que du mépris et Eugénie est si innocente en tout qu'elle ne peut pas le détromper.

Les jours suivants Charles fait tous les préparatifs pour son voyage et règle ses affaires de Paris. Ce sont des jours de bonheur, car les deux jeunes
15 gens commencent à s'aimer d'un amour idyllique.

Depuis la scène de nuit pendant laquelle la cousine donna son trésor au cousin, son cœur avait suivi le trésor. Complices tous deux du même secret, ils se regardaient en s'exprimant une mutuelle intelligence. En échangeant quelques mots avec
20 sa cousine au bord du puits, dans cette cour muette; en restant dans ce jardin, assis sur un banc moussu jusqu'à l'heure où le soleil se couchait, occupés à se dire de grands riens, ou recueillis dans le calme qui régnait entre le rempart et la maison, comme on l'est sous les arcades d'une église, Charles
25 comprit la sainteté de l'amour; car sa grande dame, sa chère Annette, ne lui en avait fait connaître que les troubles orageux. Il descendait dès le matin, afin de pouvoir causer avec Eugénie quelques moments avant que Grandet vînt donner les provisions; et, quand les pas du bonhomme retentissaient
30 dans les escaliers, il se sauvait au jardin. Enfin, de jour en jour, ses regards, ses paroles ravirent la pauvre fille, qui s'abandonna délicieusement au courant de l'amour; elle saisissait sa félicité comme un nageur saisit la branche de saule pour se tirer du fleuve et se reposer sur la rive. Les
35 chagrins d'une prochaine absence n'attristaient-ils pas déjà les heures les plus joyeuses de ces fuyardes journées?

Depuis quelques jours, le maintien, les manières, les paroles de Charles étaient devenus ceux d'un homme profondément affligé, mais qui, sentant peser sur lui d'immenses obligations, puise un nouveau courage dans son malheur. Aussi jamais Eugénie ne présuma-t-elle mieux du caractère de son 5 cousin qu'en le voyant descendre dans ses habits de gros drap noir, qui allait bien à sa figure pâlie et à sa sombre contenance. Ce jour-là, le deuil fut pris par les deux femmes, qui assistèrent avec Charles à un *Requiem* célébré à la paroisse pour l'âme de feu Guillaume Grandet. 10

Au second déjeuner, Charles reçut des lettres de Paris et les lut.

Quand les deux amants furent seuls dans le jardin, Charles dit à Eugénie en l'attirant sur le vieux banc, où ils s'assirent sous le noyer: 15

— J'avais bien présumé d'Alphonse, il s'est conduit à merveille. Il a fait mes affaires avec prudence et loyauté. Je ne dois rien à Paris, tous mes meubles sont bien vendus, et il m'annonce avoir, d'après les conseils d'un capitaine au long cours, employé trois mille francs qui lui restaient en 20 une pacotille composée de curiosités européennes, desquelles on tire un excellent parti aux Indes. Il a dirigé mes colis sur Nantes, où se trouve un navire en charge pour Java. Dans cinq jours, Eugénie, il faudra nous dire adieu pour toujours peut-être, mais au moins pour longtemps. Ma 25 pacotille et dix mille francs que m'envoient deux de mes amis sont un bien petit commencement. Je ne puis songer à mon retour avant plusieurs années. Ma chère cousine, ne mettez pas en balance ma vie et la vôtre; je puis périr, peut-être se présentera-t-il pour vous un riche établissement . . . 30

capitaine, *m.* — *au long cours,* captain of a trading vessel
charge, *f.* en — *pour,* freighted for
noyer, *m.,* walnut tree
pacotille, *f.,* seaman's venture (a small package of merchandise which a seaman might take with him for trading)
présumer, to have a good opinion of, judge the character of
Requiem, *m.* (Latin), a mass for the repose of the soul

— Vous m'aimez? . . . dit-elle.

— Oh! oui, bien, répondit-il avec une profondeur d'accent qui révélait une égale profondeur dans le sentiment.

— J'attendrai, Charles. Dieu! mon père est à sa fenêtre,
5 dit-elle en repoussant son cousin, qui s'approchait pour l'embrasser.

Elle se sauva sous la voûte, Charles l'y suivit; en le voyant, elle se retira au pied de l'escalier et ouvrit la porte battante; puis, sans trop savoir où elle allait, Eugénie se trouva près du
10 bouge de Nanon, à l'endroit le moins clair du couloir; là, Charles, qui l'avait accompagnée, lui prit la main, l'attira sur son cœur, la saisit par la taille et l'appuya doucement sur lui. Eugénie ne résista plus, elle reçut et donna le plus pur, le plus suave, mais aussi le plus entier de tous les baisers.

15   Charles parti, Eugénie ne fait que penser à lui et achète une mappemonde pour suivre son voyage. Un jour sa mère la surprend qui regarde la boîte laissée en dépôt par Charles. C'est ainsi qu'elle apprend que sa fille a donné tout son or à son cousin. Au premier jour de l'an Grandet a l'habitude de donner une pièce d'or à sa fille pour ses étrennes et, à cette occasion,
20 il ne manque pas de demander à voir son petit trésor. La mère et la fille commencent donc à attendre le jour fatal avec angoisse. Il vient enfin. Cependant ce jour-là Grandet se lève très gai, car il a réussi une spéculation.

Grandet descendit l'escalier en pensant à métamorphoser promptement ses écus parisiens en bon or, et à son admirable
25 spéculation des rentes sur l'État. Il était décidé à placer ainsi ses revenus jusqu'à ce que la rente atteignît le taux de cent francs. Méditation funeste à Eugénie. Aussitôt qu'il entra, les deux femmes lui souhaitèrent une bonne année, sa fille en lui sautant au cou et le câlinant, madame Grandet gravement et
30 avec dignité.

— Ah! ah! mon enfant, dit-il, en baisant sa fille sur les joues, je travaille pour toi, vois-tu! . . . je veux ton bonheur. Il faut de l'argent pour être heureux. Sans argent, bernique.

battant, *adj.,* swinging
bernique, *interj.,* no go
câliner, to cajole

étrenne, *f.,* New Year's gift
suave, *adj.,* sweet
taux, *m.,* rate of interest

Tiens, voilà un napoléon tout neuf, je l'ai fait venir de Paris. Nom d'un petit bonhomme, il n'y a pas un grain d'or ici. Il n'y a que toi qui as de l'or. Montre-moi ton or, fifille.

— Bah! il fait trop froid; déjeunons, lui répondit Eugénie.

— Eh bien, après, hein? Ça nous aidera tous à digérer.   5
L'attente d'une mort ignominieuse et publique est moins horrible peut-être pour un condamné que ne l'était pour madame Grandet et pour sa fille l'attente des événements qui devaient terminer ce déjeuner de famille. Plus gaiement parlait et mangeait le vieux vigneron, plus le cœur de ces 10 deux femmes se serrait. La fille avait néanmoins un appui dans cette conjoncture: elle puisait de la force en son amour.

— Pour lui, pour lui, se disait-elle, je souffrirais mille morts.

A cette pensée, elle jetait à sa mère des yeux flamboyants de courage.   15

— Ote tout cela, dit Grandet à Nanon quand, vers onze heures, le déjeuner fut achevé; mais laisse-nous la table. Nous serons plus à l'aise pour voir ton petit trésor, dit-il en regardant Eugénie. Petit! ma foi, non. Tu possèdes, valeur intrinsèque, cinq mille neuf cent cinquante-neuf francs, et 20 quarante de ce matin, cela fait six mille francs moins un. Eh bien, je te donnerai, moi, ce franc pour compléter la somme, parce que, vois-tu, fifille . . . Eh bien, pourquoi nous écoutes-tu? Montre-moi tes talons, Nanon, et va faire ton ouvrage, dit le bonhomme.   25

Nanon disparut.

— Écoute, Eugénie, il faut que tu me donnes ton or. Tu ne le refuseras pas à ton pépère, ma petite fifille, hein?

Les deux femmes étaient muettes.

— Je n'ai plus d'or, moi. J'en avais, je n'en ai plus. Je te 30 rendrai six mille francs en livres, et tu vas les placer comme je vais te le dire. Il ne faut plus penser au douzain. Quand je

---

livre, *f.,* nominally a *franc* (but the *livre* at this time was worth less than a *franc*)

napoléon, *m.,* 20 or 40 franc piece

te marierai, ce qui sera bientôt, je te trouverai un futur qui
pourra t'offrir le plus beau douzain dont on aura jamais
parlé dans la province. Tu répugnes peut-être à te séparer de
ton or, hein, fifille? Apporte-le-moi tout de même. Je te
5 ramasserai des pièces d'or, des hollandaises, des portugaises,
des roupies du Mogol,[8] des génovines; et, avec celles que je
te donnerai à tes fêtes, en trois ans tu auras rétabli la moitié
de ton joli petit trésor en or. Que dis-tu, fifille? Lève donc le
nez. Allons, va le chercher, le mignon.

10   Eugénie se leva, mais, après avoir fait quelques pas vers la
porte, elle se retourna brusquement, regarda son père en face
et lui dit:

— Je n'ai plus *mon* or.

— Tu n'as plus ton or! s'écria Grandet en se dressant sur ses
15 jarrets comme un cheval qui entend tirer le canon à dix pas
de lui.

— Non, je ne l'ai plus.

— Tu te trompes, Eugénie.

— Non.

20   — Par la serpette de mon père!

Quand le tonnelier jurait ainsi, les planchers tremblaient.

— Bon saint bon Dieu! voilà madame qui pâlit, cria
Nanon.

— Grandet, ta colère me fera mourir, dit la pauvre femme.

25   — Ta ta ta ta! vous autres, vous ne mourez jamais dans
votre famille! Eugénie qu'avez-vous fait de vos pièces? cria-
t-il en fondant sur elle.

— Monsieur, dit la fille aux genoux de madame Grandet,
ma mère souffre beaucoup . . . voyez . . . Ne la tuez pas.

30   Grandet fut épouvanté de la pâleur répandue sur le teint
de sa femme, naguère si jaune.

---

génovine, *f.*, genovine (gold coin of **naguère,** *adv.*, but lately
   Genoa) **serpette,** *f.*, pruning knife
jarret, *m. se dresser sur ses —s,* to rear up

[8] *Mogul.* L'ancien empereur de l'Inde.

— Nanon, venez m'aider à me coucher, dit la mère d'une voix faible. Je meurs . . .

Aussitôt Nanon donna le bras à sa maîtresse, autant en fit Eugénie, et ce ne fut pas sans des peines infinies qu'elles purent la monter chez elle, car elle tombait en défaillance de marche 5 en marche. Grandet resta seul. Néanmoins, quelques moments après, il monta sept ou huit marches, et cria:

— Eugénie, quand votre mère sera couchée, vous descendrez.

— Oui, mon père.

Elle ne tarda pas à venir, après avoir rassuré sa mère.   10

— Ma fille, lui dit Grandet, vous allez me dire où est votre trésor.

— Mon père, si vous me faites des présents dont je ne sois pas entièrement maîtresse, reprenez-les, répondit froidement Eugénie en cherchant le napoléon sur la cheminée et le lui 15 présentant.

Grandet saisit vivement le napoléon et le coula dans son gousset.

— Je crois bien que je ne te donnerai plus rien! Pas seule- ment ça! dit-il en faisant claquer l'ongle de son pouce sous sa 20 maîtresse dent. Vous méprisez donc votre père? vous n'avez donc pas confiance en lui? vous ne savez donc pas ce que c'est qu'un père. S'il n'est pas tout pour vous, il n'est rien. Où est votre or?

— Mon père, je vous aime et vous respecte, malgré votre 25 colère; mais je vous ferai humblement observer que j'ai vingt-deux ans. Vous m'avez assez souvent dit que je suis majeure, pour que je le sache. J'ai fait de mon argent ce qu'il m'a plu d'en faire, et soyez sûr qu'il est bien placé . . .

— Où?   30

— C'est un secret inviolable, dit-elle. N'avez-vous pas vos secrets?

— Ne suis-je pas chef de ma famille? Ne puis-je avoir mes affaires?

gousset, *m*., fob pocket

— C'est aussi mon affaire.

— Cette affaire doit être mauvaise, si vous ne pouvez pas la dire à votre père, mademoiselle Grandet.

— Elle est excellente, et je ne puis pas la dire à mon père.

5 — Au moins, quand avez-vous donné votre or?

Eugénie fit un signe de tête négatif.

— Vous l'aviez encore le jour de votre fête, hein?

Eugénie, devenue aussi rusée par amour que son père l'était par avarice, réitéra le même signe de tête.

10 — Mais on n'a jamais vu pareil entêtement, ni vol pareil, dit Grandet d'une voix qui alla *crescendo* et qui fit graduellement retentir la maison. Comment! ici, dans ma propre maison, chez moi, quelqu'un aura pris ton or! le seul or qu'il y avait! et je ne saurai pas qui!

15 Eugénie fut impassible.

— A-t-on vu pareille fille! Est-ce moi qui suis votre père? Si vous l'avez placé, vous en avez un reçu . . .

— Étais-je libre, oui ou non, d'en faire ce que bon me semblait? Était-ce à moi?

20 — Mais tu es une enfant!

— Majeure.

Abasourdi par la logique de sa fille, Grandet pâlit, trépigna, jura; puis, trouvant enfin des paroles, il cria:

— Maudit serpent de fille! ah! mauvaise graine, tu sais 25 bien que je t'aime, et tu en abuses. Elle égorge son père! Pardieu! tu auras jeté notre fortune aux pieds de ce va-nu-pieds qui a des bottes de maroquin. Par la serpette de mon père! je ne peux pas te déshériter, nom d'un tonneau! mais je te maudis, toi, ton cousin et tes enfants! Tu ne verras rien 30 arriver de bon de tout cela, entends-tu! Si c'était à Charles que . . . Mais non, ce n'est pas possible. Quoi! ce méchant mirliflore m'aurait dévalisé? . . .

Il regarda sa fille, qui restait muette et froide.

— Elle ne bougera pas! elle ne sourcillera pas, elle est plus

---

abasourdi, *adj.*, dumbfounded   **maroquin,** *m.*, Morocco leather

Grandet que je ne suis Grandet. Tu n'as pas donné ton or pour rien, au moins. Voyons, dis?

Eugénie regarda son père, en lui jetant un regard ironique qui l'offensa.

— Eugénie, vous êtes chez moi, chez votre père. Vous 5 devez, pour y rester, vous soumettre à ses ordres. Les prêtres vous ordonnent de m'obéir.

Eugénie baissa la tête.

— Vous m'offensez dans ce que j'ai de plus cher, reprit-il, je ne veux vous voir que soumise. Allez dans votre chambre. 10 Vous y demeurerez jusqu'à ce que je vous permette d'en sortir. Nanon vous y portera du pain et de l'eau. Vous m'avez entendu, marchez.

Finalement, vers la fin du printemps, la nouvelle de la réclusion d'Eugénie se répand en ville. Malgré elle —car elle tient à obéir à son 15 père— M. Cruchot se charge d'amener la réconciliation.

Le lendemain, suivant une habitude prise par Grandet depuis la réclusion d'Eugénie, il vint faire un certain nombre de tours dans son petit jardin. Il avait pris pour cette promenade le moment où Eugénie se peignait. Quand le bonhomme 20 arrivait au gros noyer, il se cachait derrière le tronc de l'arbre, restait pendant quelques instants à contempler les longs cheveux de sa fille et flottait sans doute entre les pensées que lui suggéraient la ténacité de son caractère et le désir d'embrasser son enfant. 25

Maître Cruchot vint de bonne heure et trouva le vieux vigneron assis, par un beau jour de juin, sur le petit banc, le dos appuyé au mur mitoyen, occupé à voir sa fille.

— Qu'y a-t-il pour votre service, maître Cruchot? dit-il en apercevant le notaire. 30

— Je viens vous parler d'affaires.

— Ah! ah! avez-vous un peu d'or à me donner contre des écus?

mitoyen, -ne, *adj.*, boundary

— Non, non, il ne s'agit pas d'argent, mais de votre fille Eugénie. Tout le monde parle d'elle et de vous.

— De quoi se mêle-t-on? Charbonnier est maître chez lui.

— D'accord, le charbonnier est maître de se tuer aussi, ou,
5 ce qui est pis, de jeter son argent par les fenêtres.

— Comment cela?

— Eh! mais votre femme est très malade, mon ami. Vous devriez même consulter M. Bergerin, elle est en danger de mort. Si elle venait à mourir sans avoir été soignée comme il
10 faut, vous ne seriez pas tranquille, je le crois.

— Ta ta ta ta! vous savez ce qu'a ma femme. Ces médecins, une fois qu'ils ont mis le pied chez vous, ils viennent des cinq ou six fois par jour.

— Enfin, Grandet, vous ferez comme vous l'entendrez.
15 Nous sommes de vieux amis; il n'y a pas, dans tout Saumur, un homme qui prenne plus que moi d'intérêt à ce qui vous concerne; j'ai donc dû vous dire cela. Maintenant, arrive qui plante, vous êtes majeur, vous savez vous conduire, allez. Ceci n'est d'ailleurs pas l'affaire qui m'amène. Il s'agit de
20 quelque chose de plus grave pour vous, peut-être. Après tout, vous n'avez pas envie de tuer votre femme, elle vous est trop utile. Songez donc à la situation où vous seriez vis-à-vis de votre fille, si madame Grandet mourait. Vous devriez des comptes à Eugénie, puisque vous êtes commun en biens avec
25 votre femme. Votre fille sera en droit de réclamer le partage de votre fortune, de faire vendre Froidfond. Enfin elle succède à sa mère, de qui vous ne pouvez pas hériter.

Ces paroles furent un coup de foudre pour le bonhomme, qui n'était pas aussi fort en législation qu'il pouvait l'être en
30 commerce. Il n'avait jamais pensé à une licitation.

---

charbonnier, *m.,* charcoal burner.
— *est maître chez lui,* a man's house is his castle
commun, *adj. être* — *en biens,* to share one's property equally (according to the marriage contract)

fois, *f. des cinq ou six* —, about five or six times
licitation, *f.,* sale by auction (of an estate held in joint tenancy)
planter. *arrive qui plante,* come what may

— Ainsi je vous engage à la traiter avec douceur, dit Cruchot en terminant.

— Mais savez-vous ce qu'elle a fait, Cruchot?

— Quoi? dit le notaire, curieux de recevoir une confidence du père Grandet et de connaître la cause de la querelle.   5

— Elle a donné son or.

— Eh bien, était-il à elle? demanda le notaire.

— Ils me disent tous cela! dit le bonhomme en laissant tomber ses bras par un mouvement tragique. Cruchot, reprit-il solennellement, vous ne voulez pas me tromper, jurez-moi sur 10 l'honneur que ce que vous me chantez là est fondé en droit. Montrez-moi le Code, je veux voir le Code!

— Mon pauvre ami, répondit le notaire, ne sais-je pas mon métier?

— Cela est donc bien vrai? Je serai dépouillé, trahi, tué, 15 dévoré par ma fille.

— Elle hérite de sa mère.

— A quoi servent donc les enfants? Ah! ma femme, je l'aime. Elle est solide heureusement: c'est une La Bertellière.

— Elle n'a pas un mois à vivre.   20

Le tonnelier se frappa le front, marcha, revint, et jetant un regard effrayant à Cruchot:

— Comment faire? lui dit-il.

D'après les conseils de Cruchot, il doit demander à Eugénie de renoncer à la succession de sa mère. Grandet court chez sa femme, lui dit qu'elle 25 peut passer la journée avec sa fille, et s'enfuit de la maison.

Enfin il prit son parti, revint à Saumur à l'heure du dîner, résolu de plier devant Eugénie, de la cajoler, de l'amadouer afin de pouvoir mourir royalement, en tenant jusqu'au dernier soupir les rênes de ses millions. Au moment où le bonhomme, 30 qui par hasard avait pris son passe-partout, montait l'escalier à pas de loup pour venir chez sa femme, Eugénie avait apporté sur le lit de sa mère le beau nécessaire. Toutes deux, en l'ab-

amadouer, to coax   passe-partout, *m.*, pass-key

sence de Grandet, se donnait le plaisir de voir le portrait de
Charles, en examinant celui de sa mère.

— C'est tout à fait son front et sa bouche! disait Eugénie
au moment où le vigneron ouvrit la porte.

5 Au regard que jeta son mari sur l'or, madame Grandet cria:

— Mon Dieu, ayez pitié de nous!

Le bonhomme sauta sur le nécessaire comme un tigre fond
sur un enfant endormi.

— Qu'est-ce que c'est que cela? dit-il en emportant le
10 trésor et allant se placer à la fenêtre. Du bon or! de l'or!
s'écria-t-il. Beaucoup d'or! ça pèse deux livres. Ah! ah!
Charles t'a donné cela contre tes belles pièces, hein? Pourquoi
ne me l'avoir pas dit? C'est une bonne affaire, fifille! Tu es
ma fille, je te reconnais. (Eugénie tremblait de tous ses mem-
15 bres.) N'est-ce pas, ceci est à Charles? reprit le bonhomme.

— Oui, mon père, ce n'est pas à moi. Ce meuble est un
dépôt sacré.

— Ta ta ta ta! il a pris ta fortune, faut te rétablir ton petit
trésor.

20 — Mon père!...

Le bonhomme voulut prendre son couteau pour faire sauter
une plaque d'or et fut obligé de poser le nécessaire sur une
chaise. Eugénie s'élança pour le ressaisir; mais le tonnelier,
qui avait tout à la fois l'œil à sa fille et au coffret, la repoussa si
25 violemment en étendant le bras, qu'elle alla tomber sur le lit
de sa mère.

— Monsieur! monsieur! cria la mère en se dressant sur son
lit.

Grandet avait tiré son couteau et s'apprêtait à soulever l'or.

30 — Mon père, cria Eugénie en se jetant à genoux et
marchant ainsi pour arriver plus près du bonhomme et lever
les mains vers lui; mon père, au nom de tous les saints et de
la Vierge, au nom du Christ, qui est mort sur la croix; au
nom de votre salut éternel, mon père, au nom de ma vie, ne

meuble, *m.,* object

touchez pas à cela! Ce nécessaire n'est ni à vous ni à moi; il est à un malheureux parent qui me l'a confié, et je dois le lui rendre intact.

— Monsieur, grâce! dit la mère.

— Mon père! cria Eugénie d'une voix si éclatante que 5 Nanon, effrayée, monta.

Eugénie sauta sur un couteau qui était à sa portée et s'en arma.

— Eh bien? lui dit tranquillement Grandet en souriant à froid.   10

— Monsieur, monsieur, vous m'assassinez! dit la mère.

— Mon père, si votre couteau entame seulement une parcelle de cet or, je me perce de celui-ci. Vous avez déjà rendu ma mère mortellement malade, vous tuerez encore votre fille. Allez maintenant, blessure pour blessure!   15

Grandet tint son couteau sur le nécessaire et regarda sa fille en hésitant.

— En serais-tu donc capable, Eugénie? dit-il.

— Oui, monsieur, dit la mère.

— Elle le ferait comme elle le dit, cria Nanon. Soyez donc 20 raisonnable, monsieur, une fois dans votre vie.

Le tonnelier regarda l'or et sa fille alternativement pendant un instant. Madame Grandet s'évanouit.

— Là, voyez-vous, mon cher monsieur, madame se meurt! cria Nanon.   25

— Tiens, ma fille, ne nous brouillons pas pour un coffre. Prends donc! s'écria vivement le tonnelier en jetant le nécessaire sur le lit. — Toi, Nanon, va chercher le docteur Bergerin. — Allons, la mère, dit-il en baisant la main de sa femme, ce n'est rien, va: nous avons fait la paix. — Pas vrai, 30 fifille? Plus de pain sec, tu mangeras tout ce que tu voudras . . . Ah! elle ouvre les yeux. — Eh bien, la mère, mémère, timère, allons donc! Tiens, vois, j'embrasse Eugénie. Elle aime son cousin, elle l'épousera si elle veut, elle lui gardera le petit coffret. Mais vis longtemps, ma pauvre femme.   35

Mais la mère continue à dépérir et meurt finalement. En mourant, elle dit à sa fille: «Il n'y a pas de bonheur que dans le ciel, tu le sauras un jour.» Après la mort de sa femme, Grandet vit dans l'inquiétude et le jour même où ils doivent prendre le deuil, il demande à Eugénie de renoncer à sa 5 succession, ce qu'elle fait sans hésitation.

Cinq ans plus tard, à l'âge de quatre-vingt-deux ans, Grandet lui-même devient infirme. Son amour de l'or se transforme en folie et il demande tout le temps qu'on mette de l'or devant lui. Enfin il meurt en essayant de saisir le crucifix d'argent que le prêtre approchait de ses lèvres.

10 Après la mort de son père, Eugénie continue à mener une vie très austère. Un jour elle reçoit la lettre suivante de Charles:

«Ma chère cousine, vous apprendrez, je le crois, avec plaisir, le succès de mes entreprises. Vous m'avez porté bonheur, je suis revenu riche. Vous êtes libre, et je suis libre encore; rien 15 n'empêche, en apparence, la réalisation de nos petits projets; mais j'ai trop de loyauté dans le caractère pour vous cacher la situation de mes affaires. Il s'agit en ce moment, pour moi, d'une alliance qui satisfait à toutes les idées que je me suis formées sur le mariage. L'amour, dans le mariage, est une 20 chimère. Il entre dans mes plans de tenir un grand état de maison, de recevoir beaucoup de monde, et je crois me souvenir que vous aimez une vie douce et tranquille. Aujourd'hui je possède quatre-vingt mille livres de rente. Cette fortune me permet de m'unir à la famille d'Aubrion, dont 25 l'héritière, jeune personne de dix-neuf ans, m'apporte en mariage son nom, un titre, la place de gentilhomme honoraire de la chambre de Sa Majesté, et une position des plus brillantes. Vous voyez, ma cousine, avec quelle bonne foi je vous expose l'état de mon cœur, de mes espérances et de ma fortune. 30 Il est possible que, de votre côté, vous ayez oublié nos enfantillages après sept années d'absence; mais moi, je n'ai oublié ni votre indulgence, ni mes paroles, je me souviens de toutes, même des plus légèrement données, et auxquelles un jeune homme moins consciencieux que je ne le suis, ayant un 35 cœur moins jeune et moins probe, ne songerait même pas. En vous disant que je ne pense qu'à faire un mariage de convenance, et que je me souviens encore de nos amours

d'enfants, n'est-ce pas me mettre entièrement à votre discrétion, vous rendre maîtresse de mon sort, et vous dire que,
s'il faut renoncer à mes ambitions sociales, je me contenterai
volontiers de ce simple et pur bonheur duquel vous m'avez
offert de si touchantes images.   5

Votre dévoué cousin,

Charles.»

Après avoir lu cette horrible lettre, Eugénie jeta ses regards
au ciel, en pensant aux dernières paroles de sa mère, qui,
semblable à quelques mourants, avait projeté sur l'avenir un 10
coup d'œil pénétrant, lucide; puis Eugénie, se souvenant de
cette mort et de cette vie prophétiques, mesura d'un regard
toute sa destinée. Elle n'avait plus qu'à déployer ses ailes,
tendre au ciel et vivre en prière jusqu'au jour de sa délivrance.

Charles a dû bien changer pour écrire cette lettre. Aux Indes il était 15
redevenu Grandet, aussi avare et aussi cruel que ses aïeux. Il avait fait
fortune en vendant des Chinois et des nègres et en rachetant et revendant
des marchandises volées par les pirates de Saint-Thomas.[9] Toutes ses illusions
de jeune homme s'étaient dissipées.

La lecture de la lettre porte un coup mortel à Eugénie. Elle ne sait pas 20
encore quel parti prendre quand elle reçoit la visite de Madame des
Grassins. Cette dame tient une lettre de son mari, depuis longtemps séparé
d'elle et vivant à Paris, qui raconte que Charles est à Paris depuis un mois
déjà et qu'il renie les dettes de son père, non encore payées en entier par
feu son oncle.   25

Suivant son habitude, Eugénie reçoit à son jour la société de Saumur.
Ses invités sont sur le point de partir quand la scène suivante a lieu.

— Restez, monsieur le président, dit Eugénie à M. de
Bonfons en lui voyant prendre sa canne.

A cette parole, il n'y eut personne dans cette nombreuse 30
assemblée qui ne se sentît ému. Le président pâlit et fut obligé
de s'asseoir.

— Au président les millions, dit mademoiselle de Gribeau-
court.

aïeul (*pl.*: **aïeux**), *m.*, ancestor   **tendre**, to go toward

[9] Ville dans les Iles Vierges qui appartiennent aujourd'hui aux États-Unis.

Chacun dit son mot, chacun fit son calembour, tous voyaient
l'héritière montée sur ses millions, comme sur un piédestal. Le
drame commencé depuis neuf ans se dénouait. Dire, en face
de tout Saumur, au président de rester, n'était-ce pas annoncer
5 qu'elle voulait faire de lui son mari? Dans les petites villes, les
convenances sont si sévèrement observées, qu'une infraction
de ce genre y constitue la plus solennelle des promesses.

— Monsieur le président, lui dit Eugénie d'une voix émue
quand ils furent seuls, je sais ce qui vous plaît en moi. Jurez
10 de me laisser libre pendant toute ma vie, de ne me rappeler
aucun des droits que le mariage vous donnerait sur moi,
et ma main est à vous. — Oh! reprit-elle en le voyant se
mettre à genoux, je n'ai pas tout dit. Je ne dois pas vous
tromper, monsieur. J'ai dans le cœur un sentiment inextin-
15 guible. L'amitié sera le seul sentiment que je puisse accorder
à mon mari: je ne veux ni l'offenser, ni contrevenir aux lois
de mon cœur. Mais vous ne posséderez ma main et ma fortune
qu'au prix d'un immense service.

— Vous me voyez prêt à tout, dit le président.

20   — Voici quinze mille francs, monsieur le président, dit-elle
en tirant de son sein une reconnaissance de cent actions de la
Banque de France,[10] partez pour Paris, non pas demain, non
pas cette nuit, mais à l'instant même. Rendez-vous chez M.
des Grassins, sachez-y le nom de tous les créanciers de mon
25 oncle, rassemblez-les, payez tout ce que sa succession peut
devoir, capital et intérêts à cinq pour cent depuis le jour de
la dette jusqu'à celui du remboursement, enfin veillez à faire
faire une quittance générale et notariée, bien en forme. Quand
vous aurez la quittance, vous la porterez avec tous les titres
30 à mon cousin Grandet, et vous lui remettrez cette lettre. A
votre retour, je tiendrai ma parole.

Le président comprit, lui, qu'il devait mademoiselle

action, *f.*, share   reconnaissance, *f.*, certificate
calembour, *m.*, pun

[10] La Banque de France fut fondée en 1800.

Grandet à un dépit amoureux; aussi s'empressa-t-il d'exécuter
ses ordres avec a plus grande promptitude, afin qu'il n'arrivât
aucune réconciliation entre les deux amants.

Quand M. de Bonfons fut parti, Eugénie tomba sur son
fauteuil et fondit en larmes. Tout était consommé.   5

Le président prit la poste et se trouvait à Paris le lendemain
soir. Dans la matinée du jour qui suivit son arrivée, il alla
chez des Grassins. Le magistrat convoqua les créanciers en
l'étude du notaire où étaient déposés les titres. Là, le président
de Bonfons, au nom de mademoiselle Grandet, leur paya le 10
capital et les intérêts dus. Le payement des intérêts fut pour le
commerce parisien un des événements les plus étonnants de
l'époque.

Quand la quittance fut enregistrée et des Grassins payé de
ses soins par le don d'une somme de cinquante mille francs que 15
lui avait allouée Eugénie, le président se rendit à l'hôtel
d'Aubrion, et y trouva Charles au moment où il rentrait dans
son appartement, accablé par son beau-père. Le vieux marquis
venait de lui déclarer que sa fille ne lui appartiendrait
qu'autant que tous les créanciers de Guillaume Grandet 20
seraient soldés.

Le président lui mit d'abord la lettre suivante:

«Mon cousin,

«M. le président de Bonfons s'est chargé de vous remettre la
quittance de toutes les sommes dues par mon oncle et celle par 25
laquelle je reconnais les avoir reçues de vous. On m'a parlé de
faillite et j'ai pensé que le fils d'un failli ne pourrait peut-
être pas épouser mademoiselle d'Aubrion. Oui, mon cousin,
vous avez bien jugé de mon esprit et de mes manières: je n'ai
sans doute rien du monde, je n'en connais ni les calculs ni 30
les mœurs, et ne saurais vous y donner les plaisirs que vous
voulez y trouver. Soyez heureux, selon les conventions sociales
auxquelles vous sacrifiez nos premières amours. Pour rendre

étude, *f.,* office   **solder,** to pay in full

votre bonheur complet, je ne puis donc plus vous offrir que l'honneur de votre père. Adieu, vous aurez toujours une fidèle amie dans votre cousine,

«Eugénie G . . .»

5 Le président sourit de l'exclamation que ne put réprimer cet ambitieux au moment où il reçut l'acte authentique.

— Nous nous annoncerons réciproquement nos mariages, lui dit-il.

— Ah! vous épousez Eugénie? Eh bien, j'en suis content, 10 c'est une bonne fille. — Mais, reprit-il, frappé tout à coup par une réflexion lumineuse, elle est donc riche?

— Elle avait, répondit le président d'un air goguenard, près de dix-neuf millions, il y a quatre jours; mais elle n'en a plus que dix-sept aujourd'hui.

15 Charles regarda le président d'un air hébété.

— Dix-sept . . . mil . . .

goguenard, *adj*., jeering   hébété, *adj*., stupefied

GUSTAVE FLAUBERT (1821–1880)

C'est à l'impeccable artiste, Gustave Flaubert, que revient l'honneur d'avoir écrit le plus grand roman français du dix-neuvième siècle. Flaubert n'a vécu que pour l'art. Une fortune personnelle lui permettait des loisirs inconnus de la plupart des écrivains et il pouvait se permettre, si on peut dire, le luxe de la perfection artistique. Ses maîtres ont été les romantiques, et c'est 5 à contre-cœur qu'il s'en est détourné à la demande de ses amis qui lui ont démontré que le romantisme, en 1850, était mort, ayant été remplacé par la formule réaliste.

Parti d'un fait divers, Flaubert a construit pendant six années de travail patient, le roman le plus réaliste qui soit. A l'encontre des romantiques, 10 Flaubert ne permet aucune intervention de sa propre personnalité; il est impersonnel, froid. Et pourtant une grande tristesse se dégage du sujet même de Madame Bovary. *On finit par plaindre l'héroïne infortunée qui, bien que responsable de ses propres malheurs, ne pouvait échapper à sa triste destinée. Dans la vie Emma Bovary était une romantique: à tort ou à raison, car Flaubert 15 ne se prononce pas, elle croyait à l'amour. Flaubert fait impitoyablement le procès du romantisme en montrant le désaccord entre la vie réelle et ces aspirations sentimentales. Encore plus que chez Balzac, c'est la vie réelle qu'on trouve chez Flaubert qui, observateur minutieux et méthodique comme Balzac, prend la vie et les hommes tels qu'il les trouve en faisant une place moins grande 20 au romanesque et au personnage type.*

En face de la prolixité de ses contemporains, Flaubert semble avoir peu travaillé; c'est que chaque livre lui coûtait un effort inouï. Il est revenu à une sorte de romantisme d'archéologue avec son roman Salammbô *(1862) qui raconte la vie de l'antique Carthage. Mais ensuite dans* l'Éducation 25 Sentimentale *(1869) il redevient réaliste; ce livre est le comble de son art puisqu'il raconte une vie où il ne se passe strictement rien.*

fait, *m. un — divers,* miscellaneous news   **prolixité,** *f.,* diffuseness
item

245

MADAME BOVARY

1857

Nous étions à l'étude, quand le proviseur entra, suivi d'un *nouveau* habillé en bourgeois et d'un garçon de classe qui portait un grand pupitre. Ceux qui dormaient se réveillèrent, et chacun se leva comme surpris dans son travail.

5 Le proviseur nous fit signe de nous rasseoir; puis, se tournant vers le maître d'études:

— Monsieur Roger, lui dit-il à demi-voix, voici un élève que je vous recommande, il entre en cinquième. Si son travail et sa conduite sont méritoires, il passera *dans les grands*, où 10 l'appelle son âge.

Resté dans l'angle, derrière la porte, si bien qu'on l'apercevait à peine, le *nouveau* était un gars de la campagne, d'une quinzaine d'années environ, et plus haut de taille qu'aucun de nous tous. Il avait les cheveux coupés droit sur le front, comme 15 un chantre de village, l'air raisonnable et fort embarrassé. Quoiqu'il ne fût pas large des épaules, son habit-veste de drap vert à boutons noirs devait le gêner aux entournures et laissait voir, par la fente des parements, des poignets rouges habitués à être nus. Ses jambes, en bas bleus, sortaient d'un pantalon 20 jaunâtre très tiré par les bretelles. Il était chaussé de souliers forts, mal cirés, garnis de clous.

On commença la récitation des leçons. Il les écouta, de toutes ses oreilles, attentif comme au sermon, n'osant même croiser les cuisses, ni s'appuyer sur le coude, et, à deux heures, 25 quand la cloche sonna, le maître d'études fut obligé de l'avertir, pour qu'il se mît avec nous dans les rangs.

Nous avions l'habitude, en entrant en classe, de jeter nos casquettes par terre, afin d'avoir ensuite nos mains plus libres; il fallait, dès le seuil de la porte, les lancer sous le banc,

---

bretelles, *f. pl.,* suspenders
chantre, *m.,* chorister
entournure, *f.,* armhole

habit-veste, *m.,* short jacket
parement, *m.,* cuff
proviseur, *m.,* head master

de façon à frapper contre la muraille, en faisant beaucoup de poussière; c'était là le *genre*.

Mais, soit qu'il n'eût pas remarqué cette manœuvre ou qu'il n'eût osé s'y soumettre, la prière était finie que le *nouveau* tenait encore sa casquette sur ses deux genoux. Elle ₅ était neuve; la visière brillait.

— Levez-vous, dit le professeur.

Il se leva: sa casquette tomba. Toute la classe se mit à rire.

Il se baissa pour la reprendre. Un voisin la fit tomber d'un ₁₀ coup de coude; il la ramassa encore une fois.

— Débarrassez-vous donc de votre casquette, dit le professeur, qui était un homme d'esprit.

Il y eut un rire éclatant des écoliers qui décontenança le pauvre garçon, si bien qu'il ne savait s'il fallait garder sa ₁₅ casquette à la main, la laisser par terre ou la mettre sur sa tête. Il se rassit et la posa sur ses genoux.

— Levez-vous, reprit le professeur, et dites-moi votre nom.

Le *nouveau* articula, d'une voix bredouillante, un nom ₂₀ inintelligible.

— Répétez.

Le même bredouillement de syllabes se fit entendre, couvert par les huées de la classe.

Le *nouveau*, prenant alors une résolution extrême, ouvrit ₂₅ une bouche démesurée et lança à pleins poumons, comme pour appeler quelqu'un, ce mot: *Charbovari*.

Ce fut un vacarme qui s'élança d'un bond, monta en *crescendo*, avec des éclats de voix aigus; on hurlait, on aboyait, on trépignait, on répétait: *Charbovari! Charbovari!* ₃₀

Cependant, sous la pluie des pensums, l'ordre peu à peu se rétablit dans la classe, et le professeur, parvenu à saisir le

---

aigu, -ë, *adj.*, shrill
pensum, *m.*, pensum (exercise given for punishment)

vacarme, *m.*, tumult

nom de Charles Bovary,[1] se l'étant fait dicter, épeler et relire, commanda tout de suite au pauvre diable d'aller s'asseoir sur le banc de paresse, au pied de la chaire. Il se mit en mouvement mais, avant de partir, hésita.

5 — Que cherchez-vous? demanda le professeur.

— Ma cas . . . , fit timidement le *nouveau*, promenant autour de lui des regards inquiets.

— Cinq cents vers à toute la classe! exclamé d'une voix furieuse, arrêta, comme le *Quos ego*, une bourrasque nouvelle.

10 — Restez donc tranquilles! continuait le professeur indigné, et, s'essuyant le front avec son mouchoir qu'il venait de prendre dans sa toque; quant à vous, le *nouveau*, vous me copierez vingt fois le verbe *ridiculus sum*.

Puis, d'une voix plus douce:

15 — Eh! vous la retrouverez, votre casquette; on ne vous l'a pas volée!

Ce petit garçon niais, c'est sa mère qui le pousse ainsi dans la vie. Son père, ancien aide-chirurgien-major et maintenant vieux coureur qui finit de manger la dot de sa femme, ne s'occupe pas de lui. C'est sa mère qui lui 20 a fait donner des leçons par le curé et qui maintenant l'envoie au collège de Rouen.

La mère est ambitieuse pour son fils. Au collège le fils travaille bien mais ne réussit pas. A la fin de sa troisième, la mère le retire du collège, lui loue une chambre à Rouen, et lui fait suivre des cours de médecine. Il échoue au 25 premier examen d'officier de santé mais, à force d'apprendre par cœur les réponses à toutes les questions, il réussit à l'examen la deuxième fois. Sa mère l'installe à Tostes comme médecin et le marie à une veuve qui a une

aide-chirurgien-major, *m.*, assistant surgeon major
bourrasque, *f.*, squall
chaire, *f.*, desk (of professor)
coureur, *m.*, rake
niais, *adj.*, simple-minded
officier, *m.* — *de santé*, physician without a doctor's degree (abolished in 1892)
Quos ego (Latin), incomplete sentence uttered in anger by Neptune to stop the winds of the sea; means *I ought* (*cf. Aeneid*, book **I**)
toque, *f.*, cap

[1] Dans la vie réelle Bovary s'appelait Eugène Delamare et son épouse, de son nom de jeune fille, Delphine Couturier. Ils habitaient à Ry, village dans la région de Rouen, que Flaubert a pris comme modèle pour son *Tostes* aussi bien que pour son *Yonville*. On peut aussi retrouver les sources où Flaubert a puisé ses autres personnages. Tout le drame de *Madame Bovary* est basé sur des faits.

certaine fortune. Cette partie de la vie de Charles est un véritable supplice: c'est sa femme qui est maîtresse chez lui.

Il lui fallait son chocolat tous les matins, des égards à n'en plus finir. Elle se plaignait sans cesse de ses nerfs, de sa poitrine, de ses humeurs. Le bruit des pas lui faisait mal: on s'en allait, 5 la solitude lui devenait odieuse; revenait-on près d'elle, c'était pour la voir mourir, sans doute. Le soir, quand Charles rentrait, elle sortait de dessous ses draps ses longs bras maigres, les lui passait autour du cou, et, l'ayant fait asseoir au bord du lit, se mettait à lui parler de ses chagrins: il l'oubliait, il en 10 aimait une autre! On lui avait bien dit qu'elle serait malheureuse; et elle finissait en lui demandant quelque sirop pour sa santé et un peu plus d'amour.

Une nuit on vient chercher Charles pour soigner M. Rouault, riche cultivateur des environs, qui s'est cassé la jambe. Charles trouve du plaisir à 15 fréquenter les Bertaux, la ferme de M. Rouault; bien qu'il ne s'en rende pas compte tout d'abord, c'est parce que le fermier a une fille jeune et assez belle. Quand sa femme apprend la raison de ses visites aux Bertaux, elle lui fait jurer de ne plus y retourner. Vers ce temps-là le notaire de sa femme s'enfuit avec tous les fonds, et Charles apprend que les biens de celle-ci ont 20 été depuis longtemps hypothéqués; elle n'était donc pas la riche veuve qu'elle se disait. En apprenant cette nouvelle, M. Bovary père court chez son fils très en colère. Il y a une scène de famille. Alors la santé de la femme de Charles commence à empirer et huit jours après elle meurt.

Un matin le père Rouault vient payer ses honoraires à Charles et l'invite 25 à retourner aux Bertaux, ce qu'il fait volontiers.

Il arriva un jour vers trois heures; tout le monde était aux champs; il entra dans la cuisine, mais n'aperçut point d'abord Emma; les auvents étaient fermés. Par les fentes du bois, le soleil allongeait sur les pavés de grandes raies minces, qui se 30 brisaient à l'angle des meubles et tremblaient au plafond. Des mouches, sur la table, montaient le long des verres qui avaient servi, et bourdonnaient en se noyant au fond, dans le cidre resté. Le jour qui descendait par la cheminée, veloutant

auvent, *m.*, outside shutter   hypothéqué, *adj.*, mortgaged
honoraires, *m. pl.*, fees

la suie de la plaque, bleuissait un peu les cendres froides. Entre la fenêtre et le foyer, Emma cousait; elle n'avait point de fichu, on voyait sur ses épaules nues de petites gouttes de sueur.

5 Selon la mode de la campagne, elle lui proposa de boire quelque chose. Il refusa, elle insista, et enfin lui offrit, en riant, de prendre un verre de liqueur avec elle. Elle alla donc chercher dans l'armoire une bouteille de curaçao, atteignit deux petits verres, emplit l'un jusqu'au bord, versa à peine 10 dans l'autre et, après avoir trinqué, le porta à sa bouche. Comme il était presque vide, elle se renversait pour boire: et, la tête en arrière, les lèvres avancées, elle riait de ne rien sentir, tandis que le bout de sa langue, passant entre ses dents fines, léchait à petits coups le fond du verre.

15 Elle se rassit et elle reprit son ouvrage, qui était un bas de coton blanc où elle faisait des reprises: elle travaillait le front baissé; elle ne parlait pas. Charles non plus. L'air, passant par le dessous de la porte, poussait un peu de poussière sur les dalles; il la regardait se traîner, et il entendait seulement 20 le battement intérieur de sa tête, avec le cri d'une poule, au loin, qui pondait dans les cours. Emma, de temps à autre, se rafraîchissait les joues en y appliquant la paume de ses mains, qu'elle refroidissait après cela sur la pomme de fer des grands chenets.

25 Elle se plaignait d'éprouver, depuis le commencement de la saison, des étourdissements; elle demanda si les bains de mer lui seraient utiles; elle se mit à causer du couvent, Charles de son collège, les phrases leur vinrent. Ils montèrent dans sa chambre. Elle lui fit voir ses anciens cahiers de musique, les 30 petits livres qu'on lui avait donnés en prix et les couronnes en

---

chenet, *m.*, andiron
curaçao, *m.*, curaçoa (*sic*) (cordial
   from Dutch West Indies)
dalle, *f.*, flagstone
fichu, *m.*, fichu (three-cornered cape,
   usually made of sheer muslin or
lace, and worn by women over the
   shoulders)
plaque, *f.*, back (of a chimney)
reprise, *f. faire des* —s, to darn
suie, *f.*, soot
trinquer, to clink glasses

feuilles de chêne, abandonnées dans un bas d'armoire. Elle
lui parla encore de sa mère, du cimetière, et même lui montra
dans le jardin la plate-bande dont elle cueillait les fleurs, tous
les premiers vendredis de chaque mois, pour les aller mettre
sur sa tombe. Mais le jardinier qu'ils avaient n'y entendait 5
rien; on était si mal servi! Elle eût bien voulu, ne fût-ce au
moins que pendant l'hiver, habiter la ville, quoique la longueur des beaux jours rendît peut-être la campagne plus
ennuyeuse encore durant l'été; — et selon ce qu'elle disait,
sa voix était claire, aiguë, ou, se couvrant de langueur tout 10
à coup, traînait des modulations qui finissaient presque en
murmures, quand elle se parlait à elle-même, — tantôt
joyeuse, ouvrant des yeux naïfs, puis les paupières à demi
closes, le regard noyé d'ennui, la pensée vagabondant.

Le soir, en s'en retournant, Charles reprit à une à une les 15
phrases qu'elle avait dites, tâchant de se les rappeler, d'en
compléter le sens, afin de se faire la portion d'existence qu'elle
avait vécu dans le temps qu'il ne la connaissait pas encore.
Mais jamais il ne put la voir en sa pensée, différemment qu'il
ne l'avait vue la première fois, ou telle qu'il venait de la quitter 20
tout à l'heure. Puis il se demanda ce qu'elle deviendrait, si
elle se marierait, et à qui? Hélas! le père Rouault était bien
riche, et elle!... si belle! Mais la figure d'Emma revenait
toujours se placer devant ses yeux, et quelque chose de
monotone comme le ronflement d'une toupie bourdonnait à 25
ses oreilles: «Si tu te mariais, pourtant! si tu te mariais!» La
nuit, il ne dormit pas, sa gorge était serrée, il avait soif; il se
leva pour aller boire à son pot à l'eau et il ouvrit la fenêtre;
le ciel était couvert d'étoiles, un vent chaud passait, au loin
des chiens aboyaient. Il tourna la tête du côté des Bertaux. 30

Pensant qu'après tout l'on ne risquait rien, Charles se
promit de faire la demande quand l'occasion s'en offrirait;
mais, chaque fois qu'elle s'offrit, la peur de ne point trouver
les mots convenables lui collait les lèvres.

ronflement, *m.,* humming   **toupie,** *f.,* top

Le père Rouault n'eût pas été fâché qu'on le débarrassât de sa fille, qui ne lui servait guère dans sa maison. Il l'excusait intérieurement, trouvant qu'elle avait trop d'esprit pour la culture, métier maudit du ciel, puisqu'on n'y voyait jamais 5 de millionnaires. Loin d'y avoir fait fortune, le bonhomme y perdait tous les ans: car, s'il excellait dans les marchés, où il se plaisait aux ruses du métier, en revanche la culture proprement dite, avec le gouvernement intérieur de la ferme, lui convenait moins qu'à personne.

10 Lorsqu'il s'aperçut donc que Charles avait les pommettes rouges près de sa fille, ce qui signifiait qu'un de ces jours on la lui demanderait en mariage, il rumina d'avance toute l'affaire. Il le trouvait bien un peu gringalet, et ce n'était pas là un gendre comme il l'eût souhaité; mais on le disait de 15 bonne conduite, économe, fort instruit, et sans doute qu'il ne chicanerait pas trop sur la dot. Or, comme le père Rouault allait être forcé de vendre vingt-deux acres de *son bien*, qu'il devait beaucoup au maçon, beaucoup au bourrelier, que l'arbre du pressoir était à remettre:

20 — S'il me la demande, se dit-il, je la lui donne.

A l'époque de la Saint-Michel, Charles était venu passer trois jours aux Bertaux. La dernière journée s'était écoulée comme les précédentes, à reculer de quart d'heure en quart d'heure. Le père Rouault lui fit la conduite; ils marchaient 25 dans un chemin creux; ils s'allaient quitter; c'était le moment. Charles se donna jusqu'au coin de la haie, et enfin, quand on l'eut dépassée:

— Maître Rouault, mumura-t-il, je voudrais bien vous dire quelque chose.

30 Ils s'arrêtèrent. Charles se taisait.

— Mais contez-moi votre histoire! est-ce que je ne sais pas tout? dit le père Rouault, en riant doucement.

bourrelier, *m.,* harness-maker	**pressoir,** *m.,* wine press
gringalet, *m.,* skinny fellow	**revanche,** *f.* en —, on the other hand
haie, *f.,* hedge	**Saint-Michel,** *f.,* Michaelmas (September 29)
pommette, *f.,* cheek bone	

— Père Rouault . . . , père Rouault . . . , balbutia Charles.

— Moi, je ne demande pas mieux, continua le fermier. Quoique sans doute la petite soit de mon idée, il faut pourtant lui demander son avis. Allez-vous-en donc; je m'en vais retourner chez nous. Si c'est oui, entendez-moi bien, vous 5 n'aurez pas besoin de revenir, à cause du monde, et d'ailleurs, ça la saisirait trop. Mais pour que vous ne vous mangiez pas le sang, je pousserai tout grand l'auvent de la fenêtre contre le mur: vous pourrez le voir par derrière, en vous penchant sur la haie.   10

Tout se passe comme il a été prévu. L'auvent étant contre le mur, Charles sait qu'il est accepté. La romantique Emma aurait préféré un mariage à minuit à la lueur des flambeaux, mais c'est plutôt le grand mariage normand traditionnel qu'on prépare. La description de ce mariage avec ses nombreux invités et son interminable repas est classique dans l'histoire 15 de la littérature française.

Après le mariage les nouveaux mariés se rendent à la maison de Charles à Tostes.

La façade de briques était juste à l'alignement de la rue, ou de la route plutôt. Derrière la porte se trouvaient accrochés un 20 manteau à petit collet, une bride, une casquette de cuir noir, et, dans un coin, à terre, une paire de houseaux encore couverts de boue sèche. A droite était la salle, c'est-à-dire l'appartement où l'on mangeait et où l'on se tenait. Un papier jaune-serin, relevé dans le haut par une guirlande de fleurs pâles, 25 tremblait tout entier sur la toile mal tendue; des rideaux de calicot blanc, bordés d'un galon rouge, s'entre-croisaient le long des fenêtres, et sur l'étroit chambranle de la cheminée resplendissait une pendule à tête d'Hippocrate,[2] entre deux flambeaux d'argent plaqué, sous des globes de forme ovale. 30 De l'autre côté du corridor était le cabinet de Charles, petite

bride, *f.,* bridle
chambranle, *m.,* mantelpiece
galon, *m.,* lace, binding
houseaux, *m. pl.,* spatterdashes (a legging reaching to the knee)

jaune-serin, *adj.,* canary-yellow
manger. se — *le sang,* to worry oneself to death

[2] *Hippocrates.* Médecin grec (460–376 av. J.–C.).

pièce de six pas de large environ, avec une table, trois chaises et un fauteuil de bureau. Les tomes du *Dictionnaire des sciences médicales*, non coupés, mais dont la brochure avait souffert dans toutes les ventes successives par où ils avaient
5 passé, garnissaient presque à eux seuls les six rayons d'une bibliothèque en bois de sapin. L'odeur des roux pénétrait à travers la muraille, pendant les consultations, de même que l'on entendait de la cuisine, les malades tousser dans le cabinet et débiter toute leur histoire.
10 Emma monta dans les chambres. La première n'était point meublée; mais la seconde, qui était la chambre conjugale, avait un lit d'acajou dans une alcôve à draperie rouge. Une boîte en coquillages décorait la commode; et, sur le secrétaire, près de la fenêtre, il y avait, dans une carafe, un bouquet de
15 fleurs d'oranger, noué par des rubans de satin blanc. C'était un bouquet de mariée, le bouquet de l'autre! Elle le regarda. Charles s'en aperçut, il le prit et l'alla porter au grenier, tandis qu'assise dans un fauteuil (on disposait ses affaires autour d'elle), Emma songeait à son bouquet de mariage, qui
20 était emballé dans un carton, et se demandait, en rêvant, ce qu'on en ferait, si par hasard elle venait à mourir.

Elle s'occupa les premiers jours, à méditer des changements dans sa maison. Elle retira les globes des flambeaux, fit coller des papiers neufs, repeindre l'escalier et faire des bancs dans
25 le jardin, tout autour du cadran solaire; elle demanda même comment s'y prendre pour avoir un bassin à jet d'eau avec des poissons. Enfin son mari, sachant qu'elle aimait à se promener en voiture, trouva un *boc* d'occasion, qui, ayant une fois des lanternes neuves et des garde-crotte en cuir piqué, ressembla
30 presque à un tilbury.

acajou, *m.*, mahogany
boc, *m.*, dogcart
brochure, *f.*, binding
cadran, *m.* — *solaire*, sundial
carafe, *f.*, decanter
garde-crotte, *m.*, mudguard

occasion, *f.* *d'*—, second-hand
piqué, *adj.*, stitched
roux, *m.*, brown-sauce
tilbury, *m.*, tilbury (two-wheeled open carriage)

Il était donc heureux et sans souci de rien au monde. Un repas en tête-à-tête, une promenade le soir sur la grande route, un geste de sa main sur ses bandeaux, la vue de son chapeau de paille accroché à l'espagnolette d'une fenêtre, et bien d'autres choses encore où Charles n'avait jamais soup- 5 çonné de plaisir, composaient maintenant la continuité de son bonheur. Au lit, le matin, et côte à côte sur l'oreiller, il regardait la lumière du soleil passer parmi le duvet de ses joues blondes, que couvraient à demi les pattes escalopées de son bonnet. Il se levait. Elle se mettait à la fenêtre pour le 10 voir partir; et elle restait accoudée sur le bord, entre deux pots de géraniums, vêtue de son peignoir, qui était lâche autour d'elle. Charles, à cheval, lui envoyait un baiser; elle répondait par un signe, elle refermait la fenêtre, il partait. Et alors, sur la grande route qui étendait sans en finir son long 15 ruban de poussière, par les chemins creux où les arbres se courbaient en berceaux, dans les sentiers dont les blés lui montaient jusqu'aux genoux, avec le soleil sur ses épaules et l'air du matin à ses narines, l'esprit tranquille, il s'en allait ruminant son bonheur, comme ceux qui mâchent encore, 20 après dîner, le goût des truffes qu'ils digèrent.

L'univers, pour lui, n'excédait pas le tour soyeux de son jupon. Il ne pouvait se retenir de toucher continuellement à son peigne, à ses bagues, à son fichu; quelquefois il lui donnait sur les joues de gros baisers à pleine bouche, ou c'étaient de 25 petits baisers à la file tout le long de son bras nu, depuis le bout des doigts jusqu'à l'épaule; et elle le repoussait, à demi souriante et ennuyée, comme on fait à un enfant qui se pend après vous.

Avant qu'elle se mariât, elle avait cru avoir de l'amour; 30 mais le bonheur qui aurait dû résulter de cet amour n'étant pas venu, il fallait qu'elle se fût trompée, songeait-elle. Et

bandeau, *m.*, strand of hair	**patte,** *f.*, lappet, tab
duvet, *m.*, down	**peignoir,** *m.*, dressing gown
espagnolette, *f.*, fastening	**truffe,** *f.*, truffle (potato-shaped fungus growing
jupon, *m.*, petticoat	underground, usually in oak forests)

Emma cherchait à savoir ce que l'on entendait au juste dans la vie par les mots de *félicité*, de *passion* et d'*ivresse*, qui lui avaient paru si beaux dans les livres.

L'attitude d'Emma s'explique par ses goûts romantiques. Elle semble
5 incarner toutes les aspirations romantiques de sa génération. Toute jeune encore elle s'est passionnée pour *Paul et Virginie*.[3] Puis, au couvent, on lui a lu des passages du *Génie du Christianisme* [4] tout pleins de mélancolie romantique. Plus tard au couvent elle lisait en cachette des romans de Walter Scott où la passion romantique s'étalait. On ne s'étonne pas qu'une jeune
10 fille, qui prend toutes ces choses au sérieux, soit désillusionnée par la vie auprès de Charles Bovary. Souvent elle se surprend à répéter: — Pourquoi, mon Dieu! me suis-je mariée?

Quelques mois plus tard Emma a l'occasion de quitter son triste état pendant quelques heures quand elle est invitée avec son mari à un bal
15 au château de Vaubyessard dont Charles, comme par miracle, vient de guérir le châtelain d'un abcès dans la bouche.

Le château, de construction moderne, à l'italienne, avec deux ailes avançant et trois perrons, se déployait au bas d'une immense pelouse où paissaient quelques vaches, entre des
20 bouquets de grands arbres espacés, tandis que des bannettes d'arbustes, rhododendrons, seringas et boules-de-neige bombaient leurs touffes de verdure inégales sur la ligne courbe du chemin sablé. Une rivière passait sous un pont; à travers la brume, on distinguait des bâtiments à toit de chaume,
25 éparpillés dans la prairie, que bordaient en pente douce deux coteaux couverts de bois, et par derrière, dans les massifs, se tenaient, sur deux lignes parallèles, les remises et les écuries, restes conservés de l'ancien château démoli.

Le *boc* de Charles s'arrêta devant le perron du milieu; des
30 domestiques parurent: le Marquis s'avança, et offrant son bras à la femme du médecin, l'introduisit dans le vestibule.

arbuste, *m.*, small shrub	**chaume,** *m.*, thatch
bannette, *f.*, small table basket (in sense of "cluster")	**paître,** to graze
	remise, *f.*, carriage house
boule-de-neige, *f.*, Guelder rose	

[3] Roman «pré-romantique» de Bernardin de Saint-Pierre, écrit en 1787 sous l'inspiration de Rousseau.
[4] Voir introduction à Chateaubriand.

Le Marquis ouvrit la porte du salon; une des dames se leva (la Marquise elle-même), vint à la rencontre d'Emma et la fit asseoir près d'elle, sur une causeuse, où elle se mit à lui parler amicalement, comme si elle la connaissait depuis longtemps. C'était une femme de la quarantaine environ, à 5 belles épaules, à nez busqué, à la voix traînante, et portant, ce soir-là, sur ses cheveux châtains, un simple fichu de guipure qui retombait par derrière, en triangle. Une jeune personne blonde se tenait à côté, dans une chaise à dossier long; et des messieurs, qui avaient une petite fleur à la 10 boutonnière de leur habit, causaient avec les dames, tout autour de la cheminée.

A sept heures, on servit le dîner. Les hommes, plus nombreux, s'assirent à la première table, dans le vestibule, et les dames à la seconde, dans la salle à manger, avec le Marquis 15 et la Marquise.

Emma se sentit, en entrant, enveloppée par un air chaud, mélange du parfum des fleurs et du beau linge, du fumet des viandes et de l'odeur des truffes. Les bougies des candélabres allongeaient des flammes sur les cloches d'argent; les cristaux 20 à facettes, couverts d'une buée mate, se renvoyaient des rayons pâles; des bouquets étaient en ligne sur toute la longueur de la table, et, dans les assiettes à large bordure, les serviettes, arrangées en manière de bonnet d'évêque, tenaient entre le bâillement de leurs plis chacune un petit pain de 25 forme ovale. Les pattes rouges des homards dépassaient les plats; de gros fruits dans des corbeilles à jour s'étageaient sur la mousse; les cailles avaient leurs plumes, des fumées montaient; et, en bas de soie, en culotte courte, en cravate blanche,

bâillement, *m.*, gap
buée, *f.*, vapor
busqué, *adj.*, curved
causeuse, *f.*, small sofa
châtain, *adj.*, chestnut
cloche, *f.*, dish cover
culotte, *f.*, breeches

facette, *f.*, facet. *cristal à* —*s*, cut crystal
guipure, *f.*, vellum lace
homard, *m.*, lobster
jour, *m. à* —, open
mat, *adj.*, heavy

en jabot, grave comme un juge, le maître d'hôtel, passant entre les épaules des convives les plats découpés, faisait d'un coup de sa cuiller sauter pour vous le morceau qu'on choisissait. Sur le grand poêle de porcelaine à baguettes de cuivre, 5 une statue de femme drapée jusqu'au menton regardait immobile la salle pleine de monde.

On versa du vin de Champagne à la glace. Emma frissonna de toute sa peau en sentant ce froid dans sa bouche. Elle n'avait jamais vu de grenades ni mangé d'ananas. Le 10 sucre en poudre même lui parut plus blanc et plus fin qu'ailleurs.

Les dames, ensuite, montèrent dans leurs chambres s'apprêter pour le bal.

Emma fit sa toilette avec la conscience méticuleuse d'une 15 actrice à son début. Elle disposa ses cheveux d'après les recommandations du coiffeur, et elle entra dans sa robe de barège, étalée sur le lit. Le pantalon de Charles lui serrait au ventre.

— Les sous-pieds vont me gêner pour danser, dit-il.

20 — Danser? reprit Emma.

— Oui.

— Mais tu as perdu la tête! on se moquerait de toi, reste à ta place. D'ailleurs, c'est plus convenable pour un médecin, ajouta-t-elle.

25 Charles se tut. Il marchait de long en large, attendant qu'Emma fût habillée.

Il la voyait par derrière, dans la glace, entre deux flambeaux. Ses yeux noirs semblaient plus noirs. Ses bandeaux, doucement bombés vers les oreilles, luisaient d'un éclat bleu; 30 une rose à son chignon tremblait sur une tige mobile, avec des

---

ananas, *m.*, pineapple
baguette, *f.*, beading
barège, *m.*, barege (a thin, silk-like dress material of wool)
chignon, *m.*, chignon (a roll of hair at back of head)

grenade, *f.*, pomegranate
jabot, *m.*, jabot (lace frill on front of shirt)
poêle, *m.*, stove
tige, *f.*, stalk

gouttes d'eau factices au bout de ses feuilles. Elle avait une robe de safran pâle, relevée par trois bouquets de roses pompon mêlées de verdure.

Charles vint l'embrasser sur l'épaule.

— Laisse-moi! dit-elle, tu me chiffonnes.   5

On entendit une ritournelle de violon et les sons d'un cor. Elle descendit l'escalier, se retenant de courir.

Les quadrilles étaient commencés. Il arrivait du monde. On se poussait. Elle se plaça près de la porte, sur une banquette.   10

Le cœur d'Emma lui battit un peu lorsque, son cavalier la tenant par le bout des doigts, elle vint se mettre en ligne et attendit le coup d'archet pour partir. Mais bientôt l'émotion disparut; et, se balançant au rythme de l'orchestre, elle glissait en avant, avec des mouvements légers du cou.   15

A trois heures du matin, le cotillon commença. Emma ne savait pas valser. Tout le monde valsait, mademoiselle d'Andervilliers elle-même [5] et la Marquise; il n'y avait plus que les hôtes du château, une douzaine de personnes à peu près.

Cependant, un des valseurs qu'on appelait familièrement 20 *Vicomte,* dont le gilet très ouvert semblait moulé sur la poitrine, vint une seconde fois encore inviter madame Bovary, l'assurant qu'il la guiderait et qu'elle s'en tirerait bien.

Ils commencèrent lentement, puis allèrent plus vite. Ils tournaient: tout tournait autour d'eux, les lampes, les 25 meubles, les lambris, et le parquet, comme un disque sur un pivot. En passant auprès des portes, la robe d'Emma, par le bas, s'ériflait au pantalon; leurs jambes entraient l'une dans l'autre; il baissait ses regards vers elle, elle levait les siens vers lui; une torpeur la prenait, elle s'arrêta. Ils repartirent; et, 30

archet, *m.,* violin bow
chiffonner, to rumple
érifler (s'), to graze
lambris, *m.,* wainscoting

pompon, *m. rose* —, miniature hundred-leaved rose
ritournelle, *f.,* ritornello, flourish

[5] On considérait généralement que la valse n'était pas une danse convenable pour une jeune fille.

d'un mouvement plus rapide, le vicomte, l'entraînant, disparut avec elle jusqu'au bout de la galerie, où, haletante, elle faillit tomber, et, un instant, s'appuya la tête sur sa poitrine. Et puis, tournant toujours, mais plus doucement, il la recon-
5 duisit à sa place; elle se renversa contre la muraille et mit la main devant ses yeux.

Quand elle les rouvrit, au milieu du salon, une dame assise sur un tabouret avait devant elle trois valseurs agenouillés. Elle choisit le vicomte, et le violon recommença.
10 On les regardait. Ils passaient et revenaient, elle immobile du corps et le menton baissé, et lui toujours dans sa même pose, la taille cambrée, le coude arrondi, la bouche en avant. Elle savait valser, celle-là! Ils continuèrent longtemps et fatiguèrent tous les autres.
15 On causa quelques minutes encore, et, après les adieux ou plutôt le bonjour, les hôtes du château s'allèrent coucher.

Charles se traînait à la rampe, les genoux *lui rentraient dans le corps.* Il avait passé cinq heures de suite, tout debout devant les tables, à regarder jouer au whist, sans y rien comprendre.
20 Aussi poussa-t-il un grand soupir de satisfaction lorsqu'il eut retiré ses bottes.

Emma mit un châle sur ses épaules, ouvrit la fenêtre et s'accouda.

La nuit était noire. Quelques gouttes de pluie tombaient.
25 Elle aspira le vent humide qui lui rafraîchissait les paupières. La musique du bal bourdonnait encore à ses oreilles, et elle faisait des efforts pour se tenir éveillée, afin de prolonger l'illusion de cette vie luxueuse qu'il faudrait tout à l'heure abandonner.
30 Le petit jour parut. Elle regarda les fenêtres du château, longuement, tâchant de deviner quelles étaient les chambres de tous ceux qu'elle avait remarqués la veille. Elle aurait voulu savoir leurs existences, y pénétrer, s'y confondre.

---

cambré, *adj.,* slightly bent   **tabouret,** *m.,* footstool

Mais elle grelottait de froid. Elle se déshabilla et se blottit entre les draps, contre Charles qui dormait.

De retour chez elle Emma s'ennuie et en tombe malade. Après avoir essayé tous ses remèdes, Charles doit consulter un médecin de Rouen qui conseille «un changement d'air.» Charles réussit à trouver vacant un poste 5 de médecin au petit bourg d'Yonville-l'Abbaye et s'y installe. L'étude au moral et au physique de cette petite ville est une des parties capitales de l'œuvre de Flaubert. Un des portraits les plus poussés dans cette étude, c'est celui de M. Homais, pharmacien à l'esprit voltairien qui est aussi sot qu'il se croit savant. 10

C'est M. Homais qui accueille le nouveau médecin et sa femme à l'auberge et qui cherche à leur plaire puisqu'en qualité de pharmacien il a l'habitude de faire une concurrence illégale au médecin de l'endroit. Le pensionnaire de M. Homais, Léon Dupuis, jeune clerc de notaire, y est aussi; Madame Bovary le trouve très sympathique, car il peut parler musique 15 et littérature. De son côté le jeune clerc considère Madame Bovary comme une grande dame et finit par s'éprendre d'elle.

Emma va avoir un enfant. D'abord l'idée ne lui plaît pas, mais finalement elle s'intéresse assez à son enfant pour souhaiter que ce soit un fils qui pourra faire tout ce qu'on défend aux femmes. Ayant mis au monde une 20 fille, elle s'en désintéresse complètement et la met en nourrice chez la femme du menuisier.

Pourtant elle décide un beau jour d'aller voir l'enfant chez le menuisier et en route elle rencontre Léon qu'elle invite à l'accompagner. Le soir toutes les commères disent dans Yonville que Madame Bovary se com- 25 promet. A vrai dire absolument rien ne s'est passé pendant cette promenade. Ils avaient été trop gênés et trop peu experts en pareille matière pour faire la moindre allusion à leur trouble.

D'abord Emma ne veut pas s'avouer qu'elle aime Léon parce qu'elle croit à l'amour romantique, *le coup de foudre romantique*. Elle devient maussade 30 à mesure que le temps passe et que sa situation ne change pas. Un jour elle frappe sa petite fille qu'on a ramenée à la maison. De son côté Léon s'agite aussi mais n'ose pas lui faire sa déclaration; à bout de forces et de courage il obtient de ses parents l'autorisation d'entrer dans une étude de notaire à Paris. 35

Vers cette époque Rodolphe Boulanger, riche propriétaire des environs, amène son charretier pour être saigné. Il voit la belle femme du médecin et décide d'en faire la conquête. Autant Léon était naïf et inexpérimenté, autant Rodolphe est rusé et expérimenté. Aux *Comices*, la fête municipale, il réussit à passer la soirée avec elle et à lui parler art, littérature et sentiments. 40

charretier, *m.*, wagoner
comice, *m.*, agricultural show
commère, *f.*, gossip

maussade, *adj.*, sulky
menuisier, *m.*, carpenter

Six semaines s'écoulèrent. Rodolphe ne revint pas. Un soir, enfin, il parut.

— N'y retournons pas de sitôt, ce serait une faute.

Et, au bout de la semaine, il était parti pour la 5 chasse.

Après la chasse, il avait songé qu'il était trop tard, puis il fit ce raisonnement:

— Mais, si du premier jour elle m'a aimé, elle doit, par l'impatience de me revoir, m'aimer davantage. Continuons 10 donc!

Il comprit que son calcul avait été bon, lorsque, en entrant dans la salle, il aperçut Emma pâlir.

Elle était seule. Le jour tombait. Les petits rideaux de mousseline, le long des vitres, épaississaient le crépuscule, et la 15 dorure du baromètre, sur qui frappait un rayon de soleil, étalait des feux dans la glace, entre les découpures du polypier.

Rodolphe resta debout; et à peine si Emma répondit à ses premières phrases de politesse.

20 — Moi, dit-il, j'ai eu des affaires. J'ai été malade.

— Gravement? s'écria-t-elle.

— Eh bien! fit Rodolphe en s'asseyant à ses côtés sur un tabouret, non! . . . C'est que je n'ai pas voulu revenir.

— Pourquoi?

25 — Vous ne devinez pas?

Il la regarda encore une fois, mais d'une façon si violente qu'elle baissa la tête en rougissant. Il reprit:

— Emma . . .

— Monsieur! fit-elle en s'écartant un peu.

30 — Ah! vous voyez bien, répliqua-t-il d'une voix mélancolique, que j'avais raison de vouloir ne pas revenir; car ce nom, ce nom qui remplit mon âme et qui m'est échappé, vous me l'interdisez! Madame Bovary! . . . Eh! tout le monde vous

---

crépuscule, *m.,* twilight   **polypier,** *m.,* coral
découpure, *f.,* notch

appelle comme cela!... Ce n'est pas votre nom, d'ailleurs; c'est le nom d'un autre!

Il répéta:

— D'un autre!

Et il se cacha la figure entre les mains.   5

— Oui, je pense à vous continuellement!... Votre souvenir me désespère! Ah! pardon!... Je vous quitte... Adieu!... J'irai loin... si loin, que vous n'entendrez plus parler de moi!... Et cependant..., aujourd'hui..., je ne sais quelle force encore m'a poussé vers vous! Car on ne lutte pas 10 contre le ciel, on ne résiste point au sourire des anges! on se laisse entraîner par ce qui est beau, charmant, adorable!

C'était la première fois qu'Emma entendait dire ces choses; et son orgueil, comme quelqu'un qui se délasse dans une étuve, s'étirait mollement et tout entier à la chaleur de ce 15 langage.

— Mais, si je ne suis pas venu, continua-t-il, si je n'ai pu vous voir, ah! du moins j'ai bien contemplé ce qui vous entoure. La nuit, toutes les nuits, je me relevais, j'arrivais jusqu'ici, je regardais votre maison, le toit qui brillait sous la 20 lune, les arbres du jardin qui se balançaient à votre fenêtre, et une petite lampe, une lueur, qui brillait à travers les carreaux, dans l'ombre. Ah! vous ne saviez guère qu'il y avait là, si près et si loin, un pauvre misérable...

Elle se tourna vers lui avec un sanglot.   25

— Oh! vous êtes bon! dit-elle.

— Non, je vous aime, voilà tout! Vous n'en doutez pas! Dites-le-moi; un mot! un seul mot!

Et Rodolphe, insensiblement, se laissait glisser du tabouret jusqu'à terre; mais on entendait un bruit de sabots dans la 30 cuisine, et la porte de la salle, il s'en aperçut, n'était pas fermée. Ils se levaient tous deux, quand Charles entra.

Madame Bovary ne peut résister à toute cette éloquence. Rodolphe trouve le moyen de recommencer quand, avec le consentement de son mari

---

carreau, *m.*, windowpane   étuve, *f.*, Turkish bath

qui approuve qu'elle s'occupe de sa santé, Emma accepte son invitation de
se promener parfois à cheval. Elle devient sa maîtresse, court chez lui tous
les jours au moment où Charles quitte la maison, et finalement prend
l'habitude de descendre le rejoindre au jardin quand son mari s'endort dans
5 le lit conjugal.

Elle se répétait: «J'ai un amant! un amant!» se délectant de
cette idée. Elle allait donc posséder enfin ces joies de l'amour,
cette fièvre du bonheur dont elle avait désespéré. Elle entrait
dans quelque chose de merveilleux où tout serait passion,
10 extase, délire; une immensité bleuâtre l'entourait, les sommets
du sentiment étincelaient sous sa pensée, l'existence ordinaire
n'apparaissait qu'au loin, tout en bas, dans l'ombre, entre les
intervalles de ces hauteurs.

Tout cela dure un certain temps. Puis l'extase et le délire venant à
15 s'atténuer, Emma s'occupe de nouveau de son enfant et de son mari. Elle
encourage celui-ci à faire une expérience médicale dont Homais lui a parlé.

Homais avait lu dernièrement l'éloge d'une nouvelle
méthode pour la cure des pieds bots; et, comme il était partisan du progrès, il conçut cette idée patriotique que Yonville,
20 *pour se mettre au niveau*, devait avoir des opérations de stréphopodie.

— Car, disait-il à Emma, que risque-t-on? Examinez (et il
énumérait sur ses doigts les avantages de la tentative): succès
presque certain, soulagement et embellissement du malade,
25 célébrité vite acquise à l'opérateur. Pourquoi votre mari, par
exemple, ne voudrait-il pas débarrasser ce pauvre Hippolyte,
du *Lion d'or?* Notez qu'il ne manquerait pas de raconter sa
guérison à tous les voyageurs, et puis (Homais baissait la
voix et regardait autour de lui) qui donc m'empêcherait
30 d'envoyer au journal une petite note là-dessus? Eh! mon
Dieu! un article circule . . . , on en parle . . . , cela finit par
faire la boule de neige! Et qui sait? qui sait?

bot, *adj. pied* —, clubfoot
niveau, *m. se mettre au* —, to keep
  abreast of the times

stréphopodie, *f.*, strephopody (clubfoot)

En effet, Bovary pouvait réussir; rien n'affirmait à Emma qu'il ne fût pas habile, et quelle satisfaction pour elle que de l'avoir engagé à une démarche d'où sa réputation et sa fortune se trouveraient accrues? Elle ne demandait qu'à s'appuyer sur quelque chose de plus solide que l'amour.   5

Charles, sollicité par l'apothicaire et par elle, se laissa convaincre. Il fit venir de Rouen le volume du docteur Duval, et, tous les soirs, se prenant la tête entre les mains, il s'enfonçait dans cette lecture.

Avec les conseils du pharmacien, et en recommençant trois 10 fois, il fit donc construire par le menuisier, aidé du serrurier, une manière de boîte pesant huit livres environ, et où le fer, le bois, la tôle, le cuir, les vis et les écrous ne se trouvaient point épargnés.

Ni Ambroise Paré,[6] appliquant pour la première fois depuis 15 Celse,[7] après quinze siècles d'intervalle, la ligature immédiate d'une artère; ni Dupuytren [8] allant ouvrir un abcès à travers une couche épaisse d'encéphale; ni Gensoul,[9] quand il fit la première ablation de maxillaire supérieur, n'avaient certes le cœur si palpitant, la main si frémissante, l'intellect aussi 20 tendu que M. Bovary quand il approcha d'Hippolyte, son *ténotome* entre les doigts. Et, comme dans les hôpitaux, on voyait, à côté sur une table, un tas de charpie, des fils cirés, beaucoup de bandes, une pyramide de bandes, tout ce qu'il y avait de bandes chez l'apothicaire. C'était M. Homais qui 25 avait organisé dès le matin tous ces préparatifs, autant pour éblouir la multitude que pour s'illusionner lui-même. Charles

charpie, *f.,* lint
encéphale, *m.,* encephalon (anatomical term for brain)
serrurier, *m.,* locksmith
ténotome, *m.,* tenotome (a slender knife used in the operation of tenotomy, *i.e.,* the division of a tendon)
tôle, *f.,* sheet-iron

[6] Célèbre chirurgien français (1517–1590).
[7] Aulus Cornelius Celsus, qu'on appelle aujourd'hui l'«Hippocrate romain»; il vécut au temps d'Auguste.
[8] Guillaume Dupuytren (1777–1835), célèbre chirurgien français.
[9] Joseph Gensoul (1797–1858), célèbre chirurgien français.

piqua la peau; on entendit un craquement sec. Le tendon était coupé, l'opération était finie. Hippolyte n'en revenait pas de surprise; il se penchait sur les mains de Bovary pour les couvrir de baisers.

5 Charles, ayant bouclé son malade dans le moteur mécanique, s'en retourna chez lui, où Emma, tout anxieuse, l'attendait sur la porte. Elle lui sauta au cou; ils se mirent à table; il mangea beaucoup, et même il voulut, au dessert, prendre une tasse de café, débauche qu'il ne se permettait que le 10 dimanche lorsqu'il y avait du monde.

Le soir Homais apporte un long article qu'il destine au *Fanal de Rouen.*

Ce qui n'empêcha pas que, cinq jours après, la mère Lefrançois n'arrivât tout effarée en s'écriant:
— Au secours! il se meurt! . . . j'en perds la tête!
15 Charles se précipita vers le *Lion d'or*, et le pharmacien, qui l'aperçut en passant sur la place, sans chapeau, abandonna la pharmacie. Il parut lui-même, haletant, rouge, inquiet, et demandant à tous ceux qui montaient l'escalier:
— Qu'a donc notre intéressant stréphopode?
20 Il se tordait, le stréphopode, dans des convulsions atroces, si bien que le moteur mécanique où était enfermée sa jambe frappait contre la muraille à la défoncer.

Avec beaucoup de précautions, pour ne pas déranger la position du membre, on retira donc la boîte, et l'on vit un 25 spectacle affreux. Les formes du pied disparaissaient dans une telle bouffissure, que la peau tout entière semblait près de se rompre, et elle était couverte d'ecchymoses occasionnées par la fameuse machine. Hippolyte déjà s'était plaint d'en souffrir; on n'y avait pris garde; il fallut reconnaître qu'il n'avait pas 30 eu tort complètement et on le laissa libre quelques heures. Enfin, trois jours après, Hippolyte n'y pouvant plus tenir, ils retirèrent encore une fois la mécanique, tout en s'étonnant

bouffissure, *f.,* bloatedness
ecchymose, *f.,* ecchymosis, black and
  blue spot

fanal, *m.,* beacon
stréphopode, *m.,* strephopode (clubfoot)

beaucoup du résultat qu'ils aperçurent. Une tuméfaction livide s'étendait sur la jambe, et avec des phlyctènes de place en place, par où suintait un liquide noir. Cela prenait une tournure sérieuse. Hippolyte commençait à s'ennuyer, et la mère Lefrançois l'installa dans la petite salle, près de la 5 cuisine, pour qu'il eût au moins quelque distraction.

La gangrène, en effet, montait de plus en plus. Bovary en était malade lui-même. Il venait à chaque heure, à tout moment. Hippolyte le regardait avec des yeux pleins d'épouvante et balbutiait en sanglotant.   10

— Quand est-ce que je serai guéri? . . . Ah! sauvez-moi! . . . Que je suis malheureux! que je suis malheureux!

L'abbé Bournisien, apprenant qu'il empirait, fit demander à le voir. Il commença par le plaindre de son mal, tout en déclarant qu'il fallait s'en réjouir, puisque c'était la volonté 15 du Seigneur, et profiter vite de l'occasion pour se réconcilier avec le ciel.

Son zèle parut réussir; car bientôt le stréphopode témoigna l'envie d'aller en pèlerinage à Bon-Secours, s'il se guérissait: à quoi M. Bournisien répondit qu'il ne voyait pas d'incon- 20 vénient: deux précautions valaient mieux qu'une. *On ne risquait rien.*

L'apothicaire s'indigna contre ce qu'il appelait les *manœuvres du prêtre;* elles nuisaient, prétendait-il, à la convalescence d'Hippolyte, et il répétait à Mme Lefrançois: 25

— Laissez-le! laissez-le! vous lui perturbez le moral avec votre mysticisme!

Mais la bonne femme ne voulait plus l'entendre. Il était *cause de tout.* Par esprit de contradiction, elle accrocha même au chevet du malade un bénitier tout plein, avec une branche 30 de buis.

Cependant la religion pas plus que la chirurgie ne paraissait

bénitier, *m.*, holy-water basin	**pèlerinage,** *m.*, pilgrimage
buis, *m.*, boxwood	**phlyctène,** *f.*, phlyctaena, blister
chevet, *m.*, head of a bed	**suinter,** to ooze

le secourir, et l'invincible pourriture allait montant toujours
des extrémités vers le ventre. On avait beau varier les potions
et changer les cataplasmes, les muscles, chaque jour, se
décollaient davantage, et enfin Charles répondit par un signe
5 de tête affirmatif quand la mère François lui demanda si elle
ne pourrait point, en désespoir de cause, faire venir M.
Canivet, de Neufchâtel,[10] qui était une célébrité.

Docteur en médecine, âgé de cinquante ans, jouissant d'une
bonne position et sûr de lui-même, le confrère ne se gêna pas
10 pour rire dédaigneusement lorsqu'il découvrit cette jambe
gangrenée jusqu'au genou. Puis, ayant déclaré net qu'il la
fallait amputer, il s'en alla chez le pharmacien déblatérer
contre les ânes qui avaient pu réduire un malheureux homme
en un tel état.

15   Ce fut dans le village un événement considérable que cette
amputation de cuisse par le docteur Canivet! Tous les habitants, ce jour-là, s'étaient levés de meilleure heure, et la
Grande-Rue, bien que pleine de monde, avait quelque chose
de lugubre comme s'il se fût agi d'une exécution capitale.
20   Bovary, pendant ce temps-là, n'osait bouger de sa maison.
Il se tenait en bas, dans la salle, assis au coin de la cheminée
sans feu, le menton sur la poitrine, les mains jointes, les yeux
fixes. Quelle mésaventure! Qui sait si des confrères n'écriraient
pas contre lui? Hippolyte même pouvait lui faire un procès.
25 Il se voyait déshonoré, ruiné, perdu! Et son imagination,
assaillie par une multitude d'hypothèses, ballottait au milieu
d'elles comme un tonneau vide emporté à la mer et qui roule
sur les flots.

Emma, en face de lui, le regardait; elle ne partageait pas
30 son humiliation, elle en éprouvait une autre: c'était de s'être
imaginé qu'un pareil homme pût valoir quelque chose, comme

ballotter, to toss about   **déblatérer,** to rant

[10] Ville du département de Seine-Inférieure, à 50 kilomètres au nord-est de
Rouen.

si vingt fois déjà elle n'avait pas suffisamment aperçu sa médiocrité.

Charles se promenait de long en large, dans sa chambre. Ses bottes craquaient sur le parquet.

— Assieds-toi, dit-elle, tu m'agaces.   5

Il se rassit.

Au milieu du silence qui emplissait le village, un cri déchirant traversa l'air. Bovary devint pâle à s'évanouir. Elle fronça les sourcils d'un geste nerveux, puis continua. C'était pour lui, cependant, pour cet être, pour cet homme qui ne 10 comprenait rien, qui ne sentait rien! Car il était là, tout tranquillement, et sans même se douter que le ridicule de son nom allait désormais la salir comme lui. Elle avait fait des efforts pour l'aimer, et elle s'était repentie en pleurant d'avoir cédé à un autre.   15

Il se fit un bruit de pas sur le trottoir. Charles regarda; et, à travers la jalousie baissée, il aperçut au bord des halles, en plein soleil, le docteur Canivet qui s'essuyait le front avec son foulard. Homais, derrière lui, portait à la main une grande boîte rouge, et ils se dirigeaient tous les deux du côté de la 20 pharmacie.

Alors, par tendresse subite et découragement, Charles se tourna vers sa femme en lui disant:

— Embrasse-moi donc, ma bonne!

— Laisse-moi! fit-elle, toute rouge de colère.   25

— Qu'as-tu? qu'as-tu? répétait-il stupéfait. Calme-toi, reprends-toi! Tu sais bien que je t'aime! . . . viens!

— Assez! s'écria-t-elle d'un air terrible.

Et, s'échappant de la salle, Emma ferma la porte si fort, que le baromètre bondit de la muraille et s'écrasa par terre.   30

De nouveau l'amour d'Emma pour Rodolphe renaît; cependant il n'a pas complètement rompu avec elle. Maintenant leurs rendez-vous deviennent plus fréquents que jamais. Mais de son côté, Rodolphe, l'homme pratique, commence à se lasser de cette maîtresse trop passionnée. Comme

foulard, *m.,* silk handkerchief   **halle,** *f.,* market

pour narguer les bourgeois, Emma se promène avec Rodolphe à la vue de tout le monde en fumant une cigarette. Puis, un jour, elle se dispute avec sa belle-mère qui est venue en visite.

Ils étaient convenus, elle et Rodolphe, qu'en cas d'événe-
5 ment extraordinaire, elle attacherait à la persienne un petit chiffon de papier blanc, afin que si, par hasard, il se trouvait à Yonville, il accourût dans la ruelle, derrière la maison. Emma fit le signal; elle attendait depuis trois quarts d'heure quand, tout à coup, elle aperçut Rodolphe au coin des halles.
10 Elle fut tentée d'ouvrir la fenêtre, de l'appeler; mais déjà il avait disparu. Elle retomba désespérée.

Bientôt, pourtant, il lui sembla que l'on marchait sur le trottoir. C'était lui, sans doute; elle descendit l'escalier, traversa la cour. Il était là, dehors. Elle se jeta dans ses bras.
15 — Prends donc garde, dit-il.

— Ah! si tu savais! reprit-elle.

Et elle se mit à lui raconter tout, à la hâte, sans suite, exagérant les faits, en inventant plusieurs, et prodiguant les parenthèses si abondamment qu'il n'y comprenait rien.
20 — Allons, mon pauvre ange, du courage, console-toi, patience!

— Mais voilà quatre ans que je patiente et que je souffre!... Un amour comme le nôtre devrait s'avouer à la face du ciel! Ils sont à me torturer. Je n'y tiens plus! Sauve-moi!
25 Elle se serrait contre Rodolphe. Ses yeux, pleins de larmes, étincelaient comme des flammes sous l'onde; sa gorge haletait à coups rapides; jamais il ne l'avait tant aimée; si bien qu'il en perdit la tête et qu'il lui dit:

— Que faut-il faire? Que veux-tu?
30 — Emmène-moi! s'écria-t-elle. Enlève-moi!... Oh! je t'en supplie.

— Mais . . . , reprit Rodolphe.

— Quoi donc?

— Et ta fille?

narguer, to thumb one's nose at　　　　**persienne,** *f.,* Venetian shutter

Elle réfléchit quelques instants, puis répondit:
— Nous la prendrons, tant pis!
— Quelle femme! se dit-il en la regardant s'éloigner.

Rodolphe se laisse persuader de s'enfuir avec elle à Gênes.[11] Ils doivent se retrouver quelques jours plus tard à l'hôtel de Provence à Rouen. Mais 5 dans l'intervalle, Rodolphe se ravise; il ne l'aime pas assez pour lui sacrifier sa vie tranquille. Il lui écrit donc pour lui dire que l'amour n'est pas éternel et qu'il ne veut pas faire le malheur de son existence quand, plus tard, ils ne s'aimeront plus.

Après quoi, il fuma trois pipes, et alla se coucher. 10

Le lendemain, quand il fut debout (vers deux heures environ, il avait dormi tard), Rodolphe se fit cueillir une corbeille d'abricots. Il disposa la lettre dans le fond, sous des feuilles de vigne, et ordonna tout de suite à Girard, son valet de charrue, de porter cela délicatement chez madame Bovary. 15 Il se servait de ce moyen pour correspondre avec elle, lui envoyant, selon la saison, des fruits ou du gibier.

— Si elle te demande de mes nouvelles, dit-il, tu répondras que je suis parti en voyage. Il faut remettre le panier à elle-même, en mains propres . . . Va, et prends garde! 20

Girard passa sa blouse neuve, noua son grand mouchoir autour des abricots, et, marchant à grands pas lourds dans ses grosses galoches ferrées, prit tranquillement le chemin d'Yonville.

Madame Bovary, quand il arriva chez elle, arrangeait avec 25 Félicité, sur la table de cuisine, un paquet de linge.

— Voilà, dit le valet, ce que notre maître vous envoie.

Elle fut saisie d'une appréhension, et, tout en cherchant quelque monnaie dans sa poche, elle considérait le paysan d'un œil hagard, tandis qu'il la regardait lui-même avec ébahisse- 30 ment, ne comprenant pas qu'un pareil cadeau pût tant émouvoir quelqu'un. Enfin il sortit. Félicité restait. Elle n'y

---

ébahissement, *m.*, amazement   gibier, *m.*, game
galoche, *f.*, clog (shoe with wooden
  sole)

[11] *Genoa.* Ville italienne.

tenait plus; elle courut dans la salle comme pour y porter les abricots, renversa le panier, arracha les feuilles, trouva la lettre, l'ouvrit, et, comme s'il y avait eu derrière elle un effroyable incendie, Emma se mit à fuir vers sa chambre, tout
5 épouvantée.

Charles y était, elle l'aperçut; il lui parla, elle n'entendit rien, et elle continua vivement à monter les marches, haletante, éperdue, ivre, et toujours tenant cette horrible feuille de papier, qui lui claquait dans les doigts comme une plaque
10 de tôle. Au second étage, elle s'arrêta devant la porte du grenier, qui était fermée.

Alors elle voulut se calmer; elle se rappela la lettre; il fallait la finir, elle n'osait pas. D'ailleurs, où? comment? On la verrait.

15 — Ah! non, ici, pensa-t-elle, je serai bien.

Emma poussa la porte et entra.

Les ardoises laissaient tomber d'aplomb une chaleur lourde, qui lui serrait les tempes et l'étouffait; elle se traîna jusqu'à la mansarde close, dont elle tira le verrou, et la lumière
20 éblouissante jaillit d'un bond.

En bas, sous elle, la place du village était vide; les cailloux du trottoir scintillaient, les girouettes des maisons se tenaient immobiles.

Elle s'était appuyée contre l'embrasure de la mansarde et
25 elle relisait la lettre avec des ricanements de colère. Mais plus elle y fixait d'attention, plus ses idées se confondaient. Elle jetait les yeux autour d'elle avec l'envie que la terre croulât. Pourquoi n'en pas finir? Qui la retenait donc? Elle était libre. Et elle s'avança, elle regarda les pavés en se
30 disant:

— Allons! allons!

Le rayon lumineux qui montait d'en bas directement tirait

---

aplomb, *m.* d'—, perpendicularly
ardoise, *f.*, slate
girouette, *f.*, weathercock

mansarde, *f.*, garret window
ricanement, *m.*, sneer
verrou, *m.*, bolt

vers l'abîme le poids de son corps. Elle se tenait tout au bord,
presque suspendue, entourée d'un grand espace. Le bleu du
ciel l'envahissait, l'air circulait dans sa tête creuse, elle n'avait
qu'à céder, qu'à se laisser prendre.

— Ma femme! ma femme! cria Charles.   5
Elle s'arrêta.

— Où es-tu donc? Arrive!
L'idée qu'elle venait d'échapper à la mort faillit la faire
s'évanouir de terreur; elle ferma les yeux; puis elle tressaillit
au contact d'une main sur sa manche; c'était Félicité.   10

— Monsieur vous attend, madame; la soupe est servie.
Et il lui fallut descendre! il fallut se mettre à table!

Emma fait de son mieux pour cacher son angoisse pendant le dîner
jusqu'au moment où elle regarde par la fenêtre et voit sous les rayons du
réverbère Rodolphe qui s'en va en voiture (le chemin de sa propriété con- 15
duisait à Yonville). Alors elle s'évanouit et reste gravement malade pendant
longtemps. Pendant sa maladie le boutiquier Lheureux réclame à son mari
le paiement d'un manteau et d'autres choses qu'elle lui a achetés pour son
voyage avec Rodolphe. Ne pouvant pas les payer, Charles doit souscrire un
billet à six mois d'échéance.   20
Quand Emma se remet de sa longue maladie, Charles la mène au théâtre
à Rouen. Elle y rencontre Léon qui a quitté Paris pour travailler dans une
étude à Rouen. Le séjour de Paris l'a bien déniaisé. Sans être moins amoureux, il sait s'y prendre maintenant pour séduire la belle provinciale. Ils
louent une chambre d'hôtel à Rouen où Emma, sous prétexte d'étudier le 25
piano, vient trouver plusieurs fois par semaine son nouvel amant.
Pour se rendre à Rouen elle prend une diligence appelée l'*Hirondelle*.
En route elle rencontre toujours un hideux mendiant aveugle qui chante
parfois et parfois se tient sur le marchepied de la diligence jusqu'à ce que
le conducteur l'en déloge à coups de fouet.   30
Un jour, par malheur, Lheureux passe au moment où les deux amants
sortent de l'hôtel ensemble. Plus tard, sans rien dire de cette rencontre
fortuite, Lheureux apporte à Emma le billet que Charles a signé en lui
suggérant qu'elle pourrait vendre une petite propriété à elle pour avoir de
l'argent. Lheureux s'occupe de trouver un acheteur. Après cette liquidation, 35
au lieu de lui demander le paiement de l'emprunt, Lheureux suggère à
Emma qu'elle pourrait avoir besoin de cet argent et que, pour cela, il
suffirait de souscrire un autre billet. Désormais Emma, peu forte en matières

déniaiser, to sharpen one's wits
échéance, *f. à six mois d'*—, falling due
   in six months

hirondelle, *f.*, swallow
marchepied, *m.*, running board
réverbère, *m.*, street-lamp

financières, est à la merci du boutiquier; incapable de lui rendre l'argent et de plus en plus dépensière elle-même, elle continue à souscrire des billets à n'en plus finir. A mesure qu'elle s'embrouille dans ces problèmes financiers, ses relations avec son amant empirent; toujours le bonheur lui
5 échappe.

Une nuit elle va avec Léon au bal masqué de la mi-carême.

Elle s'esquiva brusquement, se débarrassa de son costume, dit à Léon qu'il fallait s'en retourner, et enfin resta seule à l'hôtel de *Boulogne*. Tout et elle-même lui étaient insuppor-
10 tables. Elle aurait voulu, s'échappant comme un oiseau, aller se rajeunir quelque part, bien loin, dans les espaces immaculés.

En rentrant chez elle, Félicité lui montra derrière la pendule un papier gris. Elle lut:

«En vertu de la grosse, en forme exécutoire d'un juge-
15 ment . . .»

Quel jugement? La veille, en effet, on avait apporté un autre papier qu'elle ne connaissait pas; aussi fut-elle stupé-faite de ces mots:

«Commandement, de par le roi, la loi et la justice, à
20 madame Bovary . . .»

Alors, sautant plusieurs lignes, elle aperçut:

«Dans vingt-quatre heures pour tout délai.» — Quoi donc? «Payer la somme totale de huit mille francs.» Et même, il y avait plus bas: «Elle y sera contrainte par toute voie de droit,
25 et notamment par la saisie exécutoire de ses meubles et effets.»

Que faire? . . . C'était dans vingt-quatre heures; demain! Lheureux, pensa-t-elle, voulait sans doute l'effrayer encore. Ce qui la rassurait, c'était l'exagération de la somme.
30 Elle se présenta chez lui d'un air dégagé.

— Vous savez ce qui m'arrive? C'est une plaisanterie, sans doute!

---

esquiver (s'), to slip away
exécutoire, *adj. en forme —*, in execution (of)
grosse, *f. en vertu de la —*, on presentation of the engrossed copy

mi-carême, *f.*, Mid-Lent
saisie, *f. — exécutoire*, writ of distraint
voie, *f. toute — de droit*, by all due course of law

— Non.

— Comment cela?

Il se détourna lentement, et lui dit en se croisant les bras:

— Pensiez-vous, ma petite dame, que j'allais, jusqu'à la consommation des siècles, être votre fournisseur et banquier 5 pour l'amour de Dieu? Il faut que je rentre dans mes déboursés, soyons justes!

Elle fut lâche, elle le supplia; et même elle appuya sa jolie main blanche et longue sur les genoux du marchand.

— Laissez-moi donc! On dirait que vous voulez me séduire! 10

— Vous êtes un misérable! s'écria-t-elle.

Elle s'affaissa, plus assommée qu'elle n'eût été par un coup de massue.

Il se rapprocha d'elle, et, d'une voix douce:

— Ce n'est pas amusant, je le sais; personne, après tout, 15 n'en est mort, et, puisque c'est le seul moyen qui vous reste de me rendre mon argent . . .

— Mais où en trouverai-je? dit Emma en se tordant les bras.

— Ah! bah! quand on a comme vous des amis! 20

Elle rentre chez elle bouleversée et les mains vides.

Elle fut stoïque, le lendemain, lorsque Maître Hareng, l'huissier, avec deux témoins, se présenta chez elle pour faire le procès-verbal de la saisie.

Ils partirent enfin! Félicité rentra. Elle l'avait envoyée 25 aux aguets pour détourner Bovary; et elles installèrent vivement sous les toits le gardien de la saisie, qui jura de s'y tenir.

Charles, pendant la soirée, lui parut soucieux. Emma l'épiait d'un regard plein d'angoisse, croyant apercevoir dans les rides de son visage des accusations. Puis, quand ses yeux 30 se reportaient sur la cheminée garnie d'écrans chinois, sur les

aguets, *m. pl. aux* —, to be on the lookout for

déboursé, *m. rentrer dans ses* —*s*, to recover one's investments

écran, *m.*, screen

huissier, *m.*, bailiff

procès-verbal, *m.*, inventory

larges rideaux, sur les fauteuils, sur toutes ces choses enfin qui avaient adouci l'amertume de sa vie, un remords la prenait, ou plutôt un regret immense et qui irritait la passion, loin de l'anéantir. Charles tisonnait avec placidité, les deux pieds
5 sur les chenets.

Il y eut un moment où le gardien, sans doute s'ennuyant dans sa cachette, fit un peu de bruit.

— On marche là-haut? dit Charles.

— Non! reprit-elle, c'est une lucarne restée ouverte que le
10 vent remue.

Le lendemain elle court chez Léon qui promet de l'aider: il s'adressera à un ami riche qui doit rentrer en ville ce soir. En attendant, Emma fait d'autres démarches, toujours sans succès. N'osant plus rentrer chez elle, elle se réfugie chez la nourrice de sa fille en attendant l'arrivée de Léon.
15 Mais Léon n'arrive toujours pas. Alors elle se retrouve sur le chemin du château de Rodolphe.

Il était devant le feu, les deux pieds sur le chambranle, en train de fumer une pipe.

— Tiens! c'est vous! dit-il en se levant brusquement.

20 — Oui, c'est moi!... je voudrais, Rodolphe, vous demander un conseil.

Et malgré tous ses efforts, il lui était impossible de desserrer la bouche.

— Vous n'avez pas changé, vous êtes toujours charmante.

25 — Oh! reprit-elle amèrement, ce sont de tristes charmes, mon ami, puisque vous les avez dédaignés.

Alors il entama une explication de sa conduite, s'excusant en termes vagues, faute de pouvoir inventer mieux.

Elle se laissa prendre à ses paroles, plus encore à sa voix
30 et par le spectacle de sa personne.

— J'ai bien souffert! fit-elle en le regardant tristement.

Il répondit d'un ton philosophique:

— L'existence est ainsi!

— A-t-elle du moins, reprit Emma, été bonne pour vous
35 depuis notre séparation?

tisonner, to poke the fire

— Oh! ni bonne . . . ni mauvaise.

— Il aurait peut-être mieux valu ne jamais nous quitter.

— Oui . . ., peut-être!

— Tu crois? dit-elle en se rapprochant. 5

Et elle soupira:

— O Rodolphe! si tu savais! . . ., je t'ai bien aimé.

Ce fut alors qu'elle prit sa main, et ils restèrent quelque temps les doigts entrelacés.

Il l'attira sur ses genoux, et il caressait du revers de la main 10 ses bandeaux lisses, où, dans la clarté du crépuscule, miroitait comme une flèche d'or un dernier rayon du soleil. Elle penchait le front; il finit par la baiser sur les paupières, tout doucement, du bout de ses lèvres.

— Mais tu as pleuré! dit-il. Pourquoi? 15

Elle éclata en sanglots. Rodolphe crut que c'était l'explosion de son amour; comme elle se taisait, il prit ce silence pour une dernière pudeur, et alors il s'écria:

— Ah! pardonne-moi! tu es la seule qui me plaise. J'ai été imbécile et méchant! je t'aime, je t'aimerai toujours! Qu'as-tu? 20 dis-le donc!

Il s'agenouillait.

— Eh bien! . . . je suis ruinée, Rodolphe! Tu vas me prêter trois mille francs!

— Mais . . . mais . . ., dit-il en se relevant peu à peu, 25 tandis que sa physionomie prenait une expression grave.

— Tu sais, continuait-elle vite, que mon mari avait placé toute sa fortune chez un notaire; il s'est enfui. Aujourd'hui, faute de trois mille francs, on va nous saisir; et comptant sur ton amitié, je suis venue. 30

— Ah! pensa Rodolphe, qui devint très pâle tout à coup, c'est pour cela qu'elle est venue!

Enfin il dit d'un air très calme:

— Je ne les ai pas, chère madame.

lisse, *adj.*, glossy

Il ne mentait point. Il les eût eus qu'il les aurait donnés, sans doute, bien qu'il soit généralement désagréable de faire de si belles actions: une demande pécuniaire, de toutes les bourrasques qui tombent sur l'amour, étant la plus froide et
5 la plus déracinante.

Elle resta d'abord quelques minutes à le regarder.

— Tu ne les as pas!... J'aurais dû m'épargner cette dernière honte. Tu ne m'as jamais aimée! tu ne vaux pas mieux que les autres!
10 Elle se trahissait, elle se perdait.

Rodolphe l'interrompit, affirmant qu'il se trouvait «gêné» lui-même.

— Ah! je te plains! dit Emma. Oui, considérablement!...

Et, arrêtant ses yeux sur une carabine damasquinée qui
15 brillait dans la panoplie:

— Mais, lorsqu'on est si pauvre, on ne met pas d'argent à la crosse de son fusil! On n'achète pas une pendule avec des incrustations d'écailles! continuait-elle en montrant l'horloge de Boulle; [12] ni des sifflets de vermeil pour ses fouets — elle
20 les touchait! — ni des breloques pour sa montre! Oh! rien ne lui manque! jusqu'à un porte-liqueurs dans sa chambre; car tu t'aimes, tu vis bien, tu as un château, des fermes, des bois; tu chasses à courre, tu voyages à Paris... Eh! quand ce ne serait que cela, s'écria-t-elle en prenant sur la cheminée
25 ses boutons de manchettes, que la moindre de ces niaiseries! on en peut faire de l'argent!... Oh! je n'en veux pas! garde-les.

breloque, *f.*, charm	**niaiserie**, *f.*, silly thing
courre, *m. chasser à* —, to hunt with hounds	**panoplie**, *f.*, panoply (display of arms)
crosse, *f.*, butt	**que** (line 1), read: *s'il les avait eus, il les aurait donnés*
damasquiné, *adj.*, damascened (embossed in the manner of Damascus)	**vermeil**, *m.*, silver-gilt
écaille, *f.*, tortoise shell	

[12] André Charles Boulle (1642–1732), célèbre sculpteur-ébéniste (*cabinet maker*).

Et elle lança bien loin les deux boutons, dont la chaîne d'or se rompit en cognant contre la muraille.

— Mais, moi, je t'aurais tout donné, j'aurais tout vendu, j'aurais travaillé de mes mains, j'aurais mendié sur les routes, pour un sourire, pour un regard, pour t'entendre dire: 5 «Merci!» J'ai les mains chaudes de tes baisers, et voilà la place, sur le tapis, où tu jurais à mes genoux une éternité d'amour. Et puis, quand je reviens vers lui, vers lui qui est riche, heureux, libre! pour implorer un secours que le premier venu rendrait, suppliante et lui rapportant toute ma tendresse, 10 il me repousse, parce que ça lui coûterait trois mille francs!

— Je ne les ai pas! répondit Rodolphe avec ce calme parfait dont se recouvrent, comme d'un bouclier, les colères résignées.

Elle sortit. Les murs tremblaient, le plafond l'écrasait; et 15 elle repassa par la longue allée, en trébuchant contre les tas de feuilles mortes que le vent dispersait.

La nuit tombait, des corneilles volaient.

Il lui sembla tout à coup que des globules couleur de feu éclataient dans l'air comme des balles fulminantes en s'aplatis- 20 sant, et tournaient, tournaient, pour aller se fondre dans la neige, entre les branches des arbres. Au milieu de chacun d'eux, la figure de Rodolphe apparaissait. Ils se multiplièrent, et ils se rapprochaient, la pénétraient; tout disparut. Elle reconnut les lumières des maisons, qui rayonnaient de loin 25 dans le brouillard.

Alors sa situation, telle qu'un abîme, se représenta. Elle haletait à se rompre la poitrine. Puis, dans un transport d'héroïsme qui la rendait presque joyeuse, elle descendit la côte en courant, traversa la planche aux vaches, le sentier, 30 l'allée, les halles, et arriva devant la boutique du pharmacien.

Il n'y avait personne. Elle allait entrer; mais, au bruit de la

---

bouclier, *m.*, buckler   **trébucher,** to trip
fulminant, *adj. balles* —*s*, balls of
   lightning

sonnette, on pouvait venir; et, se glissant par la barrière, retenant son haleine, tâtant les murs, elle s'avança jusqu'au seuil de la cuisine, où brûlait une chandelle posée sur le fourneau. Justin, en manches de chemise, emportait un plat.

5 — Ah! ils dînent. Attendons.

Il revint. Elle frappa contre la vitre. Il sortit.

— La clef! celle d'en haut, où sont les . . .

— Comment!

Et il la regardait, tout étonné par la pâleur de son visage, 10 qui tranchait en blanc sur le fond noir de la nuit. Elle lui apparut extraordinairement belle, et majestueuse comme un fantôme; sans comprendre ce qu'elle voulait, il pressentait quelque chose de terrible.

Mais elle reprit vivement, à voix basse, d'une voix douce, 15 dissolvante:

— Je la veux! Donne-la-moi.

Comme la cloison était mince, on entendait le cliquetis des fourchettes sur les assiettes dans la salle à manger.

Elle prétendit avoir besoin de tuer les rats qui l'empêchaient 20 de dormir.

— Il faudrait que j'avertisse monsieur.

— Non! reste!

Puis, d'un air indifférent:

— Eh! ce n'est pas la peine, je lui dirai tantôt. Allons, 25 éclaire-moi!

Elle entra dans le corridor où s'ouvrait la porte du laboratoire. Il y avait contre la muraille une clef étiquetée *Capharnaüm*.

— Justin! cria l'apothicaire, qui s'impatientait.

30 — Montons!

Et il la suivit.

La clef tourna dans la serrure, et elle alla droit vers la

Capharnaüm, *m.,* catchall (from Capernaum, trading city of Galilee, noted for its disorder).

fourneau, *m.,* stove
trancher. — *en blanc,* to stand out white

troisième tablette, tant son souvenir la guidait bien,[13] saisit
le bocal bleu, en arracha le bouchon, y fourra sa main, et, la
retirant pleine d'une poudre blanche, elle se mit à manger
à même.

— Arrêtez! s'écria-t-il en se jetant sur elle.   5
— Tais-toi! on viendrait . . .
Il se désespérait, voulait appeler.
— N'en dis rien, tout retomberait sur ton maître!
Puis elle s'en retourna subitement apaisée, et presque dans
la sérénité d'un devoir accompli.   10

Elle rentre chez elle. Charles y est déjà et est au courant de la saisie. Il
veut lui demander des explications, mais elle ne lui répond pas.

Elle s'assit à son secrétaire, et écrivit une lettre qu'elle
cacheta lentement, ajoutant la date du jour et l'heure. Puis
elle dit d'un ton solennel: 15
— Tu liras demain; d'ici là, je t'en prie, ne m'adresse pas
une seule question! . . . Non, pas une!
— Mais . . .
— Oh! laisse-moi!
Et elle se coucha tout du long sur son lit.   20
Une saveur âcre qu'elle sentait dans sa bouche la réveilla.
Elle entrevit Charles et referma les yeux.
Elle s'épiait curieusement, pour discerner si elle ne souffrait
pas. Mais non! rien encore. Elle entendit le battement de la
pendule, le bruit du feu, et Charles, debout près de sa couche, 25
qui respirait.
— Ah! c'est bien peu de chose, la mort! pensait-elle: je vais
dormir, et tout sera fini!
Elle but une gorgée d'eau et se tourna vers la muraille.

bocal, *m.,* jar   **même,** *adv.* à —, directly on (her hand)

[13] Dans un incident antérieur de l'histoire, Madame Bovary avait assisté
chez l'apothicaire à une scène entre le maître et son apprenti Justin qui avait
failli empoisonner tout le monde avec le même arsenic dont il est maintenant
question. Il faut dire aussi qu'après la mort d'Emma on apprend que Justin
était amoureux d'elle, ce qui explique un peu son attitude dans cette scène-ci.

Cet affreux goût d'encre continuait.

— J'ai soif! . . . Oh! j'ai bien soif! soupira-t-elle.

— Qu'as-tu donc? dit Charles, qui lui tendait un verre.

— Ce n'est rien! . . . Ouvre la fenêtre . . . j'étouffe.

5 Il la questionna; elle ne répondit pas. Elle se tenait immobile, de peur que la moindre émotion ne la fît vomir. Cependant, elle sentait un froid de glace qui lui montait des pieds jusqu'au cœur.

Des gouttes suintaient sur sa figure bleuâtre, qui semblait 10 comme figée dans l'exhàlaison d'une vapeur métallique. Ses dents claquaient, ses yeux agrandis regardaient vaguement autour d'elle, et à toutes les questions elle ne répondait qu'en hochant la tête; même elle sourit deux ou trois fois. Peu à peu, ses gémissements furent plus forts. Un hurlement sourd 15 lui échappa; elle prétendit qu'elle allait mieux et qu'elle se lèverait tout à l'heure. Mais les convulsions la saisirent; elle s'écria:

— Ah! c'est atroce, mon Dieu!

Il se jeta à genoux contre son lit.

20 — Parle! qu'as-tu mangé? Réponds, au nom du ciel!

Et il la regardait avec des yeux d'une tendresse comme elle n'en avait jamais vu.

— Eh bien, là . . . , là! . . . dit-elle d'une voix défaillante.

Il bondit au secrétaire, brisa le cachet et lut tout haut! 25 *Qu'on n'accuse personne* . . . Il s'arrêta, se passa la main sur les yeux, et relut encore.

— Comment! Au secours! A moi!

Éperdu, balbutiant, près de tomber, Charles tournait dans la chambre. Il se heurtait aux meubles, s'arrachait les cheveux. 30 Il écrivit à M. Canivet et au docteur Larivière. Il perdait la tête; il fit plus de quinze brouillons. Hippolyte partit à Neufchâtel.

Charles voulut feuilleter son dictionnaire de médecine; il n'y voyait pas, les lignes dansaient.

brouillon, *m.,* rough draft   **figer (se),** to congeal

Puis, revenu près d'elle, il s'affaissa par terre sur le tapis,
et il restait la tête appuyée contre le bord de sa couche à
sangloter.

— Ne pleure pas! lui dit-elle. Bientôt je ne te tourmenterai
plus!   5

— Pourquoi? Qui t'a forcée?

Elle répliqua:

— Il le fallait, mon ami.

— N'étais-tu pas heureuse? Est-ce ma faute? J'ai fait tout
ce que j'ai pu, pourtant!   10

— Oui . . . , c'est vrai . . . , tu es bon, toi!

Et elle lui passait la main dans les cheveux, lentement.
Elle ne haïssait personne, maintenant; une confusion de
crépuscule s'abattait en sa pensée, et de tous les bruits de la
terre Emma n'entendait plus que l'intermittente lamentation   15
de ce pauvre cœur, douce et indistincte, comme le dernier
écho d'une symphonie qui s'éloigne.

— Amenez-moi la petite, dit-elle en se soulevant du coude.

— Tu n'es plus mal, n'est-ce pas? demanda Charles.

— Non! non!   20

L'enfant arriva sur le bras de sa bonne, dans sa longue
chemise de nuit, d'où sortaient ses pieds nus, sérieuse et
presque rêvant encore. Elle considérait avec étonnement la
chambre tout en désordre, et clignait des yeux, éblouie par
les flambeaux qui brûlaient sur les meubles. Ils lui rappelaient 25
sans doute les matins du jour de l'an ou de la mi-carême,
quand, ainsi réveillée de bonne heure à la clarté des bougies,
elle venait dans le lit de sa mère pour y recevoir ses étrennes,
car elle se mit à dire:

— Où est-ce donc, maman?   30

Et, comme tout le monde se taisait:

— Mais je ne vois pas mon petit soulier!

Félicité la penchait vers le lit, tandis qu'elle regardait
toujours du côté de la cheminée.

— Est-ce nourrice qui l'aurait pris? demanda-t-elle.   35

Et, à ce nom, qui la reportait dans le souvenir de ses
adultères et de ses calamités, madame Bovary détourna sa
tête, comme au dégoût d'un autre poison plus fort qui lui
remontait à la bouche. Berthe, cependant, restait posée sur le
5 lit.

— Oh! comme tu as de grands yeux, maman! comme tu es
pâle! comme tu sues! . . .

Sa mère la regardait.

— J'ai peur! dit la petite en se reculant.

10 Emma prit sa main pour la baiser; elle se débattait.

— Assez! qu'on l'emmène! s'écria Charles, qui sanglotait
dans l'alcôve.

Puis les symptômes s'arrêtèrent un moment; elle paraissait
moins agitée; et, à chaque parole insignifiante, à chaque
15 souffle de sa poitrine un peu plus calme, il reprenait espoir.
Enfin, lorsque Canivet entra, il se jeta dans ses bras en pleurant.

— Ah! c'est vous! merci! vous êtes bon. Mais tout va mieux.
Tenez, regardez-la . . .

20 Le confrère ne fut nullement de cette opinion, et, n'y
allant pas, comme il disait lui-même, *par quatre chemins*, il
prescrivit de l'émétique, afin de dégager complètement
l'estomac.

Elle ne tarda pas à vomir du sang. Ses lèvres se serrèrent
25 davantage. Elle avait les membres crispés, le corps couvert de
taches brunes, et son pouls glissait sous les doigts comme un
fil tendu, comme une corde de harpe près de se rompre.

Canivet allait administrer de la thériaque, lorsqu'on entendit le claquement d'un fouet; toutes les vitres frémirent,
30 et une berline de poste, qu'enlevaient à plein poitrail trois

---

berline, *f.*, berlin (a four-wheeled
carriage having a sheltered seat
behind the body). — *de poste*,
travelling berlin
chemin, *m. y aller par quatre —s*, to
beat about the bush

crisper, to contract
poitrail, *m. à plein —*, abreast
thériaque, *f.*, theriaca (an old anti-
dote to poison)

chevaux crottés jusqu'aux oreilles, débusqua d'un bond au coin des halles. C'était le docteur Larivière. L'apparition d'un dieu n'eût pas causé plus d'émoi.

Il fronça les sourcils dès la porte, en apercevant la face cadavéreuse d'Emma, étendue sur le dos, la bouche ouverte. 5 Puis, en ayant l'air d'écouter Canivet, il se passait l'index sous les narines et répétait:

— C'est bien, c'est bien.

Mais il fit un geste lent des épaules. Bovary l'observa: ils se regardèrent; et cet homme, si habitué pourtant à l'aspect 10 des douleurs, ne put retenir une larme qui tomba sur son jabot.

— Allons, mon pauvre garçon, du courage! Il n'y a plus rien à faire.

Le prêtre venu, Emma retrouve «la volupté de ses premiers élancements 15 mystiques.» Toute jeune au couvent elle avait connu une période d'extrême religiosité.

En finissant ses exhortations, il essaya de lui mettre dans la main un cierge bénit, symbole des gloires célestes dont elle allait tout à l'heure être environnée. Emma, trop faible, ne 20 put fermer les doigts, et le cierge, sans M. Bournisien, serait tombé à terre.

Cependant elle n'était pas aussi pâle, et son visage avait une expression de sérénité, comme si le sacrement l'eût guérie.

Le prêtre ne manqua point d'en faire l'observation; il 25 expliqua même à Bovary que le Seigneur, quelquefois, prolongeait l'existence des personnes lorsqu'il le jugeait convenable pour le salut; et Charles se rappela un jour où, ainsi près de mourir, elle avait reçu la communion.

— Il ne fallait peut-être pas se désespérer, pensa-t-il.   30

En effet, elle regarda tout autour d'elle, lentement, comme quelqu'un qui se réveille d'un songe; puis, d'une voix distincte, elle demanda son miroir, et elle resta penchée dessus quelque

---

cierge, *m.*, candle   **débusquer,** to burst out
crotter, to spatter

temps, jusqu'au moment où de grosses larmes lui découlèrent des yeux. Alors elle se renversa la tête en poussant un soupir et retomba sur l'oreiller.

Sa poitrine aussitôt se mit à haleter rapidement. La langue
5 tout entière lui sortit hors de la bouche; ses yeux, en roulant, pâlissaient comme deux globes de lampe qui s'éteignent, à la croire déjà morte, sans l'effrayante accélération de ses côtes, secouées par un souffle furieux, comme si l'âme eût fait des bonds pour se détacher. A mesure que le râle devenait plus
10 fort, l'ecclésiastique précipitait ses oraisons; elles se mêlaient aux sanglots étouffés de Bovary, et quelquefois tout semblait disparaître dans le sourd murmure des syllabes latines, qui tintaient comme un glas de cloche.

Tout à coup, on entendit sur le trottoir un bruit de gros
15 sabots, avec le frôlement d'un bâton; et une voix s'éleva, une voix rauque, qui chantait:

> Souvent la chaleur d'un beau jour
> Fait rêver fillette à l'amour.

Emma se releva comme un cadavre que l'on galvanise, les
20 cheveux dénoués, la prunelle fixe, béante.

> Pour amasser diligemment
> Les épis que la faux moissonne,
> Ma Nanette va s'inclinant
> Vers le sillon qui nous les donne.

25 — L'aveugle! s'écria-t-elle.

Et Emma se mit à rire, d'un rire atroce, frénétique, désespéré, croyant voir la face hideuse du misérable, qui se dressait dans les ténèbres éternelles comme un épouvantement.

> Il souffla bien fort ce jour-là.
30 > Et le court jupon s'envola!

Une convulsion la rabattit sur le matelas. Tous s'approchèrent. Elle n'existait plus.

épouvantement, *m.*, horrible appari-   **matelas,** *m.*, mattress
tion   **oraison,** *f.*, prayer
faux, *f.*, scythe   **râle,** *m.*, death rattle
glas, *m.*, knell

ÉMILE ZOLA (1840-1902)

Aux alentours de 1850 un grand mouvement scientifique et philosophique, complètement objectif et impersonnel, s'est emparé de presque tous les esprits. Dans le roman Émile Zola s'est fait consciemment l'apôtre de ce nouveau mouvement et a eu la prétention de faire œuvre scientifique en littérature. Sur le modèle de la Comédie Humaine, Zola a imaginé et écrit une vaste 5 série de romans portant le titre, les Rougon-Macquart, histoire naturelle et sociale d'une famille sous le Second Empire. Cette série devait tracer l'arbre généalogique de cette famille à travers cinq générations en étudiant à chaque étape les prétendues lois de l'hérédité et du milieu. Cette hérédité était bien lourde, car ces cinq générations devaient descendre d'une femme affectée 10 d'une tare nerveuse et d'un mari alcoolique. En partant de certaines données héréditaires et en prenant des milieux déterminés où les personnages devaient vivre, le roman en principe s'écrivait tout seul comme une expérience scientifique. Évidemment, avec des théories aussi prétentieuses, Zola ne pouvait être qu'un vulgarisateur de quelques aspects plutôt superficiels de la science. Mais les 15 théories de Zola n'enlèvent que peu à sa valeur littéraire parce que, comme écrivain, il a une imagination qui déborde, une imagination toute romantique par son exubérance et par sa fécondité. Pourtant sa méthode d'observation et de documentation est essentiellement réaliste et cette objectivité se traduit aussi par sa tendance à ne concevoir le caractère qu'en fonction de la physiologie. 20 On a reproché à Zola d'avoir mis trop de tares chez ses personnages et d'avoir étudié seulement les bas-fonds de la société. C'est un reproche qui ne peut guère s'adresser à ses deux chefs-d'œuvre, l'Assommoir (1877) et Germinal (1885), où on se sent toujours en présence de la vie réelle. La doctrine quasi-scientifique de Zola, connue sous le nom de naturalisme, trouva beaucoup d'adhérents 25 dont les plus grands étaient Maupassant, les frères Goncourt (qui étaient plus exactement des précurseurs) et Alphonse Daudet. On peut dire qu'aujourd'hui encore la littérature subit l'effet du naturalisme.

assommoir, m., dramshop, barroom   tare, f., defect
bas-fonds, m. pl., lower levels, slums

L'ASSOMMOIR

1877

Gervaise avait attendu Lantier jusqu'à deux heures du matin. Puis, toute frissonnante d'être restée en camisole à l'air vif de la fenêtre, elle s'était assoupie, jetée en travers du lit, fiévreuse, les joues trempées de larmes.

5 Quand elle s'éveilla, vers cinq heures, raidie, les reins brisés, elle éclata en sanglots. Lantier n'était pas rentré. Pour la première fois, il découchait. Elle resta assise au bord du lit, sous le lambeau de perse déteinte qui tombait de la flèche attachée au plafond par une ficelle. Et, lentement, de 10 ses yeux voilés de larmes, elle faisait le tour de la misérable chambre garnie, meublée d'une commode de noyer dont un tiroir manquait, de trois chaises de paille et d'une petite table graisseuse, sur laquelle traînait un pot à eau ébréché.

Elle retourna s'accouder à la fenêtre. Il y avait là un pié-15 tinement de troupeau, une foule que de brusques arrêts étalaient en mares sur la chaussée, un défilé sans fin d'ouvriers allant au travail, leurs outils sur le dos, leur pain sous le bras; et la cohue s'engouffrait dans Paris où elle se noyait, con-tinuellement.

20 Une voix jeune et gaie lui fit quitter la fenêtre.

— Le bourgeois n'est donc pas là, madame Lantier?

— Mais non, monsieur Coupeau, répondit-elle en tâchant de sourire.

C'était un ouvrier zingueur qui occupait, tout en haut de 25 l'hôtel, un cabinet de dix francs. Il avait son sac passé à l'épaule. Ayant trouvé la clef sous la porte, il était entré, en ami.

— Vous savez, continua-t-il maintenant, je travaille là,

---

camisole, *f.*, camisole (a short negligee jacket)
flèche, *f.*, canopy rod
lambeau, *m.*, remnant

perse, *f.*, chintz
piétinement, *m.*, tramping
zingueur, *m.*, zinc-worker

à l'hôpital . . . Hein! quel joli mois de mai! Ça pique dur, ce matin.

Et il regardait le visage de Gervaise, rougi par les larmes. Quand il vit que le lit n'était pas défait, il hocha doucement la tête; puis, il vint jusqu'à la couchette des enfants qui 5 dormaient toujours avec leurs mines roses de chérubins; et, baissant la voix:

— Allons! le bourgeois n'est pas sage, n'est-ce pas? . . . Ne vous désolez pas, madame Lantier. Il s'occupe beaucoup de politique; l'autre jour, quand on a voté pour Eugène Sue,[1] un 10 bon, paraît-il, il était comme fou. Peut-être bien qu'il a passé la nuit avec des amis à dire du mal de cette crapule de Bonaparte.[2]

— Non, non, murmura-t-elle avec effort, ce n'est pas ce que vous croyez. Je sais où est Lantier . . . Nous avons nos 15 chagrins comme tout le monde, mon Dieu!

Coupeau cligna des yeux, pour montrer qu'il n'était pas dupe de ce mensonge. Et il partit, après lui avoir offert d'aller chercher son lait, si elle ne voulait pas sortir: elle était une belle et brave femme, elle pouvait compter sur lui, le 20 jour où elle serait dans la peine. Gervaise, dès qu'il se fut éloigné, se remit à la fenêtre.

Gervaise s'entêta à la fenêtre pendant deux mortelles heures, jusqu'à huit heures. La jeune femme était assise sur une chaise, les mains abandonnées, ne pleurant plus, lorsque 25 Lantier entra tranquillement.

— C'est toi! c'est toi! cria-t-elle, en voulant se jeter à son cou.

— Oui, c'est moi, après? répondit-il. Tu ne vas pas commencer tes bêtises, peut-être. 30

Il l'avait écartée. Puis, d'un geste de mauvaise humeur, il lança à la volée son chapeau de feutre noir sur la commode.

crapule, *f.,* rotter   **feutre,** *m.,* felt

[1] Auteur des *Mystères de Paris* (1842) et un des ancêtres du naturalisme.
[2] Ici il s'agit de Louis Napoléon, devenu l'empereur Napoléon III.

C'était un garçon de vingt-six ans, petit, très brun, d'une jolie figure, avec de minces moustaches, qu'il frisait toujours d'un mouvement machinal de la main. Il portait une cotte d'ouvrier, une vieille redingote tachée qu'il pin-
5 çait à la taille, et avait en parlant un accent provençal très prononcé.

Gervaise, retombée sur la chaise, se plaignait doucement, par courtes phrases.

— Je n'ai pas pu fermer l'œil . . . Je croyais qu'on t'avait
10 donné un mauvais coup . . . Où est-tu allé? où as-tu passé la nuit? Mon Dieu! ne recommence pas, je deviendrais folle . . . Dis, Auguste, où es-tu allé?

— Où j'avais affaire, parbleu! dit-il avec un haussement d'épaules. Je n'aime pas qu'on me moucharde. Fiche-moi
15 la paix!

La jeune femme se remit à sangloter. Les éclats de voix, les mouvements brusques de Lantier, qui culbutait les chaises, venaient de réveiller les enfants. Entendant pleurer leur mère, ils poussèrent des cris terribles.

20 — Ah! voilà la musique! s'écria Lantier furieux. Je vous avertis, je reprends la porte, moi! Et je file pour tout de bon, cette fois . . . Vous ne voulez pas vous taire? Bonsoir! je retourne d'où je viens.

Il avait repris son chapeau sur la commode. Mais Gervaise
25 se précipita, balbutiant:

— Non, non!

Et elle étouffa les larmes des petits sous des caresses. Cependant, le père, sans même retirer ses bottes, s'était jeté sur le lit, l'air éreinté, la face marbrée par une nuit blanche.
30 Il ne s'endormit pas, il resta les yeux grands ouverts, à faire le tour de la chambre.

— C'est propre, ici! murmura-t-il.

---

cotte, *f.*, overalls
éreinté, *adj.*, used up

moucharder, to spy on
redingote, *f.*, frock coat

Puis, après avoir regardé un instant Gervaise, il ajouta méchamment:

— Tu ne te débarbouilles donc plus?

Gervaise n'avait que vingt-deux ans. Elle était grande, un peu mince, avec des traits fins, déjà tirés par les rudesses 5 de sa vie. Dépeignée, en savates, grelottant sous sa camisole blanche où les meubles avaient laissé de leur poussière et de leur graisse, elle semblait vieillie de dix ans par les heures d'angoisse et de larmes qu'elle venait de passer. Le mot de Lantier la fit sortir de son attitude peureuse et résignée. 10

— Tu n'es pas juste, dit-elle en s'animant. Tu sais bien que je fais tout ce que je peux. Ce n'est pas ma faute si nous sommes tombés ici . . . Je voudrais te voir, avec les deux enfants, dans une pièce où il n'y a pas même un fourneau pour avoir de l'eau chaude . . . Il fallait, en arrivant à Paris, au lieu de 15 manger ton argent, nous établir tout de suite, comme tu l'avais promis.

— Dis donc! cria-t-il, tu as croqué le magot avec moi; ça ne te va pas aujourd'hui, de cracher sur les bons morceaux!

Tranquillement allongé, les yeux levés au-dessus de lui, sur 20 le lambeau de perse déteinte, Lantier n'écoutait plus, s'enfonçait dans une idée fixe. Puis, pendant que Gervaise se lavait à grande eau, après avoir rattaché ses cheveux, devant le petit miroir rond, pendu à l'espagnolette, qui lui servait pour se raser, il parut examiner ses bras nus, son cou nu, tout 25 le nu qu'elle montrait, comme si des comparaisons s'établissaient dans son esprit. Et il eut une moue des lèvres. Gervaise boitait de la jambe droite; mais on ne s'en apercevait guère que les jours de fatigue, quand elle s'abandonnait, les hanches brisées. Ce matin-là, rompue par sa nuit, elle traînait sa jambe, 30 elle s'appuyait aux murs.

boiter, to limp
croquer. — *le magot*, to squander money
débarbouiller (se), to wash one's face

magot, *m.*, kitty
savate, *f. en* —*s*, trodden down at the heels

Comme elle faisait un paquet du linge sale jeté dans un coin, derrière la malle, il ouvrit enfin les lèvres, il demanda:

— Qu'est-ce que tu fais? . . . Où vas-tu?

5 Elle ne répondit pas d'abord. Puis, lorsqu'il répéta sa question, furieusement, elle se décida.

— Tu le vois bien, peut-être . . . Je vais laver tout ça . . . Les enfants ne peuvent pas vivre dans la crotte.

— Est-ce que tu as de l'argent?

10 Du coup, elle se releva, le regarda en face, sans lâcher les chemises sales des petits qu'elle tenait à la main.

— De l'argent! où veux-tu que je l'aie volé? . . . Tu sais bien que j'ai eu trois francs avant-hier sur ma jupe noire. Nous avons déjeuné deux fois là-dessus, et l'on va vite, avec 15 la charcuterie . . . Non, sans doute, je n'ai pas d'argent . . .

Il était descendu du lit, il passait en revue les quelques loques pendues autour de la chambre. Enfin il décrocha le pantalon et le châle, ouvrit la commode, ajouta au paquet une camisole et deux chemises de femme; puis, jetant le tout 20 sur les bras de Gervaise:

— Tiens, porte ça au clou.

— Tu ne veux pas que je porte aussi les enfants? demanda-t-elle. Hein! si l'on prêtait sur les enfants, ce serait un fameux débarras!

25 Elle alla au Mont-de-Piété, pourtant. Quand elle revint, au bout d'une demi-heure, elle posa une pièce de cent sous sur la cheminée.

La jeune femme achevait de mettre en paquet le linge sale. Mais quand elle voulut prendre les chemises et les chaussettes 30 de Lantier au fond de la malle, il lui cria de laisser ça.

— Laisse mon linge, entends-tu! Je ne veux pas!

— Qu'est-ce que tu ne veux pas? demanda-t-elle en se

---

charcuterie, *f.*, dressed pork
clou, *m.*, pawnshop
crotte, *f.*, filth

loque, *f.*, rag
Mont-de-Piété, *m.*, pawnshop

redressant. Tu ne comptes pas, sans doute, remettre ces
pourritures? Il faut bien les laver.

— Tonnerre de Dieu! obéis-moi donc une fois! Quand je
te dis que je ne veux pas!

— Mais pourquoi? reprit-elle, pâlissante, effleurée d'un 5
soupçon terrible. Tu n'as pas besoin de tes chemises maintenant, tu ne vas pas partir . . . Qu'est-ce que ça peut te faire
que je les emporte?

Il hésita un instant, gêné par les yeux ardents qu'elle fixait
sur lui. 10

— Pourquoi? pourquoi? bégayait-il . . . Parbleu! tu vas
dire partout que tu m'entretiens, que tu laves, que tu raccom-
modes. Eh bien! ça m'embête, la. Fais tes affaires, je ferai
les miennes . . . Les blanchisseuses ne travaillent pas pour les
chiens. 15

Elle le supplia, se défendit de s'être jamais plainte; mais il
ferma la malle brutalement, s'assit dessus, lui cria: Non! dans
la figure. Puis, pour échapper aux regards dont elle le poursuivait, il retourna s'étendre sur le lit, en disant qu'il avait
sommeil. Cette fois, en effet, il parut s'endormir. 20

Pendant qu'il dort, Gervaise va au lavoir où elle lave son linge à côté
de Madame Boche, une concierge qu'elle connaît un peu déjà. Comme
cette femme se montre curieuse, elle lui raconte son histoire: elle dit qu'elle
n'est pas mariée avec Lantier bien qu'elle ait deux enfants de lui. «Je n'étais
pas heureuse chez nous, dit-elle, le père Macquart, pour un oui, pour un 25
non, m'allongeait des coups de pied dans les reins. Alors, ma foi, on s'amuse
dehors . . . On nous aurait mariés, mais je ne sais plus, nos parents n'ont
pas voulu.»

Pendant leur conversation Virginie entre. C'est la sœur d'Adèle, une fille
de mauvaise réputation que Gervaise a déjà vue en compagnie de Lantier 30
et qu'elle croit être la cause de tous ses malheurs. Gervaise regarde donc la
sœur de sa rivale avec méfiance.

A ce moment, comme la jeune femme pendait sa dernière
pièce de linge, il y eut des rires à la porte du lavoir.

— C'est deux gosses qui demandent maman! cria Charles, 35
le garçon du lavoir.

blanchisseuse, *f.*, laundress   lavoir, *m.*, public laundry
gosse, *m.*, kid

Toutes les femmes se penchèrent. Gervaise reconnut Claude et Étienne. Dès qu'ils l'aperçurent, ils coururent à elle, au milieu des flaques, tapant sur les dalles les talons de leurs souliers dénoués.

5 — C'est papa qui vous envoie? demanda Gervaise.

Mais comme elle se baissait pour rattacher les cordons des souliers d'Étienne, elle vit, à un doigt de Claude, la clef de la chambre avec son numéro de cuivre, qu'il balançait.

— Tiens! tu m'apportes la clef! dit-elle, très surprise.
10 Pourquoi donc?

L'enfant, en apercevant la clef qu'il avait oubliée à son doigt, parut se souvenir et cria de sa voix claire:

— Papa est parti.

— Il est allé acheter le déjeuner, il vous a dit de venir me
15 chercher ici?

Claude regarda son frère, hésita, ne sachant plus. Puis, il reprit d'un trait:

— Papa est parti . . . Il a sauté du lit, il a mis toutes les affaires dans la malle, il a descendu la malle sur une voiture
20 . . . Il est parti.

Madame Boche, cependant, interrogeait l'enfant à son tour, tout allumée de se trouver dans cette histoire.

— Est-ce qu'il y avait une dame dans la voiture? [3]

L'enfant se troubla. Il recommença son histoire, d'un air
25 triomphant.

— Il a sauté du lit, il a mis toutes les affaires dans la malle, il est parti . . .

Gervaise, accroupie, se releva lentement, la figure blanche, portant les mains à ses joues et à ses tempes, comme si elle
30 entendait sa tête craquer. Elle ne pouvait pleurer.

— Allons, ma petite, que diable! murmurait madame Boche.

flaque, *f.*, puddle

[3] Madame Boche, comme tout le quartier d'ailleurs, sait très bien que Lantier trompe sa femme avec Adèle.

— Si vous saviez! si vous saviez! dit-elle enfin tout bas.
Il m'a envoyée ce matin porter mon châle et mes chemises au
Mont-de-Piété pour payer cette voiture . . .

Et elle pleura. Le souvenir de la course au Mont-de-Piété,
en précisant un fait de la matinée, lui avait arraché les sanglots 5
qui s'étranglaient dans sa gorge.

Gervaise ôta ses mains. Quand elle aperçut devant elle
Virginie, au milieu de trois ou quatre femmes, parlant bas,
la dévisageant, elle fut prise d'une colère folle. Les bras en
avant, cherchant à terre, tournant sur elle-même, dans un 10
tremblement de tous ses membres, elle marcha quelques pas,
rencontra un seau plein, le saisit à deux mains, le vida à toute
volée.

— Chameau, va! cria la grande Virginie. —

Gervaise, en arrêt, le menton tendu, la face convulsée, ne 15
répondait pas, n'ayant point encore le coup de gosier de Paris.
L'autre continua:

— Va donc! C'est las de rouler la province, ça a laissé une
jambe dans son pays . . . Elle est tombée de pourriture, sa
jambe . . . Hein! avance un peu, pour voir, que je te fasse ton 20
affaire! Qu'elle dise seulement ce que je lui ai fait . . . Dis,
rouchie, qu'est-ce qu'on t'a fait?

— Ne causez pas tant, bégaya Gervaise. Vous savez bien . . .
On a vu mon mari, hier soir . . . Et taisez-vous, parce que je
vous étranglerais, bien sûr.   25

— Son mari! Ah! elle est bonne, celle-là! . . . Le mari à
madame! comme si on avait des maris avec cette dégaîne!
. . . Ce n'est pas ma faute s'il t'a lâchée. Je ne te l'ai pas volé
peut-être. On peut me fouiller.

Les rires recommencèrent. Gervaise, à voix presque basse, 30
se contenait toujours de murmurer:

---

arrêt, *m. en* —, on guard
chameau, *m.* —, *va!* you old b . . . ,
　you!
dégaîne, *f.*, loutish figure
gosier, *m. coup de* —, quick tongue

rouchie, *f.*, harlot
rouler. — *la province,* to tramp the
　provinces
seau, *m.*, pail

— Vous savez bien, vous savez bien . . . C'est votre sœur,
je l'étranglerai, votre sœur . . .

— Eh bien! oui, c'est ma sœur. Là, es-tu contente? . . .
Et il t'a lâchée avec tes bâtards! De jolis mômes qui ont des
5 croûtes plein la figure! Il y en a un d'un gendarme, n'est-ce
pas? et tu en as fait crever trois autres, parce que tu ne voulais
pas de surcroît de bagage pour venir . . . C'est ton Lantier
qui nous a raconté ça.

— Salope! salope! salope! hurla Gervaise, hors d'elle,
10 reprise par un tremblement furieux.

Elle tourna, chercha une fois encore par terre; et, ne
trouvant que le petit baquet, elle le prit par les pieds, lança
l'eau du bleu à la figure de Virginie.

— Rosse! elle m'a perdu ma robe! cria celle-ci, qui avait
15 toute une épaule mouillée et sa main gauche teinte en bleu.
Attends, gadoue.

A son tour, elle saisit un seau, le vida sur la jeune femme.
Alors, une bataille formidable s'engagea. Elles couraient
toutes deux le long des baquets, s'emparant des seaux pleins,
20 revenant se les jeter à la tête.

Le lavoir s'amusait énormément. On s'était reculé pour ne
pas recevoir les éclaboussures. Cependant, Virginie, ména-
geant une traîtrise, s'emparant brusquement d'un seau d'eau
de lessive bouillante, qu'une des voisines avait demandé, le
25 jeta. Il y eut un cri. On crut Gervaise ébouillantée. Mais elle
n'avait que le pied gauche brûlé légèrement. Et, de toutes
ses forces, exaspérée par la douleur, sans le remplir cette fois,
elle envoya un seau dans les jambes de Virginie, qui tomba.

La concierge parla alors d'aller avertir les sergents de ville.
30 Mais la maîtresse du lavoir s'y opposa formellement. Elle
répéta à plusieurs reprises:

baquet, *m.,* tub	**môme,** *m.,* urchin
croûte, *f.,* scab	**rosse,** *f.,* brute
éclaboussure, *f.,* splash	**salope,** *f.,* slut
gadoue, *f.,* trollop	**surcroît,** *m.,* excess
lessive, *f.,* lye	

— Non, non, je ne veux pas, ça compromet la maison.

Par terre, la lutte continuait. Tout d'un coup Virginie se redressa sur les genoux. Elle venait de ramasser un battoir, elle le brandissait. Gervaise, vivement, allongea la main, prit également un battoir, le tint levé comme une massue. Elle 5 porta le premier coup; son battoir glissa sur l'épaule de Virginie. Alors, mises en train, elles se tapèrent comme les laveuses tapent leur linge, rudement, en cadence.

Mais Gervaise, brusquement, hurla. Virginie venait de l'atteindre à toute volée sur son bras nu; une plaque rouge 10 parut, la chair enfla tout de suite. Alors, elle se rua. On crut qu'elle voulait assommer l'autre.

— Assez! assez! cria-t-on.

Elle avait un visage si terrible, que personne n'osa approcher. Les forces décuplées, elle saisit Virginie par la taille, 15 la plia, lui colla la figure sur les dalles, les reins en l'air; et, malgré les secousses, elle lui releva les jupes, largement. Puis, le battoir levé, elle se mit à battre. Le bois mollissait dans les chairs avec un bruit mouillé. A chaque tape, une bande rouge marbrait la peau blanche. 20

On dut lui arracher Virginie des mains. La grande brune, la figure en larmes, pourpre, confuse, reprit son linge, se sauva; elle était vaincue.

Après cette victoire Gervaise ne se laisse pas sombrer. Elle trouve un emploi comme blanchisseuse, ce qui était le métier qu'elle avait appris à 25 l'âge de dix ans. Pendant ce temps le zingueur Coupeau est très gentil pour elle, car il l'aime. Comme elle refuse de vivre avec lui, car elle en a assez des hommes, Coupeau lui propose de l'épouser; elle se laisse persuader. Il l'amène un soir chez sa sœur, Madame Lorilleux, vieille avare chez qui il prend ses repas. Quand ils arrivent chez elle, la sœur est en train de tra- 30 vailler avec son mari à leur métier de chaîniste; ils fabriquent des chaînes d'or. Gervaise est très mal à l'aise pendant cette visite, car les Lorilleux ne sont pas accueillants; ils ne veulent pas perdre les quelques sous de pension que leur donne le frère et ils s'opposent au mariage. Désormais ce sont les ennemis acharnés de Gervaise, tantôt ouvertement, tantôt sournoisement; 35

mollir. — *dans les chairs*, to soften up the flesh

ruer (se), to rush

sournoisement, *adv.*, slily

ils sont jaloux de ses succès et ils se réjouissent de ses échecs. Quand ils veulent se venger, ils l'appellent «La Banban.»

Malgré cette opposition, Coupeau, qui, d'ordinaire, a le caractère un peu mou, ne fléchit pas cette fois; on décide de faire un mariage en règle 5 en invitant tous les amis et parents et en ayant même une cérémonie religieuse, chose étrange dans ce milieu d'ouvriers libre-penseurs.

Gervaise avait dit à Coupeau qu'elle n'était pas ambitieuse; elle ne souhaitait que de «travailler tranquille, de manger toujours du pain, d'avoir un trou un peu propre pour dormir», et «de ne pas être battue.» 10 Pendant quatre ans c'est ainsi qu'elle vit avec Coupeau, en travaillant toujours comme blanchisseuse. Un vieux bourgeois adopte Claude et les en débarrasse; il leur reste Étienne. Puis une fille, qu'ils appellent Nana, leur naît, Madame Coupeau s'arrêtant à peine de travailler pour accoucher.

A côté de leur appartement il y a celui des Goujet, mère et fils, avec 15 lesquels ils deviennent bientôt très intimes. Goujet tombe amoureux de Gervaise.

Au bout de trois ans le ménage Coupeau a économisé près de cinq cents francs dont Gervaise espère se servir pour louer une boutique où elle s'établira blanchisseuse, devenant ainsi patronne au lieu d'ouvrière. Ils 20 décident de louer une boutique dans l'immeuble où les Lorilleux demeurent.

A six heures du soir, Gervaise doit venir chercher son mari à la maison où il travaille pour aller voir la boutique ensemble.

— Hé! Zidore, mets les fers! cria Coupeau.

L'aide enfonça les fers à souder au milieu de la braise, d'un 25 rose pâle dans le plein jour. Coupeau tenait la dernière feuille de zinc. Elle restait à poser au bord du toit, près de la gouttière; là, il y avait une brusque pente, et le trou béant de la rue se creusait. Le zingueur, comme chez lui, en chaussons de lisières, s'avança, traînant les pieds, sifflotant l'air d'*Ohé! les* 30 *p'tits agneaux!* Arrivé devant le trou, il se laissa couler, s'arcbouta d'un genou contre la maçonnerie d'une cheminée, resta à moitié chemin du pavé.

Alors, il commença à souder la feuille. Il s'accroupissait, s'allongeait, trouvant toujours son équilibre, assis d'une fesse, 35 perché sur la pointe du pied, retenu par un doigt. Il avait un sacré aplomb, un toupet du tonnerre, familier, bravant le

arc-bouter, to buttress
banban, *m. and f.,* "dot and go one" (nickname for a lame person)
braise, *f.,* charcoal
chausson, *m.,* slipper

fesse, *f.,* buttock
lisière, *f.,* list (band of cloth)
toupet, *m. un — du tonnerre,* a colossal impudence

danger. Ça le connaissait. C'était la rue qui avait peur de
lui. Comme il ne lâchait pas sa pipe, il se tournait de temps à
autre, il crachait paisiblement dans la rue.

— Tiens! madame Boche! cria-t-il tout d'un coup. Ohé!
madame Boche!   5

Il venait d'apercevoir la concierge traversant la chaussée.

— Vous n'avez pas vu ma femme? demanda-t-il.

— Non, bien sûr, répondit la concierge. Elle est par ici?

— Elle doit venir me prendre . . .

Ils haussaient la voix, parce qu'une voiture passait dans la 10
rue de la Nation.

— Eh bien! bonsoir, cria encore madame Boche. Je ne
veux pas vous déranger.

Coupeau se tourna, reprit le fer que Zidore lui tendait.
Mais au moment où la concierge s'éloignait, elle aperçut sur 15
l'autre trottoir Gervaise, tenant Nana par la main. Elle rele-
vait déjà la tête pour avertir le zingueur, lorsque la jeune
femme lui fermait la bouche d'un geste énergique. Et, à
demi-voix, afin de n'être pas entendue là-haut, elle dit sa
crainte: elle redoutait, en se montrant tout d'un coup, de 20
donner à son mari une secousse, qui le précipiterait. Elle ne
pouvait pas assister à ça, son sang ne faisait qu'un tour, quand
elle voyait son homme entre ciel et terre, à des endroits où
les moineaux eux-mêmes ne se risquaient pas.

Malgré elle, toute pâle, elle regardait. Justement Coupeau 25
soudait le bout extrême de la feuille, près de la gouttière; il
se coulait le plus possible, ne pouvait atteindre le bout. Un
moment, il fut au-dessus du pavé, ne se tenant plus, tranquille,
à son affaire. Gervaise, muette, la gorge étranglée par l'angoisse, avait serré les mains, les élevait d'un geste machinal 30
de supplication. Mais elle respira bruyamment. Coupeau
venait de remonter sur le toit, prenant le temps de cracher
une dernière fois dans la rue.

— On moucharde donc! cria-t-il gaiement en l'apercevant.

moineau, *m.,* sparrow

Elle a fait la bête, n'est-ce pas? madame Boche; elle n'a pas voulu appeler . . . Attends-moi, j'en ai encore pour dix minutes.

Il lui restait à poser un chapiteau de cheminée, une bricole
5 de rien du tout. La blanchisseuse et la concierge demeurèrent sur le trottoir, causant du quartier, surveillant Nana, pour l'empêcher de barboter dans le ruisseau, où elle cherchait des petits poissons.

— Voilà, c'est fini . . . Je descends.

10 Le tuyau auquel il devait adapter le chapiteau se trouvait au milieu du toit. Gervaise, tranquillisée, continuait à sourire en suivant ses mouvements. Nana, rassurée tout d'un coup par la vue de son père, tapait dans ses petites mains. Elle s'était assise sur le trottoir, pour mieux voir là-haut.

15 — Papa! papa! criait-elle de toute sa force; papa! regarde donc!

Le zingueur voulut se pencher, mais son pied glissa. Alors, brusquement, bêtement, comme un chat dont les pieds s'embrouillent, il roula, il descendit la pente légère de la toiture,
20 sans pouvoir se rattraper.

— Nom de Dieu! dit-il d'une voix étouffée.

Et il tomba. Son corps décrivit une courbe molle, tourna deux fois sur lui-même, vint s'écraser au milieu de la rue avec le coup sourd d'un paquet de linge jeté d'en haut.

25 Gervaise, stupide, la gorge déchirée d'un grand cri, resta les bras en l'air. Des passants accoururent, un attroupement se forma. Madame Boche, bouleversée, fléchissant sur les jambes, prit Nana entre les bras, pour lui cacher la tête et l'empêcher de voir.

30 Gervaise refuse de laisser emporter son mari à l'hôpital. Elle le soigne chez elle et toutes leurs économies y passent. Au bout de deux mois Coupeau peut se lever; mais il s'ennuie d'être obligé de rester assis, sa jambe cassée allongée. Il commence à prendre en haine le travail qui lui a fait du mal; il en a assez de travailler pour les bourgeois.

barboter, to paddle **bricole,** *f.,* small job

Pendant deux mois encore il marche avec des béquilles et prend l'habitude de passer son temps à boire avec des camarades. C'est un fainéant maintenant; même quand il est tout à fait remis, il ne travaille plus.

Gervaise recommence à penser à sa boutique de blanchisseuse, mais c'en est fait de leurs économies. Son ami Goujet, voyant sa tristesse, offre de 5 lui prêter la somme nécessaire. Elle finit par accepter, s'installe dans la boutique, prend des aides, et fait de bonnes affaires pendant un temps. Elle aurait pu s'acquitter vite de sa dette, mais l'argent fond entre ses mains, ou plutôt c'est son mari qui le boit. Les Lorilleux, qui la haïssent toujours, étouffent de colère en voyant cette prospérité apparente. Quand Gervaise 10 installe chez elle la vieille Madame Coupeau, les Lorilleux refusent de partager les frais, comme c'est leur devoir.

Pendant ce temps la petite Nana tourne mal; à l'âge de six ans c'est une petite vaurienne dévergondée qui débauche tous les enfants du quartier.

Comme Coupeau commence à maltraiter son fils Étienne, Gervaise le 15 confie à son ami Goujet qui l'embauche comme apprenti dans son atelier. Un jour Gervaise va voir son fils à l'atelier où elle trouve aussi Goujet qui lui semble très beau et très fort à son travail de forgeron. Goujet est très heureux de la voir et très fier de son adresse; tout d'un coup Gervaise, qui se sait aimée depuis longtemps, goûte auprès de lui un des rares moments 20 de bonheur dans sa vie de malheurs.

Peu à peu, malgré le soutien que l'amour inavoué de Goujet lui donne, les mauvaises habitudes du mari commencent à s'enraciner chez Gervaise aussi; elle aime mieux bien manger que bien travailler. Vers ce temps-là elle rencontre de nouveau la grande Virginie, celle de la fessée, et, chose 25 curieuse, elles deviennent amies. Virginie a épousé un nommé Poisson qui, bientôt, devient sergent de ville. Par sa nouvelle amie Gervaise apprend que Lantier et Adèle viennent de se quitter.

Pour couronner sa carrière de blanchisseuse, Gervaise décide de donner un grand dîner à l'occasion de sa fête. Les préparatifs de ce dîner prennent 30 quelques semaines et il faut la moitié d'une journée pour le dévorer. Comme ils vont être treize à table, ils invitent aussi le père Bru, vieux chômeur qui meurt de faim. Le dîner a lieu dans la boutique et, comme on laisse la porte ouverte, tous les voisins non invités et les passants viennent flairer l'odeur des plats. Pendant le dîner Virginie raconte à Gervaise qu'elle a vu Lantier 35 rôder dans le quartier.

Les vitres de la boutique sonnaient, le grand souffle des chanteurs faisait envoler les rideaux de mousseline. Cependant, Virginie avait disparu deux fois, et s'était, en rentrant, penchée à l'oreille de Gervaise, pour lui donner tout bas un 40

béquille, *f.,* crutch	**dévergondé,** *adj.,* dissolute
chômeur, *m.,* unemployed	**embaucher,** to hire

renseignement. La troisième fois, lorsqu'elle revint, au milieu du tapage, elle lui dit:

— Ma chère, il est toujours chez François, il fait semblant de lire le journal . . . Bien sûr, il y a quelque coup de mis-
5 toufle.

Elle parlait de Lantier. C'était lui qu'elle allait ainsi guetter. A chaque nouveau rapport, Gervaise devenait grave.

— Est-ce qu'il est soûl? demanda-t-elle à Virginie.

— Non, répondit la grande brune. Il a l'air rassis. C'est ça
10 surtout qui est inquiétant.

La blanchisseuse, très inquiète, la supplia de se taire. Un profond silence, tout d'un coup, s'était fait. Madame Putois venait de se lever et chantait: *A l'Abordage!* Les convives, muets et recueillis, la regardaient; même Poisson avait posé
15 sa pipe au bord de la table, pour mieux l'entendre.

Cependant, Gervaise, aidée de maman Coupeau, servit le café, bien qu'on mangeât encore du gâteau de Savoie.

— A vous, père Bru, à vous! dit maman Coupeau. Chantez la vôtre. Les anciennes sont plus jolies, allez!
20 Et la société se tourna vers le vieux, insistant, l'encourageant. On lui demanda s'il connaissait les *Cinq Voyelles.* Il baissa le menton; il ne se rappelait plus; toutes les chansons du bon temps se mêlaient dans sa caboche. Comme on se décidait à le laisser tranquille, il parut se souvenir, et bégaya
25 d'une voix caverneuse:

Trou la la, trou la la,
Trou la, trou la, trou la la!

— Dites donc, ma chère, vint murmurer Virginie à l'oreille de Gervaise, vous savez que j'en arrive encore. Ça me taqui-
30 nait . . . Eh bien! Lantier a filé de chez François.

---

abordage, *m.* à l'—, board them!
caboche, *f.*, noodle
gâteau, *m.* — *de Savoie,* cake with filling of preserves

mistoufle, *f. il y a quelque coup de* —, there is some dirty work going on
taquiner, to torment

— Vous ne l'avez pas rencontré dehors? demanda la blanchisseuse.

— Non, j'ai marché vite, je n'ai pas eu l'idée de voir.

Mais Virginie, qui levait les yeux, s'interrompit et poussa un soupir étouffé.   5

— Ah! mon Dieu! . . . Il est là, sur le trottoir d'en face; il regarde ici.

Gervaise, toute saisie, hasarda un coup d'œil. Du monde s'était amassé dans la rue, pour entendre la société chanter. Les garçons épiciers, la tripière, le petit horloger faisaient un 10 groupe, semblaient être au spectacle. Il y avait des militaires, des bourgeois en redingote, trois petites filles de cinq ou six ans, se tenant par la main, très graves, émerveillées. Et Lantier, en effet, se trouvait planté là au premier rang, écoutant et regardant d'un air tranquille. Pour le coup, 15 c'était du toupet. Gervaise sentit un froid lui monter des jambes au cœur, et elle n'osait plus bouger, pendant que le père Bru continuait.

> Trou la la, trou la la,
> Trou la, trou la, trou la la!   20

— Ah bien! non, mon vieux, il y en a assez! dit Coupeau. Est-ce que vous la savez tout entière? . . . Vous nous la chanterez un autre jour, hein! quand nous serons trop gais.

Il y eut des rires. Le vieux resta court, fit de ses yeux pâles le tour de la table, et reprit son air de brute songeuse.   25

C'était le tour de madame Lerat, mais il lui fallait des préparatifs. Elle trempa le coin de sa serviette dans un verre d'eau et se l'appliqua sur les tempes, parce qu'elle avait trop chaud. Ensuite, elle demanda une larme d'eau-de-vie, la but, s'essuya longuement les lèvres.   30

— *L'Enfant du bon Dieu*, n'est-ce pas? murmura-t-elle, *l'Enfant du bon Dieu* . . .

---

coup, *m. pour le —*, this time   tripière, *f.*, tripe woman
toupet, *m.*, nerve

Sa voix tremblait sur certains mots, traînait en notes mouillées; elle levait en coin ses yeux vers le ciel, pendant que sa main droite se balançait devant sa poitrine et s'appuyait sur son cœur, d'un geste pénétré. Alors, Gervaise, torturée
5 par la présence de Lantier, ne put retenir ses pleurs; il lui semblait que la chanson disait son tourment, qu'elle était cette enfant perdue, abandonnée, dont le bon Dieu allait prendre la défense.

Gervaise et Virginie, malgré elles, ne quittaient plus du
10 regard le trottoir d'en face. Madame Boche, à son tour, aperçut Lantier, et laissa échapper un léger cri, sans cesser de se barbouiller de ses larmes. Alors, toutes trois eurent des figures anxieuses, en échangeant d'involontaires signes de tête. Mon Dieu! si Coupeau se retournait, si Coupeau voyait
15 l'autre! Quelle tuerie! quel carnage! Et elles firent si bien, que le zingueur leur demanda:

— Qu'est-ce que vous regardez donc?

Il se pencha, il reconnut Lantier.

— Nom de Dieu! c'est trop fort, murmura-t-il. Ah! le sale
20 mufe . . . Non c'est trop fort, ça va finir . . .

Et, comme il se levait en bégayant des menaces atroces, Gervaise le supplia à voix basse.

— Écoute, je t'en supplie . . . Laisse le couteau . . . Reste à ta place, ne fais pas un malheur.
25 Virginie dut lui enlever le couteau qu'il avait pris sur la table Mais elle ne put l'empêcher de sortir et de s'approcher de Lantier. La société, dans son émotion croissante, ne voyait rien, pleurait plus fort, pendant que madame Lerat chantait, avec une expression déchirante:

30   Orpheline, on l'avait perdue,
          Et sa voix n'était entendue
          Que des grands arbres et du vent.

Le dernier vers passa comme un souffle lamentable de tempête. Madame Putois, en train de boire, fut si touchée,

barbouiller (se), to smear one's face   **mufe**, *m.*, mug. *sale* —, dirty skunk

qu'elle renversa son vin sur la nappe. Cependant, Gervaise
demeurait glacée, un poing serré contre la bouche pour ne
pas crier, clignant les paupières d'épouvante, s'attendant à
voir, d'une seconde à l'autre, l'un des deux hommes, là-bas,
tomber assommé au milieu de la rue. Coupeau, surpris par 5
le grand air,[4] avait failli s'asseoir dans le ruisseau, en voulant
se jeter sur Lantier. Celui-ci, les mains dans les poches,
s'était simplement écarté. Et les deux hommes maintenant
s'engueulaient, le zingueur surtout habillait l'autre proprement, le traitait de cochon malade. On entendait le bruit 10
enragé des voix, on distinguait des gestes furieux, comme s'ils
allaient se dévisser les bras, à force de claques. Gervaise
défaillait, fermait les yeux. Puis, comme elle n'entendait plus
rien, elle rouvrit les yeux, elle resta toute bête, en les voyant
causer tranquillement.   15

La voix de madame Lerat s'élevait, roucoulante de pleurade, commençant un couplet:

> Le lendemain, à demi morte,
> On recueillit la pauvre enfant . . .

Gervaise avait échangé un regard avec madame Boche et 20
Virginie. Ça s'arrangeait donc? Coupeau et Lantier con-
tinuaient de causer au bord du trottoir. Ils s'adressaient encore
des injures, mais amicalement. Ils s'appelaient «sacré animal,»
d'un ton où perçait une pointe de tendresse. Comme on les
regardait, ils finirent par se promener doucement côte à côte, 25
le long des maisons, tournant sur eux-mêmes tous les dix pas.
Une conversation très vive s'était engagée. Brusquement,
Coupeau parut se fâcher de nouveau, tandis que l'autre
refusait, se faisait prier. Et ce fut le zingueur qui poussa
Lantier et le força à traverser la rue, pour entrer dans la 30
boutique.

---

animal, *m. sacré* —, you old blighter   **habiller.** — *proprement,* to do a good
dévisser, to unscrew   job calling names
engueuler, to shout abuse at   **pleurade,** *f.,* teariness
                                                                      roucouler, to warble

[4] Comme d'habitude, il était plus ou moins ivre.

— Je vous dis que c'est de bon cœur! criait-il. Vous boirez un verre de vin . . . Les hommes sont des hommes, n'est-ce pas? On est fait pour se comprendre . . .

Madame Lerat achevait le dernier refrain. On complimenta
5 beaucoup la chanteuse, qui s'assit en affectant d'être brisée. Toute la table, cependant, fixait les yeux sur Lantier, assis paisiblement à côté de Coupeau, mangeant la dernière part du gâteau de Savoie, qu'il trempait dans un verre de vin. Comme un silence gêné se faisait, Coupeau dit simplement:
10 — C'est un ami.

C'est le commencement de la déchéance de Gervaise. Une fois dans leur maison, Lantier, le parasite par excellence, ne la quitte plus. Sous prétexte de devenir pensionnaire, il s'installe dans une des deux chambres — pour être près de son fils, dit-on d'abord. Mais au bout de deux semaines,
15 comme il n'y a plus de place pour le fils, on l'envoie comme apprenti à Lille. Inutile de dire que Lantier ne paie jamais sa pension. Désormais Gervaise ne peut plus tenir tête au désastre dont elle se sent menacée; elle est complètement démoralisée. On dit dans le quartier que c'est un ménage à trois; ce n'est pas exact, dit-elle à Goujet, qui prévoit que «ça» doit arriver
20 inévitablement. Il lui propose de s'enfuir avec lui, mais elle s'y refuse: elle est mariée; elle a ses devoirs. Mais une fois, quand son mari rentre ivre mort et salit la chambre à coucher, elle oublie sa promesse faite à Goujet que «ça» n'arriverait jamais et se laisse séduire par Lantier. Sa déchéance morale est complète. Elle prend l'habitude de boire, elle aussi.
25 La vieille Madame Coupeau tombe malade et devient très aigre. Il y a une querelle entre les deux femmes.

La vieille femme avait manqué d'étouffer. Le lendemain, Goujet était venu réclamer le linge de sa mère pendant une absence de Gervaise, maman Coupeau l'appela et le garda
30 longtemps assis devant son lit. Elle connaissait bien l'amitié du forgeron, elle le voyait sombre et malheureux depuis quelque temps, avec le soupçon des vilaines choses qui se passaient. Et, pour bavarder, pour se venger de la dispute de la veille, elle lui apprit la vérité crûment, en pleurant, en se
35 plaignant, comme si la mauvaise conduite de Gervaise lui faisait surtout du tort. Lorsque Goujet sortit du cabinet, il

---

crûment, *adv.*, bluntly   **déchéance,** *f.*, downfall, degeneration

s'appuyait aux murs, suffoquant de chagrin. Puis, au retour
de la blanchisseuse, maman Coupeau lui cria qu'on la
demandait tout de suite chez madame Goujet, avec le linge
repassé ou non; et elle était si animée, que Gervaise flaira les
cancans, devina la triste scène et le crève-cœur dont elle se 5
trouvait menacée.

Très pâle, les membres cassés à l'avance, elle mit le linge
dans un panier, elle partit. Depuis des années, elle n'avait pas
rendu un sou aux Goujet. Chaque fois, elle prenait l'argent du
blanchissage, en parlant de sa gêne. C'était une grande honte 10
pour elle, parce qu'elle avait l'air de profiter de l'amitié du
forgeron pour le jobarder.

— Ah c'est vous enfin! lui dit sèchement madame Goujet,
en lui ouvrant la porte. Quand j'aurai besoin de la mort, je
vous l'enverrai chercher.   15

Gervaise entra, embarrassée, sans oser même balbutier une
excuse. Elle n'était plus exacte, ne venait jamais à l'heure, se
faisait attendre des huits jours. Peu à peu, elle s'abandonnait
à un grand désordre.

— Voilà une semaine que je compte sur vous, continua la 20
dentellière. Et vous mentez avec ça, vous m'envoyez votre
apprentie me raconter des histoires. Voyons, qu'est-ce que
vous avez, dans ce panier! Est-ce tout, au moins! M'apportez-
vous la paire de draps que vous me gardez depuis un mois, et la
chemise qui est restée en arrière, au dernier blanchissage?   25

— Oui, oui, murmura Gervaise, la chemise y est, la voici.

Mais madame Goujet se récria. Cette chemise n'était pas à
elle, elle n'en voulait pas. On lui changeait son linge, c'était
le comble!

— Et les draps? reprit-elle. Ils sont perdus, n'est-ce pas? . . . 30
Eh bien! ma petite, il faudra vous arranger, mais je les veux
quand même demain matin, entendez-vous.

Il y eut un silence. Ce qui achevait de troubler Gervaise,
c'était de sentir, derrière elle, la porte de la chambre de

cancan, *m.,* tittle-tattle   **jobarder,** to take in

Goujet entr'ouverte. Le forgeron devait être là, elle le devinait. Elle se faisait très souple, très douce, courbant la tête, posant le linge sur le lit le plus vivement possible. Mais ça se gâta encore, quand madame Goujet se mit à examiner les pièces 5 une à une. Elle les prenait, les rejetait, en disant:

—Ah! vous perdez joliment la main. On ne peut plus vous faire des compliments tous les jours . . . Oui, vous salopez, vous cochonnez l'ouvrage, à cette heure . . .

A ce moment, Goujet toussa dans sa chambre. Gervaise eut 10 un léger tressaillement. Et elle resta au milieu de la chambre, gênée, confuse, attendant le linge sale. Mais, après avoir arrêté le compte, madame Goujet avait tranquillement repris sa place près de la fenêtre, travaillant au raccommodage d'un châle de dentelle.

15 — Et le linge? demanda timidement la blanchisseuse.

— Non, merci, répondit la vieille femme, il n'y a rien cette semaine.

Gervaise pâlit. On lui retirait la pratique. Alors, elle perdit complètement la tête, elle dut s'asseoir sur une chaise, parce 20 que ses jambes s'en allaient sous elle. Et elle ne chercha pas à se défendre, elle trouva seulement cette phrase:

— Monsieur Goujet est donc malade?

Oui, il était souffrant, il avait dû rentrer au lieu de se rendre à la forge, et il venait de s'étendre sur son lit pour se reposer. 25 On avait encore baissé la journée des boulonniers; de neuf francs, elle était tombée à sept francs, à cause des machines qui maintenant faisaient toute la besogne. Et elle expliquait qu'ils économisaient sur tout; elle voulait de nouveau laver son linge elle-même. Naturellement, ce serait bien tombé, si 30 les Coupeau lui avaient rendu l'argent prêté par son fils. Mais ce n'était pas elle qui leur enverrait les huissiers, puisqu'ils ne pouvaient pas payer.

— Pourtant, continuait la dentellière, en vous gênant un

---

boulonnier, *m.*, bolt-maker   **saloper**, to botch
cochonner, to muck up

peu, vous arriveriez à vous acquitter. Car enfin, vous mangez
très bien, vous dépensez beaucoup, j'en suis sûre . . .

Elle fut interrompue par la voix de Goujet qui l'appelait.

— Maman! maman!

Elle se leva, et, quand elle reparut, elle dit, en se remettant 5
à sa dentelle:

— Entrez, il veut vous voir.

Gervaise, tremblante, laissa la porte ouverte. Cette scène
l'émotionnait, parce que c'était comme un aveu de leur
tendresse devant madame Goujet. Elle retrouva la petite 10
chambre tranquille, tapissée d'images, avec son lit de fer
étroit, pareille à la chambre d'un enfant de quinze ans. Ce
grand corps de Goujet, les membres cassés par la confidence
de maman Coupeau, était allongé sur le lit, les yeux rouges,
sa belle barbe jaune encore mouillée.   15

— Écoutez, maman a tort, dit-il à la blanchisseuse d'une
voix presque basse. Vous ne me devez rien, je ne veux pas
qu'on parle de ça.

Il s'était soulevé, il la regardait. De grosses larmes aussitôt
remontèrent à ses yeux.   20

— Vous souffrez, monsieur Goujet? murmura-t-elle. Qu'est-
ce que vous avez, je vous en prie?

— Rien, merci. Je me suis trop fatigué hier. Je vais dormir
un peu.

Puis, son cœur se brisa, il ne put retenir ce cri: 25

— Ah! mon Dieu! mon Dieu! jamais ça ne devait être,
jamais! Vous aviez juré. Et ça est, maintenant, ça est! . . .
Ah! mon Dieu! ça me fait trop de mal, allez-vous-en!

Et de la main, il la renvoyait, avec une douceur suppliante.
Elle n'approcha pas du lit, elle s'en alla comme il le de- 30
mandait, stupide, n'ayant rien à lui dire pour le soulager.
Dans la pièce d'à côté, elle reprit son panier; et elle ne sortait
toujours pas, elle aurait voulu trouver un mot. Madame
Goujet continuait son raccommodage, sans lever la tête.
Ce fut elle qui dit enfin: 35

310 *Introduction to French Masterpieces*

— Eh bien! bonsoir, renvoyez-moi mon linge, nous compterons plus tard.

— Oui, c'est ça, bonsoir, balbutia Gervaise.

Elle referma la porte lentement, avec un dernier coup
5 d'œil dans ce ménage propre, rangé, où il lui semblait laisser
quelque chose de son honnêteté.

Gervaise s'enfonce de plus en plus dans la boue, au physique et au moral.
Elle, qui était autrefois si propre et si jolie, devient sale et engraisse. Comme
ils doivent quelques mois de loyer, le propriétaire parle de les mettre à la
10 porte. Ayant nettoyé la maison, Lantier commence à tourner autour de
Madame Poisson qui vient d'hériter d'une tante; Lantier lui conseille de
prendre le bail de Madame Coupeau et de s'établir marchande d'épicerie
fine.

A cette époque la vieille maman Coupeau vient à mourir. Gervaise
15 demande aux Lorilleux de partager les frais de l'enterrement. Comme
Gervaise et Madame Lerat, l'autre fille de la morte, veulent dépenser trop
d'argent pour l'enterrement, Madame Lorilleux refuse de donner un sou.
Alors Gervaise, encore fière et vindicative, dit qu'elle fera elle-même les
frais de l'enterrement et elle court chez Goujet pour lui emprunter soixante
20 francs. L'enterrement de maman Coupeau est la dernière fête de la famille.
Quelques jours plus tard ils sont obligés de céder le bail de la boutique à
Virginie et de s'installer dans une chambre à l'étage supérieur du même
immeuble. Les Lorilleux jouissent de la chute de Gervaise et de l'avachissement qui continue.

25 Coupeau, par bonheur, trouve un emploi en province. Le grand air
le guérit de son alcoolisme, mais, de retour à Paris, il y succombe de nouveau.
Peu à peu le mobilier qui leur reste est vendu; ils n'ont plus rien. Quand
Coupeau arrive à gagner quelque argent, il le boit avant de rentrer chez lui.
Gervaise commence par travailler dans la même blanchisserie où elle avait
30 fait ses débuts, mais elle travaille si mal qu'on est obligé de la congédier.
Leur fille Nana, âgée maintenant de quinze ans, travaille pendant quelque
temps comme fleuriste mais s'ennuie tellement de voir ses parents se battre
qu'un beau jour elle s'enfuit avec un vieux monsieur qui la poursuit depuis
longtemps. Nana partie et son mari ivre tout le temps, Gervaise est souvent
35 près de mourir de faim et de froid.

A force de regarder le ciel blafard, elle s'était endormie d'un
petit sommeil pénible. Elle rêvait que le ciel chargé de neige
crevait sur elle, tant le froid la pinçait. Brusquement, elle se
mit debout, réveillée en sursaut par un grand frisson d'an-

avachissement, *m.*, turning flabby   blafard, *adj.*, sallow

goisse. Mon Dieu! est-ce qu'elle allait mourir? Grelottante, hagarde, elle vit qu'il faisait jour encore. La nuit ne viendrait donc pas? Comme le temps est long, quand on n'a rien dans le ventre! Trois heures sonnèrent au coucou du père Bazouge. Il n'était que trois heures. Alors elle pleura. Jamais elle 5 n'aurait la force d'attendre sept heures. Et, ne se soulageant pas, prise d'une rage, elle se leva, piétina, espérant rendormir sa faim comme un enfant qu'on promène. Pendant une demi-heure, elle se cogna aux quatre coins de la chambre vide. Puis, tout d'un coup, elle s'arrêta, les yeux fixes. Tant pis! 10 Ils diraient ce qu'ils diraient, elle leur lécherait les pieds s'ils voulaient, mais elle allait emprunter dix sous aux Lorilleux.

Gervaise, en allant frapper chez eux, montrait un beau courage. Elle avait si peur, dans le corridor, qu'elle éprouva ce brusque soulagement des gens qui sonnent chez les den- 15 tistes.

— Entrez! cria la voix aigre du chaîniste.

Comme il faisait bon, là-dedans! La forge flambait, allu-mait l'étroit atelier de sa flamme blanche, pendant que madame Lorilleux mettait à recuire une pelote de fil d'or. 20 Ça sentait bon, une soupe aux choux mijotait sur le poêle, exhalant une vapeur qui retournait le cœur de Gervaise et la faisait s'évanouir.

— Ah! c'est vous, grogna madame Lorilleux, sans lui dire seulement de s'asseoir. Qu'est-ce que vous voulez? 25

— Vous n'avez pas vu Coupeau? finit par balbutier Ger-vaise. Je le croyais ici.

Les chaînistes ricanèrent. Non, bien sûr, ils n'avaient pas vu Coupeau. Ils n'offraient pas assez de petits verres pour voir Coupeau comme ça. Gervaise fit un effort et reprit en 30 bégayant:

— C'est qu'il m'avait promis de rentrer . . . Oui, il doit m'apporter de l'argent . . . Et comme j'ai absolument besoin de quelque chose . . .

mijoter, to simmer   **pelote,** *f.,* ball

Un gros silence régna.

— Si j'avais seulement dix sous, murmura Gervaise à voix basse.

Le silence continua.

5 — Vous ne pourriez pas me prêter dix sous? . . . Oh! je vous les rendrais ce soir!

Madame Lorilleux se tourna et la regarda fixement.

— Vous savez que nous n'avons pas d'argent, continua Gervaise. Ce serait de bon cœur, naturellement.

10 — Le cœur y est toujours, grogna Lorilleux; seulement, quand on ne peut pas, on ne peut pas.

— Je vous les rendrais, je vous les rendrais, bien sûr . . . Dix sous, ça ne vous gênerait pas.

Puis elle sentit ses jambes qui se cassaient, elle eut peur 15 de fondre en larmes, bégayant encore.

— Vous seriez gentils! . . . Vous ne pouvez pas savoir . . . Oui, j'en suis là, mon Dieu! j'en suis là . . .

Alors, les Lorilleux pincèrent les lèvres et échangèrent un mince regard. La Banban mendiait à cette heure! Eh bien! 20 le plongeon était complet. S'ils avaient su, ils se seraient barricadés. D'autant plus que, chez eux, il y avait de quoi voler. Déjà plusieurs fois, ils s'étaient méfiés, en remarquant la drôle de figure de Gervaise, quand elle se plantait devant l'or. Cette fois, par exemple, ils allaient la surveiller.

25 — Dites donc! faites un peu attention, vous allez encore emporter des brins d'or à vos semelles . . . Vrai, on dirait que vous avez là-dessous de la graisse, pour que ça colle.

Gervaise, lentement, recula. Elle s'était appuyée un instant à une étagère, et voyant madame Lorilleux lui examiner les 30 mains, elle les ouvrit toutes grandes, les montra, disant de sa voix molle, sans se fâcher, en femme tombée qui accepte tout:

— Je n'ai rien pris, vous pouvez regarder.

Et elle s'en alla, parce que l'odeur forte de la soupe aux choux et la bonne chaleur de l'atelier la rendaient trop

étagère, *f.*, set of shelves

malade. Quand elle fut à sa porte, elle n'entra pas, sa chambre lui faisait peur. Autant marcher, elle aurait plus chaud et prendrait patience.

Le carrefour n'offrait pas de distractions. Les quelques passants filaient raide, entortillés dans des cache-nez. Cepen- 5 dant, Gervaise aperçut quatre ou cinq femmes qui montaient la garde comme elle, à la porte du maître zingueur; encore des malheureuses, bien sûr, des épouses guettant la paie, pour l'empêcher de s'envoler chez le marchand de vin.

Enfin, un ouvrier parut, puis deux, puis trois. Une grande 10 haridelle se collait davantage à côté de la porte; et, tout d'un coup, elle tomba sur un petit homme pâlot, en train d'allonger prudemment la tête. Oh! ce fut vite réglé! elle le fouilla, lui ratissa la monnaie.

Des ouvriers sortaient toujours. Enfin, le défilé avait cessé. 15 Gervaise, droite au milieu de la rue, regardait la porte. Deux ouvriers attardés se montrèrent encore, mais toujours pas de Coupeau. Et, comme elle demandait aux ouvriers si Coupeau n'allait pas sortir, ils lui répondirent en blaguant que le camarade venait tout juste de filer avec Lantimêche par une 20 porte de derrière.

Elle montait lourdement la rue des Poissonniers, lorsqu'elle entendit la voix de Coupeau. Oui, il était là, à la *Petite-Civette*, en train de se faire payer une tournée par Mes-Bottes.

Gervaise posa la main sur l'épaule de Coupeau, au moment 25 où il sortait de la *Petite-Civette*.

— Dis donc, j'attends, moi . . . J'ai faim. C'est tout ce que tu paies?

Mais il lui riva son clou de la belle façon.

— T'as faim, mange ton poing! . . . Et garde l'autre pour 30 demain.

civette, *f.*, civet-cat (species of small cat-like animal living in tropics)
haridelle, *f.*, skinny jade
lantimêche, *m.*, imbecile
payer. *c'est tout ce que tu paies?* Aren't

you going to stand me up to something?
raide, *adv.*, rapidly
river. — *son clou à quelqu'un*, to tell off in fine style

C'est lui qui trouvait ça patagueule, de jouer le drame
devant le monde!

— Tu veux donc que je vole, murmura-t-elle d'une voix
sourde.

5   Les deux hommes descendaient vers le boulevard extérieur.[5]
Gervaise les suivait. Au bout d'un silence, elle reprit, derrière
Coupeau:

— J'ai faim, tu sais . . . J'ai compté sur toi. Faut me trouver
quelque chose à claquer.

10 Il ne répondit pas, et elle répéta sur un ton navrant
d'agonie:

— Alors, c'est tout ce que tu paies?

— Mais, nom de Dieu! puisque je n'ai rien! gueula-t-il, en
se retournant furieusement. Lâche-moi, n'est-ce pas? ou je
15 cogne!

Il levait déjà le poing. Elle recula et parut prendre une
décision.

— Va, je te laisse, je trouverai bien un homme.

Elle était remontée jusqu'à la chaussée Clignancourt.
20 L'heure devenait louche, les lointains se brouillaient d'une
teinte boueuse. Un train passa, sortant de Paris, arrivant
avec l'essoufflement de son haleine et son roulement peu à
peu enflé. Oh! si elle avait pu partir ainsi, s'en aller là-bas, en
dehors de ces maisons de misère et de souffrance!

25 Elle ne sentait pas si elle avait honte, elle agissait dans un
vilain rêve. Pendant un quart d'heure, elle se tint toute droite.
Des hommes filaient sans tourner la tête. Alors, elle se remua

claquer, to eat   tronçon, *m.*, segment
patagueule, *adj.*, smug

[5] Aujourd'hui ce qu'on appelle le boulevard «extérieur» se trouve plus au
nord, du côté de l'emplacement des fortifications de 1841–44, démolies tout
récemment. Le boulevard «extérieur» pour Zola était l'actuel Boulevard Roche-
chouart au sud de Montmartre. La rencontre du Boulevard Magenta et du
Boulevard Ornano, dont il est question plus loin, serait aujourd'hui la rencontre
du Boulevard Magenta et du Boulevard Barbès, nom qu'on a donné au tronçon
sud du Boulevard Ornano.

à son tour, elle osa accoster un homme qui sifflait, les mains
dans les poches, et elle murmura d'une voix étranglée:

— Monsieur, écoutez donc . . .

L'homme la regarda de côté et s'en alla en sifflant plus
fort. 5

Gervaise s'enhardissait. Et elle s'oublia dans l'âpreté de
cette chasse, le ventre creux, s'acharnant après son dîner qui
courait toujours.

— Monsieur, écoutez donc . . .

Mais les hommes passaient. 10

Et brusquement, elle aperçut son ombre par terre. Quand
elle approchait d'un bec de gaz, l'ombre vague se ramassait
et se précisait, une ombre énorme, trapue, grotesque tant elle
était ronde. Cela s'étalait, le ventre, la gorge, les hanches,
coulant et flottant ensemble. Elle louchait si fort de la jambe, 15
que, sur le sol, l'ombre faisait la culbute à chaque pas; un
vrai guignol! Mon Dieu! qu'elle était drôle et effrayante!
Jamais elle n'avait si bien compris son avachissement. Et
elle baissait la voix, elle n'osait plus que bégayer dans le dos
des passants: 20

— Monsieur, écoutez donc . . .

Elle souleva pesamment la tête, elle reçut au visage un
cinglement glacial. C'était la neige qui se décidait enfin à
tomber du ciel fumeux, une neige fine, drue, qu'un léger vent
soufflait en tourbillons. 25

Des hommes couraient, se hâtaient de rentrer, les épaules
déjà blanches. Et, comme elle en voyait un qui venait lentement sous les arbres, elle s'approcha, elle dit encore:

— Monsieur, écoutez donc . . .

L'homme s'était arrêté. Mais il n'avait pas semblé entendre. 30
Il tendait la main, il murmurait d'une voix basse:

— La charité, s'il vous plaît . . .

Tous deux se regardèrent. Ah! mon Dieu! ils en étaient là,

---

cinglement, *m.,* lashing   **guignol,** *m.,* puppet show
dru, *adj.,* lively   **loucher,** to limp

le père Bru mendiant, madame Coupeau faisant le trottoir!
Ils demeuraient béants en face l'un de l'autre. Toute la soirée,
le vieil ouvrier avait rôdé, n'osant aborder le monde; et la
première personne qu'il arrêtait, était une meurt-de-faim
5 comme lui. Ils se regardaient toujours. Puis, sans rien se dire,
ils s'en allèrent chacun de son côté, sous la neige qui les
fouettait.

Elle était là, à la rencontre du boulevard extérieur et des
boulevards Magenta et d'Ornano, rêvant de se coucher par
10 terre, lorsqu'elle entendit un bruit de pas. Elle courut, mais
la neige lui bouchait les yeux, et les pas s'éloignaient, sans
qu'elle pût saisir s'ils allaient à droite ou à gauche. Enfin
elle aperçut les larges épaules d'un homme, une tache sombre
et dansante, s'enfonçant dans un brouillard. Oh! celui-là,
15 elle ne le lâcherait pas! Et elle courut plus fort, elle l'atteignit,
le prit par la blouse.

— Monsieur, monsieur, écoutez donc . . .

L'homme se tourna. C'était Goujet.

Mais qu'avait-elle donc fait au bon Dieu, pour être ainsi
20 torturée jusqu'à la fin?

Goujet la regardait, tandis que la neige effeuillait des
pâquerettes dans sa belle barbe. Puis, comme elle baissait la
tête en reculant, il la retint.

— Venez, dit-il.

25 Et il marcha le premier. Elle le suivit. Goujet habitait
toujours la petite maison de la rue Neuve, sombre et seule.
Quand il eut ouvert la porte et allumé une lampe, il se tourna
vers Gervaise, restée humblement sur le palier. Il dit très bas,
comme si sa mère avait encore pu l'entendre: [6]
30 — Entrez.

La première chambre, celle de madame Goujet, était con-
servée pieusement dans l'état où elle l'avait laissée. Ils traver-

---

pâquerette, *f.*, Easter daisy   trottoir, *m. faire le* —, to hustle for a
                                                   living

[6] Sa mère était morte.

sèrent la pièce à pas étouffés comme pour éviter la honte
d'être entendus. Puis, quand il eut poussé Gervaise dans sa
chambre, il ferma la porte. Gervaise, dans cette pureté,
n'osait avancer, se retirait, loin de la lampe. Alors, sans une
parole, pris d'une rage, il voulut la saisir et l'écraser entre 5
ses bras. Mais elle défaillait, elle murmura:

— Oh! mon Dieu! . . . oh! mon Dieu!

Le poêle, couvert de poussière de coke, brûlait encore, et
un restant de ragoût, que le forgeron avait laissé au chaud,
fumait devant le cendrier. Gervaise, dégourdie par la grosse 10
chaleur, se serait mise à quatre pattes pour manger dans le
poêlon. Mais Goujet avait compris. Il posa le ragoût sur la
table, coupa du pain, lui versa à boire.

— Voulez-vous encore du pain? demandait-il à demi-voix.

Elle pleurait, elle disait non, elle disait oui, elle ne savait 15
pas.

Et lui, debout en face d'elle, la contemplait. Maintenant, il
la voyait bien, sous la vive clarté de l'abat-jour. Comme elle
était vieillie et dégommée! La chaleur fondait la neige sur
ses cheveux et ses vêtements, elle ruisselait. Sa pauvre tête 20
branlante était toute grise, des mèches grises que le vent avait
envolées; le cou engoncé dans les épaules, elle se tassait, laide
et grosse à donner envie de pleurer. Et il se rappelait leurs
amours, lorsqu'elle était toute rose, tapant ses fers, montrant
le pli de bébé qui lui mettait un si joli collier au cou. 25

Gervaise se leva. Elle avait fini. Elle demeura un instant
la tête basse, gênée. Mais Goujet s'était mis à genoux, il lui
prenait les mains, en disant doucement.

— Je vous aime, madame Gervaise, oh! je vous aime encore et malgré tout, je vous le jure! 30

— Ne dites pas cela, monsieur Goujet! s'écria-t-elle, affolée

abat-jour, *m.*, lamp shade
cendrier, *m.*, cinder box
dégommé, *adj.*, falling apart
dégourdir, to revive

engoncé, *adj.*, sunk
poêlon, *m.*, saucepan
ragoût, *m.*, stew
taper. — *ses fers*, to wield her irons

de le voir ainsi à ses pieds. J'ai trop de honte . . . pour l'amour
de Dieu, relevez-vous.

Il se releva, il était tout frissonnant, et d'une voix bal-
butiante:

5   — Voulez-vous me permettre de vous embrasser.

Elle, éperdue de surprise et d'émotion, ne trouvait pas une
parole. Elle dit oui de la tête. Mon Dieu! elle était à lui, il
pouvait faire d'elle ce qu'il lui plairait. Mais il allongeait
seulement les lèvres.

10   — Ça suffit entre nous, madame Gervaise, murmura-t-il.
C'est toute notre amitié, n'est-ce pas?

Il la baisa sur le front, sur une mèche de ses cheveux gris.
Il n'avait embrassé personne, depuis que sa mère était morte.
Alors il s'en alla à reculons tomber en travers de son lit, la
15 gorge crevée de sanglots. Et Gervaise ne put pas demeurer
là plus longtemps; c'était trop triste et trop abominable, de se
retrouver dans ces conditions, lorsqu'on s'aimait. Elle lui
cria:

— Je vous aime, monsieur Goujet, je vous aime bien
20 aussi . . . Oh! ce n'est pas possible, je comprends . . . Adieu,
adieu, car ça nous étoufferait tous les deux.

Et elle traversa en courant la chambre de madame Goujet,
elle se retrouva sur le pavé.

Elle rentre chez elle. Pour elle la vie est finie, et ce sera bientôt le cas en
25 réalité. Le lendemain elle reçoit dix francs que lui envoie son fils Étienne
qui est mécanicien dans un chemin de fer. Une semaine se passe sans
nouvelles de Coupeau; puis on apprend à Gervaise qu'il est en train de
mourir à l'hôpital Sainte-Anne où on l'a déjà enfermé plusieurs fois à la
suite des accès de folie qui sont le résultat de son alcoolisme.
30   Après la mort de Coupeau, on oblige Gervaise à quitter sa chambre et
on lui laisse le trou sous l'escalier où le père Bru, mort maintenant, habitait.
Un jour, comme cela sent mauvais dans le corridor, on se rappelle qu'on
n'a pas vu Gervaise depuis deux jours et on la trouve morte dans son
trou.

LA POÉSIE PARNASSIENNE
ET SYMBOLISTE

Entre 1860 et 1866 il y eut un mouvement poétique qui se baptisa effectivement
le Parnasse *et qui préconisait un retour vers l'antiquité gréco-romaine tout
en s'inspirant aussi du pittoresque romantique. Cette école se distingua surtout
par son souci de la perfection artistique; c'était en effet l'école de* l'art pour
l'art. *Bien que Leconte de Lisle (1818–1894) soit plutôt le précurseur des* 5
*Parnassiens attitrés, son œuvre résume déjà toutes les tendances dites parnas-
siennes et, comme poète, il est bien supérieur à ses disciples. Comme eux, il
recherche la beauté pure mais non sans s'abandonner parfois à un pessimisme
foncier qui est assez loin de l'impassibilité parnassienne.*

L'autre grand poète de cette époque, Charles Baudelaire (1821–1867), 10
*vit plutôt à l'écart du Parnasse dont il se distingue par l'émotion profonde
qu'il exprime. C'est une âme damnée que Baudelaire, fascinée par le vice
et la crapule. Dans le poète américain Edgar Allan Poe, qu'il a traduit et fait
sien, il a trouvé «son semblable, son frère.» Sa vie douloureuse et tourmentée
s'exprime dans une poésie lyrique et satanique. Le gouvernement paternel du* 15
Second Empire [1] *s'effaroucha et condamna six poèmes quand les* Fleurs du Mal
parurent en 1857. L'esthétique de Baudelaire se trouve résumée dans Correspondances; *par cette théorie que les sensations se correspondent et qu'avec
ces correspondances on peut évoquer des états d'âme, ce poème a ouvert des
horizons nouveaux à la poésie. La vie réelle avec toute sa laideur disparaît sous* 20
*les images et les métaphores et nous entrons dans un monde supraterrestre qui est
celui de la poésie pure. Le poète se fait voyant. L'influence de ce poète méconnu
a été énorme; de lui découle toute la poésie moderne en France.*

*Paul Verlaine (1844–1896) est une autre âme damnée qui a subi l'ascendant
de Baudelaire. Son apprentissage dans le mal et la débauche a été complété par* 25
son amitié avec le jeune poète Arthur Rimbaud (1854–1891) qui a passé comme

attitré, *adj.,* regular	in Greece sacred to Apollo and the
crapule, *f.,* debauchery	Muses)
foncier, foncière, *adj.,* basic	**préconiser,** to advocate
Parnasse, *m.,* Parnassus (a mountain	**voyant,** *m.,* seer

[1] C'est-à-dire l'empire de Napoléon III qui régna de 1852 à 1870.

un météore et a délaissé la littérature à l'âge de dix-neuf ans. Chez Verlaine
la poésie devient toute musique et la rime se dérime. Comme intelligence il est
moins fort que Rimbaud ou que Stéphane Mallarmé (1842–1898), le grand
chef des symbolistes, chez qui le sens du poème disparaît sous la densité
5 *métaphorique. Avec les symbolistes l'obscurité devient quelquefois un procédé,*
et il faut une grande concentration de la part du lecteur pour dégager le sens du
poème. Alors on aperçoit que la beauté du poème réside non seulement dans la
musique à la surface mais dans les idées mêmes qui sont une nouvelle manière de
voir la réalité.

MIDI
1852
Par Leconte de Lisle

10 Midi, roi des étés, épandu sur la plaine,
Tombe en nappes d'argent des hauteurs du ciel bleu.
Tout se tait. L'air flamboie et brûle sans haleine;
La terre est assoupie en sa robe de feu.

L'étendue est immense, et les champs n'ont point d'ombre,
15 Et la source est tarie où buvaient les troupeaux;
La lointaine forêt, dont la lisière est sombre,
Dort là-bas, immobile, en un pesant repos.

Seuls, les grands blés mûris, tels qu'une mer dorée,
Se déroulent au loin, dédaigneux du sommeil;
20 Pacifiques enfants de la terre sacrée,
Ils épuisent sans peur la coupe du soleil.

Parfois, comme un soupir de leur âme brûlante,
Du sein des épis lourds qui murmurent entre eux,
Une ondulation majestueuse et lente
25 S'éveille, et va mourir à l'horizon poudreux.

blé, *m. les grands* —*s,* wheat and rye   nappe, *f.,* sheet
lisière, *f.,* edge

Non loin, quelques bœufs blancs, couchés parmi les herbes,
Bavent avec lenteur sur leurs fanons épais,
Et suivent de leurs yeux languissants et superbes
Le songe intérieur qu'ils n'achèvent jamais.

Homme, si, le cœur plein de joie ou d'amertume,   5
Tu passais vers midi dans les champs radieux,
Fuis! la nature est vide et le soleil consume:
Rien n'est vivant ici, rien n'est triste ou joyeux.

Mais si, désabusé des larmes et du rire,
Altéré de l'oubli de ce monde agité,   10
Tu veux, ne sachant plus pardonner ou maudire,
Goûter une suprême et morne volupté,

Viens! Le soleil te parle en paroles sublimes;
Dans sa flamme implacable absorbe-toi sans fin;
Et retourne à pas lents vers les cités infimes,   15
Le cœur trempé sept fois dans le néant divin.

CORRESPONDANCES

1857

Par Charles Baudelaire

La nature est un temple où de vivants piliers
Laissent parfois sortir de confuses paroles;
L'homme y passe à travers des forêts de symboles
Qui l'observent avec des regards familiers.   20

Comme de longs échos qui de loin se confondent
Dans une ténébreuse et profonde unité,
Vaste comme la nuit et comme la clarté,
Les parfums, les couleurs et les sons se répondent.

baver, to dribble   **infime,** *adj.*, earthly
fanon, *m.*, dewlap (a fold of skin
  hanging below throats of oxen)

Il est des parfums frais comme les chairs d'enfants,
Doux comme les hautbois, verts comme les prairies,
— Et d'autres, corrompus, riches et triomphants,

Ayant l'expansion des choses infinies,
5 Comme l'ambre, le musc, le benjoin et l'encens,
Qui chantent les transports de l'esprit et des sens.

ARIETTES OUBLIÉES

1874

Par Paul Verlaine

III

Il pleure dans mon cœur
Comme il pleut sur la ville.
Quelle est cette langueur
10   Qui pénètre mon cœur?

O bruit doux de la pluie
Par terre et sur les toits!
Pour un cœur qui s'ennuie,
O le chant de la pluie!

15   Il pleure sans raison
Dans ce cœur qui s'écœure.
Quoi! nulle trahison?
Ce deuil est sans raison.

C'est bien la pire peine
20   De ne savoir pourquoi,
Sans amour et sans haine,
Mon cœur a tant de peine!

benjoin, *m.*, benzoin (a fragrant balsam from an aromatic East-Indian tree)

écœurer (s'), to become sick

MARCEL PROUST (1871-1922)

Dans la période contemporaine si féconde et si originale, Marcel Proust semble déjà assuré d'avoir une place privilégiée parmi les immortels. Par son esthétique, il se rattache à la littérature dite décadente issue de Baudelaire et, par ses habitudes personnelles, il ressemble à beaucoup des esthètes oisifs de la fin du siècle. Mais c'était un esthète qui croyait que l'art valait plus que la vie 5 et il a littéralement sacrifié sa vie à la littérature. Se sentant condamné à mort par un asthme inguérissable (tout cela était compliqué par la neurasthénie), il s'enferma dans une chambre capitonnée de liège pour se protéger des bruits extérieurs. Travaillant au lit et sortant seulement la nuit pour se documenter en interrogeant ses amis, il écrivait avec acharnement pour terminer son roman- 10 fleuve en seize volumes, A la Recherche du Temps Perdu. Les derniers volumes ont paru seulement après sa mort prématurée.

Par son esthétique Proust se trouvait déjà orienté vers le genre de recherches qu'il allait entreprendre. Avant lui la littérature, la psychologie et même la philosophie (avec Bergson [1]) s'étaient révoltées contre la simple raison et 15 fouillaient déjà dans les recoins obscurs du «subconscient.» Proust était admirablement doué pour ces investigations et le genre de vie qu'il avait adopté ne faisait qu'augmenter son acuité. Parallèlement à lui, le viennois Freud,[2] parti comme Proust du psychologue français Charcot,[3] refaisait les mêmes découvertes. Proust attachait tant de prix aux dons gratuits du subconscient 20 qu'il a même cherché à donner à son style la forme de l'association des idées. Il a prétendu que toute son œuvre, comme on verra dans l'extrait que nous donnons, sortait d'une tasse de thé. Mais, à la vérité, tout passe en dernière analyse par l'intelligence de Proust qui n'écrit pas dans un état de somnambulisme mais en toute lucidité. De sa tasse de thé sortent une société et des 25 personnages aussi réels que ceux de Balzac et bien plus nuancés. Tout en étant

capitonné, adj., padded	oisif, oisive, adj., idle
liège, m., cork	recoin, m., recess

[1] Henri Bergson (1859–1941), le plus grand philosophe français contemporain.
[2] Sigmund Freud (1856–1939), célèbre médecin et psychiatre autrichien.
[3] Jean-Martin Charcot (1825–1893), célèbre médecin français spécialisé dans les maladies nerveuses.

*un très grand poète en prose, il est un des plus grands psychologues de la lit-
térature française et en cela il rejoint la grande tradition française, la tradition
classique.*

DU COTÉ DE CHEZ SWANN
(Extrait)
1913

C'est ainsi que, pendant longtemps, quand, réveillé la
5 nuit, je me ressouvenais de Combray,[4] je n'en revis jamais que
cette sorte de pan lumineux, découpé au milieu d'indistinctes
ténèbres, pareil à ceux que l'embrasement d'un feu de bengale
ou quelque projection électrique éclairent et sectionnent dans
un édifice dont les autres parties restent plongées dans la
10 nuit: à la base assez large, le petit salon, la salle à manger,
l'amorce de l'allée obscure par où arriverait M. Swann,
l'auteur inconscient de mes tristesses,[5] le vestibule où je
m'acheminais vers la première marche de l'escalier, si cruel
à monter, qui constituait à lui seul le tronc fort étroit de
15 cette pyramide irrégulière; et, au faîte, ma chambre à
coucher avec le petit couloir à porte vitrée pour l'entrée de
maman; en un mot, toujours vu à la même heure, isolé de
tout ce qu'il pouvait y avoir autour, se détachant seul sur
l'obscurité, le décor strictement nécessaire (comme celui
20 qu'on voit indiqué en tête des vieilles pièces pour les repré-
sentations en province), au drame de mon déshabillage;
comme si Combray n'avait consisté qu'en deux étages reliés
par un mince escalier, et comme s'il n'y avait jamais été
que sept heures du soir. A vrai dire, j'aurais pu répondre à

amorce, *f.*, allurement
bengale, *f. feu de* —, Bengal light (a
firework producing a vivid blue
light)

censé, *adj.*, supposed
faîte, *m.*, summit
pan, *m.*, panel

[4] Combray, endroit fictif, était une petite ville de province où le personnage
qui dit «je» était censé avoir passé une partie de sa jeunesse.
[5] L'arrivée de M. Swann un soir empêche le petit garçon de recevoir au lit
le baiser de sa mère.

qui m'eût interrogé que Combray comprenait encore autre chose et existait à d'autres heures. Mais comme ce que je m'en serais rappelé m'eût été fourni seulement par la mémoire volontaire, la mémoire de l'intelligence, et comme les renseignements qu'elle donne sur le passé ne conservent rien de lui, je n'aurais jamais eu envie de songer à ce reste de Combray. Tout cela était en réalité mort pour moi.

Mort à jamais? C'était possible.

Il y a beaucoup de hasard en tout ceci, et un second hasard, celui de notre mort, souvent ne nous permet pas d'attendre longtemps les faveurs du premier.

Je trouve très raisonnable la croyance celtique que les âmes de ceux que nous avons perdus sont captives dans quelque être inférieur, dans une bête, un végétal, une chose inanimée, perdues en effet pour nous jusqu'au jour, qui pour beaucoup ne vient jamais, où nous nous trouvons passer près de l'arbre, entrer en possession de l'objet qui est leur prison. Alors elles tressaillent, nous appellent, et sitôt que nous les avons reconnues, l'enchantement est brisé. Délivrées par nous, elles ont vaincu la mort et reviennent vivre avec nous.

Il en est ainsi de notre passé. C'est peine perdue que nous cherchions à l'évoquer, tous les efforts de notre intelligence sont inutiles. Il est caché hors de son domaine et de sa portée, en quelque objet matériel (en la sensation que nous donnerait cet objet matériel), que nous ne soupçonnons pas. Cet objet, il dépend du hasard que nous le rencontrions avant de mourir, ou que nous ne le rencontrions pas.

Il y avait déjà bien de années que, de Combray, tout ce qui n'était pas le théâtre et le drame de mon coucher, n'existait plus pour moi, quand un jour d'hiver, comme je rentrais à la maison, ma mère, voyant que j'avais froid, me proposa de me faire prendre, contre mon habitude, un peu de thé. Je refusai d'abord et, je ne sais pourquoi, me ravisai. Elle envoya chercher un de ces gâteaux courts et dodus appelés Petites

Madeleines qui semblent avoir été moulés dans la valve rainurée d'une coquille de Saint-Jacques. Et bientôt, machinalement, accablé par la morne journée et la perspective d'un triste lendemain, je portai à mes lèvres une cuillerée du thé
5 où j'avais laissé s'amollir un morceau de madeleine. Mais à l'instant même où la gorgée mêlée des miettes du gâteau toucha mon palais, je tressaillis, attentif à ce qui se passait d'extraordinaire en moi. Un plaisir délicieux m'avait envahi, isolé, sans la notion de sa cause. Il m'avait aussitôt rendu les
10 vicissitudes de la vie indifférentes, ses désastres inoffensifs, sa brièveté illusoire, de la même façon qu'opère l'amour, en me remplissant d'une essence précieuse: ou plutôt cette essence n'était pas en moi, elle était moi. J'avais cessé de me sentir médiocre, contingent, mortel. D'où avait pu me venir
15 cette puissante joie? Je sentais qu'elle était liée au goût du thé et du gâteau, mais qu'elle le dépassait infiniment, ne devait pas être de même nature. D'où venait-elle? Que signifiait-elle? Où l'appréhender? Je bois une seconde gorgée où je ne trouve rien de plus que dans la première, une troisième
20 qui m'apporte un peu moins que la seconde. Il est temps que je m'arrête, la vertu du breuvage semble diminuer. Il est clair que la vérité que je cherche n'est pas en lui, mais en moi. Il l'y a éveillée, mais ne la connaît pas, et ne peut que répéter indéfiniment, avec de moins en moins de force, ce même
25 témoignage que je ne sais pas interpréter et que je veux au moins pouvoir lui redemander et retrouver intact, à ma disposition, tout à l'heure, pour un éclaircissement décisif. Je pose la tasse et me tourne vers mon esprit. C'est à lui de trouver la vérité. Mais comment? Grave incertitude, toutes
30 les fois que l'esprit se sent dépassé par lui-même; quand lui, le chercheur, est tout ensemble le pays obscur où il doit

contingent, *adj.*, accidental
coquille, *f.* — *de Saint-Jacques*, pilgrim's shell
madeleine, *f.*, madeleine (a small sweet cake with brandy flavoring)

palais, *m.*, palate
rainuré, *adj.*, fluted
valve, *f.*, valve (the separable half of a bivalve mollusk)

chercher et où tout son bagage ne lui sera de rien. Chercher?
pas seulement: créer. Il est en face de quelque chose qui n'est
pas encore et que seul il peut réaliser, puis faire entrer dans sa
lumière.

Arrivera-t-il jusqu'à la surface de ma claire conscience, ce 5
souvenir, l'instant ancien que l'attraction d'un instant iden-
tique est venue de si loin solliciter, émouvoir, soulever tout
au fond de moi? Je ne sais. Maintenant je ne sens plus rien,
il est arrêté, redescendu peut-être; qui sait s'il remontera
jamais de sa nuit? Dix fois il me faut recommencer, me pen- 10
cher vers lui. Et chaque fois la lâcheté qui nous détourne de
toute tâche difficile, de toute œuvre importante, m'a conseillé
de laisser cela, de boire mon thé en pensant simplement à mes
ennuis d'aujourd'hui, à mes désirs de demain qui se laissent
remâcher sans peine. 15

Et tout d'un coup le souvenir m'est apparu. Ce goût c'était
celui du petit morceau de madeleine que le dimanche matin
à Combray (parce que ce jour-là je ne sortais pas avant
l'heure de la messe), quand j'allais lui dire bonjour dans sa
chambre, ma tante Léonie m'offrait après l'avoir trempé 20
dans son infusion de thé ou de tilleul. La vue de la petite
madeleine ne m'avait rien rappelé avant que je n'y eusse
goûté; peut-être parce que, en ayant souvent aperçu depuis,
sans en manger, sur les tablettes des pâtissiers, leur image
avait quitté ces jours de Combray pour se lier à d'autres plus 25
récents; peut-être parce que de ces souvenirs abandonnés si
longtemps hors de la mémoire, rien ne survivait, tout s'était
désagrégé; les formes, — et celle aussi du petit coquillage de
pâtisserie, si grassement sensuel, sous son plissage sévère et
dévot — s'étaient abolies, ou, ensommeillées, avaient perdu la 30
force d'expansion qui leur eût permis de rejoindre la conscience. Mais, quand d'un passé ancien rien ne subsiste, après
la mort des êtres, après la destruction des choses, seules, plus
frêles mais plus vivaces, plus immatérielles, plus persistantes,

remâcher to ruminate over   **tilleul**, *m.*, lime-flower tea

plus fidèles, l'odeur et la saveur restent encore longtemps,
comme des âmes, à se rappeler, à attendre, à espérer, sur la
ruine de tout le reste, à porter sans fléchir, sur leur gouttelette
presque impalpable, l'édifice immense du souvenir.

5   Et dès que j'eus reconnu le goût du morceau de madeleine
trempé dans le tilleul que me donnait ma tante (quoique je
ne susse pas encore et dusse remettre à bien plus tard de
découvrir pourquoi ce souvenir me rendait si heureux),
aussitôt la vieille maison grise sur la rue, où était sa chambre,
10 vint comme un décor de théâtre s'appliquer au petit pavillon,
donnant sur le jardin, qu'on avait construit pour mes parents
sur ses derrières (ce pan tronqué que seul j'avais revu jusque-là); et avec la maison, la ville, la Place où on m'envoyait
avant déjeuner, les rues où j'allais faire des courses depuis le
15 matin jusqu'au soir et par tous les temps, les chemins qu'on prenait si le temps était beau. Et comme dans ce jeu où les Japonais s'amusent à tremper dans un bol de porcelaine rempli
d'eau, de petits morceaux de papier jusque-là indistincts qui, à
peine y sont-ils plongés s'étirent, se contournent, se colorent,
20 se différencient, deviennent des fleurs, des maisons, des personnages consistants et reconnaissables, de même maintenant
toutes les fleurs de notre jardin et celles du parc de M. Swann,
et les nymphéas de la Vivonne, et les bonnes gens du village
et leurs petits logis et l'église et tout Combray et ses environs,
25 tout cela qui prend forme et solidité, est sorti, ville et jardins,
de ma tasse de thé.

nymphéa, *m.,* water lily

SUJETS DE CONVERSATION
ET DE COMPOSITION

LA CHANSON DE ROLAND

Sujets de conversation:

1. Expliquez les origines de la querelle entre Roland et Ganelon.
2. Comment Charlemagne sait-il que la France sera détruite par Ganelon?
3. Pourquoi Roland refuse-t-il d'abord de sonner du cor?
4. Quand Roland décide finalement de sonner du cor, que lui dit Olivier?
5. Quand Charlemagne entend le cor de Roland, que fait-il avec Ganelon?
6. Qu'arrive-t-il quand Olivier n'y voit plus?
7. Lorsqu'il est sur le point de mourir que fait Roland de Durendal?
8. Décrivez la mort de Roland.
9. Comment Aude reçoit-elle la nouvelle de la mort de son fiancé?
10. Quel est le sort de Ganelon?

Sujets de composition:

1. Caractère de Roland.
2. Couleur locale dans *la Chanson de Roland*.
3. Le rôle de la féodalité dans *la Chanson de Roland*.

François Rabelais: PANTAGRUEL

Sujets de conversation:

1. Décrivez l'entrée de Pantagruel dans la salle du banquet.
2. Comment Panurge met-il le feu à la maison du Turc?
3. Citez un passage qui montre comment Rabelais arrive, par la précision de ses descriptions, à des effets comiques.
4. Pourquoi Panurge craignait-il spécialement Grilgoth et ses collègues?

5. Pourquoi Panurge reçoit-il la bourse du pacha?
6. Quel avantage Panurge tire-t-il du fait d'avoir été rôti?
7. Pourquoi Panurge craignait-il «le mal de dents»?

Sujet de composition:

1. Comique de Rabelais.

Michel de Montaigne: DE L'INSTITUTION DES ENFANTS

Sujets de conversation:

1. Pourquoi Montaigne estime-t-il que l'éducation des enfants est un sujet bien délicat?
2. Quelle sorte de gouverneur Montaigne donnerait-il à l'enfant?
3. Comment le gouverneur va-t-il développer le jugement de l'enfant?
4. Quelle analogie y a-t-il entre le développement de l'intelligence de l'enfant et le dressage d'un animal?
5. Que pense Montaigne de la fréquentation des hommes?
6. Pourquoi ne faut-il pas élever l'enfant dans la famille?
7. Que pense Montaigne de la royauté?
8. Racontez comment Montaigne a appris le latin.
9. Que signifie pour Montaigne l'expression «épouser la science»?

Sujets de composition:

1. Montaigne critique de l'éducation de son temps.
2. D'après Montaigne comment développe-t-on le caractère de l'enfant?
3. Caractère de Montaigne.

Molière: LE BOURGEOIS GENTILHOMME

Sujets de conversation:

1. Lequel des deux, du maître de musique ou du maître à danser, est le plus mercenaire?
2. Par quel procédé Molière arrive-t-il à camper le caractère du Bourgeois dans les deux premières scènes?
3. Dans la deuxième scène citez des jeux de scène qui renforcent le comique des personnages.
4. Que peut-on dire de Jourdain comme amateur de musique?

5. Quelles sciences le maître de philosophie propose-t-il à Jourdain et qu'en pense ce dernier?
6. Décrivez la leçon de phonétique.
7. Comment Jourdain apprend-il la différence qui existe entre les vers et la prose?
8. Quelle leçon de style Molière donne-t-il avec le billet à la marquise?
9. Que pense Nicole de l'équipage du Bourgeois?
10. Dans la troisième scène du troisième acte comment Molière fait-il ressortir le contraste entre le bon sens et l'affectation? Que pense-t-il en somme de Madame Jourdain?
11. Faites le portrait de Dorante.
12. Comment Dorante s'arrange-t-il pour emprunter encore de l'argent au Bourgeois?
13. Pourquoi Jourdain refuse-t-il d'accepter Cléonte comme gendre? Quel enseignement Molière tire-t-il de cette scène?
14. Dorimène est-elle une vraie dame ou un personnage un peu louche comme Dorante?
15. Quand Madame Jourdain arrive pendant le festin, comment son mari essaie-t-il de justifier sa conduite? Quel en est le résultat?
16. Comment Covielle (Acte IV, Scène III) réussit-il à gagner la confiance du Bourgeois?
17. Molière comment trouve-t-il quelques effets comiques dans la linguistique?
18. Pourquoi Lucile décide-t-elle d'épouser le fils du Grand Turc?
19. Pourquoi Madame Jourdain cesse-t-elle de s'opposer au mariage?
20. A la fin de la pièce le Bourgeois est-il guéri de sa folie?

Sujets de composition:

1. Molière psychologue.
2. Molière juge de la nature humaine.
3. Procédés comiques de Molière.
4. Molière et le classicisme.

Jean Racine: PHEDRE

Sujets de conversation:

1. Décrivez l'état d'âme de Phèdre quand elle entre en scène.
2. Par quel raisonnement Œnone cherche-t-elle à détourner Phèdre du suicide?

3. Comment Œnone se vengera-t-elle du silence inhumain de sa maîtresse?
4. Dans quelle mesure l'amour de Phèdre dépend-il de sa volonté?
5. Comment Phèdre chercha-t-elle à se soustraire à la haine de Vénus?
6. Dans le domaine de la psychologie pratique, comment Phèdre chercha-t-elle à détruire son amour pour Hippolyte? Quel en était le résultat?

Sujets de composition:

1. L'amour chez Racine.
2. Racine comme psychologue.
3. Le style de Racine.

Voltaire: CANDIDE

Sujets de conversation:

1. Décrivez le château du baron de Thunder-ten-tronckh et ses habitants.
2. Résumez la philosophie de Pangloss.
3. Comment la vie militaire apprend-elle à Candide que «les volontés ne sont pas libres»?
4. Que pense Voltaire du militarisme?
5. Décrivez la mort du vertueux anabaptiste. Comment Pangloss fait-il entrer cet événement dans son système philosophique?
6. Comment le matelot profite-t-il du tremblement de terre?
7. D'après Pangloss pourquoi est-ce qu'il y a eu un tremblement de terre?
8. Pourquoi Pangloss est-il arrêté par l'inquisiteur?
9. Comment espère-t-on empêcher la terre de trembler?
10. Pourquoi le frère de Cunégonde s'oppose-t-il au mariage et quel en est le résultat?
11. Quelles sont les conclusions des discussions philosophiques de Martin et de Pangloss?
12. Définissez la philosophie du derviche.
13. Peut-on dire à la fin de l'histoire que Pangloss ait modifié son point de vue philosophique?

Sujets de composition:

1. Signification de la phrase: «il faut cultiver notre jardin.»

2. Ironie de Voltaire.
3. Voltaire et la Providence.

Jean-Jacques Rousseau: DISCOURS SUR L'ORIGINE DE L'INÉGALITÉ

Sujets de conversation:

1. Décrivez la mentalité du sauvage vivant dans la nature.
2. L'homme de la nature était-il bon?
3. Qui fut le vrai fondateur de la société civile?
4. A quoi Rousseau compare-t-il les riches?
5. Sous quel prétexte le riche fonda-t-il la société policée?
6. Pourquoi y a-t-il des guerres d'après Rousseau?
7. Comment Rousseau semble-t-il justifier la royauté?
8. Comment la magistrature élective fut-elle remplacée par la magistrature héréditaire?
9. Quelles furent les trois étapes du progrès de l'inégalité?

Sujets de composition:

1. Rousseau révolutionnaire.
2. Critique du raisonnement de Rousseau.

Beaumarchais: LE BARBIER DE SÉVILLE

Sujets de conversation:

1. Dès la première scène comment voit-on que l'ironique Beaumarchais se moque un peu du sujet romanesque de sa pièce?
2. En quoi consiste l'impertinence de Figaro et à quoi sert-elle?
3. Dans la troisième scène Bartholo est-il la dupe de Rosine?
4. Racontez comment Almaviva est tombé amoureux de Rosine et ce qu'il en est résulté.
5. Dans la sixième scène montrez comment un aparté influence le courant de l'action. Que pensez-vous de ce procédé?
6. Comment l'ironie de Beaumarchais vient-elle tempérer le «romantisme» de la sixième scène?
7. En vous basant sur la deuxième scène du deuxième acte, diriez-vous que Rosine soit ingénue?
8. Notez des mouvements d'indépendance dans le caractère de Rosine (Scène IV, Acte II).

9. Comment Rosine se défend-elle quand Bartholo l'accuse d'avoir trafiqué avec Figaro?
10. Comment Bartholo évite-t-il de garder chez lui Almaviva déguisé en soldat?
11. Comment Almaviva s'arrange-t-il pour passer sa lettre à Rosine?
12. Comment Almaviva, déguisé en bachelier, réussit-il à gagner la confiance de Bartholo?
13. Par quel moyen Bartholo entre-t-il en possession de la lettre de Rosine?
14. Comment Figaro trahit-il involontairement le secret de Rosine?
15. Pourquoi Bazile finit-il par trouver qu'il n'est pas «dans son assiette ordinaire»?
16. Pourquoi Rosine décide-t-elle d'épouser Bartholo?
17. Pourquoi Rosine veut-elle faire dire à Almaviva qu'il l'adore (Scène VI, Acte IV)?
18. Que peut-on dire de l'intelligence du notaire et de celle de Bazile (Scène VIII, Acte IV)?
19. A la fin de la pièce pourquoi Bartholo ne peut-il empêcher l'union de Rosine et d'Almaviva?

Sujets de composition:

1. Idées «révolutionnaires» chez Beaumarchais.
2. Le romanesque chez Beaumarchais.
3. La verve de Beaumarchais.

François-René de Chateaubriand: ATALA

Sujets de conversation:

1. Comment l'auteur décrit-il l'Amérique au début d'*Atala?*
2. Racontez comment Chactas devient l'ami de Lopez et ce qu'il en advient.
3. Dans quelles circonstances Chactas rencontre-t-il Atala pour la première fois?
4. Pourquoi Atala hésite-t-elle d'abord à s'enfuir avec Chactas?
5. Décrivez la préparation du supplice de Chactas.
6. Racontez l'évasion de Chactas et d'Atala.
7. A quelle occasion le nom de Lopez est-il mentionné une deuxième fois dans *Atala?*
8. Qui est le père Aubry et que fait-il en Amérique?
9. Comment Atala se trouve-t-elle liée par un vœu fatal? Aurait-elle pu être relevée de ce vœu?

10. Diriez-vous que la description du cadavre d'Atala soit réaliste?
11. Que pensez-vous des manifestations de sensibilité chez Chactas?

Sujets de composition:

1. Couleur locale chez Chateaubriand.
2. Idées de Rousseau chez Chateaubriand.
3. La nature chez Chateaubriand.

Victor Hugo: NOTRE-DAME DE PARIS

Sujets de conversation:

1. Décrivez la grand'salle du Palais de Justice.
2. Comment avait-on disposé le théâtre de la basoche?
3. Décrivez l'entrée en scène de Quasimodo.
4. Dans quelles circonstances Gringoire rencontre-t-il la Esmeralda?
5. En quoi consiste la «sorcellerie» de la bohémienne? A qui appartient la voix sinistre qui a prononcé ce mot?
6. Comment Gringoire se trouve-t-il mêlé à l'enlèvement de la bohémienne?
7. Comment la Esmeralda fait-elle la connaissance de Phœbus?
8. Qu'est-ce que la Cour des Miracles?
9. Racontez les mésaventures de Gringoire dans le «royaume d'argot.»
10. Comment s'est passée la nuit de noces de Gringoire?
11. Décrivez le supplice de Quasimodo et sa deuxième rencontre avec la Esmeralda.
12. L'une des caractéristiques du romantisme est l'emploi du «frénétique.» En décrivant la rencontre de dom Claude et de Phœbus, faites ressortir surtout l'influence du genre frénétique ou du mélodrame.
13. Dans quelle mesure peut-on dire que la scène d'amour entre Phœbus et la Esmeralda soit romantique?
14. Racontez l'assassinat de Phœbus.
15. Pourquoi dom Claude poursuit-il la bohémienne?
16. Racontez ce qui se passe quand on amène la Esmeralda en procession à Notre-Dame.
17. Racontez la bataille entre Quasimodo et les truands.
18. Diriez-vous que l'auteur ait traité la mort de la Esmeralda en tant que romantique ou en tant que réaliste?

Sujets de composition:

1. Théorie du grotesque chez Hugo.
2. Imagination poétique chez Hugo prosateur.
3. Hugo et son intérêt dans la mécanique.
4. L'amour romantique chez Hugo.

Honoré de Balzac: *EUGÉNIE GRANDET*

Sujets de conversation:

1. Comparez l'entrée en matière de Balzac avec celle de Hugo.
2. Faites la biographie de Grandet en faisant ressortir ses principaux traits de caractère.
3. Donnez des exemples de l'avarice de Grandet.
4. Décrivez Grandet.
5. Racontez l'arrivée de Charles chez son oncle.
6. Peut-on dire que Balzac soit un psychologue dans le domaine de l'amour?
7. Décrivez Eugénie.
8. Que pense Grandet du suicide de son frère?
9. Dans l'épisode du sucrier à quoi reconnaît-on la volonté naissante d'Eugénie?
10. Comment Eugénie entre-t-elle en possession du nécessaire qui appartenait à la mère de Charles?
11. Charles est-il un personnage romantique?
12. Pourquoi Grandet veut-il voir l'or de sa fille?
13. Décrivez la bataille entre Grandet et sa fille. Grandet sait-il à qui sa fille a donné l'or?
14. Quel est le sentiment le plus fort chez Grandet, l'amour pour sa fille ou l'amour de l'argent?
15. Qu'est-ce qui décide Grandet à faire la paix avec sa fille?
16. Qui l'emporte dans la dispute au sujet du nécessaire?
17. Le caractère de Charles a-t-il réellement changé pendant son séjour aux Indes?
18. Quel marché Eugénie fait-elle avec le président de Bonfons? Peut-on dire que ce soit là le geste d'une romantique?
19. Avez-vous jamais rencontré un avare? Est-ce qu'il ressemblait à Grandet?

Sujets de composition:

1. Analyse de caractère chez Balzac.

2. Le rôle du milieu chez Balzac.
3. Le conflit psychologique chez Balzac.

Gustave Flaubert: MADAME BOVARY

Sujets de conversation:

1. Faites le portrait de l'élève *Charbovari*.
2. Étudiez de près les procédés réalistes de Flaubert dans sa description des Bertaux.
3. Comparez la scène d'amour dans *Eugénie Grandet* avec la scène de la visite de Charles Bovary à Emma Rouault.
4. Racontez comment Charles obtient la main d'Emma.
5. Décrivez la maison de Bovary à Tostes.
6. Que peut-on dire du caractère de Bovary en fonction de son amour pour sa femme?
7. Pourquoi Bovary ne danse-t-il pas à Vaubyessard?
8. Racontez la soirée d'Emma à Vaubyessard.
9. Comment Rodolphe fait-il la conquête d'Emma?
10. Pourquoi Emma se met-elle d'accord avec Homais pour encourager son mari à opérer Hippolyte?
11. Décrivez l'opération d'Hippolyte.
12. Quel est le résultat de l'opération?
13. Comment la rivalité entre Homais et l'abbé Bournisien se manifeste-t-elle à propos de la maladie d'Hippolyte?
14. Quels sont les sentiments de Bovary et d'Emma pendant l'amputation?
15. Après la dispute avec sa belle-mère quelle décision Emma prend-elle?
16. Comment Emma apprend-elle que Rodolphe s'est ravisé?
17. Racontez la première tentative de suicide d'Emma.
18. Pourquoi va-t-on saisir les meubles de Madame Bovary?
19. Que se passe-t-il quand elle se présente chez Lheureux?
20. Pourquoi Emma échoue-t-elle quand elle demande à Rodolphe de lui donner de l'argent?
21. Comment Emma reçoit-elle le refus de son ancien amant?
22. Comment Emma réussit-elle à s'empoisonner?
23. Montrez comment Flaubert se base sur ses propres connaissances médicales pour décrire l'empoisonnement d'Emma.
24. Que fait Charles quand il sait que sa femme s'est empoisonnée?
25. Racontez la visite de Félicité à sa mère mourante.
26. Quel effet la religion a-t-elle sur l'état d'Emma?

27. Dans quel but l'auteur fait-il apparaître le mendiant au moment de la mort d'Emma?

Sujets de composition:

1. Procédés descriptifs chez Flaubert et chez Balzac.
2. Romantisme chez Emma Bovary.
3. Objectivité chez Flaubert.

Émile Zola: *L'ASSOMMOIR*

Sujets de conversation:

1. Pourquoi Gervaise a-t-elle veillé toute la nuit?
2. Racontez le retour de Lantier.
3. De quoi vivent Gervaise et Lantier?
4. Pourquoi Gervaise soupçonne-t-elle Lantier de vouloir l'abandonner?
5. Pourquoi les enfants viennent-ils chercher Gervaise au lavoir?
6. Racontez la bataille au lavoir.
7. Qu'est-ce qui cause l'accident du zingueur?
8. Décrivez le dîner de Gervaise et le retour de Lantier.
9. Comment maman Coupeau se venge-t-elle de sa belle-fille?
10. Comment l'auteur profite-t-il de la visite rendue à Madame Goujet pour faire ressortir la déchéance de Gervaise?
11. Comment le «machinisme» intervient-il dans la vie de Goujet?
12. Diriez-vous que l'amour de Goujet pour Gervaise soit romantique?
13. Que se passe-t-il quand Gervaise mendie chez les Lorilleux?
14. Pourquoi Gervaise décide-t-elle de «faire le trottoir»?
15. Quelle est la première rencontre de Gervaise?
16. Pourquoi Gervaise quitte-t-elle Goujet après qu'il l'a ramassée dans la rue?

Sujets de composition:

1. Marques du naturalisme dans *l'Assommoir*.
2. La part de l'hérédité et celle du milieu dans *l'Assommoir*.
3. Comparaison des procédés d'analyse de caractère de Balzac et de Zola.

Marcel Proust: DU COTÉ DE CHEZ SWANN

Sujets de conversation:

1. Quel souvenir de Combray la mémoire volontaire donne-t-elle au narrateur?
2. Pourquoi le narrateur invoque-t-il une vieille croyance celtique à propos de sa théorie de la mémoire involontaire?
3. Quelle sensation le narrateur éprouve-t-il en buvant son thé et en mangeant sa madeleine?
4. Quel rôle l'intelligence joue-t-elle dans la mémoire involontaire?
5. En fin de compte, qu'est-ce qui est sorti de la tasse de thé?

Sujets de composition:

1. La mémoire involontaire.
2. Le style de Proust.

VOCABULAIRE

NOTE: This basic vocabulary includes also unusual words originally listed at the bottom of the page but repeated in the text. In the interests of economy it has been necessary to eliminate from the basic vocabulary certain easily recognized cognates.

A

à, *prep.* **à la,** in the manner of. **à qui,** whose. **à vous,** your turn. **c'est à vous de,** it is yours to. **je suis à vous,** I am at your service

abaisser, to lower. **s'—,** to descend

abandonner, to abandon, give up. **s'—,** to let oneself go. **abandonné,** *adj.,* lying limp

abattre, to strike down, fell. **s'—,** to swoop down, pounce; descend

abbaye, *f.,* abbey

abbé, *m.,* abbé, ecclesiastic

abcès, *m.,* abcess

abeille, *f.,* bee

abîme, *m.,* abyss

ablation, *f.,* ablation (removal by surgical operation)

aboiement, *m.,* bark

abolir, to abolish

abondamment, *adv.,* abundantly

abord, *m.* **d'—, tout d'—,** at first, in the first place

aborder, to arrive, approach, land

aboutir, to end (in), arrive

aboyer, to bark

abri, *m.,* shelter. **se mettre à l'—,** to take shelter

abricot, *m.,* apricot

absolu, *adj.,* absolute. **—ment,** *adv.,* absolutely

absoudre, to absolve

abstrait, *adj.,* abstract

abus, *m.,* abuse, misuse

abuser, to deceive, abuse, take advantage of

acacia, *m.,* acacia, locust tree

accabler, to overwhelm, crush

accent, *m.,* accent, note, tone, emphasis

accès, *m.,* approach, access, attack

accommoder, to adapt

accompagner, to accompany

accomplir, to accomplish, do

accord, *m.,* agreement. **d'—,** agreed. **être d'—, se mettre d'—,** to agree, work in concert. **tomber d'—,** to agree

accoucher, to give birth

accouder (s'), to lean one's elbows

accourir, to run up, come in haste

accoutumer, to accustom. **accoutumé,** *adj.,* accustomed

accrocher, to hook, hang up, catch

accroître, to increase

accroupir (s'), to squat

accru, *past part.* of *accroître*

accueil, *m.,* welcome

341

accueillir, to welcome, greet. **accueil-lant,** *adj.*, hospitable

acharnement, *m.* **avec —,** desperately

acharner (s'), to attack furiously; be bent upon. **acharné,** *adj.*, implacable, unrelenting

acheminer (s'), to walk, move on

acheter, to buy

acheteur, *m.*, buyer

achever, to finish. **s'—,** to come to an end

acier, *m.*, steel

acquérir, s'—, to acquire

acquittement, *m.*, discharge, payment

acquitter (s'), to pay one's debt. **s'— de,** to discharge

âcre, *adj.*, acrid, bitter

acte, *m.*, act, document

acteur, *m.*, **actrice,** *f.*, actor, actress

action, *f.*, action, act; share

actuel, -le, *adj.*, present. **actuelle-ment,** *adv.*, now, at present

adieu (*pl.*: **adieux**), *m.*, farewell, good-bye

adjoindre, to associate

admettre, to admit

admirateur, *m.*, admirer

adorer, to adore, worship

adoucir, to soften; sweeten. **s'—,** to soften; become sweet

adresse, *f.*, skill, cleverness; address

adroit, *adj.*, skillful; supple. **—ement,** *adv.*, skillfully

adultère, *m.*, adultery

advenir, to happen; become of

affaiblir, to weaken, enfeeble

affaire, *f.*, affair, matter; thing; business. **son —,** what one wants. **une bonne —,** a good deal. **avoir — à,** to have to deal with. **faire une —,** to do a business deal. **faire l'— de quelqu'un,** to settle with someone. **—s,** *f. pl.*, business; personal effects. **faire de bonnes (belles) —s,** to be doing well

affaisser (s'), to sink down

affamé, *adj.*, starved

affermir, to strengthen, assure

affirmer, to affirm; prove

affliger, to afflict

affolé, *adj.*, frantic

affreux, affreuse, *adj.*, frightful. **affreusement,** *adv.*, frightfully

affront, *m.*, insult

affronter, to face, brave

afin. — de, *prep.*, in order to. **— que,** *conj.*, in order that

agacer, to irritate, annoy

âge, *m.*, age. **être en —,** to be old enough

âgé, *adj.*, aged, old. **— de dix ans,** ten years old

agenouiller (s'), to kneel

agir, to act. **faire —,** to set going, cause. **s'— de,** to be a question (matter) of. **il s'agit,** the problem (point) is

agiter, to shake; disturb. **s'—,** to become restless. **agité,** *adj.*, agitated

agneau, *m.*, lamb

agrandir (s'), to get larger. **agrandi,** *adj.*, enlarged

aide, *f.*, help, assistance; assistant

aigle, *m.*, eagle

aigre, *adj.*, bitter; crabbed

aigreur, *f.*, sourness, acidity

aigrir, to make worse. **s'—,** to become embittered

aigu, -ë, *adj.*, shrill, sharp

aile, *f.*, wing; sail

ailleurs, *adv.*, elsewhere. **partout —,** everywhere else. **d'—,** moreover, besides

aimer, to love; like. **— mieux,** to prefer. **bien-aimé,** *adj.*, beloved

ainsi, *adv.*, thus, so, therefore. **il en est —,** it is thus. **— que,** *conj.*, as well as

air, *m.*, manner, appearance; tune. **le grand —,** the fresh air. **avoir l'—,** to seem; pretend

aise, *adj.*, glad, pleased. —, *f.*, ease, pleasure. à l'—, at one's ease. à son —, well off

aisé, *adj.*, easy. —ment, *adv.*, easily

ajouter, to add

ajuster, to adapt

albâtre, *m.*, alabaster

alcade, *m.*, alcalde (Spanish municipal magistrate)

alchimique, *adj.*, alchemic, alchemical

alcoolique, *adj.*, alcoholic, drunken

alcoolisme, *m.*, alcoholism

alentour, *adv.* d'—, neighboring. —s, *m. pl.* aux —s, about; in the neighborhood

alerte, *adj.*, nimble

alignement, *m.* à l'— de, in line with

aligner, to lay out (in a line)

allée, *f.*, walk, path

allemand, *adj.*, German

aller, to go. — mieux, to be better. y —, to go to see. allons, come. allez, va, indeed, I assure you. cela vous va, that suits you. s'en —, to go away; go out (from under)

allié, *m.*, ally

allonger, to extend, stretch; stick out; give (a blow). s'—, to stretch. — un coup de pied dans les reins, to give a kick in the rear

allouer, to allow, grant

allumer, to light, kindle; excite

allure, *f.*, appearance, aspect

alors, *adv.*, then. — que, *conj.*, when

altéré, *adj.*, thirsty, thirsting after

alternatif, alternative, *adj.*, alternating. alternativement, *adv.*, alternately

amant, -e, *m. & f.*, lover

amasser, to amass, collect

amateur, *m.*, admirer, lover

ambassade, *f.*, embassy, mission

ambre, *m.*, amber

âme, *f.*, soul. état d'—, state of mind

amener, to bring, lead, take; bring about

amer, amère, *adj.*, bitter. amèrement, *adv.*, bitterly

amertume, *f.*, bitterness

ami, -e, *m. & f.*, friend; lover

amicalement, *adv.*, amicably

amitié, *f.*, friendship; affection. d'—, de bonne —, in a friendly manner

amollir, to soften

amortir, to deaden, weaken

amoureux, amoureuse, *adj.*, in love (with); amorous. —, *m. & f.*, sweetheart

amulette, *f.*, amulet

amuser, to amuse. s'—, to enjoy oneself

an, *m.*, year. — de grâce, year of our Lord. jour de l'—, New Year's Day

analyse, *f.*, analysis. en dernière —, in the last analysis

ancien, -ne, *adj.*, ancient, old; former

ancre, *f.*, anchor

âne, *m.*, donkey

anéantir, to annihilate

ange, *m.*, angel. bon —, guardian angel

angle, *m.*, corner

Angleterre, *f.*, England

angoisse, *f.*, anguish; pain

animer, to animate; incite. s'—, to become aroused

année, *f.*, year. bonne —, happy New Year

anniversaire, *m.*, anniversary, birthday

antérieur, *adj.*, previous

antichambre, *f.*, antechamber

antique, *adj.*, ancient

antithèse, *f.*, antithesis

apaiser, to appease, calm

aparté, *m.*, aside

apercevoir, s'—, to perceive, notice

aplatir (s'), to flatten

aplomb, *m.,* self-possession; nerve. **d'—,** perpendicularly

apologiste, *m.,* advocate

apothicaire, *m.,* apothecary

apôtre, *m.,* apostle; advocate

apparaître, to appear

appareiller, to dress; equip

apparemment, *adv.,* apparently; of course. **— que,** apparently

apparence, *f.,* appearance. **en —,** apparently

apparition, *f.,* appearance

appartenir, to belong

appauvrir (s'), to become impoverished

appel, *m.,* call; appeal

appeler, to call. **s'—,** to be called. **il s'appelle,** his name is

appellation, *f.,* appellation, name

appendice, *m.,* appendix

appétissant, *adj.,* appetizing

applaudir, to applaud

applaudissement, *m.,* applause

appliquer, to apply; attach. **s'—,** to apply oneself; endeavor

apporter, to bring; offer

apprécier, to appreciate; evaluate, appraise

apprendre, to teach; learn. **apprenez,** know

apprenti, -e, *m. & f.,* apprentice

apprentissage, *m.,* apprenticeship

apprêter (s'), to prepare

approche, *f.,* approach

approcher, to approach, bring near. **s'—,** to approach

approfondir, to go deeply into

approprier, to appropriate

approuver, to approve

appui, *m.,* support

appuyer, to lean on, rest; place; press; emphasize. **s'—,** to lean

après, *prep.,* after; behind; next to. **—,** *adv.,* afterwards. **—?** so what? **d'—,** according to; following

âpreté, *f.,* harshness, fierceness

arabe, *adj.,* Arabian. **—,** *m.,* Arabic

araignée, *f.,* spider

arbalète, *f.,* crossbow

arbitre, *m.,* will

arbre, *m.,* tree; shaft

arc, *m.,* bow. **arc-en-ciel,** *m.,* rainbow

archéologue, *m.,* archeologist

ardent, *adj.,* burning, fiery, red-hot

ardeur, *f.,* ardor; heat

arène, *f.,* arena

argent, *m.,* silver; money

argenterie, *f.,* silver plate

argotier, *m.,* a citizen (of the kingdom of thieves)

aride, *adj.,* arid

aridité, *f.,* aridity

ariette, *f.,* arietta, a short aria

arme, *f.,* weapon, arm. **dans les —s,** in the army

armée, *f.,* army

armoire, *f.,* wardrobe, closet

armure, *f.,* armor

arpent, *m.,* acre

arracher, to tear up (out, away, from); wring; gain

arranger, to arrange; settle with; patch up, fix. **s'—,** to manage; make arrangements

arrêt, *m.,* stop

arrêter, to arrest; stop, check; keep. **s'—,** to stop

arrière, *f.,* rear. **en —,** back, behind. **arrière-garde,** *f.,* rear guard

arrivée, *f.,* arrival

arriver, to arrive, come, reach; happen. **en — à,** to come to the point of. **arrivant,** *m.,* the one arriving

arrondir, to round

arroser, to water, sprinkle

art, *m.,* art; skill; craft. **l'— pour l'—,** art for art's sake

artère, *f.,* artery

ascendant, *m.,* ascendency

asile, *m.,* asylum

aspect, *m.,* appearance; angle

aspirer, to aspire; inhale

assaillir, to assail. **assaillant,** *m.,* assailant

assassinat, *m.,* murder

assassiner, to murder

assemblage, *m.,* collection of people

assembler, s'—, to assemble

asseoir (s'), to sit, be seated

assez, *adv.,* enough; rather, quite. — de, *adv. partitive,* enough

assidu, *adj.,* assiduous, constant

assiéger, to besiege

assiette, *f.,* plate

assistance, *f.,* assistance; audience, those present

assistant, *m.,* spectator

assister, to assist; attend, be present at, witness

assommer, to overwhelm; beat, nearly kill

assommoir, *m.,* dramshop, barroom

assoupir, to make drowsy. s'—, to become drowsy. **assoupi,** *past part.,* napping

assourdir, to deafen

assurément, *adv.,* assuredly

assurer, to assure, secure; affirm; insure. s'—, to make sure

astronome, *m.,* astronomer

atelier, *m.,* workshop, factory

atroce, *adj.,* dreadful

attacher, to attach, fasten. s'—, to take hold, cling; apply one's mind to

attaquer, s'—, to attack

attarder, to delay

atteindre, to reach (down); overtake; strike

attendre, to wait; await, expect. s'— à, to expect. **en attendant,** meanwhile

attendrir, to soften, move to tears

attente, *f.,* waiting

attention, *f.* faire —, to pay attention

atténuer (s'), to lessen

attirer, to attract, draw; win

attraction, *f.,* gravitation, magnetism

attrait, *m.,* attraction

attraper, to catch; play a trick on

attribuer, to attribute

attrister, to sadden

attroupement, *m.,* crowd

auberge, *f.,* inn

aucun, *adj.,* any. ne ... —, no, none

auditoire, *m.,* audience

aujourd'hui, *adv.,* today. ce n'est pas d'—, it is not anything new

auparavant, *adv.,* before; first of all

auprès, *adv.,* near, nearby. —, *prep.,* by; to; with. — de, near, close to, beside; in comparison with. excusez-nous —, offer our excuses to

aurore, *f.,* dawn

aussi, *adv.,* also, too, likewise; so (with inverted verb). — bon que, as good as

aussitôt, *adv.,* immediately. — que, as soon as

autant, *adv.,* as much; as many; the same; just as well. d'— plus que, all the more so because. autant ... autant, just as ... so. — vaudrait, it would be as well. — que, *conj.,* as far as, unless

autel, *m.,* altar

auteur, *m.,* author; cause

authentique, *adj.,* original

automne, *m. & f.,* autumn

autoriser, to authorize

autoritaire, *adj.,* authoritarian

autorité, *f.,* authority. d'—, forcefully

autour de, *prep.,* around, about

autre, *adj.,* other. nous —s, we (emphasized). —ment, *adv.,* otherwise, differently

autrefois, *adv.,* formerly

Autriche, *f.,* Austria

autrichien, -ne, *adj.,* Austrian

autrui, *pro.,* others

auvent, *m.,* outside shutter

avachissement, *m.* son —, how flabby she had become

avaler, to swallow

avance, *f.,* advance. **à l'—, d'—,** beforehand

avancement, *m.,* advancement

avancer, to advance; hold out; project out. **s'—,** to advance, come forward; stick out

avant, *prep.,* before. **— de, — que de,** before. **—,** *adv.,* in advance. **en —,** forward. **— que,** *conj.,* before (with subjunctive). **avant-goût,** *m.,* foretaste. **avant-hier,** *adv.,* day before yesterday

avantage, *m.,* advantage; privilege

avare, *adj.,* avaricious. **—,** *m.,* miser

avènement, *m.,* coming

avenir, *m.,* future. **à tout l'—,** forever

aventure, *f.,* adventure; occurrence. **à l'—,** at random

aventurer (s'), to risk oneself

avenue, *f.,* avenue; clearing

avertir, to inform; warn

aveu, *m.,* confession, admission

aveugle, *adj.,* blind. **aveuglément,** *adv.,* blindly

avis, *m.,* opinion. **donner —,** to inform. **m'est —,** methinks

aviser, to advise, inform; perceive. **s'— de,** to take it into one's head to

avocat, *m.,* lawyer

avoir, to have. **il y a,** there is (are); ago. **il y a dix ans que je fais cela,** I have been doing that for ten years. **qu'y a-t-il, qu'est-ce qu'il y a?** what is the matter? **qu'est-ce qu'il a?** what is the matter with him?

avouer, to confess, admit

B

bachelier, *m.,* bachelor (holder of university degree)

bagage, *m.,* baggage; equipment. **—s,** baggage

bagatelle, *f.,* trifle

bague, *f.,* ring

baie, *f.,* bay

baigner, to bathe

bail, *m.,* lease

bain, *m.,* bath. **— de mer,** sea bathing

baiser, to kiss. **—,** *m.,* kiss

baisser, to lower. **se —,** to bend over

bal, *m.,* ball

balai, *m.,* broom

balance, *f.,* scales. **mettre en —,** to jeopardize

balancer, to shake, swing. **se —,** to swing, sway, swing back and forth

balayer, to sweep

balbutier, to stammer

balcon, *m.,* balcony

balle, *f.,* ball; bullet

banal, *adj.,* common, hackneyed

banc, *m.,* bench; reef

bande, *f.,* band, party; wrapper, bandage

bandeau (*pl.:* **—x**), *m.,* strand of hair

bander, to bandage, tie up. **— les yeux,** to blindfold

bannière, *f.,* standard

bannir, to banish

banque, *f.,* bank

banqueroutier, *m.,* bankrupt

banqueter, to banquet

banquette, *f.,* a long upholstered bench

banquier, *m.,* banker

barbe, *f.,* beard

barbier, *m.,* barber (originally barbers were also surgeons)

barque, *f.,* bark, boat

barre, *f.,* bar, stripe

barrière, *f.,* gate

bas, -se, *adj.,* low. **bas,** *adv.,* in a low voice. **plus —,** further on. **en —,** down below. **d'en —,** lower. **à —,** down. **bas,** *m.,* stocking; bottom

base, *f.,* base, foundation; basis

baser. se — sur, to use as a basis

basque, *adj.,* Basque (a race living in western Pyrenees)

basse-cour, *f.,* stableyard

bassesse, *f.*, baseness
bassin, *m.*, basin
bataillard, *adj.*, warlike
bataille, *f.*, battle
bâtard, *m.*, bastard
bateau, *m.*, boat
bâtiment, *m.*, building
bâtir, to build
bâton, *m.*, stick
bâtonner, to cudgel
battement, *m.*, beat, beating; ticking
battoir, *m.*, bat, paddle
battre, to beat. — **des mains,** to clap hands. **se —,** to fight
baume, *m.*, balm
bavarder, to gossip
bavarois, *adj.*, Bavarian
béant, *adj.*, wide open; yawning; with mouth open
beau, bel, belle (*pl.:* **beaux, belles),** *adj.*, beautiful, handsome; fine; very. **belle-mère,** *f.*, mother-in-law. **beau-père,** *m.*, father-in-law. **beau,** *adv.* **avoir —,** to do . . : in vain. **j'ai — le faire,** it is useless for me to do it
bébé, *m.*, baby
bec, *m.*, beak; jet
bégayer, to stutter
bêlement, *m.*, bleating
Belgique, *f.*, Belgium
bénéfice, *m.*, benefit; profit
bénévole, *adj.*, benevolent
bénin, bénigne, *adj.*, benign
bénir, to bless
bénit, *adj.*, consecrated
berceau, *m.*, cradle; bower
berger, *m.*, shepherd
besogne, *f.*, work, task
besoin, *m.*, need, want. **au —, dans le —,** in case of need, if need be. **avoir — de,** to need
bestiaux, *m. pl.*, cattle
bête, *f.*, beast, animal, dumb animal; stupid person. **faire la —,** to act

silly. **—,** *adj.*, stupid; dumbfounded. **—ment,** *adv.*, stupidly
bêtise, *f.*, stupidity
beurre, *m.*, butter
bibliothèque, *f.*, library; bookcase
bien, *adv.*, well; very; surely; good-looking, well dressed; well off. **ou —,** or else. **— des,** quite a great deal, a good many. **— que,** *conj.*, although (with subjunctive). **si — que,** *conj.*, so that. **—,** *m.*, good, benefit; possession(s), money, property
bienfaiteur, *m.*, benefactor
bienheureux, bienheureuse, *adj.*, lucky; blessed
bienséance, *f.*, propriety, good manners
bientôt, *adv.*, soon
billet, *m.*, note; promissory note. **— de banque,** banknote. **billet-doux,** love letter
bizarrement, *adv.*, queerly
bizarrerie, *f.*, strangeness; whimsicalness
blaguer, to jest
blâmer, to blame, reprimand
blancheur, *f.*, whiteness
blanchir, to whiten; grow white
blanchissage, *m.*, washing
blanchisserie, *f.*, laundry
blanchisseuse, *f.*, laundress
blasé, *adj.*, blasé, indifferent
blasphémateur, *m.*, blasphemer
blé, *m.*, wheat
blesser, to wound
blessure, *f.*, wound
bleu, *adj.*, blue. **—,** *m.*, bluing
bleuâtre, *adj.*, bluish
bleuir, to turn blue
bloc, *m.* **d'un —,** in a lump
blond, *adj.*, fair
blottir (se), to lie close to the ground; crawl into
blouse, *f.*, peasant's or worker's smock

boc, *m.*, dogcart
bœuf, *m.*, ox
bohémien, -ne, *m. & f.*, gypsy
boire, to drink (up). à —! water!
bois, *m.*, wood
boîte, *f.*, box; dump
bol, *m.*, bowl
bomber, to swell out, bulge out
bon, bonne, *adj.*, good; kind. tout de —, in earnest, really. bonne, *f.*, maid, nurse. ma bonne, my own
bonbon, *m.*, candy
bond, *m.*, bound, leap. d'un —, all of a sudden, instantaneously
bondir, to jump
bonheur, *m.*, happiness; good fortune. par —, luckily. porter —, to bring good luck
bonhomme, *m.*, old man, old fellow
bonjour, *m. & interj.*, good day, good morning
bonnet, *m.*, cap. — de nuit, nightcap. — rouge, red cap (symbol of the Revolution)
bonsoir, *m.*, good evening; good-bye
bonté, *f.*, goodness; kindness
bord, *m.*, edge; bank, shore
bordure, *f.*, border
borgne, *adj.*, one-eyed
borne, *f.*, limit; stone post
borner, to limit. se —, to be limited, confine oneself
bossu, *m.*, hunchback
botte, *f.*, boot
bouche, *f.*, mouth. baiser à pleine —, a resounding kiss. provisions de —, food
boucher, to stop up
boucherie, *f.*, butchery
bouchon, *m.*, stopper
boucler, to buckle
boue, *f.*, mud
boueux, boueuse, *adj.*, muddy
bouge, *m.*, hovel; closet
bouger, to move, stir, budge

bougie, *f.*, candle
bouillir, to boil. bouillant, *adj.*, boiling
bouillonner, to bubble, boil up
boulanger, to make bread, bake
boule, *f.* faire — de neige, to snowball
bouledogue, *m.*, bull dog
bouleverser, to overwhelm, agitate
bouquet, *m.*, bouquet, cluster
bourdonnement, *m.*, humming, buzzing
bourdonner, to hum, buzz
bourg, *m.*, market town, borough
bourgeois, *adj.*, middle-class, bourgeois. —, —e, *m. & f.*, burgher, burgess; " the boss." en —, not in uniform
bourgeoisie, *f.*, bourgeoisie, middle class. petite —, lower middle class
bourguignon, -ne, *adj.* à la bourguignonne, in the Burgundian fashion
bourrasque, *f.*, squall
bourreau, *m.*, executioner; tormentor
bourse, *f.*, purse
bout, *m.*, end. à — de, at the end of. venir à — de, to get the better of
bouteille, *f.*, bottle
boutique, *f.*, shop
boutiquier, *m.*, shopkeeper
bouton, *m.*, button; bud
boutonnière, *f.*, buttonhole
branche, *f.*, branch
brandir, to brandish
branler, to shake
bras, *m.*, arm
brave, *adj.*, honest, good. —ment, *adv.*, bravely
braver, to defy, brave
bredouillement, *m.*, stammering
bredouiller, to stammer
Breton, *m.*, Breton, inhabitant of Brittany
breuvage, *m.*, potion
brièveté, *f.*, brevity

briller, to shine, be brilliant; be conspicuous. **brillant,** *adj.*, brilliant

brin, *m.*, blade; bit

brique, *f.*, brick

brise, *f.*, breeze

briser, to break, shatter; exhaust

broder, to embroider

brouillard, *m.*, fog, mist

brouiller (se), to quarrel; become confused

bruit, *m.*, noise; rumor. **faire du —,** to cause much discussion

brûler, to burn, be on fire; be eager (impatient)

brume, *f.*, mist

brun, *adj.*, brown; dark

brusque, *adj.*, abrupt. **—ment,** *adv.*, abruptly, rudely

brut, *adj.*, coarse, unpolished

brutal (*m. pl.:* **brutaux**), *adj.*, brutal. **ce — de,** this brutal fellow of a. **—cment,** *adv.*, brutally

bruyamment, *adv.*, noisily

bûcher, *m.*, pyre, stake

buisson, *m.*, bush

bulgare, *adj.*, Bulgarian

bureau, *m.*, writing table; office

but, *m.*, purpose

butin, *m.*, booty

buveur, *m.*, drinker

C

ça, contraction of *cela*. **c'est —,** that's right

çà, *adv.*, here. **— et là,** here and there

cabale, *f.*, cabal (group of people conspiring)

cabane, *f.*, hut; wigwam

cabinet, *m.*, small room; workroom; office

cache-nez, *m.*, muffler

cacher, to hide, conceal

cachet, *m.*, seal

cacheter, to seal

cachette, *f.*, hiding place. **en —,** secretly, while hidden

cachot, *m.*, dungeon

cadavre, *m.*, corpse

cadeau, *m.*, gift, present

cadence, *f.*, rhythm

café, *m.*, coffee

cage, *f.*, framework

cahier, *m.*, notebook; book

caille, *f.*, quail

caillou (*pl.:* **—x**), *m.*, pebble

caisse, *f.*, case, box

cajoler, to cajole, fawn upon

calcul, *m.*, calculation; calculus

calculer, to calculate, consider

calleux, calleuse, *adj.*, callous

calme, *adj.*, calm. **—,** *m.*, calmness

calmer, to calm

calomnie, *f.*, calumny, slander

camarade, *m.*, comrade

cambrioler, to break into

camisole, *f.*, camisole (a short negligee jacket)

campagne, *f.*, country, field; campaign

camper, to camp; set up, set forth

candélabre, *m.*, candelabrum

candide, *adj.*, candid, ingenuous

canne, *f.*, cane

cap, *m.* **de pied en —,** from head to foot

carré, *adj.*, square; well-set. **—,** *m.*, square. **en —,** square. **—ment,** *adv.*, plainly

carreau (*pl.:* **carreaux**), *m.*, tile, tile floor; square; window pane

carrefour, *m.*, street crossing

carrière, *f.*, career; course

carton, *m.*, card; cardboard, cardboard box

cas, *m.*, case. **au — où,** in case

casquette, *f.*, cap

casser, to break; wear out. **se —,** to ache

casserole, *f.*, saucepan

castillan, *adj.*, Castilian (from Spanish province of Castille)

cataplasme, *m.*, poultice

catarrhe, *m.,* catarrh, bad cold

catégorie, *f.,* category. In logic: substance, quantity, quality, etc.

cause, *f.,* cause. **à — de,** because of

causer, to cause; chat, talk

causerie, *f.,* chat, conversation

cavalier, *m.,* horseman, rider, cavalryman; partner

ce, *pro.* **— que ceci a de bon,** what is good about this. **pour —,** for this purpose. **à — que,** *conj.,* as, according, so

céder, to yield

ceinture, *f.,* belt; waist

cela, *pro.* **c'est pour —,** that is why

célèbre, *adj.,* famous, celebrated

célébrer, to celebrate; solemnize

céleste, celestial, of heaven, heavenly

cellule, *f.,* cell

celtique, *adj.,* Celtic

cendre, *f.,* ashes

censé, *adj.,* supposed to

censure, *f.,* censorship

cent, *adj.,* hundred. **pour —,** per cent

cependant, *adv.,* in the meantime, meanwhile; however, nevertheless

cercle, *m.,* circle

certain, *adj.,* certain. **—s,** *pro.,* certain people

certes, *adv. & interj.,* certainly, surely; indeed

cerveau, *m.,* brain; intelligence

cervelle, *f.,* brain. **se brûler la —,** to blow one's brains out

cesse, *f.,* ceasing

cesser, to cease

chacun, *pro.,* each, each one; everybody

chagrin, *m.,* grief, sorrow

chaîniste, *m.,* chain-maker

chair, *f.,* flesh

chaise, *f.,* chair

châle, *m.,* shawl

chaleur, *f.,* heat, warmth; passion

chambranle, *m.,* mantelpiece; sill

chambre, *f.,* room, chamber, bedroom, bedchamber. **— à coucher,** bedroom

champ, *m.,* field. **à tout bout de —,** at every moment. **sur-le-champ,** *adv.,* immediately

chanceler, to totter, stagger

chandelle, *f.,* candle

chanson, *f.,* song. **—s,** nonsense

chant, *m.,* song; call

chanter, to sing; tell, "dish out." **qu'est-ce qu'elle chante,** what is it all about?

chanteur, chanteuse, *m. & f.,* singer

chantonner, to hum

chapeau, *m.,* hat

chapelle, *f.,* chapel

chapiteau, *m.,* capital, cap

chapitre, *m.,* chapter

chaque, *adj.,* each

charbon, *m.,* coal

charge, *f.,* load; custody, public office

charger, to load; commission, entrust. **se —,** to see to it, undertake; take charge

charité, *f.,* charity; alms

charme, *m.,* charm; enchantment

charpente, *f.,* plank; timberwork, framework

charrette, *f.,* cart

charrue, *f.,* plough

chasse, *f.,* hunt

chasser, to drive away, chase; hunt

chasseur, *m.,* hunter

chat, *m.,* cat

château, *m.,* castle

châtelain, -e, *m. & f.,* lord (lady) of the manor

châtier, to chastise, punish

châtiment, *m.,* chastisement, punishment

chaud, *adj.,* warm; hot. **—,** *m.,* heat. **avoir —,** to be warm. **laisser au —,** to leave to warm

chauffer, to heat

chaussée, *f.,* road, street; paved part of street

chausser, to put on (footgear)
chaussetier, *m.,* hosier
chaussette, *f.,* sock
chaussure, *f.,* footgear, shoe, etc.
chef, *m.,* chief; head. **chef-d'œuvre,**
m., masterpiece
chemin, *m.,* way; road, lane. **— de**
fer, railroad. **en —,** on the way
cheminée, *f.,* fireplace; chimney
chemise, *f.,* shirt; chemise. **— de**
nuit, nightgown
chêne, *m.,* oak
chenet, *m.,* andiron, firedog
cher, chère, *adj.,* dear. **chère,** *f.,*
fare, cheer. **chèrement,** *adv.,* dearly
chercher, to look (for), hunt, seek; get
chercheur, *m.,* seeker
chérir, to cherish. **chéri,** *adj.,* beloved
chérubin, *m.,* cherub
cheval (*pl.:* **chevaux**), *m.,* horse
chevalier, *m.,* knight
chevelu, *adj.,* with a thick head of
hair
chevelure, *f.,* hair, head of hair
cheveu, *m.,* hair. **—x,** *m. pl.,* hair
chèvre, *f.,* goat
chicaner, to quibble
chien, *m.,* dog; beggar. **chienne,** *f.,*
female dog
chiffon, *m.,* piece (of rag, etc.)
chimère, *f.,* idle fancy
chimérique, *adj.,* chimerical, imaginary
chinois, *adj.,* Chinese
chirurgie, *f.,* surgery
chirurgien, *m.,* surgeon
chocolat, *m.,* hot chocolate; chocolate
choir, old French for *tomber*
choisir, to choose
choix, *m.,* choice
choquer, to shock
chose, *f.,* thing. **autre —,** something
else. **être de quelque — à quel-**
qu'un, to mean something to
someone. **grand'— que,** a trifling
thing is

chou (*pl.:* **—x**), *m.,* cabbage
chrétien, -ne, *adj.* and *m. & f.,*
Christian
christianisme, *m.,* Christianity
chronologie, *f.,* chronology
chut, *interj.,* hush!
chute, *f.,* fall; downfall
ci, *adv.* **ci-dessous,** below. **par-ci,**
par là, here and there
cidre, *m.,* cider
Cie, *f.,* abbreviation for *compagnie*
ciel, *m.,* sky, heaven
cil, *m.,* eyelid
cimenter, to cement
cimetière, *m.,* cemetery
cinquième, *m.,* fifth form (in collège
or lycée)
circonférence, *f.,* circumference
circuler, to circulate; circle around
cirer, to wax, polish
citation, *f.,* quotation
cité, *f.,* city
citoyen, *m.,* citizen
civil, *adj.,* courteous; civilized
clair, *adj.,* clear; light, bright. **—,**
adv., clearly. **—ement,** *adv.,* clearly.
—, *m.* **— de lune,** moonlight
clameur, *f.,* clamor, tumult
claque, *f.,* slap
claquement, *m.,* cracking
claquer, to chatter; clatter; snap
clarté, *f.,* light; clarity
classe, *f.,* class, classroom
clef, *f.,* key. **fermer à —,** to lock
clémence, *f.,* clemency
clément, *adj.,* merciful
clerc, *m.,* clerk
clergé, *m.,* clergy
cligner, to blink, wink
cliquetis, *m.,* clicking
cloche, *f.,* bell
cloison, *f.,* partition
cloître, *m.,* cloister
clore, to close, shut up
clou, *m.,* nail; hobnail
clouer, to nail

cochon, *m.*, pig

code, *m.*, Code (the Napoleonic Code, the basic law of France)

cœur, *m.*, heart. **de bon —,** in all sincerity; out of the kindness of one's heart. **à contre-cœur,** unwillingly

coffre, *m.*, chest, casket

coffret, *m.*, casket

cognée, *f.*, axe

cogner, to knock, thump. **se —,** to bump

cohue, *f.*, mob

coiffer, to put on the head of. **coiffé,** *adj.*, wearing on one's head

coiffeur, *m.*, hairdresser

coin, *m.*, corner. **en —,** obliquely

col, *m.*, collar; neck

colère, *f.*, anger. **mettre en —,** to make angry. **se mettre en —,** to get angry

colique, *f.*, colic

collège, *m.*, college (on the continent, a secondary school)

collègue, *m.*, colleague

coller, to glue, stick; hang. **se —,** to stand close

collet, *m.*, collar

collier, *m.*, necklace, collar

colline, *f.*, hill

colombe, *f.*, dove

colonnette, *f.*, little column

colorer, to color

combat, *m.*, fight, struggle

combinaison, *f.*, combination

comble, *m.*, full measure, height, the last straw

comédie, *f.*, comedy, play

comédien, *m.*, actor

comique, *adj.*, comical. **—,** *m.*, comedy

commander, to command, order. **— à,** to rule

commerce, *m.*, trade, business; intercourse

commettre, to commit; entrust

commission, *f.*, errand

commode, *adj.*, convenient, suitable. **—,** *f.*, chest of drawers

commun, *adj.*, common

communauté, *f.*, community, company

communiquer, to communicate, impart

compagne, *f.*, companion

compagnie, *f.*, company

compagnon, *m.*, companion

comparaison, *f.*, comparison

comparaître, to appear

complice, *m. & f.*, accomplice

complot, *m.*, plot, conspiracy

composer, to compose, make

comprendre, to understand; comprise

compromettre, to compromise

compte, *m.*, account, accounting. **en fin de —,** in the last analysis. **rendre —,** to give an account, account for. **se rendre —,** to realize. **faire un —,** to tally an account

compter, to count (on); figure; settle accounts

comte, *m.*, **comtesse,** *f.*, count; countess

comté, *m.*, county

concéder, to grant

concerter, to plan ahead of time

concevoir, to conceive, think (out); understand; form

concierge, *m. & f.*, doorkeeper; janitor; janitor's wife

concitoyen, *m.*, fellow citizen

conclure, to conclude. **— à,** to express one's opinion that one ought

concours, *m.*, competition; assistance

conçu, *past part.* of *concevoir*

concurrence, *f.*, competition. **faire — à,** to compete with

concurrent, *m.*, competitor

condamner, to condemn, sentence. **condamné,** *m.*, condemned person

condition, *f.*, condition, state

conducteur, *m.*, driver

conduire, to lead. se —, to conduct oneself, act

conduite, *f.*, conduct. faire la — à, to escort

confectionner, to manufacture

confiance, *f.*, confidence

confiant, *adj.*, unsuspecting

confidence, *f.*, secret, confidential information. faire une —, to tell a secret

confier, to confide, entrust

conflit, *m.*, conflict

confondre, to confuse. se —, to blend, unite; become confused

conformer, to shape. se —, to conform

confrère, *m.*, colleague, fellow physician

confrérie, *f.*, fraternity

confus, *adj.*, confused, embarrassed. confusément, *adv.*, confusedly

confusion, *f.*, emotion

congé, *m.*, leave

congédier, to dismiss

conjoncture, *f.*, juncture

conjugal, *adj.*, matrimonial

conjurer, to entreat

connaissance, *f.*, acquaintance; knowledge; consciousness

connaître, to know; experience se — à (en), to be a judge of. ça me connaît, I am an old hand at this

conquérir, to conquer

conquête, *f.*, conquest

consacrer, to dedicate, devote. eau consacrée, holy water

consciemment, *adv.*, consciously

conscience, *f.*, conscientiousness; consciousness

conscient, *adj.*, conscious

conseil, *m.*, counsel, advice, piece of advice

conseiller, to advise, counsel. —, *m.*, judge

consentement, *m.*, consent

consentir, to consent

conséquence, *f.*, consequence; conclusion

conséquent, *m.* par —, consequently

conserve, *f.*, preserve

conserver, to preserve

considérable, *adj.*, considerable, large. —ment, *adv.*, very much

considération, *f.*, esteem, veneration

considérer, to esteem, examine

consommer, to consummate, complete

consonne, *f.*, consonant

constamment, *adv.*, constantly

consterné, *adj.*, in consternation

construire, to construct, build

consumer, to consume, devour, use up

conte, *m.*, tale, story

contemplatif, contemplative, *adj.*, given to contemplation

contempler, to contemplate, behold, look at, admire

contemporain, *adj.*, contemporary

contenir, to contain; restrain. contenu, *m.*, contents

content, *adj.*, satisfied, pleased

contenter (se), to be satisfied

conter, to relate

continu, *adj.*, continuous

contourner (se), to bend

contraindre, to compel

contraire, *adj.*, contrary, prejudicial. —, *m.*, contrary, opposite. au —, on (to) the contrary

contrarier, to inconvenience, thwart, interfere with, annoy

contrat, *m.*, contract

contre, *prep.*, against; for. par —, on the other hand

contrée, *f.*, country, region

contrefaire, to counterfeit, imitate. contrefait, *adj.*, deformed

contrevenir, to contravene

convaincre, to convince; convict

convenable, *adj.*, proper, suitable

convenance, *f.*, convenience. —s, propriety

convenir, to suit, be fitting; admit, agree; be right. — à, to be suited for, suit. en —, to agree

convive, *m.*, guest

convoquer, to call together

copier, to copy

coquillage, *m.*, shell

coquille, *f.*, shell

coquin, -e, *m. & f.*, knave, rogue, blackguard; hussy

cor, *m.*, horn

corbeau, *m.*, crow, raven

corbeille, *f.*, basket

corde, *f.*, rope, string

cordon, *m.*, string

corne, *f.*, horn

corneille, *f.*, crow

corps, *m.*, body. — politiques, bodies politic

corriger, to correct

corroborer, to strengthen

corrompre, to corrupt. corrompu, *adj.*, corrupt

corsage, *m.*, bodice

corsaire, *m.*, corsair, pirate

cortège, *m.*, procession

côte, *f.*, slope; rib. — à —, side by side

côté, *m.*, side; direction. à —, next door. à — de, beside, in comparison with. d'un —, to (on) one side. de son —, for his part. de tous les —s, on all sides, everywhere. du — de, in the direction of. regarder de —, to look askance

coteau (*pl.*: —x), *m.*, hillock, hill

cotillon, *m.*, cotillion (a lively dance for eight or more couples)

coton, *m.*, cotton

cou, *m.*, neck

couche, *f.*, couch, bed; layer

coucher, to put to bed; give a bed to. donner à —, to give a bed (to). se —, to go to bed; lie down; set.

couché, *adj.*, lying. —, *m.* — de (du) soleil, sunset

couchette, *f.*, crib

coucou, *m.*, cuckoo clock

coude, *m.*, elbow

coudre, to sew, stitch

couler, to flow; glide; slip. se —, to creep

couleur, *f.*, color

couloir, *m.*, corridor

coup, *m.*, blow, stroke; deed. — d'épée, sword-thrust. — de foudre, thunderbolt, stroke of lightning. — de maître, master stroke. — d'œil, glance. — de pied, kick, — de poing, punch. — de théâtre, sudden surprise. — sur —, repeatedly. du —, at once. du premier —, the very first time. tout à —, all of a sudden. tout d'un —, all at once. donner un mauvais —, to "slug." porter un —, to give a blow. faire d'une pierre deux —s, to kill two birds with one stone

coupable, *adj.*, guilty

coupe, *f.*, chalice, cup

couper, to cut

couplet, *m.*, verse, stanza

cour, *f.*, court; courtyard

couramment, *adv.*, commonly

courbe, *adj.*, curved. —, *f.*, curve

courber, to bend

courir, to run; go hastily; travel. bien courant, *adj.*, swift. courant, *m.*, current. être au courant, to be informed. mettre au courant, to inform (of), acquaint (with)

couronne, *f.*, crown

couronner, to crown

courroux, *m.*, anger

cours, *m.*, course

course, *f.*, race; errand; career; trip. à la —, by running. précipiter sa —, to run faster

coursier, *m.*, charger, steed

court, *adj.*, short. —, *adv.*, short.
tout —, short. rester —, to stop short
courtisan, *m.*, courtier
cousant, *pres. part.* of *coudre*
couteau, *m.*, knife
coûter, to cost
coutume, *f.*, custom
couvent, *m.*, convent; monastery
couverture, *f.*, cover
couvrir, to cover. se —, to put on
one's hat
cracher, to spit (out)
craindre, to fear
crainte, *f.*, fear
crâne, *m.*, skull
craquement, *m.*, cracking
craquer, to crack, split; creak
cravate, *f.*, necktie
crayon, *m.*, pencil
créancier, *m.*, creditor
crédule, *adj.*, credulous
créer, to create
crème, *f.*, cream
crépuscule, *m.*, twilight
crescendo, *m.*, (Italian) crescendo
(music gradually increasing in
volume). aller —, to become in-
creasingly loud
crête, *f.*, crest
creuser, to dig, hollow, gouge out.
se —, to become lined; open up
creux, creuse, *adj.*, hollow; deep,
sunken; empty. creux, *m.*, hollow
crève-cœur, *m.*, heartbreak
crever, to burst, rend; "kick the
bucket." faire —, to kill off
cri, *m.*, cry; call; bark; clucking.
— d'armes, battle cry
crier, to cry (for, out); call; screech
critique, *adj.*, critical. —, *m.*, critic.
—, *f.*, criticism
croire, to believe
croisée, *f.*, window
croiser, to cross
croître, to grow, increase. croissant,
m., crescent

croix, *f.*, cross. Croix-Dieu! meaning
par la croix de Dieu
croquer, to crunch, devour
crouler, to crumble to pieces
croyance, *f.*, belief
cueillir, to gather, pick
cuiller, *f.*, spoon
cuillerée, *f.*, spoonful
cuir, *m.*, skin, hide; leather
cuisine, *f.*, kitchen
cuisinier, *m.*, cook
cuisse, *f.*, thigh
cuivre, *m.*, copper; brass
culbute, *f.*, somersault
culbuter, to knock over
culpabilité, *f.*, guilt
cultivateur, *m.*, farmer
culture, *f.*, culture; farming
curé, *m.*, curate
curiosité, *f.*, curiosity. être d'une —,
to be extremely curious
cyclope, *m.*, Cyclops (in Homer, one
of a race of gigantic one-eyed
shepherds)
cynisme, *m.*, cynicism
cyprès, *m.*, cypress

D

daigner, to deign
dalle, *f.*, flagstone
dame, *f.*, lady
damner, to damn. ce damné de . . .,
this damned
danse, *f.*, dance, dancing
danseur, *m.*, danseuse, *f.*, dancer
davantage, *adv.*, more
débarras, *m.*, riddance
débarrasser, to rid. se —, to get rid
débattre (se), to struggle
débauche, *f.*, debauchery
débaucher, to debauch
débiter, to recite
débiteur, *m.*, debtor
déborder, to overflow. débordé, *adj.*,
overflowing
déboucher, to issue forth; come into

debout, *adv.,* upright, standing. **se mettre —,** to stand up

débris, *m.,* rubbish; ruins

début, *m.,* beginning. **faire ses —s,** to begin

débuter, to begin, make one's début

déception, *f.,* disappointment

décevoir, to deceive

décharge, *f.,* discharge

déchiffrer, to decipher

déchirement, *m.,* tearing

déchirer, to tear (apart), rend. **déchiré,** *adj.,* jagged. **déchirant,** *adj.,* harrowing, heart-rending, violent

décider, to persuade. **se —,** to make up one's mind

déclamer, to recite

décoller (se), to become disengaged

décontenancer, to put out of countenance

décor, *m.,* setting

découcher, to sleep out

découler, to flow, trickle

découper, to cut up, carve

décourager, to discourage

découvrir, to discover; uncover. **découvert,** *past part.* **mettre à découvert,** to uncover

décrire, to describe

décrocher, to unhook, take down

décupler, to increase tenfold

dédaigner, to disdain

dédain, *m.,* disdain

dedans, *adv.,* inside, in it. **en —,** within

dédire (se), to retract

dédommager, to compensate

déduire, to deduce

déesse, *f.,* goddess

défaillance, *f.,* swoon

défaillir, to grow faint. **défaillant,** *adj.,* faint

défaire, to undo, unmake; defeat

défaut, *m.,* defect, failing, deficiency

défendre, to defend; forbid. **se —,** to deny

défense, *f.,* defense; prohibition

défenseur, *m.,* defender

défiance, *f.,* suspicion

défier, to challenge, defy

défiler, to parade. **défilé,** *m.,* parade

définir, to define

défoncer, to stave in

défunt, *adj.,* deceased

dégager, to clear (away); distinguish. **se —,** to escape. **dégagé,** *adj.,* offhand

dégorger, to disgorge. **se —,** to empty

dégoût, *m.,* disgust, loathing

dégoûter, to disgust

degré, *m.,* degree; stair

déguenillé, *adj.,* ragged

déguisement, *m.,* disguise

dehors, *adv.,* outside. **au —,** outside, on the outside. **—,** *m.,* outside

déjeuner, to eat breakfast (lunch). **—,** *m.,* breakfast; lunch. **second —,** lunch

delà, *prep.* **au — de,** beyond

délacer, to unlace

délai, *m.,* delay. **pour tout —,** at the very latest

délaisser, to forsake, desert

délasser (se), to relax

délecter (se), to delight

délicatesse, *f.,* delicacy

délice, *m.* (*f.* in *pl.*), delight, pleasure

délier, to untie, unfasten

délire, *m.,* delirium

déloger, to move, dislodge

demain, *adv.,* tomorrow

demande, *f.,* request. **faire la —,** to ask for someone's hand in marriage

demander, to ask. **se —,** to wonder

démarche, *f.,* step; attempt, overture

démêler, to make out, fathom

déménager, to move

démentir, to give the lie to, contradict

démesuré, *adj.,* enormous

démettre (se), to resign

demeure, *f.*, dwelling
demeurer, to live, dwell; remain, tarry
demi, *adj.*, half. **à —,** half
démission, *f.*, resignation
démissionner, to resign
demoiselle, *f.*, young lady, damsel
démolir, to demolish
démontrer, to demonstrate, prove
denier, *m.*, money; coin worth twelfth part of a *sou*
dénouer, to untie, undo. **se —,** to come to an end (or climax)
dent, *f.*, tooth. **maîtresse —,** front tooth
dentelle, *f.*, lace
dentellière, *f.*, lace-maker
dentu, *adj.*, toothy
dépasser, to go beyond; rise above; transcend
dépêcher, to dispatch, hurry over. **se —,** to hasten, be quick
dépeindre, to depict, describe
dépeigné, *adj.*, uncombed
dépens, *m. pl.*, expense. **aux — de,** at the expense of
dépense, *f.*, expense; expenditure
dépenser, to spend
dépensier, dépensière, *adj.*, spendthrift
dépérir, to waste away
dépit, *m.*, vexation, spite
déplaire, to displease
déployer, to unfold
déposer, to deposit, place; depose
dépositaire, *m.*, custodian
déposition, *f.*, evidence
dépôt, *m.*, trust. **en —,** in one's trust
dépouiller, to despoil
depuis, *prep.*, since, after; from; for. **— que,** *conj.*, since
déraciner, to uproot
déraisonner, to talk irrationally, be out of one's mind
déranger, to disturb; move
dérimer (se), to become unrhymed

dernier, dernière, *adj.*, last; latter; worst, utmost. **dernièrement,** *adv.*, lately
dérober, to steal
dérouler (se), to unfold
déroute, *f.* **mettre en —,** to rout
derrière, *prep.*, behind. **par —,** from behind. **—,** *m.*, posterior. **sur ses —s,** out behind
dès, *prep.*, since, from … on. **— aujourd'hui,** this very day. **— le matin,** at daybreak. **— la porte,** as soon as he entered the door. **— que,** *conj.*, as soon as
désabuser, to disabuse; convince of the futility of
désaccord, *m.*, disagreement; disparity
désagréger (se), to disintegrate
désavouer, to disown
descendre, to descend, go down; bring down
désert, *adj.*, deserted. **—,** *m.*, wilderness
désespérer, to despair; make one despair. **se —,** to be in despair. **désespéré,** *adj.*, desperate
désespoir, *m.*, despair. **au —,** in despair. **en — de cause,** despairing of success
déshabillage, *m.*, undressing
déshabiller (se), to undress
déshériter, to disinherit
déshonorer, to dishonor
désintéresser (se), to become disinterested
désir, *m.*, desire, wish
désoler (se), to grieve. **désolé,** *adj.*, desolate, in despair
désordonné, *adj.*, irregular
désormais, *adv.*, henceforth
dessécher, to dry up, parch
dessein, *m.*, design; intention, plan
desserrer, to unlock, open
dessin, *m.*, sketch, design
dessiner, to sketch, design

dessous, *adv.,* underneath. **en —,** underneath. **là-dessous,** underneath; in the background; at the bottom of that. **—,** *m.,* underside

dessus, *adv.,* above, over it; on. **au-dessus,** above. **par-dessus,** over

destin, *m.,* fate

destiner, to intend (for), destine; design

détacher, to detach. **se —,** to stand out

déteindre (se), to fade

déterminer, to determine, influence; limit. **se —,** to resolve. **déterminé,** *adj.,* definite

détour, *m.,* winding. **sans autre —,** without beating around the bush any more

détourner, to turn aside; dissuade; ward off. **se —,** to turn away from

détraquer (se), to get out of order (place)

détromper, to undeceive

détrôner, to dethrone

détruire, to destroy

dette, *f.,* debt

deuil, *m.,* mourning, grief

deux, *adj.* **tous (les) —,** both

dévaliser, to rob

devancer, to go ahead of

devancier, *m.,* predecessor

devant, *prep.,* before, in front of. **par —,** in the presence (of). **aller au-devant de,** to go to meet. **accourir au-devant de nos pas,** to run to meet us

devenir, to become

deviner, to guess, suspect, sense

dévisager, to stare at

devise, *f.,* motto

dévoiler, to reveal

devoir, to owe; must, have to, ought. **—,** *m.,* duty

dévorateur, dévoratrice, *adj.,* devouring

dévot, *adj.,* devout, religious

dévouement, *m.,* devotion

dévouer, to devote. **se —,** to sacrifice

diable, *m.,* devil. **au —!** devil take! **comme tous les —s,** like the very devil

diablerie, *f.,* witchcraft

dialogué, *adj.,* written in the form of a dialogue

diamant, *m.,* diamond

dieu, *m.,* god

différemment, *adv.,* differently

différence, *f.* **faire la —,** to discern the distinction

différer, to differ; put off

difforme, *adj.,* deformed

digérer, to digest

digne, *adj.,* worthy

dignité, *f.,* dignity, title

diligemment, *adv.,* diligently

diligence, *f.,* stagecoach

diminuer, to diminish

dîner, to dine. **—,** *m.,* dinner. **donner à —,** to invite people to dinner

dire, to say, talk, tell. **c'est-à-dire,** that is to say. **dit,** *adj. & past part.,* called; so-called; aforesaid. **soi-disant,** so-called

diriger, to direct. **— sur,** to send to. **se —,** to direct one's steps, proceed

discourir, to discourse

discours, *m.,* discourse, speech; remark. **tous nos —,** all we say

discuter, to discuss

disparaître, to disappear

disparate, *adj.,* disparate, totally different

disparition, *f.,* disappearance

dispenser, to dispense, bestow; exempt

disperser, to scatter

disposer, to dispose, arrange. **se —,** to make ready

disposition, *f.,* disposal

disputer, to argue. **se —,** to quarrel, fight for

disque, *m.,* disc

dissimuler, to dissimulate, hide

dissiper, to dissipate. se —, to disperse

dissoudre, to dissolve, melt

distendre (se), to be distended

distinguer, to distinguish. distingué, *adj.*, distinguished

distraction, *f.*, diversion

divers, *adj.*, different, various

divertir (se), to enjoy (amuse) one-self

divertissement, *m.*, entertainment

divin, *adj.*, divine

diviser, to divide

dizaine, *f.*, about ten

dodu, *adj.*, plump

doigt, *m.*, finger

domaine, *m.*, domain; estate; field. — national, national land (con-fiscated at time of Revolution)

dominer, to dominate; overlook

dommage, *m.*, damage, injury, harm. c'est —, it is a pity

dompter, to subdue

don, *m.*, gift

donc, *adv.*, then, therefore; well

donner, to give; grant. — sur, to open upon. donnée, *f.*, postulate

doré, *adj.*, gilded, golden

dormeur, *m.*, sleeper

dormir, to sleep

dorure, *f.*, gilding

dos, *m.*, back

dossier, *m.*, back

dot, *f.*, dowry

douceur, *f.*, sweetness, gentleness; pleasure

douer, to endow

douleur, *f.*, pain; sorrow, grief

douloureux, douloureuse, *adj.*, pain-ful; sorrowful. douloureusement, *adv.*, painfully; sorrowfully

doute, *m.*, doubt

douter, to doubt. se —, to suspect

doux, douce, *adj.*, sweet; soft; gentle, kind. doucement, *adv.*, gently

douzaine, *f.*, dozen

dramaturge, *m.*, dramatist

drame, *m.*, drama. jouer le —, to put on a scene

drap, *m.*, cloth; sheet

dressage, *m.*, training

dresser, to train; draw up, set up. se —, to straighten up, sit up, stand up

droit, *adj.*, right; straight; sound. —, *adv.*, straight, right. tout — devant lui, straight ahead. —, *m.*, right; law. — naturel, law of na-ture. à bon —, with reason. être en —, to be entitled

drôle, *adj.*, funny, queer. le — de . . ., the strange sort of . . . —, *m.*, rogue

duc, *m.*, duke

dur, *adj.*, hard, harsh. —ement, *adv.*, harshly

durée, *f.*, duration

durer, to last, endure

E

eau, *f.*, water. se laver à grande —, to douse oneself. eau-de-vie, *f.*, brandy

éblouir, to dazzle. éblouissant, *adj.*, dazzling

éblouissement, *m.*, brilliant light; dizziness

éborgner, to blind (in one eye)

ébouillanter, to scald

ébranler, to shake. s'—, to begin to move

ébrécher, to notch, break off a piece

écarlate, *adj.*, scarlet

écart, *m.* à l'—, to one side

écarter, to turn (push) aside; spread; ward off. s'—, to stand aside; draw aside (away)

échange, *m.*, exchange

échappée, *f.*, sally

échapper, s'—, to escape

écharpe, *f.*, scarf, sash

échauffer (s'), to become animated

échec, *m.*, repulse, failure
échelle, *f.*, ladder
échelon, *m.*, rung
échouer, to fail
éclair, *m.*, lightning; flash (of lightning)
éclaircir, to clear up
éclaircissement, *m.*, enlightenment
éclairer, to illuminate; light the way; enlighten
éclat, *m.*, fragment; clap, burst, noise; lustre. — de voix, shout
éclater, to explode; burst (forth, out). éclatant, *adj.*, dazzling, shrill
éclipser (s'), to disappear
école, *f.*, school. faire —, to found a (literary) school
écolier, *m.*, schoolboy, pupil, scholar
économe, *adj.*, economical
Écosse, *f.*, Scotland
écouler (s'), to flow away; elapse
écoute, *f.* être aux —s, to eavesdrop
écouter, to listen (to)
écraser, to crush. s'—, to crash, break into pieces
écrier (s'), to cry out, exclaim
écrire, to write. écrit, *m.*, writing
écrivain, *m.*, writer
écrou, *m.*, nut
écrouler (s'), to fall in
écu, *m.*, crown (an old coin); shield
écume, *f.*, foam
écumer, to foam
écurie, *f.*, stable
édenté, *adj.*, toothless
édifier, to edify. édifiant, *adj.*, edifying
effacer, to wipe out, obliterate
effarer, to bewilder
effaroucher, to frighten away. s'—, to become alarmed
effectivement, *adv.*, precisely
effectuer, to effect, accomplish
effet, *m.*, effect. en —, in fact, to be sure
effeuiller (s'), to shed

efficace, *adj.*, efficacious
effleurer, to graze, touch
efforcer (s'), to make an effort, strive
effrayer, to frighten. effrayant, *adj.*, frightful
effroi, *m.*, fright
effroyable, *adj.*, frightful
égal (*m. pl.*: égaux), *adj.*, equal: —ement, *adv.*, equally, likewise
égaler, to equal
égalité, *f.*, equality
égard, *m.*, regard, respect. —s, attentions
égarer, to lead astray. s'—, to go astray, wander. égaré, *adj.*, wild; gone astray
église, *f.*, church
égoïsme, *m.*, selfishness, egotism
égorger, to cut the throat of
égyptien, -ne, *adj.*, *m. & f.*, Egyptian, gypsy
élan, *m.*, bound
élancement, *m.*, transport
élancer (s'), to rush (forward); rise up; shoot forth
élargir, to extend, spread
élevage, *m.*, raising
élève, *m.*, pupil
élever, to raise; bring up. s'—, to rise, arise
élire, to elect
éloge, *m.*, praise
éloigner, to drive away, keep away. s'—, to go away. éloigné, *adj.*, distant
émaner, to emanate
emballer, to pack
embarras, *m.*, confusion
embarrasser, to embarrass. s'—, to concern oneself
embaumer, to embalm
embellir, to decorate
embêter, to annoy
emboucher, to put to one's mouth
embouchure, *f.*, mouth (of a river)
embrasement, *m.*, conflagration

embrasser, to embrace; kiss

embrocher, to spit, put on the spit

embrouiller (s'), to become entangled

émeraude, *f.*, emerald

émerveiller, to amaze

émétique, *m.*, emetic

éminentissime, *adj.*, most eminent

emmener, to take away

émoi, *m.*, emotion

émotion, *f.*, emotion, feeling; movement

émotionner, to affect

émouvoir, to move. **émouvant,** *adj.*, moving

empaler, to impale

emparer (s'), to seize, take possession of

empêcher, to prevent

empire, *m.*, empire; authority

empirer, to grow worse

emplacement, *m.*, site

emplir, to fill

emploi, *m.*, employment, job

employer, to employ, use

empocher, to pocket

empoisonnement, *m.*, poisoning

empoisonner, to poison

emportement, *m.*, outburst, anger

emporter, to carry away; take. l'—, to have the advantage; overcome; triumph; dominate. **diable emporte,** devil take me. **s'—,** to lose one's temper

empourpré, *adj.*, purple

empressement, *m.*, eagerness, haste; assiduity

empresser (s'), to hasten

emprisonner, to imprison

emprunt, *m.*, borrowing; loan

emprunter, to borrow

en, *prep.*, in; into; as. **de ... en,** from ... to

enceinte, *f.*, enclosure

encens, *m.*, incense

enchaîner, to chain (up), bind together; link up

enchanter, to enchant, charm

enclore, to enclose

encombrer, to encumber

encontre, *f.* à l'— **de,** in contradiction to. à l'— **des romantiques,** reversing the stand of the Romantics

encor, *adv.*, old form of *encore*

encore, *adv.*, again; yet, still; even; still more; also

encre, *f.*, ink

encyclopédiste, *m.*, encyclopedist (see introduction to Rousseau)

endormir, to put (lull) to sleep. **s'—,** to go to sleep. **endormi,** *adj.*, sleepy, sleeping

endroit, *m.*, place, spot

enfance, *f.*, childhood

enfant, *m. & f.*, child

enfantillage, *m.*, childishness, childish deed

enfantin, *adj.*, childish

enfer, *m.*, hell. **les Enfers,** Hell

enfermer, to shut up (in)

enfin, *adv.*, finally, at last; after all; in short

enfler, to swell

enfoncer, to sink, thrust; break in. **s'—,** to plunge, sink; wrap oneself up

enfuir (s'), to run away, flee

engager, to engage; involve; advise. **s'—,** to begin; get involved in; enlist

engendrer, to engender, beget

engloutir, to engulf

engouffrer (s'), to be engulfed, swallowed up

engraisser, to fatten; grow fat; enrich

enhardir, to embolden. **s'—,** to become bold

enivrer, to make drunk, intoxicate. **s'—,** to get drunk, become intoxicated

enjamber, to step over

enjoindre, to enjoin
enlacer, to entwine
enlaidir, to become ugly
enlèvement, *m.*, kidnapping
enlever, to take (away, off); carry (off), abduct; pull rapidly; detract
ennemi, *m.*, enemy
ennoblir, to ennoble
ennui, *m.*, boredom, weariness; worry
ennuyer, to bore, annoy. s'—, to become bored, not to know what to do with oneself
ennuyeux, ennuyeuse, *adj.*, boring
énorme, *adj.*, enormous. énormément, *adv.*, enormously
enquérir (s'), to inquire
enraciner (s'), to take root
enrager, to be infuriated (furious). enragé, *adj.*, mad
enregistrer, to register
enseignement, *m.*, teaching
enseigner, to teach; show
ensemble, *adv.*, together. tout —, both. —, *m.*, whole combination
ensommeillé, *adj.*, slumbering
ensuite, *adv.*, then, next, afterwards
ensuivre (s'), to ensue
entamer, to cut into; begin
entasser, to heap up, pile up
entendre, to hear; understand; intend. — dire, to hear (said). — parler de, to hear of. il ne veut rien —, he will hear nothing of it. s'—, to agree; cooperate; see what someone wants; come to an understanding. s'entend, cela s'entend, that is understood
enterrement, *m.*, burial
enterrer, to bury
entêtement, *m.*, stubbornness
entêter (s'), to become obstinate; do obstinately
entier, entière, *adj.*, entire. en —, entirely
entonner, to intonate, begin to sing
entortiller, to wrap

entour, *m.* à l'— de, around
entourer, to surround
entrailles, *f. pl.*, entrails
entraîner, to carry along, drag (along); lead (on); cause
entre, *prep.*, between, among. — les mains, in (his) hands
entrebattre (s'), to fight among themselves
entre-croiser (s'), to cross each other; hang crosswise
entrée, *f.*, entrance
entrelacer (s'), to entwine
entreprendre, to undertake. entreprenant, *adj.*, enterprising, daring
entreprise, *f.*, enterprise; contract
entre-regarder (s'), to look at each other
entretemps, *adv.*, meanwhile
entretenir, to support; keep up. s'—, to converse, talk
entrevoir, to catch a glimpse of
entrevue, *f.*, interview, meeting
entr'ouvrir, to half open; split open half way. entr'ouvert, *adj.*, leaking
envahir, to invade; suffuse
envelopper, to surround
envers, *prep.*, towards
envie, *f.*, envy; desire. avoir —, to want. quand il me prend —, whenever I want
envier, to envy, be envious
environ, *adv.*, about. —s, *m. pl.*, vicinity
environner, to surround
envisager, to envisage, consider
envoler, to blow away. s'—, to fly away (about)
envoyer, to send
épais, -se, *adj.*, thick
épaisseur, *f.*, thickness
épaissir, to thicken
épandre (s'), to spread itself
épargner, to spare
éparpiller (s'), to scatter
épaule, *f.*, shoulder

épée, *f.*, sword
épeler, to spell
éperdu, *adj.*, bewildered
éperon, *m.*, spur
épi, *m.*, ear (of corn)
épicerie, *f.*, grocery; groceries. — fine, fancy groceries
épicier, *m.*, grocer. garçon —, grocer boy
épier, to spy upon
éponge, *f.*, sponge
époque, *f.*, era, period
épouser, to marry, wed
épouvantable, *adj.*, frightful
épouvante, *f.*, fright
épouvanter, to frighten, terrify
époux, *m.*, épouse, *f.*, husband; wife; spouse
éprendre (s'), to fall in love
épreuve, *f.*, proof, test
éprouver, to feel, experience; test
épuiser, to exhaust
épurer, to refine
équilibre, *m.*, equilibrium, balance
équipage, *m.*, outfit; crew
équiper, to fit out
ermite, *m.*, hermit
errer, to wander. errant, *adj.*, wandering
escalier, *m.*, staircase
escalopé, *adj.*, scalloped
esclavage, *m.*, slavery
esclave, *m.*, slave
escouade, *f.*, squad
escrime, *f.*, fencing. faire l'—, to fence
espace, *m.*, space
espacer, to space; plant at regular intervals
Espagne, *f.*, Spain
espagnol, *adj.*, Spanish. Espagnol, *m.*, Spaniard
espagnolette, *f.*, window fastening
espèce, *f.*, kind, species; lot
espérance, *f.*, hope; promise
espérer, to hope
espoir, *m.*, hope

esprit, *m.*, mind; spirit; intelligence; wit, meaning. mot d'—, witty remark. par — de contradiction, just to be obstinate
essayer, to try (out)
essence, *f.* — de feu, firewater
essoufflement, *m.*, breathlessness
essuyer, to wipe; undergo; meet with
est, *m.*, east
estimer, to esteem; consider
estomac, *m.*, stomach
établir, to establish, set up
établissement, *m.*, establishment; marriage
étage, *m.*, floor
étager (s'), to rise above one another
étaler, to spread out. s'—, to be spread through
étape, *f.*, stage, step
état, *m.*, state; condition. tenir un grand — de maison, to live in grand style
éteindre, to extinguish. s'—, to become extinguished
étendre, to stretch (out), extend; lay (out). s'—, to stretch
étendue, *f.*, stretch, extent, expanse
Éthiopien, *m.*, Ethiopian
étinceler, to sparkle, flash, glitter
étincelle, *f.*, spark
étiqueter, to label
étirer (s'), to stretch
étoile, *f.*, star
étonnement, *m.*, astonishment. au dernier —, in the last stages of astonishment
étonner, to astonish. s'—, to be astonished; wonder
étouffer, to stifle, choke; muffle
étourdi, *adj.*, stunned, giddy. —ment, *adv.*, thoughtlessly
étourdissement, *m.*, dizziness
étrange, *adj.*, strange. —ment, *adv.*, strangely
étranger, étrangère, *adj.*, foreign. —, *m. & f.*, foreigner; stranger

étrangler, to strangle. **s'—,** to choke

être, to be. **— à,** to belong to, to be someone's prisoner. **en — là,** to reach that point, be reduced to that. **il est,** there is (are). **c'est que,** the fact is; it is because. **ils sont à me torturer,** they are doing their best to torture me. **soit … soit,** either … or, whether … or whether. **—,** *m.,* being

étrenne, *f.,* New Year's gift

étroit, *adj.,* close, tight, narrow. **à l'—,** cramped. **étroitement,** *adv.,* closely, tightly

étroitesse, *f.,* narrowness

étude, *f.,* study; study room. **— de notaire,** lawyer's office. **— au moral,** study from the point of view of morals

étudiant, -e, *m. & f.,* student

étudier, to study

évanouir (s'), to faint, grow faint; fade away

éveiller (s'), to awake, wake. **éveillé,** *adj.,* wide awake

événement, *m.,* event

évêque, *m.,* bishop

évidemment, *adv.,* obviously

éviter, to avoid

évoquer, to evoke, conjure

exalter, to excite. **exalté,** *adj.,* feverish

examen, *m.,* examination

exaspérer (s'), to become exasperated

excéder, to wear out; exceed

excellence, *f.,* excellence. **Excellence,** *f.,* Excellency. **par —,** excellently; perfect

exception, *f.,* exception. **à l'— de,** with the exception of. **faire — de,** to make an exception for

excès, *m.,* excess. **à l'—,** excessively

exciter, to arouse, urge

exclamer, to exclaim, shout. **s'—,** to exclaim

exclure, to exclude

excuser, to excuse, pardon. **s'—,** to apologize. **s'— auprès de,** to apologize to

exécuter, to carry out

exemplaire, *adj.,* exemplary

exemple, *m.,* example. **par —,** indeed

exercer, to exercise; employ; accustom

exhalaison, *f.,* exhalation

exhaler, to emit. **s'—,** to evaporate

exiger, to require

expédier, to despatch; hasten through

expérience, *f.,* experience; experiment

expérimenté, *adj.,* experienced

expert, *adj.,* skillful

expier, to expiate, atone for

expirer, to expire, die; suffer greatly

explication, *f.,* explanation

expliquer, to explain. **s'—,** to speak out

exploitation, *f.,* enterprise; farming

exploiter, to exploit; cultivate

exposer, to expose; explain. **exposé,** *m.,* account

exprès, *adv.,* on purpose, purposely

exprimer, to express

exquis, *adj.,* exquisite

extase, *f.,* ecstasy

extrait, *m.,* extract

extraordinaire, *adj.,* extraordinary. **—ment,** *adv.,* uncommonly

extravagant, *adj.,* wild, fantastic

F

fabriquer, to manufacture, make

façade, *f.,* façade, front

face, *f.,* face. **de —,** from the front. **en — de,** in the presence of. **regarder en —,** to look straight in the face

fâcher (se), to get angry. **fâché,** *adj.,* angry; sorry

fâcheux, fâcheuse, *adj.,* unlucky, unfortunate

facile, *adj.,* easy. **—ment,** *adv.,* easily

façon, *f.*, manner, way. de sa —, of one's own; by one's doing. de belle —, in fine style. de cette —, in this way

facteur, *m.*, porter; postman

factice, *adj.*, artificial

faible, *adj.*, feeble, weak. —ment, *adv.*, feebly

faiblesse, *f.*, feebleness; weakness

faillir, to nearly . . . — à sa tâche, to fail to do one's duty. failli, *m.*, bankrupt person

faillite, *f.*, failure; bankruptcy. faire —, to go bankrupt

faim, *f.*, hunger

fainéant, *m.*, idler

faire, to do; make; play. — voir, to show. — l'enfant, to act like a child. à — horreur, frightfully. ne — que, to do nothing but. il fait beau (temps), it is fine (weather). il fait bon, it is comfortable. il fait bâtir une maison, he has a house built. c'en est fait de, it is done for. voilà qui est fait, that's settled. se —, to happen, take place; become. fit (sometimes used in sense of *dit*). fait, *adj.*, accustomed. fait, *m.*, deed, doing; fact. au fait, in fact. venir au fait, to come to the point

falloir, to be necessary, required. comme il faut, properly

fantaisie, *f.*, whim; absurd notion. de —, imaginary

fantôme, *m.*, phantom, vision

farine, *f.*, flour

farouche, *adj.*, fierce, wild

fastes, *m. pl.*, chronological tables (of ancient Romans)

fatiguer, to tire, wear out. fatigant, *adj.*, tiring

faute, *f.*, fault; offense; mistake. — de, for lack of, want of

fauteuil, *m.*, armchair

faux, fausse, *adj.*, false

fécond, *adj.*, fecund, fruitful

fécondité, *f.*, fertility

fée, *f.*, fairy

feindre, to feign

félicité, *f.*, felicity, happiness

félon, -ne, *adj.*, felonious, traitorous. —, *m.*, traitor

femme, *f.*, woman; wife. — de chambre, chambermaid

fendre, to split; plough (the water)

fenêtre, *f.*, window

fente, *f.*, chink, split

féodal, *adj.*, feudal

féodalité, *f.*, feudalism

fer, *m.*, iron; sword. — à cheval, horseshoe. —s, fetters

ferme, *f.*, farm

fermement, *adv.*, firmly

fermenter, to be in fermentation; get hot

fermer, to shut, close

fermeté, *f.*, firmness

fermier, *m.*, farmer, tenant farmer

féroce, *adj.*, ferocious, wild

ferré, *adj.*, ironshod

fessée, *f.*, flogging

festin, *m.*, feast

fête, *f.*, festivity, celebration; birthday

fêter, to celebrate; entertain

feu, *m.*, fire; light. au —! fire! de —, fiery. à petit —, by slow fire. mettre le — à, to set fire to

feu, *adj.*, the late

feuillage, *m.*, foliage

feuille, *f.*, leaf; sheet

feuilleter, to turn over the leaves of, consult

ficelle, *f.*, string, thread

ficher. fiche-moi la paix, let me alone; shut up

fichu, *m.*, fichu (three-cornered cape)

fictif, fictive, *adj.*, fictitious

fidèle, *adj.*, faithful

fier, fière, *adj.*, proud. fièrement, *adv.*, proudly

fierté, *f.*, pride

fièvre, *f.*, fever
fiévreux, fiévreuse, *adj.*, feverish
fifille, *f.*, little girl
fifre, *m.*, fife
figure, *f.*, figure; face; expression; appearance
figurer, to figure. **se —,** to imagine
fil, *m.*, thread
file, *f.*, row. **à —,** in a row
filer, to spin; slip away, run along, " scram"
fille, *f.*, girl; daughter; old maid. **jeune —,** girl. **nom de jeune —,** maiden name
fillette, *f.*, maiden
fils, *m.*, son. **— de famille,** young gentleman
fin, *f.*, end; purpose. **à la —,** in the end. **mettre — à,** to put an end to
fin, *adj.*, fine; thin, slender, delicate; subtle. **—ement,** *adv.*, finely; slyly
finalement, *adv.*, finally
financier, financière, *adj.*, financial. **financièrement,** *adv.*, financially
finesse, *f.*, cunning
finir, to finish. **— par ...,** to ... finally. **à n'en plus —,** unending
fixe, *adj.*, fixed; staring. **—ment,** fixedly
fixer, to make fast, fasten; set. **fixé,** *adj.*, staring
flageller, to flog
flairer, to smell; suspect
flamand, *adj.*, Flemish
flambeau, *m.*, torch; candle, candle-stick; light
flamber, to singe; blaze
flamboyer, to flame, blaze
flamme, *f.*, flame
flanc, *m.*, flank, side
flatteur, *m.*, flatterer
flèche, *f.*, arrow; spire
fléchir, to yield, give way
flegmatique, *adj.*, phlegmatic, cool
fleur, *f.*, flower
fleurdelyser, to mark with *fleur-de-lis*

fleurir, to flourish; blossom. **fleuri,** *adj.*, flowering, in bloom
fleuriste, *m. & f.*, florist; flower-maker
fleuve, *m.*, river
Florides, *f. pl.*, Florida
flot, *m.*, flood; wave
flotter, to float
flux, *m.*, flow
foi, *f.*, faith; promise, word; candor. **ma —!** upon my word!
foie, *m.*, liver
fois, *f.*, time. **à la —, tout à la —,** at the same time, all at once. **par neuf —,** nine times
folie, *f.*, folly; madness, insanity. **à la —,** madly
fonction, *f.*, function. **en — de,** in terms of
fond, *m.*, bottom, depths, foundation; back, background; basis. **à —,** thoroughly. **au —,** at bottom. **—s,** *m. pl.*, property; investment
fondateur, *m.*, founder
fondement, *m.*, foundation
fonder, to found. **fondé en droit,** having a legal basis
fondre, to melt; pounce. **— en larmes,** to burst (break) into tears
fontaine, *f.*, fountain, spring
force, *f.*, strength. **à — de,** by dint of. **de —,** forcibly. **—,** *adj.*, many
forêt, *f.*, forest
forger, to forge; fabricate
forgeron, *m.*, smith, blacksmith
forme, *f.*, form. **en —,** in order
formellement, *adv.*, expressly
fort, *adj.*, strong, stout; big; skilled. **—,** *adv.*, very. **—ement,** *adv.*, strongly. **trop —,** too much
fortifier, to strengthen
fortuit, *adj.*, fortuitous, casual
fortune, *f.*, fortune, fate. **mauvaise —,** lack of money. **faire —,** to make one's fortune
fortuné, *adj.*, fortunate

fossé, *m.,* ditch
fou, fol, folle, *adj.,* foolish; mad, insane, crazy. **fou,** *m.,* **folle,** *f.,* madman (-woman); fool. **follement,** *adv.,* foolishly
foudre, *f.,* thunderbolt; thunder
fouet, *m.,* whip
fouetter, to whip
fouiller, to search
foule, *f.,* crowd
fouler, to sprain
four, *m.,* oven
fourchette, *f.,* fork
fourchu, *adj.,* forked
fourmiller, to swarm
fourneau, *m.,* stove
fournir, to furnish, supply
fournisseur, *m.,* purveyor, tradesman
fourrer, to thrust
foyer, *m.,* hearth
fracas, *m.,* din
fraîcheur, *f.,* coolness
frais, fraîche, *adj.,* fresh, cool; ruddy; blooming. **frais,** *m.,* fresh air. **prendre le —,** to enjoy the cool air. **frais,** *m. pl.,* expense. **faire les —,** to pay the expenses
franc, franche, *adj.,* free, frank. **franc,** *m.,* franc. **franchement,** *adv.,* freely, sincerely
franchir, to cross
franchise, *f.,* frankness
frapper, to strike
frayeur, *f.,* fright, fear
frêle, *adj.,* frail, fragile
frémir, to shudder, quiver, tremble. **frémissant,** *adi.,* quivering
frénésie, *f.,* frenzy
frénétique, *adj.,* frenzied. (See also introduction to Balzac.)
fréquentation, *f.,* frequenting; company
frère, *m.,* brother
fripon, -ne, *adj.,* rogue
friponneau, *m.,* a little rogue
friponner, to cheat

friser, to curl
frisson, to shiver
frissonner, to shiver, shudder, tremble
froid, *adj.,* cold. **—,** *m.,* cold. **avoir —,** to be cold. **souriant à —,** with an icy smile. **se sentir — dans le dos,** to feel a chill run down one's spine. **—ement,** *adv.,* coldly
froideur, *f.,* coldness
frôlement, *m.,* rustling; tapping
froncer. — le(s) sourcil(s), to frown
front, *m.,* forehead, face
frontière, *f.,* frontier
frottement, *m.,* rubbing, friction
frotter, to rub
fruit, *m.,* fruit (of the earth); result; benefit
frustrer, to deprive
fugitif, fugitive, *adj.,* fleeting
fuir, to flee; avoid
fuite, *f.,* flight. **prendre la —,** to take flight. **mettre en —,** to put to flight
fumée, *f.,* smoke; vapor
fumer, to smoke; steam
fumet, *m.,* scent
fumeux, fumeuse, *adj.,* smoky
funèbre, *adj.,* funeral
funeste, *adj.,* fatal
fureur, *f.,* fury; frenzy; madness
furie, *f.,* fury
furieux, furieuse, *adj.,* furious, mad, raving. **furieusement,** *adv.,* with rage
fusil, *m.,* gun
futur, *adj.,* future. **—,** *m.,* fiancé
fuyard, *adj.,* fleeting. **—,** *m.,* fugitive

G

gage, *m.,* token. **—s,** wages
gager, to bet, wager
gagner, to earn; gain; win; reach; affect
gai, *adj.,* gay. **gaiment, gaiement,** *adv.,* gaily

gaieté (gaîté), *f.*, gaiety
galant, *adj.*, gallant
galanterie, *f.*, gallantry
galerie, *f.*, gallery; hall
gallo-romain, *adj.*, Gallo-Roman
galvaniser, to galvanize (shock with an electric current)
gangrener, to gangrene
gant, *m.*, glove
garantir, to guarantee; protect
garçon, *m.*, boy; fellow; attendant. — **de cuisine**, scullion. — **de classe**, school servant
garde, *f.*, guard, guardian; hilt. **prendre** —, to take care (not to); pay attention. —, *m.*, guard, guardian. **garde-manger**, *m.*, larder
garder, to guard, keep, maintain. — **le lit**, to stay in bed. **se** —, to beware of
gardien, **-ne** *m.* & *f.*, guardian, custodian
garnir, to furnish; ornament
garnison, *f.*, garrison
gars, *m.*, lad
gâteau, *m.*, cake
gâter, to spoil. **se** —, to get worse
gauche, *adj.*, left; awkward
gaucherie, *f.*, awkwardness
gaz, *m.*, gas
gazon, *m.*, grassplot, turf
géant, *m.*, giant
geler, to freeze
gémir, to groan, moan
gémissement, *m.*, groan, moan
gemme, *f.*, gem
gendarme, *m.*, gendarme, man-at-arms, soldier
gendarmerie, *f.*, gendarmerie, police force
gendre, *m.*, son-in-law
gêne, *f.*, need; penury
gêner, to bother, embarrass. **se** —, to have compunction about; make sacrifices
génie, *m.*, genius; spirit

genou (*pl.*: —**x**), *m.*, knee. **plier le** —, to go down on one knee. **se mettre à** —**x**, to kneel down. **les** —**x**, the lap
genre, *m.*, kind, species; type of literature; the "smart thing to do"
gens, *m. pl.* (*f. pl.* when *adj.* precedes), people; servants. — **de guerre**, soldiers
gentil, **-le**, *adj.*, nice; noble
gentilhomme, *m.*, nobleman, gentleman
gentiment, *adv.*, nicely
germer, to germinate
geste, *m.*, gesture
gibet, *m.*, gibbet, gallows
gigantesque, *adj.*, gigantic
gilet, *m.*, waistcoat
glace, *f.*, mirror; ice
glacer, to freeze, chill. **se** —, to freeze. **glacé**, *adj.*, icy
glacial, *adj.*, icy
glisser, to slip, slide, glide. **se** —, to go about warily
globule, *m.*, little sphere
gloire, *f.*, glory
glouton, **-ne**, *adj.*, gluttonous
gonfler (se), to swell out, distend; be swollen
gorge, *f.*, throat, bosom
gorgée, *f.*, mouthful, sip
gourde, *f.*, gourd; flask
goût, *m.*, taste
goûter, to taste, try; enjoy
goutte, *f.*, drop
gouttelette, *f.*, little drop
gouttière, *f.*, gutter; housetop
gouverneur, *m.*, governor; tutor
grâce, *f.*, grace, pardon, mercy; gracefulness; graciousness; favor. — **à**, thanks to. — **pour lui**, forgive him. **de** —, I beg of you. **en l'an de** —, in the year of our Lord. **demander en** —, to ask as a favor. **rendre** —**s**, to give thanks

gracier, to pardon
gracieux, gracieuse, *adj.,* graceful.
  gracieusement, *adv.,* gracefully
grain, *m.,* berry, grain
graine, *f.,* seed. **mauvaise —,** "bad
  lot"
graisse, *f.,* grease
graisseux, graisseuse, *f.,* greasy
gramme, *f.,* gram (31.1035 grams
  equal 1 ounce troy)
grand, *adj.,* great, big, large; tall.
  —, *m.,* grandee. **passer dans les —s,**
  to go with the big boys. **—,** *adv.*
  tout —, wide open. **grand'chose,**
  f., trifling matter. **grand'dame,** *f.,*
  great lady. **grand'mère,** *f.,* grand-
  mother
grandeur, *f.,* greatness; grandeur
grandir, to grow
grappe, *f.,* bunch
gras, -se, *adj.,* fat, plump. **grassement,**
  adv., richly
gratuit, *adj.,* gratuitous
grec, -que, *adj.,* Greek. **grec,** *m.,*
  Greek (language)
Grèce, *f.,* Greece
gréco-romain, *adj.,* Greco-Roman
grêle, *f.,* hail
grelotter, to shiver. **grelottant,** *adj.,*
  shivering
grenier, *m.,* garret
griller, to broil, grill. **grillé,** *adj.,*
  grated
grimper, to climb
grincement, *m.,* grating, crunching
grincer, to grate
gris, *adj.,* grey
grisonner, to grow grey
grogner, to grumble
grommeler, to grumble
gronder, to scold, grumble; rumble
gros, -se, *adj.,* big, large; pregnant.
  —, *m.,* body
grosseur, *f.,* size
grossier, grossière, *adj.,* crude.
  grossièrement, *adv.,* crudely

grossir, to enlarge, magnify; swell;
  grow stout
guêpe, *f.,* wasp
guère, *adv.* **ne … guère,** hardly
guérir, to cure; get well
guérison, *f.,* cure
guerre, *f.,* war. **faire la —,** to wage
  war
guerrier, *m.,* warrior. **être reçu —,**
  to be made a warrior
guet, *m.,* watch
guetter, to watch, lie in wait for
gueule, *f.,* mouth
gueuler, to bawl
guirlande, *f.,* garland
guise, *f.* **en — de,** by way of
guitare, *f.,* guitar

H

habile, *adj.,* skillful
habiller, to dress
habit, *m.,* suit; clothes; evening
  clothes; coat
habitant, *m.,* inhabitant
habiter, to live (in), dwell (in), in-
  habit
habitude, *f.,* habit. **prendre l'—,** to
  form the habit. **d'—,** usually, usual
habituer, to accustom
hache, *f.* (*asp. H*), axe
haine, *f.* (*asp. H*), hate. **prendre en
  —,** to conceive a hatred for
haïr (*asp. H*), to hate
haleine, *f.,* breath
haleter (*asp. H*), to pant
halle, *f.* (*asp. H*), market
halte, *f.* (*asp. H*). **— là,** halt!
hanche, *f.* (*asp. H*), hip, haunch
hanter (*asp. H*), to haunt
harasser (*asp. H*), to harass, wear
  out
hardi, *adj.* (*asp. H*), bold. **—ment,**
  adv., boldly
hardiesse, *f.* (*asp. H*), boldness
harmonie, *f.,* harmony, concert
harmoniser (s'), to harmonize

hasard, *m.* (*asp. H*), chance; hazard, risk. **par —,** by chance, at random

hasarder (*asp. H*), to risk

hâte, *f.* (*asp. H*), haste. **à la —,** in haste

hâter (*asp. H*). **se —,** to hasten

haussement, *m.* (*asp. H*), shrugging

hausser (*asp. H*), to lift, raise, shrug

haut, *adj.* (*asp. H*), high, upper. **— en couleur,** rosy-cheeked. **—,** *m.,* top, upper part. **—,** *adv.,* aloud

hautbois, *m.* (*asp. H*), oboe

haut-de-chausses, *m.* (*asp. H*), breeches

hautesse, *f.* (*asp. H*), highness

hauteur, *f.* (*asp. H*), height, eminence

hein, *interj.* (*asp. H*), eh! hey! what?

herbe, *f.,* grass

hérisser (*asp. H*), to bristle up. **hérissé,** *adj.,* bristling

héritage, *m.,* inheritance

hériter, to inherit

héritier, *m.,* **héritière,** *f.,* heir; heiress

héroïne, *f.,* heroine

héros, *m.* (*asp. H*), hero

heure, *f.,* hour, o'clock, time. **à l'—,** on time. **à l'— qu'il est,** at the present moment. **à cette —,** at this time. **tout à l'—,** presently. **de bonne —,** early. **à la bonne —,** very well. **sur l'—,** instantly

heureux, heureuse, *adj.,* happy, fortunate. **heureusement,** *adv.,* fortunately, successfully

heurter (*asp. H*), to knock, bump against. **se —,** to strike against, come into collision with

hexagone, *adj.,* hexagonal

hier, *adv.,* yesterday

hisser (*asp. H*), to hoist

histoire, *f.,* history, story, yarn; affair. **une nouvelle —,** something new

hiver, *m.,* winter

hocher (*asp. H*), to toss, shake

hollandais, *adj.* (*asp. H*), Dutch

honnête, *adj.,* honest; well-bred

honnêteté, *f.,* decency

honte, *f.* (*asp. H*), shame

honteux, honteuse, *adj.* (*asp. H*), shameful; ashamed. **honteusement,** *adv.,* shamefully

horloge, *f.,* clock

horloger, *m.,* clockmaker

horreur, *f.,* horror. **faire —,** to disgust

hors, *prep.* (*asp. H*), outside, beside, out of

hôte, *m.,* host; guest

hôtel, *m.* **— de ville,** city hall

huée, *f.* (*asp. H*), hooting

huile, *f.,* oil

huissier, *m.,* bailiff

huit, *adj.* (*asp. H*). **— jours,** a week

humeur, *f.,* temper; humor (in old physiology, one of the four fluids: blood, phlegm, yellow bile and black bile)

humide, *adj.,* moist, wet

humilier, to humiliate. **humiliant,** *adj.,* humiliating

humoristique, *adj.,* humorous

hurlement, *m.* (*asp. H*), howling, shrieking

hurler (*asp. H*), to howl, yell

hutte, *f.* (*asp. H*), hut, wigwam

hypothèse, *f.,* hypothesis

I

ici, *adv.,* here. **jusqu'—,** up until now. **d'— là,** in the meantime

idée, *f.,* idea

idolâtre, *m.,* idolater

ignorer, not to know, be unaware (ignorant) of

île, *f.,* isle

illégitime, *adj.,* illegal

illusionner, to delude

ilote, *m. & f.,* helot (see footnote in *Eugénie Grandet*)

image, *f.,* image, picture; idea

imagé, *adj.*, full of images

imaginer (s'), to imagine

imbiber, to soak

imitation, *f.* à l'— de, in imitation of

immense, *adj.*, immense, unbounded, vast

immensité, *f.*, boundlessness

immeuble, *m.*, building

impassibilité, *f.*, impassiveness

impatienter, to put out of patience. s'—, to get impatient

impertinemment, *adv.*, impertinently

impie, *adj.* —, *m.*, blasphemer

impitoyablement, *adv.*, without pity

importer, to be important. n'importe, no matter. peu nous importe, little does it matter to us. qu'importe? what matter?

importun, *adj.*, importunate, annoying. —, *m.*, intruder

imposer, to force. en —, to overcome

imposition, *f.*, impost, tax

impôt, *m.*, tax

imprégner, to impregnate, imbue

imprévu, *adj.*, unforeseen, unexpected

imprimer, to print; impart

imprimerie, *f.* une affaire d'—, a printing venture

impuissant, *adj.*, powerless

impulsion, *f.*, impulse

inachevé, *adj.*, incomplete

inattendu, *adj.*, unexpected

inavoué, *adj.*, unavowed

incendie, *m.*, fire

incertitude, *f.*, uncertainty

incessamment, *adv.*, incessantly

incivil, *adj.*, uncivil

inclination, *f.*, bow, slight bow

incliner (s'), to bow, stoop. incliné, *adj.*, inclined

incommoder, to inconvenience. incommodé, *adj.*, indisposed

incompris, *adj.*, misunderstood

inconnu, *adj.*, unknown

inconscient, *adj.*, unconscious

inconvénient, *m.*, inconvenience; objection

indéfini, *adj.*, indefinite. —ment, *adv.*, indefinitely

indéfinissable, *adj.*, indefinable

indépendamment, *adv.*, independently

Indes, *f. pl.*, Indies

index, *m.*, forefinger

indice, *m.*, sign

indifféremment, *adv.*, indifferently

indigne, *adj.*, unworthy

indigner (s'), to become indignant. indigné, *adj.*, indignant

indignité, *f.*, infamy, shame

indiquer, to indicate. tout indiqué, a foregone conclusion

individu, *m.*, individual

indu, *adj.*, undue, improper

indubitablement, *adv.*, undoubtedly

ineffable, *adj.*, unspeakable

inégal, *adj.*, unequal, irregular

inexpérimenté, *adj.*, inexperienced

inexprimable, *adj.*, unexpressible

inextinguible, *adj.*, inextinguishable

infidèle, *adj.*, unfaithful, faithless

infini, *adj.*, infinite, endless. —ment, *adv.*, infinitely, exceedingly

infirme, *adj.*, infirm, sickly

informe, *adj.*, shapeless

informer (s'), to inquire

infortune, *f.*, misfortune

infortuné, *adj.*, unfortunate

ingénu, *adj.*, ingenuous. —ment, *adv.*, naively

ingrat, *adj.*, ungrateful

inguérissable, *adj.*, uncurable

inhabité, *adj.*, uninhabited

inintelligible, *adj.*, unintelligible

injure, *f.*, insult; injury

injurier, to insult

injuste, *adj.*, unjust, wrongful

innocemment, *adv.*, innocently

inouï, *adj.*, unheard of

inquiet, inquiète, *adj.*, anxious

inquiéter, to alarm, make uneasy. **s'—,** to worry. **inquiétant,** *adj.*, disturbing

inquiétude, *f.*, anxiety

inquisiteur, *m.*, inquisitor

insensé, *adj.*, insane, mad

insensiblement, *adv.*, imperceptibly

insouciance, *f.*, recklessness, indifference

insouciant, *adj.*, uncaring

inspirer, to inspire, suggest. **s'—,** to draw one's inspiration

installer, to install, establish

instant, *m.*, moment. **à l'—,** immediately

instruction, *f.*, education

instruire, to instruct, teach, inform. **instruit,** *adj.*, learned, educated

insu, *m.* **à l'— de,** unknown to

insuffisant, *adj.*, inadequate

insupportable, *adj.*, unbearable

insurgé, *m.*, insurgent

interdiction, *f.* **frapper d'—,** to prohibit

interdire, to forbid. **interdit,** *adj.*, speechless

intéresser, to interest. **s'— à,** to take an interest in

intérêt, *m.*, interest; self-interest. **—s,** *pl.*, interest

intérieur, *adj.*, internal. **—ement,** *adv.*, in his heart

interne, *adj.*, inside

interpeller, to speak to

interprète, *m.*, interpreter

interrogatoire, *m.*, examination

interroger, to question

interrompre, to interrupt

intervenir, to intervene

intime, *adj.*, intimate. **—ment,** *adv.*, intimately

intrigant, *m.*, intriguer

intrigue, *f.*, plot

intrinsèque, *adj.*, intrinsic

introduire, to introduce; conduct in. **s'—,** to get in

inutile, *adj.*, useless

inutilité, *f.*, uselessness

inviolable, *adj.*, inviolate

inviter, to invite. **invité,** *m.* guest

invoquer, to invoke, call upon

irréel, -le, *adj.*, unreal

irrévérencieux, irrévérencieuse, *adj.*, irreverent

irriter, to irritate, enrage

issu, *adj.*, sprung from. **—e,** *f.*, exit

ivre, *adj.*, drunk. **— mort,** dead drunk

ivresse, *f.*, intoxication, ecstasy

ivrogne, *m.*, drunkard

J

jabot, *m.*, jabot (lace frill on front of shirt)

jaillir, to burst out. **jaillissant,** *adj.*, bursting, radiant

jalousie, *f.*, jealousy; window blind

jaloux, jalouse, *adj.*, jealous

jamais, *adv.*, ever. **ne ... —,** never. **à —,** forever

jambe, *f.*, leg

japonais, *adj.*, Japanese

jardin, *m.*, garden

jardinier, *m.*, gardener

jaser, to chat, talk

jaunâtre, *adj.*, yellowish, sallow

jaune, *adj.*, yellow

javelot, *m.*, javelin

jésuite, *adj.*, Jesuit

jet, *m.* **— d'eau,** fountain

jeter, to throw, spread; cast, cast off; utter

jeu, *m.*, game; trick. **— de scène,** byplay on stage. **donner libre — à son imagination,** to let one's imagination run riot

jeune, *adj.*, young

jeunesse, *f.*, youth; young people

joie, *f.*, joy

joindre, to join. **se — (à),** to join (with)

joli, *adj.*, pretty. **—ment,** *adv.*, prettily, nicely; with a vengeance

joue, *f.*, cheek
jouer, to play; deceive, outwit. **se —,** to frolic
jouet, *m.*, plaything
joueur, *m.*, player
joug, *m.*, yoke
jouir. — de, to enjoy
jouissance, *f.*, enjoyment
jour, *m.*, day; daylight. **—s,** *pl.*, life. **grand —,** broad daylight. **petit —,** dawn. **à —,** open. **de — en —,** from day to day. **faire —,** to be daylight
journal (*pl.*: **journaux**), *m.*, newspaper
journée, *f.*, day; daily wage
joyau, *m.*, jewel
juger, to judge
juif, *m.*, **juive,** *f.*, Jew
jupe, *f.*, skirt; petticoat
jupon, *m.*, petticoat
jurer, to swear; pledge
jusque, *prep.*, till, as far as. **jusqu'à,** until, as far as; even including. **jusque-là,** so far. **jusqu'à ce que,** *conj.*, until
jusques, *prep.* See *jusque*
juste, *adj.*, just, fair; correct, true; reasonable. **au —,** precisely. **ment,** *adv.*, precisely
justice, *f.*, justice; law
justifier, to justify

K

kilo, *m.*, kilogram (equal to 2.6792 pounds troy)

L

la, *adv.* Generally spelled *là*
là, *adv.*, there; there, that's done. **là-bas,** down there, over there. **là-dessus,** thereupon, on that score. **c'est là,** that is
lac, *m.*, lake
lacer, to lace

lâche, *adj.*, cowardly; loose
lâcher, to let loose, let go
lâcheté, *f.*, cowardice
lai, *m.*, lay
laid, *adj.*, ugly
laideur, *f.*, ugliness
laisser, to leave, let; leave (let) alone. **— faire,** to let one do as one wishes. **— entendre,** to give to understand
lait, *m.*, milk
laitue, *f.*, lettuce
lamartinien, -ne, *adj.*, Lamartinian
lambris, *m.*, overlay; wainscoting
lame, *f.*, blade
lancer, to throw; shoot; cast. **se —,** to start out
langue, *f.*, tongue; language
langueur, *f.*, languor, feebleness
languir, to languish, pine. **languissant,** *adj.*, languid
lanterne, *f.*, lantern; lamp
lapin, *m.*, rabbit
laquais, *m.*, footman, lackey
lard, *m.*, fat
larder, to lard (enrich by insertion of strips of bacon before roasting)
large, *adj.*, broad, wide. **—ment,** *adv.*, wide
largeur, *f.*, width
larme, *f.*, tear; drop
larve, *f.*, larva
las, -se, *adj.*, tired, weary
lasser (se), to weary
latiniser, to Latinize
laurier, *m.*, laurel
laver, to wash
laveuse, *f.*, washerwoman
lécher, to lick
lecteur, *m.*, reader
lecture, *f.*, reading
léger, légère, *adj.*, light, slight. **légèrement,** *adv.*, lightly
légèreté, *f.*, lightness; thoughtlessness
léguer, to bequeath
légume, *m.*, vegetable

lendemain, *m.*, following day, morrow

lent, *adj.*, slow. **—ement,** *adv.*, slowly

lenteur, *f.*, slowness

leste, *adj.*, smart. **—ment,** *adv.*, nimbly

lettre, *f.*, letter. **—s,** *pl.*, literature, learning

lever, to raise. **se —,** to get up. **—,** *m.*, rising. **— de l'aurore,** the coming of dawn

lèvre, *f.*, lip

liaison, *f.*, connection, link; affair

liberté, *f.*, liberty, free-will

libertin, *adj.*, libertine, licentious

libre, *adj.*, free

lien, *m.*, tie, bond

lier, to bind, link, tie, tie up

lieu (*pl.:* **—x**), *m.*, place. **avoir —,** to take place. **donner — à,** to give rise to. **tenir — de,** to fill the place of

lieue, *f.*, league

lignage, *m.*, lineage

ligne, *f.*, line

limoneux, limoneuse, *adj.*, slimy, silty

lin, *m.*, linen

linge, *m.*, linen; clothes; laundry

liqueur, *f.*, cordial, liqueur

liquide, *adj.* **fortune —,** cash. **—,** *m.*, liquid

lire, to read

lit, *m.*, bed

livide, *adj.*, livid, black and blue

livre, *m.*, book. **—,** *f.*, pound, franc

livrée, *f.*, livery

livrer, to deliver, betray. **— bataille,** to give battle. **se —,** to abandon oneself

livresque, *adj.*, bookish

lobe, *m.* (*f.* in 16th Cent.), lobe

locataire, *m.*, tenant

loger, to lodge

logis, *m.*, dwelling

loi, *f.*, law. **homme de —,** lawyer

loin, *adv.*, far, far away. **au —,** in the distance

lointain, *adj.*, distant. **—,** *m.*, distance

loisir, *m.*, leisure

long, longue, *adj.*, long. **—,** *m.* **le — de,** along. **de — en large,** back and forth. **tout du —,** full length. **longuement,** *adv.*, at length

longtemps, *adv.*, long, for a long time

longueur, *f.*, length

lorgner, to look through a glass; ogle

lorsque, *adv.*, when

loto, *m.*, lotto (a parlor game, played with cards marked in squares and disks)

louable, *adj.*, praiseworthy

louche, *adj.*, suspicious, dim

louer, to praise; rent, engage

loup, *m.*, wolf. **à pas de —,** stealthily

lourd, *adj.*, heavy. **—ement,** *adv.*, heavily

loyalement, *adv.*, honestly

loyauté, *f.*, loyalty, devotion

loyer, *m.*, rent

lucarne, *f.*, skylight, window

lueur, *f.*, light

luire, to shine, gleam

lumière, *f.*, light, wisdom

lumineux, lumineuse, *adj.*, luminous. **une réflexion lumineuse,** a sudden thought

lune, *f.*, moon

luth, *m.*, lute

lutte, *f.*, struggle

luxe, *m.*, luxury, abundance

luxueux, luxueuse, *adj.*, luxurious, of luxury

M

macaronique, *adj.*, macaronic, "pig"

mâcher, to chew, masticate

machinal, *adj.*, mechanical. **—ement,** *adv.*, mechanically

machinisme, *m.*, machine age

maçon, *m.*, mason

maçonnerie, *f.*, masonry

magasin, *m.,* storehouse

magie, *f.,* magic

magique, *adj.,* magic

magistrat, *m.,* magistrate

magistrature, *f.,* magistracy

magnanime, *adj.,* magnanimous, noble

maigre, *adj.,* lean, thin

main, *f.,* hand, handwriting

maint, *adj.,* many a, many

maintenir, to maintain, uphold, support; secure

maintien, *m.,* bearing; maintaining

maire, *m.,* mayor

maison, *f.,* house; household, family

maître, *m.,* master; teacher. **— à chanter,** singing teacher. **— à danser,** dancing teacher. **— d'armes,** fencing master. **— d'études,** class master. **— d'hôtel,** steward. **— ès arts,** master of arts

maîtresse, *f.,* mistress, owner

majeur, *adj.,* of age

mal (*pl.:* **maux**), *m.,* evil, harm; illness. **— de dents,** toothache. **—,** *adv.,* badly (off)

malade, *adj.,* ill, sick. **—,** *m. & f.,* patient, sick person

malentendu, *m.,* misunderstanding

malgré, *prep.,* in spite of

malheur, *m.,* misfortune. **faire un —,** to do something one will regret

malheureux, malheureuse, *adj.,* unfortunate; unhappy. **malheureusement,** *adv.,* unfortunately

malice, *f.,* maliciousness

malin, maligne, *adj.,* malicious, harmful

malle, *f.,* trunk

maltraiter, to mistreat

malveillant, *adj.,* malevolent

mamelle, *f.,* breast

manche, *f.,* sleeve. **en —s de chemise,** in shirt sleeves

manchette, *f.,* cuff

manger, to eat; squander

manie, *f.* **— de la persécution,** persecution complex

manier, to handle

manière, *f.,* manner, way, kind. **la — dont,** the manner in which

manitou, *m.,* manito (Indian: "good spirit")

mannequin, *m.,* dummy

manque, *m.,* lack

manquer, to miss, lack; be missing, be lacking; fail, break. **— de,** to almost . . .

mansuétude, *f.,* gentleness

manteau, *m.,* cloak, coat, mantle

mappemonde, *f.,* map of the world

maraud, *m.,* knave, rascal

marbre, *m.,* marble

marbrer, to make black and blue. **marbré,** *adj.,* drawn, streaked like marble

marchand, -e, *m. & f.,* merchant, tradesman

marche, *f.,* walk, walking; step. **en —,** on the march

marché, *m.,* market; bargain, sale

marcher, to walk, step

mare, *f.,* pond, puddle

mari, *m.,* husband

marier, to marry. **marié,** *m.,* bridegroom. **les nouveaux mariés,** the newlyweds. **se —,** to marry, get married. **se — (avec),** to marry

marin, *m.,* sailor

marque, *f.,* mark, sign, token

marquer, to mark; designate

marquis, -e, *m. & f.,* marquis; marchioness (title of nobility between *duc* and *comte*)

marteau (*pl.:* **—x**), *m.,* hammer

martre, *f.,* marten

masque, *m.,* mask. **aller en —,** to masquerade

masquer, to mask, hide

massif, *m.,* thicket, clump of trees

massue, *f.,* club

mât, *m.,* mast

matelot, *m.*, sailor

matériaux, *m. pl.*, materials

matière, *f.*, matter; material. en pareille —, in such subjects. entrée en —, method of introducing a subject

matinal, *adj.*, morning, early

matinée, *f.*, morning

maudire, to curse. maudit, *adj.*, cursed

mauvais, *adj.*, bad, evil, ill

maxillaire, *m.*, maxillary (a bone of the jaw)

mécanicien, *m.*, engine driver

mécanique, *adj.*, mechanical. —, *f.*, machine; mechanics

méchamment, *adv.*, maliciously

méchant, *adj.*, wicked, cruel; paltry

mèche, *f.*, lock (of hair)

mécontentement, *m.*, displeasure

médecin, *m.*, doctor

méfiance, *f.*, suspicion

méfiant, *adj.*, suspicious

méfier (se), to become suspicious

mégarde, *f.* par —, by mistake

meilleur, *adj.*, better. le —, best

mélange, *m.*, mixture

mélanger, to mix

mêlée, *f.*, thick of the fight

mêler, to mix. se — (de), to meddle (with), concern oneself (with); mingle

membre, *m.*, limb

même, *adj.*, same; self; very own. —, *adv.*, even; very. de —, likewise, in the same way. quand —, just the same. tout de —, just the same. en être de — de, to be the same with

mémère, *f.*, mama

mémoire, *f.*, memory. —, *m.*, memorandum; bill

menacer, to threaten

ménage, *m.*, household; couple. un — à trois, a wife with two husbands

ménager, to manage, prepare

mendiant, *m.*, beggar

mendier, to beg

mener, to lead, conduct, take. — à bien, to carry out successfully

mensonge, *m.*, lie

mentir, to lie

menton, *m.*, chin

menuisier, *m.*, carpenter

mépris, *m.*, scorn

mépriser, to despise, scorn

mer, *f.*, sea

merci, *interj.*, thanks! —, *f.*, mercy

mère, *f.*, mother

méritoire, *adj.*, deserving

merveille, *f.* à la —, marvelously

mésaventure, *f.*, misadventure

messager, *m.*, messagère, *f.*, messenger

messe, *f.*, mass

messire, old form of *monsieur*

mesure, *f.*, measure. à — que, *conj.*, as

métairie, *f.*, farm

métier, *m.*, trade. vous faites là un joli —, that's a fine thing for you to be doing

mettre, to put (on); give. — à la porte, to put out. — au monde, to bring into the world. se — à, to begin. se — à table, to sit down to table. s'y —, to set about it. se — en marche, to start to move. se — en route, to set out. se — tête, to take into one's head

meuble, *m.*, piece of furniture. —s, *pl.*, furniture

meubler, to furnish

meurt-de-faim, *m.*, starving wretch

meurtre, *m.*, murder. au —! murder!

meurtrier, *m.*, murderer

mi-carême, *f.*, Mid-Lent

midi, *m.*, noon; south

miette, *f.*, crumb

mieux, *adv.*, better. au —, for the best. du — qu'il put, the best he could

mignon, -ne, *adj.*, darling

milieu, *m.*, middle, midst; environment, society. **au beau —**, right in the middle

mille, *adj.*, thousand

millier, *m.*, thousand

milord, *m.*, corruption of "my lord"

mince, *adj.*, slender, thin, slight

mine, *f.*, mien, looks, countenance. **grande —**, handsome appearance

minuit, *m.*, midnight

minutieux, minutieuse, *adj.*, minute

mi-parti, *adj.*, of two equal parts

mirer (se), to look at oneself

mirliflore, *m.*, coxcomb

miroir, *m.*, mirror

miroiter, to shine, be reflected

misanthrope, *m.*, misanthropist

misérable, *adj.*, wretched; worthless. **—**, *m. & f.*, wretch, poor man (woman). **—ment**, *adv.*, miserably

misère, *f.*, misery, misfortune; poverty

miséricorde, *f.*, pity, mercy

mobilier, *m.*, furniture

mobilité, *f.*, mobility, variableness

mode, *m.*, manner, way. **—**, *f.*, fashion. **à la —**, fashionably

mœurs, *f. pl.*, manners, customs, habits

moindre, *adj.*, least

moine, *m.*, monk

moins, *adv.*, less. **au —, du —**, at least. **à — de**, unless. **n'en ... —**, none the less

mois, *m.*, month

moisson, *f.*, crop, harvest

moissonner, to reap

moitié, *f.*, half. **à —**, half

mollir, to soften

momentanément, *adv.*, momentarily

monde, *m.*, world; people, society. **tout le —**, everybody. **le moins du —**, the least little bit

monnaie, *f.*, change

monotone, *adj.*, monotonous

monseigneur, *m.*, your (his) lordship, my lord

monsieur, *m.*, mister, sir; gentleman. **messieurs**, *m. pl.*, gentlemen

mont, *m.*, mount, mountain

montagnard, *m.*, mountaineer

montagne, *f.*, mountain

monter, to go (come) up; mount; take up. **se —**, to amount

montre, *f.*, watch

montrer, to show; point to; teach. **se —**, to appear

montueux, montueuse, *adj.*, hilly

moquer (se), to joke, make fun. **je m'en moque de**, what do I care for?

moquerie, *f.*, mockery; trifling

moqueur, moqueuse, *adj.* **oiseau —**, mocking bird

moral (*m. pl.*: **moraux**), *adj.*, moral. **—**, *m.*, morale. **morale**, *f.*, ethics

moralité, *f.*, morality, allegorical play

morceau (*pl.*: **—x**), *m.*, piece

mordre, to bite

morganatique, *adj.*, morganatic (a morganatic marriage is one between a person of exalted station and one of lower birth)

morne, *adj.*, gloomy

mort, *adj.*, dead. **—**, *f.*, death. **à la —**, mortally. **se donner la —**, to take one's own life. **—**, *m.*, dead man

mot, *m.*, word, joke

moteur, *m.*, motor, apparatus

mou, mol, molle, *adj.*, soft, gentle; **mollement**, *adv.*, indolently

moucharder, to spy (on)

mouche, *f.*, fly

mouchoir, *m.*, handkerchief

moue, *f.*, pout

mouiller, to wet. **mouillé**, *adj.*, teary

mouler, to mold

moulin, *m.*, mill, windmill

mourir, to die. **mourant**, *m.*, dying person. **se —**, to be dying

mousse, *f.*, moss

mousseline, *f.*, muslin

moussu, *adj.*, mossy

mouton, *m.*, sheep, mutton

mouvement, *m.*, movement, motion.
faire un — involontaire, to give
a start

moyen, -ne, *adj.*, middle. — âge,
Middle Ages. —, *m.*, means

muet, muette, *adj.*, mute, speechless,
silent

mulet, *m.*, he-mule

munir, to supply

mur, *m.*, wall

muraille, *f.*, wall

murer, to wall up

mûrir, to ripen

musc, *m.*, musk (strong scented substance, obtained from male musk
deer; used in perfumes)

mystère, *m.*, mystery; miracle play

N

nage, *f.* à la —, by swimming

nager, to swim

nageur, *m.*, swimmer

naissance, *f.*, birth; birthday

naître, to be born; spring up; come.
née, *adj. f.*, whose maiden name
was. la société naissante, the infant state of society

naïveté, *f.*, ingenuousness

nappe, *f.*, tablecloth

naquis, *past definite* of *naître*

narine, *f.*, nostril

navire, *m.*, ship, vessel

navrant, *adj.*, heartbreaking

né, *past part.* of *naître*

néanmoins, *adv.*, nevertheless

néant, *m.*, nothingness

nécessaire, *adj.*, necessary. —, *m.*,
necessities of life; dressing case.
—ment, *adv.*, necessarily

nécromancie, *f.*, necromancy

négligemment, *adv.*, negligently

négliger, to neglect

négociant, *m.*, merchant

neige, *f.*, snow

nerf, *m.*, nerve

net, -te, *adj.*, clear. net, *adv.*, out-
right; plainly

nettoyer, to clean (up)

neuf, neuve, *adj.*, new

neurasthénie, *f.*, weakening of nerv-
ous system

neveu, *m.*, nephew

nez, *m.*, nose

ni, *adv.*, nor; or. (ne) ... ni ... ni,
neither ... nor

niche, *f.*, niche

nicher, to nest. niché, *adj.*, nest-
ing

nid, *m.*, nest

noblesse, *f.*, nobility

noce, *f.* nuit de —, wedding night

nocturne, *adj.*, nocturnal

nœud, *m.*, knot; noose

noir, *adj.*, black, dark

noircir, to blacken

noix, *f.*, nut

nom, *m.*, name

nombre, *m.*, number

nombreux, nombreuse, *adj.*, numer-
ous

nommer, to name, call, nominate.
se —, to tell one's name. il se
nomme, his name is. nommé, *m.*,
person named

nord, *m.*, north

normand, *adj.*, Norman (Normandy,
province of France)

notaire, *m.*, notary

notamment, *adv.*, particularly

notarié, *adj.*, prepared by a notary

noter, to note

nouer, to knot, tie

noueux, noueuse, *adj.*, knotty,
gnarled

nourrice, *f.*, nurse. en —, at nurse

nourrir, to feed, nourish; bring up

nourriture, *f.*, food, nourishment

nouveau, nouvel (*m. pl.*: nouveaux), nouvelle, *adj.*, new. nouvelle, *f.*, piece of news. nouvelles,

f. pl., news. **de nouveau,** again.
nouvellement, *adv.*, recently
nouveauté, *f.*, newness, novelty
noyer, to drown. **se —,** to drown
noyer, *m.*, walnut; walnut tree
nu, *adj.*, naked, bare. **—,** *m.*, naked part
nuage, *m.*, cloud
nuancé, *adj.*, subtle
nuire, to harm, be injurious to
nuit, *f.*, night; darkness. **cette —,** tonight. **— blanche,** sleepless night
nul, -le, *adj.* **ne ... —,** no, not any; nil. **—,** *pro.*, no one. **nullement,** *adv.*, not in the least
numéro, *m.*, number

O

obéir, to obey. **obéissant,** *adj.*, obedient
obéissance, *adj.*, obedience
obligation, *f.* **avoir de l'—,** to be obliged
obliger, to oblige; pledge. **s'—,** to bind oneself. **obligeant,** *adj.*, obliging, kind
obscur, *adj.*, dark
obscurcir, to darken. **s'—,** to become dark
observation, *f.* **en faire l'—,** to point it out
obstiner (s'), to persist. **obstinément,** *adv.*, obstinately
obstruer, to obstruct
obtenir, to obtain
occasion, *f.*, opportunity
occasionner, to occasion, cause
occidental, *adj.*, occidental, western, west
occuper (s'), to busy oneself, concern oneself. **occupé,** *adj.*, busy
œil, (*pl.: yeux*) *m.*, eye; glance. **fermer l'—,** to sleep a wink. **avoir les yeux sur,** to keep one's eyes on
œuf, *m.*, egg

œuvre, *f.*, work. **faire — scientifique,** to produce a scientific work
offenser, to offend
offrir, to offer
ogive, *adj.*, ogival, Gothic. **—,** *f.*, ogive (Gothic) arch
oiseau, *m.*, bird
ombrager, to shade
ombre, *f.*, shade, shadow; darkness
onde, *f.*, water, billow
ongle, *m.*, nail
opérer, to bring about, manage; operate on; function
opportun, *adj.*, fitting
opposer, to oppose. **s'— à,** to oppose.
opposé, *adj.*, opposite, opposing
opprimer, to oppress. **opprimant,** *adj.*, oppressive
opprobre, *m.*, opprobrium, disgrace
or, *m.*, gold
or, *conj.*, now, well
oracle, *m.*, oracle, divine revelation
orage, *m.*, storm
orageux, orageuse, *adj.*, tempestuous
oranger, *m.*, orange tree
ordinaire, *adj.*, ordinary. **d'—,** ordinarily
ordonnance, *f.*, recipe; prescription
ordonner, to order, draw up
oreille, *f.*, ear. **prêter l'—,** to lend ear
oreiller, *m.*, pillow
organe, *m.*, organ; voice
orgueil, *m.*, pride, arrogance
orgueilleux, orgueilleuse, *adj.*, proud
orient, *m.*, Orient, east
oriental, *adj.*, east
original, *adj.*, original (the first, after which all others are modeled)
origine, *f.*, origin. **être à l'— de,** to be the basis of
originel, -le, *adj.*, original (which goes back to the beginning)
orme, *m.*, elm
ornement, *m.*, ornament
orner, to adorn, decorate

orphelin, -e, *m. & f.,* orphan
orthographe, *f.,* spelling
os, *m.,* bone
oser, to dare. **osé,** *adj.,* daring
osseux, osseuse, *adj.,* bony
ôter, to take away (off, from, out); remove
ou, *conj.,* or. **ou ... ou,** either ... or
où, *adv.,* where
oubli, *m.,* oblivion, forgetfulness. **se mettre en —,** to forget oneself
oublier, to forget
ouest, *m.,* west
ouïr, old form of *entendre*
ours, *m.,* bear
outil, *m.,* tool
outrer, to incense
ouvertement, *adv.,* openly
ouverture, *f.,* opening
ouvrage, *m.,* work
ouvrier, *m.,* **ouvrière,** *f.,* worker, laborer
ouvrir, to open (up). **grand ouvert,** wide open

P

pacte, *m.,* compact
paie, *f.,* pay
païen, -ne, *adj.* and *m. & f.,* pagan
paille, *f.,* straw
pain, *m.,* bread. **petit —,** roll
pair, *m.,* peer
paire, *f.,* pair
paisiblement, *adv.,* peacefully
paître, to graze
paix, *f.,* peace. **paix,** *interj.,* be quiet!
palais, *m.,* palace
pâleur, *f.,* pallor
palier, *m.,* landing
pâlir, to grow pale
palmier, *m.,* palm tree
pâlot, *adj.,* palish
palpitation, *f.,* heartbeat
palpiter, to throb; shake, quiver. **palpitant,** *adj.,* quivering
panier, *m.,* basket

panneau (*pl.:* **—x**), *m.,* panel
pantalon, *m.,* trousers
panteler, to pant
papauté, *f.,* papacy
pape, *m.,* pope
papier, *m.,* paper; wallpaper. **— à lettre,** letter paper
paquet, *m.,* package
par, *prep.,* by; through. **— trois fois,** thrice. **de —,** by order of
paraître, to appear. **faire —,** to display
parallèlement, *adv.* **— à,** parallel to
paravent, *m.,* screen
parbleu, *interj.,* upon my word!
parc, *m.,* park
parcelle, *f.,* particle
parchemin, *m.,* parchment
parcourir, to travel over
pareil, -le, *adj.,* equal; like, similar; such, such a
parent, *m.,* relative
parenthèse, *f.,* parenthesis; digression
parer, to adorn
paresse, *f.,* laziness. **banc de —,** dunce's bench
paresseusement, *adv.,* lazily
parfait, *adj.,* perfect. **—ement,** *adv.,* perfectly
parfois, *adv.,* sometimes
parfum, *m.,* perfume, odor
parier, to wager
parlement, *m.,* parliament, supreme court (before 1791)
parmi, *prep.,* among
parnassien, -ne, *adj.,* Parnassian
paroisse, *f.,* parish; parish church
parole, *f.,* word. **porter la —,** to be the spokesman. **prendre la —,** to begin to speak. **porte-parole,** *m.,* mouthpiece
parquet, *m.,* floor
part, *f.,* share. **à —,** aside, on the side. **de la — de,** on behalf of; from. **de sa —,** on his behalf, on

his part. **des deux —s,** on both sides. **de toutes —s,** on all sides. **quelque —,** somewhere. **faire —,** to inform. **prendre —,** to take part. **à —,** *prep.,* except

partage, *m.,* division

partager, to share

parti, *m.,* party. **— pris,** preconceived idea. **prendre le —,** to decide. **prendre le — de quelqu'un,** to take someone's part. **prendre son —,** to make up one's mind. **tirer — de,** to turn to account

particulier, particulière, *adj.,* particular, private. **en particulier,** in private. **particulièrement,** *adv.,* particularly

partie, *f.,* party; game. **faire — de,** to be part of

partir, to leave, depart, go. **— d'un éclat de rire,** to burst out laughing. **en partant de,** taking as a point of departure

partisan, *m.,* supporter

partout, *adv.,* everywhere

parvenir, to succeed; reach, arrive (at). **parvenu,** *m.,* upstart

pas, *m.,* step. **à deux —,** two steps (paces) away. **marcher sur ses —,** to keep close to

passager, passagère, *adj.* passager, *m.,* passenger. **passagèrement,** *adv.,* for a short time

passé, *m.,* past

passer, to pass; put on (around), sling over; spend, be spent. **se —,** to happen; go on. **se — de,** to do without. **passé,** *m.,* past. **passant,** *m.,* passer-by

passionner (se), to become madly fond of. **passionné,** *adj.,* passionate

pathétique, *adj.,* moving

patiemment, *adv.,* patiently

patience, *f.* **prendre en —,** to bear with patience

patienter, to be patient

pâtisserie, *f.,* pastry

pâtissier, *m.,* **pâtissière,** *f.,* pastry baker (cook)

patrie, *f.,* homeland

patron, -ne, *m.* & *f.,* master, captain; employer

patte, *f.,* paw, foot. **se mettre à quatre —s,** to get on all fours

paume, *f.,* palm

paupière, *f.,* eyelid

pauvre, *adj.,* poor

pauvreté, *f.,* poverty

paver, to pave. **pavé,** *m.,* pavement; paving stone

pays, *m.,* country. **dans son —,** back home

paysan, -ne, *m.* & *f.,* peasant

peau (*pl.:* **—x**), *f.,* skin, hide

péché, *m.,* sin

pêcheur, *m.,* fisherman

pécuniaire, *adj.,* pecuniary

pédantisme, *m.,* pedantry

peignant, *pres. part.* of *peindre* and *peigner*

peigne, *m.,* comb

peigner (se), to comb one's hair

peindre, to paint; represent. **se —,** to appear

peine, *f.,* pain; difficulty, trouble. **à —,** hardly. **à — si,** hardly. **à grand'—,** with great difficulty. **ce n'est pas la —,** it is not worth the trouble

pêle-mêle, *adv.,* pell-mell

pelouse, *f.,* lawn, greensward

pencher, to bend down, hold. **se —,** to lean, lean over to see. **penché,** *adj.,* leaning. **penchant,** *m.,* inclination

pendable, *adj.* **un cas —,** a hanging matter

pendaison, *f.,* hanging

pendant, *prep.,* during; for. **— que,** *conj.,* while

pendre, to hang. **se — après quelqu'un,** always to keep following

around. **pendu,** *m.,* hanged man.
pendant, *adj.,* dangling
pendule, *f.,* clock
pénétrer, to penetrate, pierce; enter.
pénétré de, overcome with. **un
geste pénétré,** a gesture of great
emotion. **pénétrant,** *adj.,* penetrating
pénible, *adj.,* painful
pensée, *f.,* thought
penseur, *m.,* thinker. **libre-penseur,**
free thinker
pension, *f.,* board
pensionnaire, *m.,* boarder
pentagone, *adj.,* pentagonal
pente, *f.,* slope. **en —,** sloping
pépère, *m.,* papa
percer, to pierce; let itself be seen.
perçant, *adj.,* piercing
percher, to perch
perdre, to lose; ruin. **se —,** to seal
one's doom. **heures perdues,** idle
moments
père, *m.,* father, old man. **beau-père,**
father-in-law. **Saint-Père,** pope.
Saint-Père! *interj.,* means *par le
Saint-Père*
perfide, *adj.,* treacherous. **—,** *m.,*
wretch
périr, to perish
périssable, *adj.,* perishable
perle, *f.,* pearl
permettre, to permit, allow
perron, *m.,* flight of steps
perroquet, *m.,* parrot
Perse, *f.,* Persia
personnage, *m.,* character
personne, *f.,* person. **ne ... —,**
nobody
perspective, *f.* **en —,** in prospect
perte, *f.,* loss; doom. **à — de vue,** as
far as the eye can see
pesamment, *adv.,* heavily
pesanteur, *f.,* weight
peser, to weigh, lie heavy. **pesant,**
adj., heavy, deep

peste, *f.,* plague. **—,** *interj.,* the deuce!
petit, *adj.,* little, small, minor
peu, *adv. partitive,* little, few, hardly.
quelque —, somewhat. **un —,**
somewhat; just (with imperative).
dans —, in a little while
peuple, *m.,* people, populace; common people
peuplier, *m.,* poplar
peur, *f.,* fear. **avoir —,** to be afraid
peureux, peureuse, *adj.,* fearful
peut-être, *adv.,* perhaps. **— (bien)
que,** perhaps
philosophie, *f.,* philosophy. **en —,**
philosophically
phrase, *f.,* sentence, phrase
physique, *adj.,* physical. **—,** *m.,*
physical side. **au —,** physically.
—, *f.,* physics
pièce, *f.,* room; piece; play; coin
pied, *m.,* foot
piédestal, *m.,* pedestal
piège, *m.,* snare, trap
pierre, *f.,* stone
piétiner, to stamp
pieusement, *adv.,* piously
pilier, *m.,* pillar
pillage, *m.* **mettre au —,** to pillage
pilori, *m.,* pillory
pin, *m.,* pine tree
pincer, to catch; nip
piquer, to prick, sting; spur. **— des
deux,** to spur with both feet. **ça
pique dur,** there is a sting in the
air
pire, *adj.,* worse
pis, *adv.,* worse. **tant —,** so much the
worse; it can't be helped
piste, *f.,* trail
pistolet, *m.,* pistol
piteusement, *adv.,* piteously
pitié, *f.,* pity. **avoir — de,** to take
pity on. **faire —,** to move one to
pity
pittoresque, *m.,* picturesque; use of
the picturesque

place, *f.*, place, space; square; situation. — **d'armes,** parade ground. **faire —,** to give way. **prendre —,** to take one's place. **en faisant une — moins grande,** giving less emphasis to
placement, *m.*, investment
placer, to place; invest
plafond, *m.*, ceiling
plaideur, *m.*, litigant
plaindre, to pity. **se —,** to complain
plainte, *f.*, complaint, complaining, moan
plaire, to please. **se —,** to take pleasure. **s'il vous plaît,** if you please. **A Dieu ne plaise,** may it not please God
plaisant, *adj.*, amusing, ludicrous
plaisanterie, *f.*, joke
plaisir, *m.*, pleasure
plan, *m.*, plan, plane
planche, *f.*, board, plank
plancher, *m.*, floor
plaque, *f.*, plate; patch
plaquer, to plate
plat, *m.*, dish; platter
plate-bande, *f.*, flower bed
plate-forme, *f.*, platform
plâtre, *m.*, plaster
plein, *adj.*, full; solid. **en —e guerre,** in the midst of war. **en avoir plein la figure,** to have one's face full of them. **—ement,** *adv.*, fully
pleurer, to cry, weep; mourn (for)
pleurs, *m. pl.*, tears
pleuvoir, to rain
pli, *m.*, fold, wrinkle
plier, to bend, bend double; bow, yield. **— en deux,** to bend double
plissage, *m.*, fold
plomb, *m.*, lead
plongeon, *m.*, plunge
plonger, to plunge, immerse
ployer. See *plier*
pluie, *f.*, rain, "hail"
plume, *f.*, feather, plume; pen

plupart, *f.* **la —,** most
plus, *adv.*, more. **ne ... —,** no longer. **plus ... plus,** the more ... the more. **— de,** no more. **de —,** furthermore
plusieurs, *adj. pl.*, several
plutôt, *adv.*, rather, instead
poche, *f.*, pocket
pochette, *f.*, little pocket
poêle, *m.*, stove
poétiser, to poetize
poids, *m.*, weight
poignard, *m.*, dagger
poignarder, to stab
poignée, *f.*, handful; handle
poignet, *m.*, wrist
poil, *m.*, hair
poing, *m.*, fist
point, *m.* **ne ... —,** *adv.*, not at all (Ronsard omits *ne*)
pointe, *f.*, tip; touch
pointu, *adj.*, pointed
poire, *f.*, pear
poisson, *m.*, fish
poissonnier, *m.*, fishmonger
poitrine, *f.*, chest, breast. **à se rompre la —,** as if her heart would burst
polémique, *f.*, polemic
policé, *adj.*, civilized
polir, to polish, **poli,** *adj.*, polite.
poliment, *adv.*, politely
politesse, *f.*, politeness
politique, *adj.*, political. **—,** *m.*, politician. **—,** *f.*, politics
pomme, *f.*, apple; knob
pondre, to lay eggs
pont, *m.*, bridge
port, *m.*, port, harbor, haven; pass, valley
portail, *m.*, portal
porte, *f.*, door; gate
portée, *f.*, scope, range. **à la — de,** within reach of, adapted to
portefeuille, *m.*, pocketbook
porte-liqueur, *m.*, liqueur stand
porter, to carry, bear; lay; cause;

direct; raise. **— un coup,** to strike a blow. **— ses regards,** to cast one's glance. **se —,** to be (health). **en s'y portant tout entière,** concentrating itself in them

portugais, *adj.,* Portuguese

poser, to put, place; put down. **— une question,** to ask a question

posséder, to possess

poste, *f.,* mail; post (stagecoach line). **—,** *m.,* post; place

posture, *f.,* attitude

pot, *m.,* pot, jug. **— à l'eau,** water-jug

potage, *m.,* soup

poteau, *m.,* post, stake

pouce, *m.,* thumb; inch

poudre, *f.,* powder, dust

poudreux, poudreuse, *adj.,* dusty

poule, *f.,* hen

poulet, *m.,* chicken

pouls, *m.,* pulse

poumon, *m.,* lung. **à pleins —s,** at the top of one's lungs

poupée, *f.,* doll

pour, *prep.,* for, as for. **— que,** *conj.,* in order that

pourboire, *m.,* tip

pourpre, *f.,* purple, crimson

pourpré, *adj.,* purple

pourriture, *f.,* rot, rottenness; filthy thing

poursuite, *f.* **à la — de,** in pursuit of

poursuivre, to pursue, continue

pourtant, *adv.,* nevertheless, however, yet, still

pourvoir, to provide (for). **pourvu,** *past part.* **pourvu que,** *conj.,* provided that

pousser, to push (open); impel, drive; develop; utter

poussière, *f.,* dust

poutre, *f.,* beam

pouvoir, to be able; can; may. **n'en — plus,** to be exhausted; be unable to stand it any longer. **on ne**

peut mieux, the best possible. **il se peut,** it may be possible. **—,** *m.,* power

prairie, *f.,* meadow; prairie

pratique, *adj.,* practical. **—,** *f.,* customer; custom

pré, *m.,* field, meadow

précédent, *adj.,* preceding

précepteur, *m.,* teacher, tutor

prêcher, to preach (to)

précipitamment, *adv.,* in haste

précipiter, to precipitate, cause to fall, throw; hasten. **se —,** to throw oneself; rush

précis, *adj.,* precise. **précisément,** *adv.,* precisely

préciser, to make distinct. **se —,** to become precise

précurseur, *m.,* forerunner

prédire, to predict

préjugé, *m.,* prejudice

prémunir, to warn

prendre, to take, seize; get. **à tout —,** everything considered. **se —,** to catch. **s'y —,** to go about it. **se laisser —,** to let oneself be deceived

préparatif, *m.,* preparation

près, *adv.,* near. **à peu —,** nearly, almost, about. **de —,** closely

prescrire, to prescribe

président, *m.,* presiding judge

presque, *adv.,* almost, nearly

pressentir, to foresee, have a presentiment of

presser, to press; urge; become critical. **pressé,** *adj.,* urgent, in a hurry

pression, *f.,* pressure

prêt, *adj.,* ready

prétendre, to claim; pretend; intend; presume; wish. **prétendu,** *adj.,* so-called

prêter, to lend

prêtre, *m.,* priest

preuve, *f.,* proof

Vocabulaire

prévenir, to warn; prevent
prévoir, to foresee
prévôt, *m.*, provost
prévôté, *f.*, provostship
prévoyance, *f.*, foresight
prier, pray (to); beg; ask. **je vous en prie**, pray do. **se faire —**, to require urging
prière, *f.*, prayer, request
principal (*m. pl.*: **principaux**), *adj.*, principal. **—**, *m.*, chief
principe, *m.*, principle
printemps, *m.*, spring
priver, to deprive
prix, *m.*, price; prize. **à tout —**, at any cost
probe, *adj.*, honest, upright
probité, *f.*, probity, honesty
procédé, *m.*, process
procéder, to proceed. **— à**, to proceed with
procès, *m.*, trial, lawsuit, case, proceedings. **faire un —**, to bring suit. **faire le — de**, to criticize
prochain, *adj.*, approaching, near. **—ement**, *adv.*, soon
proclamer, to proclaim
procureur, *m.*, attorney, solicitor
prodiguer, to use lavishly
production, *f.*, product
produire, to produce. **produit**, *m.*, produce
profiter, to profit (by), take advantage (of)
profondeur, *f.*, depth
proie, *f.*, prey
projection, *f.* **— électrique**, ray of electric light
projet, *m.*, project, plan. **avoir le — de**, to propose to
promenade, *f.*, walk; trip through
promener, to walk, take for a walk; cast (around one). **se —**, to walk, take a walk. **se — à cheval**, to ride horseback. **se — en voiture**, to go for a ride in a carriage

promesse, *f.*, promise
promettre, to promise
promptitude, *f.*, promptness
prononcer, to pronounce; utter, say. **se —**, to express an opinion
propension, *f.*, propensity
propice, *adj.*, propitious
propos, *m.*, word. **à —**, appropriately; by the way. **à quel —**, on what account
proposer, to propose, offer. **se —**, to propose
propre, *adj.*, own; clean. **en mains —s**, in one's own hands. **proprement**, *adv.* **proprement dit**, properly so-called. **à proprement parler**, properly speaking
propriétaire, *m.*, proprietor, landlord, landowner
propriété, *f.*, property, estate
prosateur, *m.*, prose-writer
protéger, to protect. **protégé**, *m.*, protégé
provençal, *adj.*, Provençal (from province of Provence or from south of France in general)
province, *f.*, province, provinces. **en —**, in the provinces
provoquer, to provoke, challenge
prudemment, *adv.*, prudently
prunelle, *f.*, pupil
Prusse, *f.*, Prussia
psychiatre, *m.*, psychiatrist
psychologue, *m.*, psychologist
publier, to publish
pudeur, *f.*, modesty, shame
puiser, to draw
puissance, *f.*, power, authority
puissant, *adj.*, powerful. **tout-puissant**, all-powerful
puits, *m.*, well
punir, to punish
punition, *f.*, punishment
pupitre, *m.*, desk
pur, *adj.*, pure
pureté, *f.*, purity

Q

quadrille, *m.*, quadrille (an old-fashioned square dance of four or more couples)

qualité, *f.*, quality; rank. **en — de,** in the capacity of

quand, *conj.*, when; even if (with conditional)

quant à, *prep.*, as for

quarantaine, *f.*, about forty

quart, *m.*, quarter; fourth

quartier, *m.*, quarter, district, neighborhood; quartering

quasi, *adj.*, quasi, pseudo

que, *conj.*, that; than; how (in exclamation); why (with *ne*); until (with subjunctive). **— de,** what, how many

quelque, *adj.*, some, a few; whatever (with subjunctive). **— chose de nouveau,** something new. **quelquefois,** *adv.*, sometimes. **quelqu'un,** *etc.*, someone

querelle, *f.*, quarrel

quereller (se), to quarrel

querelleur, querelleuse, *adj.*, quarrelsome

quérir, old form meaning *chercher*

quête, *f.* **en — de,** in search of

quinze, *adj.* **— jours,** a fortnight. **une quinzaine,** *f.*, about fifteen

quittance, *f.*, receipt

quitte, *adj.*, discharged; free

quitter, to leave, give up. **ne pas — des yeux,** not to take one's eyes off

quoi, *rel. pro.* **de —,** wherewith. **sur —,** whereupon

R

rabattre, to turn (pull) down

raccommodage, *m.*, mending

raccommoder, to repair, put in order

racheter, to buy back, ransom. **se —,** to redeem itself

racine, *f.*, root

raconter, to tell, relate

radieux, radieuse, *adj.*, radia_ַ

rafraîchir, to refresh, revive

raide, *adj.*, stiff; steep

raidir, to stiffen. **raidi,** *adj.*, stiff

raie, *f.*, stripe

railler, to make game of. **se — de,** to laugh at

raisin, *m.*, grape

raison, *f.*, reason, wit. **à —,** rightly. **à plus forte —,** with still more reason. **avoir —,** to be right

raisonnable, *adj.*, reasonable; rational

raisonnement, *m.*, reasoning

raisonner, to reason, discuss

raisonneur, raisonneuse, *adj.*, argumentative

rajeunir, to rejuvenate

ralentir, to slow. **se —,** to become slower

rallier (se), to rally

rallumer, to light again, rekindle, revive

ramasser, to pick up, gather up

ramener, to bring back; reduce

rampe, *f.*, banister

ramper, to crawl

rancœur, *f.*, hate

rançon, *f.*, ransom

rancune, *f.*, grudge. **sans —,** no hard feelings

rang, *m.*, rank; row

rangée, *f.*, row

ranger, to put in order

ranimer, to revive

rappeler, to call back, recall, remind one of. **se —,** to recall, remember

rapport, *m.*, report; connection

rapporter, to bring (back); report

rapprocher, to bring together; bring back again. **se —,** to draw near, come close

raser, to shave. **se —,** to shave

rasoir, *m.*, razor

rassembler, to assemble

rasseoir (se), to sit down again

rassis, *adj.*, calm

rassurer, to reassure

ratisser, to rake

rattacher, to fasten; attach. se —, to tie up

rattraper (se), to catch oneself

rauque, *adj.*, hoarse

ravin, *m.*, ravine

ravine, *f.*, bed (of stream)

ravir, to delight; steal, deprive of. ravi, *adj.*, delighted

raviser (se), to think the better of it

ravissement, *m.*, rapture

rayon, *m.*, ray, beam; radius

rayonner, to beam, gleam; be radiant. rayonnant, *adj.*, radiant

réaliser, to realize, bring about, give reality to. se —, to take shape

rebelle, *adj.*, rebellious

rebondir, to rebound

rebord, *m.*, edge

recevoir, to receive. reçu, *m.*, receipt

réchapper, to rescue

réchauffer, to warm again, warm up

recherche, *f.*, investigation. à la — de, in search of

rechercher, to seek. recherché, *adj.*, sought after

récit, *m.*, story

réclamation, *f.*, demand

réclamer, to demand

reclus, -e, *m. & f.*, recluse

réclusion, *f.*, confinement

récolte, *f.*, crop

reconduire, to show back

reconnaissable, *adj.*, recognizable

reconnaître, to recognize; discover

recouvrir, to cover

récrier (se), to protest

recruteur, *m.*, recruiting officer

recteur, *m.*, rector, president

recueil, *m.*, collection

recueillir, to collect; take in; pick up. recueilli, *adj.*, meditating, meditative

recuire, to cook again

reculer, to draw back; put off. se —, to draw back. reculé, *adj.*, remote

reculons (à), *adv.*, backwards

reddition, *f.*, surrender

redingote, *f.*, frock coat

redoublement, *m.*, redoubling

redoubler, to redouble, increase

redoutable, *adj.*, redoutable, frightful, fearful

redouter, to fear

redresser, to straighten, correct. se —, to stand up (straighten up) again

réduire, to reduce. — à l'impuissance, to reduce to impotency

réel, -le, *adj.*, real. réellement, *adv.*, really

réfléchir, to reflect. réfléchi, *adj.*, deliberate

reflet, *m.*, reflection

réflexion, *f.*, reflection. par —, as an afterthought

refroidir, to make cold again

réfugier (se), to take refuge

refus, *m.*, refusal

refuser, to refuse. s'y —, to refuse to do so

regagner, to regain

regard, *m.*, look, glance. —s, *pl.*, sight. attirer les —s, to attract attention

règle, *f.*, rule. en —, " according to Hoyle"

règlement, *m.*, regulation

régler, to settle

règne, *m.*, reign

régner, to reign

reine, *f.*, queen

reins, *m. pl.*, haunches, back

rejeter, to throw back; reject

rejoindre, to join; come up into. se —, to join, overtake

réjouir (se), to rejoice

relâcher, to loosen

relativement, *adv.*, relatively. — **à,** in respect to

relever, to raise up (again); tuck up; release; set off. **se —,** to get up

relief, *m.* **mettre en —,** to cause to stand out

relier, to link

religieux, religieuse, *adj.*, religious. **—,** *m. & f.*, monk, friar; nun

reluire, to shine

remaniement, *m.*, reworking

remboursement, *m.*, reimbursement

remercier, to thank

remercîment, *m.*, thanks

remettre, to put back, replace; hand over, deliver; postpone; give. **se —,** to recover (oneself); go back (to). **se — à,** to start again

rémission, *f.* **sans —,** without mercy

remonter, to mount again; go back up, climb back; go up, ascend

remords, *m.*, remorse

remplacer, to replace

remplir, to fill

remuer, to stir (up); disturb. **se —,** to bestir oneself

renaissance, *f.*, rebirth

renaître, to revive

renard, *m.*, fox

rencontre, *f.*, encounter; intersection. **aller à la — de,** to go to meet

rencontrer, to meet; come upon

rendormir, to put to sleep again. **se —,** to go to sleep again

rendre, to return, give back; make, do. **se —,** to go

rêne, *f.*, rein

renfermer, to contain; hide

renforcer, to re-enforce

renier, to disown

renom, *m.*, renown

renoncer, to renounce, give up claim

renouer, to link up

renouveler, to renew

renseignement, *m.*, information

renseigner, to inform

rente, *f.*, income. — **sur l'État,** government bond

rentrer, to go back, return, come back, return home; go off stage

renverse, *f.* **à la —,** backward, on one's back

renverser, to overthrow, knock down; throw back; upset. **se —,** to bend back, lean back

renvoyer, to send away, dismiss. **se —,** to reflect

répandre, to spread; shed

réparation, *f.*, repair

repartir, to leave again; reply

repas, *m.*, meal, repast

repasser, to iron

repentir (se), to repent

répit, *m.*, respite

repli, *m.*, fold; recess

réplique, *f.*, reply

reporter, to carry back. **se —,** to go back

repos, *m.*, rest, repose; quiet, tranquillity

reposer, to rest. **se —,** to rest

repousser, to push back, repulse

reprendre, to take back; take up again, resume; recover. — **la porte,** to take to the door again. **se —,** to take hold of oneself

représaille, *f.*, reprisal

représentation, *f.*, performance

représenter, to represent; present

réprimer, to repress

reprise, *f.* **à plusieurs —s,** at intervals, several times

reproche, *m.*, reproach

répugner, to have an aversion to

réputer, to deem

réserve, *f.* **à la — de,** with the exception of

résider, to reside; rest

résoudre, to resolve, settle. **se —,** to resolve, make up one's mind, be determined

respectueux, respectueuse, *adj.*, respectful

respirer, to breathe; be apparent

resplendir, to be resplendent

ressaisir, to seize again

ressentir. se — de, to feel the effects of

ressortir. faire —, to bring out

ressource, *f.*, resource; remedy

ressouvenir (se), to remember again

reste, *m.*, remainder, remains. **au —,** besides

rester, to remain, be left; reside. **restant,** *m.*, remains

résultat, *m.*, result

résumer, to sum up

rétablir, to re-establish, restore. **soyez le bien rétabli,** delighted to see you well again

retard, *m.* **être en —,** to be late

retenir, retain; detain; hold (back); stop; restrain; engage

retentir, to resound, re-echo

retirer, to take out (off); draw. **se —,** to withdraw, leave

retomber, to fall (back). **tout retombe sur lui,** all the blame falls on him

retour, *m.*, return. **être de —,** to be back, have returned. **sans —,** without any possibility of returning

retourner, to return. **— le cœur,** to turn one's stomach. **se —,** to turn (around). **s'en —,** to return, go back (home). See *revenir*

retraite, *f.*, retreat

retrousser, to curl up

retrouver, to find again. **se —,** to meet

réunion, *f.*, union

réunir, to bring together

réussir, to succeed, accomplish successfully

rêve, *m.*, dream

réveil, *m.*, awakening

réveiller, to waken. **se —,** to awaken

revenir, to return; recover; belong. **— à soi,** to recover one's senses. **— en mémoire,** to come back to one's mind. **— sur,** to change one's mind about. **— sur ses pas,** to retrace one's steps. **n'en pas —,** not to get over it. **y — deux fois,** to come back for more. **revenu,** *m.*, revenue

rêver, to dream, imagine

révérence, *f.*, bow, curtsy. **faire la —,** to make one's obeisance

revers, *m.*, back; back-handed blow

revêtir, to dress

révolter (se), to revolt

revue, *f.*, review. **passer en —,** to inspect

rez-de-chaussée, *m.*, ground floor

rhume, *m.*, cold

ricaner, to sneer

richesse, *f.*, riches, wealth; richness

ride, *f.*, wrinkle; ripple

rideau, *m.*, curtain

rider (se), to wrinkle

ridicule, *adj.*, ridiculous. **—,** *m.*, ridiculousness

ridiculus sum, (Latin) I am ridiculous

rie, subjunctive of *rire*

rien, *m.*, nothing; mere trifle. **ne ... —,** nothing. **de — du tout,** no-account, insignificant. **n'être de —,** to be of no avail

rigoureux, rigoureuse, *adj.*, severe

rigueur, *f.*, severity

rire, to laugh. **riant,** *adj.*, pleasant. **—,** *m.*, laughter

risible, *adj.*, laughable

rivage, *m.*, bank, shore

rive, *f.*, bank

rivière, *f.*, stream

robe, *f.*, robe; dress

roc, *m.*, rock

roche, *f.*, rock

rocher, *m.*, rock

rocheux, rocheuse, *adj.*, rocky

rôder, to prowl
rôdeur, *m.,* prowler
roi, *m.,* king
roide, *adj.* See *raide*
roidir. See *raidir*
rôle, *m.,* role, part
romain, *adj.,* Roman (in contemporary sense: from city or region around Rome)
roman, *m.,* novel, romance. **roman-fleuve,** "river novel," name given to interminably long modern novels
romancier, *m.,* **romancière,** *f.,* novelist; female novelist
romanesque, *adj.,* romantic
romantique, *adj.,* Romantic
rompre, to break, rupture; exhaust. **se —,** to burst
rond, *adj.,* round. **—,** *m.,* circle
rose, *adj.,* pink, rosy. **—,** *f.,* rose. **— de magnolia,** magnolia blossom. **—,** *m.,* pink
rosé, *adj.,* rosy
rosier, *m.,* rose bush
rôtir, to roast
rôtissage, *m.,* roasting
rôtisserie, *f.,* roasting
rôtisseur, *m.,* roaster
roue, *f.,* wheel
rougeur, *f.,* blush
rougir, to blush, redden
rouleau (*pl.:* **—x**), *m.,* roll
roulement, *m.,* rolling
rouler, to roll
roupie, *f.,* rupee (monetary unit of British India)
route, *f.,* road, highroad
rouvrir, to open again
roux, rousse, *adj.,* russet, red
royaume, *m.,* realm, kingdom
ruban, *m.,* ribbon
rubis, *m.,* ruby
ruche, *f.,* hive
rude, *adj.,* rough, harsh. **—ment,** *adv.,* roughly

rudesse, *f.,* harshness
rue, *f.,* street
ruelle, *f.,* alley
rugir, to roar
ruisseau, *m.,* stream; gutter
ruisseler, to trickle
rumeur, *f.,* noise
ruminer, to ruminate, muse on
rusé, *adj.,* crafty, sly

S

sable, *m.,* sand
sablé, *adj.,* gravel
sabot, *m.,* wooden shoe. **dormir comme un —,** to sleep like a top
sac, *m.,* sack. **— de nuit,** travelling bag. **à —!** sack the place! **mettre à —,** to ransack
sacré, *adj.,* sacred; terrific
safran, *m.,* saffron
sage, *adj.,* wise; well-behaved. **—,** *m.,* wise man, sage. **—ment,** *adv.,* wisely
sagesse, *f.,* wisdom
saigner, to bleed; drip blood
saillir, to project; stand out
sain, *adj.,* healthy. **—ement,** *adv.,* wholesomely
saint, *adj.,* holy, saintly. **—, -e,** *m. & f.,* saint
sainteté, *f.,* sanctity
saisie, *f.,* seizure
saisir, to seize, grasp; distress, be a shock to. **— quelqu'un,** to seize one's belongings
saison, *f.,* season
salaire, *m.,* salary; reward
sale, *adj.,* dirty, soiled
salir, to soil, sully
salle, *f.,* hall. **grand'—,** great hall. **— à manger,** dining room
salon, *m.,* living room, drawing room
saluer, to greet; bow to
salut, *m.,* salvation
sang, *m.,* blood; race, family. **sang-froid,** *m.,* presence of mind

sanglant, *adj.*, bloody

sanglot, *m.*, sob

sangloter, to sob

sans, *prep.*, without; but for

santé, *f.*, health

sapin, *m.*, fir tree

sarrasin, *adj.*, Saracen

satisfaire, to satisfy, fulfill. satisfait, *adj.*, satisfied

sauf, *prep.*, save, except

saule, *m.*, willow

saut, *m.*, jump, bound

sauteler, to hop

sauter, to jump; spring. — au cou, to throw one's arms around another's neck. faire —, to pry loose

sauver, to save. se —, to escape, be off, abscond

sauveur, *m.*, savior

savane, *f.*, savannah

savant, *adj.*, learned

savoir, to know; learn; be able. je ne sais quoi, I know not what. —, *m.*, learning

savon, *m.*, soap

savourer, to savor; enjoy

sceller, to seal

scène, *f.*, scene; stage. une — de famille, a family argument

sceptique, *adj.*, sceptic, sceptical

science, *f.*, science, learning

scintiller, to sparkle

seau, *m.*, pail

sec, sèche, *adj.*, dry; sharp. sèchement, *adv.*, sharply

sécher, to dry (up)

sécheresse, *f.*, drought

secouer, to shake

secourable, *adj.*, helping

secourir, to succor, come to aid of, help

secours, *m.*, help, relief. au —! help! porter —, to bring help

secousse, *f.*, jolt, shock; jerk

secrétaire, *m.*, secretary; writing desk

sectionner, to dissect

sécurité, *f.* en —, in safety

séduire, to seduce; bribe

seigneur, *m.*, lord, sir; señor (as used by Beaumarchais)

seigneurie, *f.*, seigniory (the power or authority of a sovereign lord)

sein, *m.*, bosom; womb; midst

séjour, *m.*, sojourn. le — de cette ville, living in this city

séjourner, to reside

sel, *m.*, salt

selle, *f.*, saddle

selon, *prep.*, according to. — que, *conj.*, according as

semaine, *f.*, week

semblable, *adj.*, like. —, *m.*, fellow man

sembler, to seem. comme bon me semble, as I please. semblant, *m.*, semblance. faire semblant, to pretend

semelle, *f.*, sole

semer, to sow, strew

sens, *m.*, sense, meaning. à double —, with a double meaning

sensé, *adj.*, sensible

sensibilité, *f.*, sensitiveness, emotion

sensible, *adj.*, sensitive; acute; noteworthy. —ment, *adv.*, perceptibly, considerably

sentier, *m.*, path

sentiment, *m.*, sentiment, feeling. — du vrai, sense of reality

sentir, to feel; smell; smell of

seoir, to befit

sépulcre, *m.*, sepulchre

sergent, *m.*, sergeant. — de ville, policeman

seringa, *m.*, syringa

serment, *m.*, oath, vow

serpent, *m.*, snake

serrer, to press, squeeze, clench, hold tight, clasp; put away; fit tightly. serré, *adj.*, close, tight. se —, to contract

serrure, *f.*, lock

servante, *f.*, servant

service, *m.*, serving; bidding. **pour vous rendre mes petits —s,** and at your service

serviette, *f.*, napkin

servir, to serve. **— de,** to serve as. **— à boire,** to pour out. **pour vous —,** at your service. **se — de,** to make use of

serviteur, *m.*, servant

seuil, *m.*, threshold

seul, *adj.*, alone, sole, single, only. **—ement,** *adv.*, only. **—ement pas,** not even

si, *adv.*, so. **si,** *conj.*, if; whether; what if. **si ce n'est,** unless it be

siècle, *m.*, century

siège, *m.* **faire le — de,** to besiege

sifflement, *m.*, whistling

siffler, to whistle, hiss

sifflet, *m.*, whistle

siffloter, to whistle

signe, *m.*, sign. **— de tête,** nod. **faire —,** to make signs; motion

signification, *f.*, meaning

signifier, to signify, announce

signora, *f.*, (Italian) lady; señorita (used by Beaumarchais in this sense)

sillon, *m.*, furrow

singe, *m.*, monkey, baboon

sinon, *conj.*, if not

sire, *m.*, sire, sir

sirop, *m.*, syrup, medicine

sitôt, *adv.* See *aussitôt.* **de —,** so soon

sœur, *f.*, sister

soie, *f.*, silk

soif, *f.*, thirst. **avoir —,** to be thirsty

soigner, to care for

soin, *m.*, care, attention; trouble. **avoir —,** to take care. **prendre —,** to have a concern for

soir, *m.*, evening

soirée, *f.*, evening

sol, *m.*, soil, ground

soldat, *m.*, soldier

soleil, *m.*, sun

solennel, -le, *adj.*, solemn. **solennellement,** *adv.*, solemnly

solide, *adj.*, solid, substantial, strong

solitaire, *adj.*, solitary. **—,** *m.*, recluse

solliciter, to beseech

sombre, *adj.*, dark, somber

sombrer, to founder, go down

somme, *f.*, sum. **en —,** in short

sommeil, *m.*, sleep

sommet, *m.*, summit, top

son, *m.*, sound

songe, *m.*, dream

songer, to think (of, about); dream; remember

songeur, songeuse, *adj.*, dreaming

sonner, to sound, ring; blow

sonnette, *f.*, little bell; doorbell

sonneur, *m.*, ringer

sonore, *adj.*, sonorous

sorcellerie, *f.*, sorcery

sorcière, *f.*, sorceress

sort, *m.*, fate; spell

sorte, *f.*, sort; way. **de la —,** in this way. **en quelque —,** in some measure. **faire en — que,** to arrange it so that. **de — que,** *conj.*, so that

sortie, *f.*, exit

sortir, to go out; come out; take out. **— d'affaire,** to settle accounts

sot, -te, *adj.*, foolish, stupid. **—, -e,** *m. & f.*, fool

sottise, *f.*, stupidity; stupid thing

sou, *m.*, penny. **pour plus de cinq —s,** more than five pennies' worth. **pièce de cent —s,** five-franc piece

souci, *m.*, care, concern, desire

soucier (se), to care; pay attention; worry. **je m'en soucie bien de,** what do I care for

soucieux, soucieuse, *adj.*, anxious, melancholy

soudain, *adj.*, sudden. **—,** *adv.*, suddenly

souder, to solder. **fer à —,** soldering-iron

souffle, *m.,* blowing; breathing, breath; puff. **avoir moins de —,** to be less inspired

souffler, to blow; breathe

soufflet, *m.,* slap

souffrance, *f.,* suffering

souffrir, to suffer; stand. **souffrant,** *adj.,* ill

soufre, *m.,* sulphur

souhait, *m.,* wish

souhaiter, to desire, wish, like

souiller, to soil, stain

soûl, *adj.,* drunk

soulagement, *m.,* relief

soulager, to relieve, help. **se —,** to get relief

soulever, to lift, raise up. **se —,** to lift up

soulier, *m.,* shoe

soumettre, to submit; subjugate, subject. **se —,** to submit, undertake. **soumis,** *adj.,* submissive

soupçon, *m.,* suspicion

soupçonner, to suspect

souper, to sup

soupir, *m.,* sigh, breath

soupirer, to sigh

souple, *adj.,* docile

souplesse, *f.,* suppleness

source, *f.,* spring, fountain; source

sourcil, *m.,* eyebrow

sourciller, to frown; move an eyelash

sourd, *adj.,* deaf; dull; hollow. **—ement,** *adv.,* in an undertone

sourire, to smile. **—,** *m.,* smile

souris, *f.,* mouse

souscrire, to endorse, sign

sous-pied, *m.,* trouser strap

soustraire (se), to escape

soutenir, to uphold, support, maintain; withstand. **se —,** to stand up

souterrain, *adj.,* underground

soutien, *m.,* support, supporter

souvenance, *f.* **avoir —,** to remember

souvenir (se), to remember. **faire —,** to remind. **—,** *m.,* memory

souvent, *adv.,* often

souverain, *adj.,* sovereign. **—,** *m.,* sovereign

soyeux, soyeuse, *adj.,* silky

spécimen, *m.,* sample

spectacle, *m.,* show, sight

spirituel, -le, *adj.,* witty

spontané, *adj.,* spontaneous

squelette, *m.,* skeleton

station, *f.,* stop

strictement, *adv.,* strictly, closely; absolutely

stupéfait, *adj.,* stupefied, dumbfounded

suavité, *f.,* suavity, sweetness

subconscient, *m.,* subconscious

subir, to undergo, feel

subit, *adj.,* sudden. **—ement,** *adv.,* suddenly

subsistance, *f.,* subsistence

subsister, to subsist, survive

succéder, to succeed, follow; inherit

succession, *f.,* inheritance, estate

sucre, *m.,* sugar

sucrer, to sugar

sucrier, *m.,* sugar bowl

Suède, *f.,* Sweden

suer, to sweat

sueur, *f.,* sweat

suffire, to suffice, be sufficient. **suffisant,** *adj.,* sufficient

suffisamment, *adv.,* sufficiently

suffoquer, to choke

suggérer, to suggest

suicider (se), to commit suicide

suinter, to ooze

suisse, *adj.,* Swiss. **Suisse,** *f.,* Switzerland

suite, *f.,* attendants; sequel; result, consequence. **de —,** in succession. **tout de —,** immediately. **par la —,** in the course of time, subsequently. **à la — de,** following, after

suivre, to follow. **suivant,** *adj.*, following. **suivant,** *prep.*, according to
sujet, -te, *adj.*, subject. —, *m.*, subject, occasion, cause. **au — de,** concerning. **mauvais —,** a good-for-nothing
superflu, *adj.*, superfluous
supplice, *m.*, punishment, torment, torture
supplier, to entreat, beseech. **suppliant,** *adj.*, supplicating
supportable, *adj.*, bearable
supporter, to bear, endure; support
supposer, to suppose. **supposé,** *adj.*, fictitious
supprimer, to suppress, omit
supraterrestre, *adj.*, supraterrestrial
sûr, *adj.*, sure. **bien —,** certainly, you may be sure. **—ement,** *adv.*, surely
surdité, *f.*, deafness
sûreté, *f.*, safety
surgir, to spring up
surhumain, *adj.*, superhuman
surnaturel, -le, *adj.*, supernatural
surprendre, to surprise, catch; overtake. **surpris,** *adj.*, surprised
sursaut, *m.* **en —,** with a start. **sauter en —,** to give a violent jump
surveiller, to watch, supervise
survivre, to survive
suspendre, to suspend, hang; stop; postpone
syllabe, *f.*, syllable
symboliser, to symbolize
sympathique, *adj.*, congenial

T

tableau, *m.*, picture, scene
tablette, *f.*, shelf
tablier, *m.*, apron
tabouret, *m.*, footstool
tache, *f.*, spot
tâche, *f.*, task
tacher, to spot
tâcher, to try, endeavor
taille, *f.*, figure, waist; stature

tailler, to cut, hew
tailleur, *m.*, tailor
taire, to keep quiet (silent) about. **se —,** to keep quiet, hold one's tongue
talon, *m.*, heel
tambour, *m.*, drum. **— de basque,** tambourine
tandis que, *conj.*, while
tanner, to tan
tant (de), *adv. partitive*, so much, so many. **— que,** *conj.*, as long as. **tant ... que,** as much ... as
tante, *f.*, aunt
tantôt, *adv.*, presently; sometimes
tapage, *m.*, racket
tape, *f.*, whack
taper, to strike, beat; clap
tapis, *m.*, rug
tapisser, to hang
tapisserie, *f.*, tapestry
tard, *adv.*, late
tarder, to delay, be long
tarir, to dry up, exhaust
tas, *m.*, heap, pile
tasse, *f.*, cup
tasser (se), to settle down
tâter, to feel
teindre, to dye, tinge
teint, *m.*, color, complexion
teinte, *f.*, tinge
tel, -le, *adj.*, such, like. **tellement,** *adv.*, so, so much
témoignage, *m.*, testimony, proof
témoigner, to testify, give evidence, show
témoin, *m.*, witness
tempe, *f.*, temple
tempérer, to tone down
tempête, *f.*, storm
temps, *m.*, time; weather. **de (en) tout —,** at all times, always. **de — en —, de — à autre,** from time to time. **par tous les —,** in all weather
tenancier, *m.*, **tenancière,** *f.*, keeper
tendre, to extend, stretch; hold out,

stick out. — **à,** to aim at. **tendu,**
adj., tense

tendre, *adj.,* tender. **—ment,** *adv.,*
tenderly

tendresse, *f.,* tenderness, affection

ténèbres, *f. pl.,* darkness, night,
shadows

ténébreux, ténébreuse, *adj.,* dark

teneur, *m.* — **de livres,** book-
keeper

tenir, to hold, keep; stand fast; have
gotten, have received; have caught.
— **à,** to be anxious. — **de,** to par-
take of; resemble. — **bon,** to resist
firmly. — **tête,** to resist, ward off.
n'y — plus, to be unable to stand
it any longer. **l'on tient ce qu'on
tient,** why can't you hold onto
anything? **être tenu de,** to be
obliged to. **tiens! tenez!** here!
se —, to remain; stand; be

tentation, *f.,* temptation

tentative, *f.,* attempt

tente, *f.,* tent, awning

tenter, to tempt

terme, *m.,* term; limit, goal

terminer, to end, finish. **se —,** to
end

terne, *adj.,* dull-colored

ternir, to tarnish, fade

terrain, *m.,* piece of ground

terrasser, to knock to the ground

terre, *f.,* earth, land, estate. **par —,**
on the ground

terreste, *adj.,* terrestrial

tertre, *m.,* hillock

tête, *f.,* head. **en —,** at the head. —
à —, alone

téter, to suck

thé, *m.,* tea

théâtre, *m.,* theater; stage

théoricien, *m.,* theorist

thym, *m.,* thyme (herb of the mint
family)

tige, *f.,* stem; shaft

timère, *f.,* little mother

tinter, to ring

tirer, to pull, pull shut; draw; take
out. **s'en —,** to get along

tiroir, *m.,* drawer

tissu, *m.,* fabric

titre, *m.,* title

toile, *f.,* cloth; web

toilette, *f.,* dresses. **faire sa —,** to get
dressed

toit, *m.,* roof

toiture, *f.,* roof

tôle, *f.,* sheet iron

tombe, *f.,* tomb, grave

tombeau, *m.,* tomb

tombée, *f.* — **de la nuit,** nightfall

tomber, to fall, wind up. — **amoureux de,** to fall in love with. —
bien, to be lucky, come at the right
time. **laisser —,** to drop, let fall. **le
jour tombe,** night is falling

tome, *m.,* volume

ton, *m.,* tone

tonneau, *m.,* cask; ton

tonnelier, *m.,* cooper

tonnerre, *m.,* thunder

tonsure, *f.,* tonsure

tordre, to twist. **se — les bras,** to
wring one's hands

torpeur, *f.,* torpor

tort, *m.,* wrong, harm, injustice. **à
—,** wrongly. **avoir —,** to be wrong.
le — est aux païens, the pagans
are in the wrong

tortueux, tortueuse, *adj.,* winding

tôt, *adv.,* soon

toucher, to touch; border; concern;
move; have all but reached. **touchez là,** shake hands

touffe, *f.,* tuft

toujours, *adv.,* always, still, yet; just
the same

tour, *m.,* turn; trip, tour; circumference; trick. — **à —,** in turn. **à son
—,** in his turn. **à votre —,** in your
turn. **en un — de main,** in a trice.
faire le —, to inspect. **son sang**

ne fait qu'un —, his blood runs cold. —, *f.*, tower

tourbillon, *m.*, whirlwind

tourbillonner, to whirl around

tourment, *m.*, torment, pain

tourmenter, to torment

tournée, *f.*, round

tourner, to turn; walk back and forth; turn out. — autour, to hover around. tournant, *m.*, turn

tournoyer, to whirl round and round

tournure, *f.*, turn; shape, appearance

tousser, to cough

tousserie, *f.*, coughing

tout (*m. pl.*: tous), *adj.*, all; whole; each; every. tout, *indef. pro.*, everything. en —, in every respect. tout, *adv.*, very, quite. — à fait, altogether

toutefois, *adv.*, yet, nevertheless, however

tracer, to lay out, trace

traduction, *f.*, translation

traduire, to translate. se —, to express itself

trafiquer, to have dealings

tragique, *adj.*, tragic

trahir, to betray

trahison, *f.*, betrayal, treason

train, *m.* être en — de, to be in the act of. mettre en —, to get going

traîner, to drag (out, along); lie about. traînant, *adj.*, drawling. se —, to trail itself along

trait, *m.*, trait; feature. d'un —, in one breath. à longs —s, in long draughts

traiter, to treat. — de, to give one the title of, call

traître, -sse, *adj.*, treacherous

traîtrise, *f.*, treachery

trajet, *m.*, journey

tranche, *f.*, slice

trancher, to cut off. tranchant, *adj.*, cutting, sharp. tranchant, *m.*, cutting edge

tranquille, *adj.*, quiet, peaceful. —ment, *adv.*, calmly, quietly

tranquilliser, to reassure

transport, *m.*, ecstasy, exultation, raving

trapu, *adj.*, stubby

travail, *m.*, work

travailler, to work

travers, *m.*, eccentricity

travers (à), au — de, *prep.*, across; through; throughout. en —, crosswise

tremblement, *m.*, trembling. — de terre, earthquake

trembler, to tremble, quake. tremblant, *adj.*, trembling

tremper, to dip, soak, steep

trentaine, *f.*, about thirty

trépigner, to stamp

trésor, *m.*, treasure

tressaillement, *m.*, start

tressaillir, to give a start, quiver

tribu, *f.*, tribe

tribunal, *m.*, court. — de commerce, special court for commercial suits

tricot, *m.*, knitting

triste, *adj.*, sad; unfortunate; sorry. —ment, *adv.*, sadly

tristesse, *f.*, sadness

tromper, to deceive. se —, to be mistaken

trompeur, *m.*, deceiver; cheat

tronc, *m.*, trunk

trône, *m.*, throne

tronqué, *adj.*, truncated

trophée, *f.* faire — de, to make a trophy of

trottoir, *m.*, sidewalk. faire le —, to hustle for a living

trou, *m.*, hole

trouble, *m.*, agitation, anguish

troubler, to disturb, worry. se —, to become disturbed (troubled, confused); grow dim. trouble-fête, *m.*, troublemaker troupe, *f.*, troop, company. **corps de —**, body of troops

troupeau, *m.*, herd, flock

trouver, to find. **se —**, to be, happen to be. **se — bien,** to be the better (for)

truand, -e, *m. & f.*, vagabond

truffe, *f.*, truffle

tu, *past part.* of *taire*

tuer, to kill, slay

tuerie, *f.*, slaughter

tueur, *m.*, killer

tuile, *f.*, tile

tuméfaction, *f.*, tumefaction, the act of swelling

turc, turque, *adj.*, Turkish. **—, *m. & f.*,** Turk

Turquie, *f.*, Turkey

tuyau, *m.*, pipe

U

unanime, *adj.*, unanimous

unique, *adj.*, only. **—ment,** *adv.*, exclusively

unir, to unite, combine. **s'—,** to unite

univers, *m.*, universe

universaux, *m. pl.*, universals (in logic, general terms: *kind, species, difference,* etc.)

usage, *m.*, use, custom

user, to make use of; wear

utile, *adj.*, useful

utopiste, *adj.*, Utopian

V

vache, *f.*, cow. **— à lait,** milch cow, "sucker"

vaciller, to flicker

vagabondage, *m.*, vagrancy

vagabonder, to wander

vague, *f.*, wave

vaillant, *adj.*, valiant. **ce ne serait plus d'un —,** it would no longer be the act of a valiant man

vaincre, to vanquish; overcome

vainqueur, *m.*, conqueror, victor

vaisseau, *m.*, vessel

valet, *m.*, servant; assistant. **— de charrue,** ploughboy

valeur, *f.*, value, worth; valor

vallée, *f.*, valley

valoir, to be worth. **— mieux,** to be better

valser, to waltz

valseur, *m.*, waltzer

vaniteux, vaniteuse, *adj.*, vain, conceited

vanter, to extol, vaunt. **se —,** to boast

va-nu-pieds, *m.*, beggar

vapeur, *f.*, vapor, steam

varier, to vary

vase, *m.*, vase. **—, *f.*,** mud, silt

vaurienne, *f.*, scamp

vécu, *past part.* of *vivre*

végétal, *m.*, plant

veille, *f.*, evening before, eve; day before

veiller, to watch; see to it

veine, *f.*, vein

veiné, *adj.*, veiny

velours, *m.*, velvet

velouté, *m.*, velvetness

vendange, *f.*, vintage

vendre, to sell

venger, to avenge

venir, to come (around). **— à,** to happen. **— de,** to have just. **faire —,** to send for. **d'où vient,** whence comes it. **le premier venu,** the first person that comes along

venue, *f.*, coming

vent, *m.*, wind

vente, *f.*, sale. **mettre en —,** to offer for sale

ventre, *m.*, belly. **faire —,** to bulge

vêprée, *f.*, evening

verbe, *m.*, verb

verbiage, *m.*, twaddle

verdure, *f.*, green

vérité, *f.*, truth. **à la —,** in truth

vermeil, -le, *adj.*, vermilion. **ver-meille,** *f.*, vermilion
vérole, *f.* **petite —,** smallpox
verre, *m.*, glass
verrue, *f.*, wart
vers, *m.*, line of poetry. **—,** *pl.*, verse. **faire des —,** to write poetry
verser, to pour (out); shed
vert, *adj.*, green
vertu, *f.*, virtue; force. **— à prin-cipes,** virtue with principles. **en — de,** by virtue of
verve, *f.*, animation, sally of wit
veste, *f.*, coat, waistcoat
vêtement, *m.*, garment, clothing
vêtir, to dress
veuve, *f.*, widow
viande, *f.*, meat, victuals, food
vibrer, to vibrate. **vibrant,** *adj.*, vibrating
vicaire, *m.*, curate
vicomte, *m.*, viscount
vide, *adj.*, empty. **—,** *m.*, emptiness, space
vider, to empty
vie, *f.*, life, vitality
vieillard, *m.*, old man
vieillesse, *f.*, old age
vieillir, to grow old (older)
viennois, *adj.*, Viennese
vierge, *f.*, virgin
vieux, vieil, vieille, *adj.*, old
vif, vive, *adj.*, alive, lively; violent, keen, brisk. **vivement,** *adv.*, strongly, quickly; earnestly; acutely
vigne, *f.*, vine, vineyard. **feuille de —,** grape leaf
vigneron, *m.*, winegrower
vigueur, *f.*, vigor, strength. **en —,** in force
vil, *adj.*, vile
vilain, *adj.*, ugly, wretched
ville, *f.*, city, town
vin, *m.*, wine. **— de Porto,** port wine. **— de Champagne,** champagne. **avoir du —,** to be drunk

vinaigre, *m.*, vinegar
vingt, *adj.* **six-vingts,** six score
violemment, *adv.*, violently
violence, *f.*, violence, torment
violon, *m.*, violin; violinist
vis, *f.*, screw
visage, *m.*, face, visage
vis-à-vis (de), *adv.*, *prep.*, opposite, facing; in respect to
visiblement, *adv.*, obviously
visière, *f.*, visor
vision, *f.*, vision; fancy, imagining
vite, *adv.*, quickly. **au plus —,** as quickly as possible
vitesse, *f.*, speed
vitrail (*pl.*: **vitraux**), *m.*, stained-glass window
vitre, *f.*, pane (of glass)
vitré, *adj.*, glass
vivace, *adj.*, with more vitality
vivant, *adj.*, living, alive. **de mon —,** while I am alive
vivre, to live. **vive!** long live! hail! **vécu,** *adj.*, true to life
vœu (*pl.*: **—x**), *m.*, vow; desire; prayer
voici, *adv.*, here is (are). **— que,** here, behold
voie, *f.*, way, road, course
voilà, *adv.*, there is (are). **— que,** there
voile, *m.*, veil. **—,** *f.*, sail
voiler, to veil
voir, to see. **y —,** to be able to see. **y — clair,** to see clearly
voisin, *adj.*, neighboring. **—, -e,** *m. & f.*, neighbor
voisinage, *m.*, neighborhood
voiture, *f.*, carriage
voix, *f.*, voice. **à demi-voix,** in a low voice. **à haute —,** aloud
vol, *m.*, theft; flight
volcan, *m.*, volcano
volée, *f.* **à la —,** in the air. **à toute —,** full force
voler, to steal, rob; fly

volet, *m.,* blind, shutter

voleur, *m.,* thief

volonté, *f.,* will; wish

volontiers, *adv.,* willingly, gladly

voltairien, -ne, *adj.,* Voltairian

volupté, *f.,* voluptuousness; luxury

vomir, to vomit

voter, to vote

vouloir, to wish, want, require; try. **— bien,** be willing, kind. **— dire,** to mean. **en — à,** to have a grudge against. **que veux-tu?** what do you expect?

voûte, *f.,* vault; arch

voûter. voûté en ogive, with ogival vaulting

voyage, *m.,* trip. **—s,** travels

voyager, to travel

voyageur, *m.,* traveller

voyelle, *f.,* vowel

vrai, *adj.,* true, sincere. **à — dire,** to tell the truth. **—ment,** *adv.,* truly

vraisemblablement, *adv.,* presumably

vue, *f.,* sight, view; eyesight. **à — d'œil,** visibly. **à la — de,** in sight of. **en —,** in the public eye. **perdre de —,** to lose sight of

vulgarisateur, *m.,* popularizer

Y

yeux, *m. pl.* See *œil*

Z

zèle, *m.,* zeal

zéphyr, *m.,* zephyr, gentle breeze

zingueur, *m.,* zinc-worker

volet, m., blind, shutter
voleur, m., thief
vouloir, v., will, wish
volontiers, adv., willingly, gladly
volltaïfacé, vm., ...
volupté, f., voluptuousness, luxury
vomir, to vomit
voter, to vote
vouloir, to wish, want, require, try; bien, be willing, kind, — dire, to mean, en — à, to have a grudge against; que veux-tu? what do you expect?
voûte, f., vault, arch
voûter, voûté en ogive, with ogival vaulting
voyage, m., trip, voyage, travels
voyager, to travel
voyageur, m., traveller

voyelle, f., vowel
vrai, adj., true, sincere; à — dire, to tell the truth; — ment, adv., presumably
vraisemblablement, adv., presumably
vue, f., sight, vision, eyesight; à — d'œil, visibly; à la — de, in sight of; en — , in the public eye; perdre de — , to lose sign of
vulgariser, v., popularize

Y

yeux, m. pl. See œil.

Z

zélé, adj., zeal
zéphyr, m., zephyr, gentle breeze
zingueur, m., zinc-worker